西安交通大学
人口与发展研究所 · 学术文库

农民工社会网络与观念行为变迁

The Social Networks and Attitudes and Behaviors of Rural-urban Migrants

靳小怡
任义科 / 著
杜海峰

社会科学文献出版社
SOCIAL SCIENCES ACADEMIC PRESS (CHINA)

总　　序

西安交通大学人口与发展研究所一直致力于社会性别歧视与弱势群体问题的研究，在儿童、妇女、老年人、失地农民、城乡流动人口（农民工）和城镇企业困难职工等弱势群体的保护和发展等领域进行了深入研究。研究所注重国内外的学术交流与合作，已承担并成功完成了多项国家级、省部级重大科研项目及国际合作项目，在弱势群体、人口与社会发展战略、公共政策研究等领域积累了丰富的理论与实践经验。

研究所拥有广泛的国际合作网络，与美国斯坦福大学人口与资源研究所、杜克大学、加州大学尔湾分校、南加州大学、加拿大维多利亚大学、圣塔菲研究所等国际知名大学和研究机构建立了长期的学术合作与交流关系，形成了研究人员互访和合作课题研究等机制；同时，研究所多次受到联合国人口基金会、联合国儿童基金会、联合国粮农组织、世界卫生组织、国际计划、美国 NIH 基金会、美国福特基金会、麦克阿瑟基金会等国际组织的资助，合作研究了多项有关中国弱势群体问题的项目。国际合作使研究所拥有了相关学术领域的国际对话能力，扩大了国际影响力。

研究所注重与国内各级政府部门的密切合作，已形成了与国家、地方各级政府的合作研究网络，为研究的开展及研究成果的推广提供了有利条件和保障。研究所多次参与有关中国弱势群体、国家与省区人口与发展战略等重大社会问题的研究，在有关政府部门、国际机构的共同合作与支持下，在计划生育和生殖健康、女童生活环境等领域系统地开展了有关弱势群体问题的研究，并将研究结果应用于实践，进行了社区干预与传播扩散。1989 年以来，研究所建立了社会实验基地 6 个，包括“全国 39 个县建设新型婚育文化社区实验网络”（1998～2000 年，国家人口和计划生育委员会）、“巢湖改善女孩生活环境实验区”（2000～2003 年，美国福特基金会、国家人口和计划生育委员会）、“社会性别引入生殖健康的实验和推广”（2003 年至今，美国福特基金会、联合国人口基金会与国家人口与计划生育委员会）等。其中，“巢湖改善女孩生活环境实验区”在国内外产生了重要的影响，引起了国家和社会各界对男孩偏好问题的重视，直接推动了全国“关爱女孩行动”的开展。

近年来，研究所开始致力于人口与社会可持续发展的理论、方法、政策和实践的系统研究，尤其关注以社会性别和社会弱势人群的保护与发展为核心的交叉领域。作为国家“985 工程”研究基地的重要组成部分，研究所目前的主要研究领域包括：人口与社会复杂系统的一般理论、分析方法与应用研究——探索人口与社会复杂系统的理论和方法，分析人口与社会复杂系统的一般特征及结构，建立人口与社会复杂系统模型，深入分析社会发展过程中出现的重大人口与社会问题；人口与社会政策创新的一般理论、分析方法与应用研究——分析人口与社会政策创新的理论内涵与模式，人口与社会政策创新的政策环境、条件、机制、过程与应用，建立人口与社会政策创新评估体系；转型期面向弱势群体保护与发展的社会政策创新研究、评价与实践——以多学科交叉的研究方法，研究农村流动人口在城镇社会的融合过程，分析农民工观念与行为的演变及其影响机制，研究其人口与社会后果，探索促进农民工社会融合的途径，探讨适合中国国情的城镇化道路；国家人口与社会可持续发展决策支持系统的研究与应用——在人口与社会复杂系统和人口与社会政策创新研究的基础上，结合弱势群体研究所得到的结果，面向国家战略需求，从应用角度建立人口与社会可持续发展决策支持系统，形成相应的数据库、模型库、知识库和方法库，解决人口与社会可持续发展过程中的重大战略问题。

中国社会正处于人口与社会的急剧转型期，性别歧视、城乡社会发展不平衡、弱势群体等问题日益凸显，社会潜在危机不断增大，影响并制约着人口与社会的可持续发展。西安交通大学人口与发展研究所的研究成果有利于解决中国社会面临的、以社会性别和弱势群体保护与发展为核心的人口与社会问题。本学术文库将陆续推出其学术研究成果，以飨读者。

前　言

农民工是转型期中国社会的特殊群体，长期城乡分隔的二元体制使农民工既不同于农民，又不同于市民，成为体制和文化意义上的边缘人。自20世纪90年代以来，农民工问题一直是学术界的研究热点，内容涉及户籍制度、劳动力市场、农民工角色、农民工的劳动权益与社会保障、农民工的教育与管理以及农民工市民化等许多方面。

近年来，农民工社会融合问题成为新的研究热点。农民工的社会融合，不仅表现在居住社区、福利以及劳动权益等制度性层面，而且也反映在婚姻、生育、养老等观念和行为这种非制度层面与市民现代性上。事实上，由于身份的不同，农民工虽身处城市，却与市民交往较少，他们的交往圈主要集中于与他们身份相同的血缘或地缘关系者。对血缘、地缘关系的依赖，并非一种传统的“农民习惯”，而是一定结构安排下节约成本的理性选择。由于流动，原有的在乡土社会已经存在的初级关系网络不能提供预期的物质资源和精神资源，农民工构建新的关系网络便成为必然。

面对具有流动特征的农民工观念、行为融合的复杂社会问题，传统经济学和社会学基于属性变量的统计分析难以完全描述和深入研究，而基于关系变量的结构分析（主要是社会网络分析）为认识这一问题提供了新的研究思路和分析框架。一方面，中国乡土社会特别重视以家庭为纽带的血缘和地缘关系，这已经成为一种“习性”，并具有很大的惯性，影响着人们的生活方式和社会交往方式，很难因生活地点从农村到城市的地域变动或由农民到工人的职业变动而改变；另一方面，农民工流动的过程实际上是其再社会化的过程，对农民工来说，他们在城市使用正式制度的成本高昂。因此，农民工融入城市，最为理性的选择仍然是利用其“人脉”，即求助于社会网络（社会关系）这种传统的非正式制度方式。从社会网络角度切入这一系统的互动关系及其结成的社会纽带，是一种更容易走进农民工特殊生活的范式。

随着社会网络理论和分析方法的成熟和完善，社会网络的概念已经开始用于农民工问题研究，但相关研究还比较缺乏分析的系统性。社会网络既是研究对象又是研究方法。农民工的社会网络通常被作为研究对象而不是研究方法，多采用质性研究，而沿着量的研究路径的尝试则不多见。造成这种结果有两种可能的原因：一是国内有关社会网络分析方法的研究相对滞后；二是网络分析方法相对复杂，而且网络数据收集困难。

近年来的研究发现，大量真实网络既不是规则网络，也不是随机网络，而是具有与前两者统计特征皆不同的复杂网络。复杂网络在 20 世纪末成为网络研究热点，研究重点集中在网络特征的描述上。小世界现象（Small-World Phenomena）和无标度特性（Scale-Free Property），是目前最受关注的两类复杂网络特征。社群结构（Community Structure）研究也成为近年来复杂网络研究最受关注的领域。尽管复杂网络研究朝气蓬勃，但是由于学科特点、学者研究兴趣的不同，复杂网络研究方法还很少被应用到农民工问题的研究中。类似农民工问题这样的复杂社会问题，需要综合运用包括复杂网络在内的多种方法加以研究，而且现实社会问题的紧迫性和相关研究领域的不断发展，期待着理论、方法与现实问题的紧密结合。

西安交通大学人口与发展研究所一直致力于中国社会转型中弱势群体的保护与发展领域的复杂社会问题的研究。长期以来，研究所与美国斯坦福大学（Stanford University）、圣塔菲研究所（Santa Fe Insititute）、加州大学尔湾分校（University of California，Irvine）等研究机构建立了广泛的学术合作网络。研究所以农民工问题作为背景，将复杂性科学的分析方法引入公共管理和社会学领域，在社会系统复杂性、社会网络分析以及复杂系统建模等研究领域，进行了一系列探索性研究。相关研究内容被纳入西安交通大学 211 平台和 985 哲学社科基地建设。从 2004 年开始，这一研究领域受到国家教育振兴行动计划项目（985 工程）、国家社会科学基金（批准号：05ARK001、05CRK002）、自然科学基金（批准号：70671083、71071128）、教育部新世纪优秀人才支持计划（批准号：NCET－04－0931、NCET－07－0668、NCET－08－0451）、教育部长江学者和创新团队发展计划（批准号：IRT0855）、教育部留学回国人员科研启动基金、霍英东教育基金会高等院校青年教师基金基础性研究课题（批准号：121093），以及美国圣塔菲研究所国际项目、斯坦福大学 CDEHA 种子基金（批准号：AG017253－06）等的联合资助。2005 年 4 月，在深圳市政府的大力协助下，我们组织了深圳市农民工问卷调查，将前期的研究成果应用于农民工问题研究，形成了三个主要专题：①农民工社会支持网络的现状特征、形成原因和融合后果研究；②社会网络对农民工婚育、家庭和养老观念行为影响研究；③面向农民工流动的复杂网络模型和网络分析方法研究。目前已发表相关学术论文 40 余篇，与斯坦福大学合作培养博士后 2 人，已培养 8 名博士（均已获学位）、10 名硕士（均已获学位）。上述专题的研究成果将陆续以专著的形式与读者分享。这些专题从不同侧面使用了深圳市农民工问卷调查数据，考虑到专著的独立性和方便读者阅读，在每一本专著中都介绍了数据采集过程，但介绍的重点因研究内容的不同而有所区别。

这部书是专题②研究工作的一个阶段性小结。全书共分十三章，主要内容包括：研究总体设计，理论和文献综述，数据采集，个体网络和整体网络的结构，社会网络对农民工婚姻、生育、养老观念与行为的影响，在总结现有流动人口政策的基础上，提出新的政策建议。

本书是西安交通大学人口与发展研究所人口流动课题组所有成员多年工作的结晶，感谢课题组全体成员的辛勤劳动，也感谢人口与发展研究所其他同人和深圳市等地方政府的大力协助，作者在此一并表示感谢。此外，作者特别感谢西安交通大学人口与发展研究所所长李树茁教授，他是课题组的缔造者和研究方向的开启者。

由于作者水平有限，书中不妥之处在所难免，恳请读者批评指正。

2013 年 10 月

于西安交通大学

目　录

Contents

第一章　绪论

本章主要介绍本书的研究背景、相关概念界定、研究内容与框架、数据与方法等。

第一节　研究背景

在经济全球化的影响下，中国的工业化和城镇化进程加快，人口、经济和社会正在发生转型，户籍制度的松动为协调和整合区域社会经济发展不平衡提供了契机。在沿海城市经济快速发展但劳动力缺乏产生的拉力和由于土地相对短缺农村无法消化大量剩余劳动力的推力共同作用下，数以亿计的农村人口流入城市。在现有制度环境下，如何促进城乡人口、社会和经济的全面协调发展，成为可持续发展的重要内容。

人口流动与迁移是发达国家和发展中国家在工业化、城镇化过程中都会遇到的问题。据国家统计局调查，农民工总量持续增加，截至 2011 年底，这一数字已达到 2.5 亿，其规模还有不断扩大的趋势（国家统计局，2012）。当前，农民工①已经成为中国产业工人的主体力量，他们在为中国城市社会经济的发展做出巨大贡献的同时，也不可避免地带来了一些负面影响（段成荣，1998）。这种影响最为直接的表现就是，城市公用设施的负担和城市管理的难度增加，以及城市治安的恶化。随着流动人口大规模地涌入城市，城市的公共交通、公共卫生、文化教育、环境保护、计划生育等方面

① 在学术界，农民工有时也被称为流动民工、流动人口、农村流动人口，但在相关政策中更多采用流动人口的称谓。本书中不同场合使用不同的名称，但意思相同，在此加以说明。

都面临较大的压力。由于农民工游离于城市社会保障体系之外，长期城乡分割带来的农民工与市民间的隔阂以及迫于工作生活的压力，一小部分农民工因不能及时找到工作而导致行为失范，给城市治安和社会稳定带来不良影响。农民工流入城市给中国社会发展带来的更深层次、更加深远影响的问题是他们的社会融合问题，或者说是中国工业化、城镇化进程中的城乡人口融合问题。由于制度和体制的原因，中国的人口流动与发达国家不同，是在城乡二元体制和城市非农产业缺乏劳动力吸纳能力的背景下发生的，以从乡村到城市的非正式或非永久性流动为主，大批农民工只能流入城市的非正式部门（钟水映，2000）。农民工在就业、住房、子女教育、社会保障、福利待遇等方面均处于劣势，其工作和生活游离在城市正式制度和社会组织之外，无法真正融入城市社会，处在城市的边缘地位（柯兰君、李汉林，2001；刘传江、周玲，2004）。农民工的社会融合绝不仅是农民工自身的问题，也是关乎整个中国社会发展的一个公共管理问题，涉及国民待遇、国家政策、法律法规和公民社会建设等各个层面。农民工问题已经成为影响中国未来社会稳定与经济发展的重大问题，是中国构建和谐社会过程中不可回避、亟待解决的问题。

社会融合（Social Integration）是移民与当地社会的关系（王春光，2001）。目前，农民工与城市社会的融合存在着诸多困难和阻碍因素，包括制度因素和非制度因素。首先，最直接的因素是户籍制度及其相关的一系列制度安排，如就业制度、教育制度、住房制度、社会保险制度等；其次，社会歧视也阻碍了他们对城市社会的认同和靠拢，这种歧视来自城市居民群体和政府以制度形式规定下来的就业身份（卢海元，2004）。户籍制度决定了农民工与城市居民在身份上存在着本质差别，致使他们更容易陷入贫困状态（蔡昉，2003）。制度性和非制度性的歧视，限制了农民工只能从事社会阶层较低的职业，导致其经济资源的长期匮乏，再加上较差的居住环境和语言文化上的差异，使得他们的交往活动受到很大限制，大多数的农民工社会交往圈子通常只能局限于农民工群体内部，形成了“城市里的村庄”与“城市中的老乡”这一特殊的居住场所与社交圈子，使他们置身城市却不能和市民进行全面的社会互动（卢海元，2004）。农民工在社会关系、心理、文化和政治参与上长期被隔绝，与主流社会隔离，并逐渐被边缘化（卢海元，2004；何汇江，2004）。因此，制度性因素和非制度性因素都是影响农民工社会融合的重要因素，在现有制度环境下，改善农民工非制度性社会融合，对于实现城乡社会经济可持续发展，无疑具有重要意义。

一般而言，移民与当地社会的融合要经历定居（Settlement）、适应（Adaptation）和完全同化（Total Assimilation）三个阶段（Sauvy，1996）。虽然大部分的农民工每年往返于城乡之间，他们中的大部分最终不得不选择回乡（白南生等，2002），可能只经历了所谓的“定居”和“适应”过程，但随着在城市滞留时间的延长，也有一部分人举家迁移（卢海元，2004），其社会融合程度会不断提高，有些个体甚至进入完全同化阶段。不论他们在城市滞留时间的长短，外出务工都使他们的生活场域从传统的农业社会迅速转换为工业化大都市，使其经历着再社会化的过程，其社会联系和社会网络（Social Network）得以重新构建。在与新构建社会网络的互动中，农民工的观念和行为或多或少会发生转变，随着他们在城市滞留时间的延长，现代性逐步加强，并最终融入城市的主流社会之中（曹子玮，2003）。

经济学和社会学是农民工问题研究的两个主要视角。经济学者把人口流动看作劳动力流动，将交易费用概念引入对劳动力转移的成本收益分析，充分肯定人力资本在农民工职业地位获得过程中所起的作用；社会学者则认为，人口流动是一种社会流动，包含了地域流动、职业流动和阶层流动三个方面，关注决定个人经济行为的“社会结构性因素”，并将“社会资本”概念引入到农民工问题研究中，指出社会资本在农民工进城过程中发挥着节约交易成本和信息成本的作用（李培林，1996；赵延东、王奋宇，2002）。人口流动必然会引起社会资本的变化，社会网络不仅是社会资本的重要内容（Lin & Smith，2000），也是人口流动研究的主要理论之一（Hugo，1981；Massey，1990）。从社会网络的角度切入这一系统的互动关系及其结成的社会纽带，是一种更容易走进农民工特殊生活的范式（渠敬东，2001）。基于关系变量的结构分析（主要是社会网络分析），为认识这一问题提供了新的分析思路和分析框架。

农民工是城市社会的弱势群体，社会支持与社会讨论对这一特殊群体尤为重要。社会支持是通过一定的社会网络，运用一定的物质和精神手段，对社会弱者进行无偿帮助的一种选择性社会行为（陈成文、潘泽泉，2000）。社会支持网络是指个人能借以获得各种资源支持（如金钱、情感和友谊等）的社会网络。社会支持网络包括实际支持、情感支持和社会交往支持（Van del Poel，1993）。社会支持网络一方面有益于身心健康和个人幸福；另一方面，社会支持网络作为社会保障体系的有益补充，有助于减轻人们对社会的不满，缓冲个人与社会的冲突，从而有利于社会的稳定（贺寨平，2001）。社会讨论是个体之间对与其相关的社会问题的交流和互动。社会讨论网络也称人际交往网络，是社会网络研究的重要部分，它对于研究个人的意识行为如何受网络影响以及如何通过网络影响其他个体有着重要的意义。已有研究表明，外出打工经历提高了农民的社会阅历和经济地位，同时也在改变他们的观念，如有外出打工经历的男性更能适应传统婚姻“男高女低、男主女从”的模式，而有外出打工经历的女性则无法接受传统婚姻，传统婚姻也无法接受她们（谭深，1997；Eklund，1999）。外出务工使妇女从经济上得以独立、价值观念和经历见识得以提高，颠覆了乡土社会传统的社会性别角色和劳动分工（Silvey，2003），改变了女性农民工对自身的期望，其婚育观念及行为的改变更为显著。在生殖健康方面，流动后农民工的避孕措施趋向于多元化和短效措施，社会网络加速了多元化避孕措施的传播（杨绪松等，2005）；社会网络对农民的养老观念产生了很大影响，他们更倾向于社会养老（刘宁，2007）。有理由预期，流动后的社会网络是影响农民工改变婚育、养老观念的重要途径，也是促进农民工观念融合的重要渠道。

农民工非制度性社会融合，主要表现在他们的社会网络再构建及其对经济社会地位获得、社会阶层流动的影响，以及其社会价值观念与行为变迁上，这一过程是动态的和非线性的。社会网络是复杂性科学的重要研究对象，而农民工的流动特性更增加了这一群体社会网络的复杂性。农民工以及他们的社会网络乃至社区，都是社会网络及其运动的效果，传统的基于属性变量的统计分析难以进行完全描述和深入分析。因此，对于农民工非制度性融合这样一个复杂对象，必须结合现代复杂性科学理论和方法，才有助于更深入地综合研究。农民工观念和行为的演化，既是具有某种特质的文化传播过程，又是某种新的观念和行为的创新扩散过程。因此，可以说，社会网络是文化传播理论和创新扩散理论的共同要素，这使得将文化传播理论和创新扩散理论以社会网络为纽带纳入复杂性科学研究体系中的策略成为可能。结合文化传播、创新扩散以及社会资本理论的网络分析，是研究农民工社会关系及观念与行为演化的一个全新而有效的思路。

就社会领域中的复杂性研究而言，理论和应用研究主要局限在经济管理领域，在社会、人口和公共管理领域的研究相对滞后，定量分析和模型应用还不多见。从总体上看，单一学科或单方面的研究较多，多学科交叉的综合性研究较少。复杂性科学探究方式不仅能战胜自然科学和人文科学之间的隔阂，而且也能缩小西方文化和东方文化之间的距离（克劳斯·迈因策尔，1999）。网络分析，尤其是复杂网络分析和应用，已经成为管理科学的重要研究内容，尽管复杂网络分析方法还很少应用于公共管理问题的研究，但是随着学科间的交叉与融合，运用复杂网络分析方法研究公共管理问题必将成为趋势。

农民工规模的不断扩大，给中国城乡人口、经济和社会的可持续发展带来了巨大的挑战，对城市现有的户籍管理制度、劳动就业制度、计划生育管理制度以及社会保障体系等造成很大冲击。同时，制度和法规的不健全与农民工本身社会资本的匮乏，造成了他们难以融入城市社会，从而使其在艰难的转变过程中遭遇种种挫折与艰辛，并逐渐形成了越来越严重的社会问题，成为城市乃至整个社会与人口安全以及社会协调发展的不利影响因素，直接影响到社会的稳定与和谐发展。如何从公共管理研究的角度，对国家和地方各级政府不断出台的流动人口政策进行政策分析与评价，并提出合理、科学的政策建议，以期缓和、解决不断突显的流动人口问题、维护社会的稳定与和谐发展，是公共管理领域迫切需要解决的重要问题之一。

第二节　重要概念

本书涉及的概念较多，主要包括社会资本、社会网络、复杂网络、个体中心网络和整体网络、社会支持网络和社会讨论网络，文化传播、创新扩散等，下面分别进行介绍。

一　社会资本

依据布尔迪厄的定义，社会资本（Social Capital）是“实际或潜在资源的集合，这些资源与相互默认或承认的关系所组成的持久网络有关，是社会关系的总和，而且这些关系或多或少是制度化的”，社会资本由两部分构成：一是个体借以获取与之相关群体的资源的社会关系；二是群体内个体可获得的资源的数量和质量（Bourdieu，1980）。科尔曼则认为，社会资本发源于紧密联系的社会网络，是人力资本的创造、传递和获得的积极的社会条件，决定了人们是否可以实现某些既定目标（Coleman，1990）。林南在充分总结前人研究的基础上，将社会资本视为在目的性行动中获取和/或动员的、嵌入在社会结构中的资源。综合而言，在微观意义上，社会资本具有无形性，以社会规范、社会文化、社会关系、社会凝聚力、社会倾向性和社会价值观等形式，内嵌于社会网络关系之中，会影响个体的心理、行为及地位，对个体的行动具有形塑的作用（Bourdieu，1986；Grootaert，1997）；在宏观上，社会资本通过影响某个社会群体在社会交往中相互作用的数量和质量，对经济和社会的发展产生影响（Ostrom，1994）。总之，社会资本理论所具有的宏观—微观鸿沟的弥合作用，对通过社会网络来分析农民工的相关问题，具有重要的理论指导作用。

二　社会网络

社会网络（Social Network）是社会结构的重要概念。本书的社会网络主要是指社会支持网络和社会讨论网络，对社会网络的结构分析不但包括传统的社会网络分析，也将复杂网络研究的成果引入其中，探讨其复杂性特征，主要包括小世界现象、无标度特征和社群结构。

（1）社会网络

社会网络既是一种研究方法，同时其本身也是研究对象。社会网络是个体之间的社会关系（阳建强、吴明伟，1999；杨红梅等，2003；刘军，2004；Frey et al.，1995），是与社会资本与社会资源相联系的概念。社会资本与社会资源理论是在社会网络的基础上发展起来的，与社会网络有紧密的联系，可以将社会资本看作蕴涵在社会网络中，或者是通过社会网络所能得到的社会资源。

社会网络的研究主要是沿着两个方向进行的，即整体网络和个体中心网络。由于整体网络可以很好地揭示社会网络的结构，因此，在研究农民工社会网络现状时，本书从个体中心网络和整体网络两个角度入手，但由于整体网络的邻接矩阵很难被纳入统计模型，所以，本书仅从个体中心网络角度出发，分析网络对农民工求职、收入以及社会融合的影响。

（2）社会支持与社会支持网络

一般而言，社会支持指人们从社会中所得到的、来自他人的各种帮助（张文宏、阮丹青，1999；Lin et al.，1986）。社会支持可分为两类，一是正式的社会支持，二是非正式的社会支持。前者指来自政府、社会正式组织的各种制度性支持，后者则主要指来自家庭、亲友、邻里、同事和非正式组织等的非制度性支持。

本书的社会支持主要涉及农民工的非正式支持，依据范德普尔对社会支持的分类，集中探讨实际支持、情感支持和社会交往支持等三种社会支持网络（Van del Poel，1993）。实际支持指的是提供家务劳动、患病时帮助、借钱、借日常生活用品、帮助填表等日常事务方面的帮助；情感支持指的是提供夫妻矛盾时的疏解、精神安慰、重大事项咨询等情感问题方面的帮助；社会交往指的是提供一同外出、拜访、吃饭逛街等社交活动方面的陪伴等。

（3）社会讨论网络

社会讨论网络也称人际交往网络，是社会网络研究的重要部分，它对于研究个人的意识行为等如何受网络影响以及如何通过网络影响其他个体，有着较为重要的意义。本书研究的社会讨论网络主要是指农民工在婚姻、生育、养老等方面相互交流而形成的人际关系网络。

三 复杂网络

小世界现象、无标度特征和社群结构是目前最受关注的复杂网络特征。

小世界现象现在还没有精确的定义，一般认为，如果网络中两节点间的平均距离 L 随网络节点数目 N 成对数增长，即 $L \propto \ln N$ ，则称该网络具有小世界现象，聚类系数和平均路径长度是目前考察小世界现象的两个重要指标（Watts & Strogatz，1998）。

无标度特征的分析主要是考察网络节点的度分布情况。巴拉巴斯等将节点度分布满足幂律分布的网络称为无标度网络（Barabàsi et al.，1999；Barabàsi，2002）。与泊松分布和高斯分布尾部呈指数下降不同，幂律分布的尾部下降很慢，因此，可能会出现所谓的网络中心节点，但是要从理论上判断一个分布满足幂律分布比较困难，而且关于无标度网络的研究还存在争议。

纽曼等将异构网络中由不同性质、类型的节点组成的关系丰富的结构称为“社群”（子网络或小团体），并进一步指出社群内节点关系稠密，而对不同社群节点之间的关系稀疏的结构——社群结构，是复杂网络的特征之一（Newman，2004a）。在社会网络中，那些具有相对较强、直接、紧密、经常或积极关系的个体的集合又称为凝聚子群（Cohesive Subgroup），是社会网络研究的重要内容（Wasserman & Faust，1994）。社群结构在分析视角、度量指标和分析方法等方面，对传统凝聚子群分析进行了完善和拓展（杜海峰等，2011）。本书利用社群结构，研究农民工在流出地、人口社会学特征等因素的影响下，如何依据自己组织的潜规则，在组织行为上表现出的小团体行为（吴红宇、谢国强，2006；李树茁等，2006b）。

从个体与其网络成员的关系亲密程度或强度上来说，关系又可以被分为“强关系”和“弱关系”。一般而言，强关系主要是指血缘和地缘关系，而弱关系主要是指业缘和友缘关系。无论社会支持网络，还是社会讨论网络，个体与网络成员的关系都存在强关系和弱关系。

社会网络又可以分为个体中心网络和整体网络。个体中心网络是由一个个体与其有关系的人以及关系构成的网络，是以该个体为中心，每个个体都有一个个体中心网络，这种网络可以用于统计分析，研究样本的抽样要求随机抽样，以保证样本的独立性。整体网络则要首先框定研究的人群，以整群人作为研究对象，样本抽样的难度较大，通常以便利抽样或整群抽样为主，这种网络难以用于传统的统计分析，却是社会网络和复杂网络主要研究对象。

在研究方法上，社会网络和复杂网络都是研究农民工关系网络的重要工具，只是侧重点不同而已。社会网络主要是针对人与人之间形成的关系而言的，有专门的社会网络分析方法，研究者主要是社会学家，主要考察网络的结构指标；而复杂网络研究内容比较宽泛，包括社会网络、信息网络、技术网络和生物网络等，研究者以数学家、物理学家为主，主要考察网络的统计物理特征，包括小世界现象、无标度特征和社群结构等。

各种网络概念的主要关系如图 1－1。

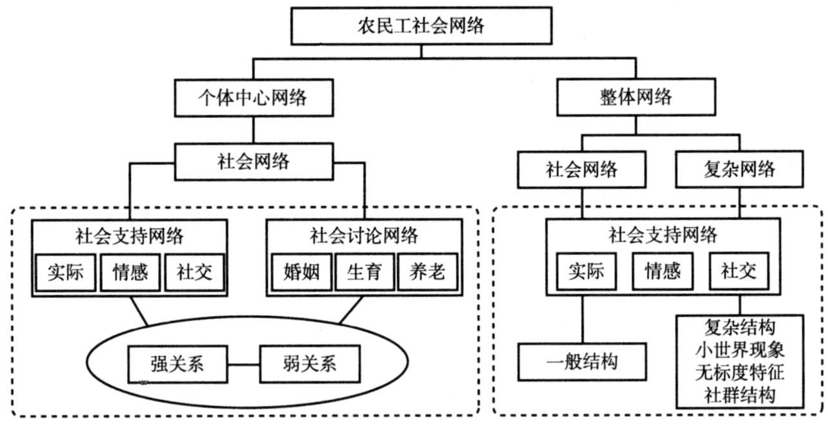

图 1-1 网络关系图

四 文化传播

文化是一个广义的概念，有许多不同的定义。一般说来，它泛指人类在日常生活中的思想、意识、观念、言论、行为等表现出的特征。文化是人类在长期的社会生活中逐渐积累形成的，文化本身既可以在社会不同群体中传播，又在其传播过程中不断发展和变化。因此，传播与演化是文化本身所具有的两个重要特点。由于文化是人类社会生活和社会发展的重要部分，文化的形成、传播与演化一直是人类学和社会学研究的重要内容。

20 世纪 80 年代以来，一些人类生物学家认为，生物学中基因遗传和生物进化的过程同人类社会生活中文化的传播机制和演化过程存在很多相似之处，也就是说，一种文化特征也具有形成、选择、传播与演化等几个阶段。因此，生物进化的数学模型和方法可以用来定量地描述和分析文化的传播与演化过程（Cavalli-Sforza & Feldman，1981）。在此基础上，他们提出了一系列的有关文化传播与演化的理论与模型，并对社会生活中的许多文化问题进行了深入的定量研究，得到了一些有影响的研究结果，引起了国际人类学界和社会学界的广泛注意（Cavalli-Sforza et al.，1982；Kumm et al.，1994；Laland et al.，1995）

目前，国际上存在三种文化传播与演化理论和模型，其中以卡瓦里和费尔德曼的理论和模型最具有影响力，在实际中的应用也最多（Laland et al.，1999）。卡瓦里和费尔德曼认为，实际社会生活中文化的形成、传播与演化是非常复杂的，文化及其传播具有定量的、可学习的或可传播的、双重性、层次性和阶段性等特点（Cavalli-Sforza & Feldman，1981）。

五 创新扩散

扩散理论试图解释人们为什么、怎么样、什么时候做别人之前做过的事。很多扩散理论在本质上是从社会模仿理论的基础上开创的。创新扩散的研究始于泰德（Tarde）1903 出版的《模仿的规律》（*The Laws of Imitation*）一书（Wejnert，2002）。创新扩散理论是美国学者埃弗雷特·罗杰斯提出的。罗杰斯认为，创新是“一种被个人或其他采纳单位视为新颖的观念、时间或事物”。他把创新的采用者分为革新者、早期采用者、早期追随者、晚期追随者和落后者。创新扩散包括五个阶段：了解阶段、兴趣阶段、评估阶段、试验阶段和采纳阶段。而一项创新应具备相对的便利性、兼容性、复杂性、可靠性和可感知性五个要素。另一美国学者罗杰·菲德勒则认为，创新还应当包括“熟悉”这一要素。

创新扩散理论在人口社会学中经常应用的一个标准定义是由罗杰斯给出的。创新扩散是指在一个社会系统中个体间的信息或行为的传播，传播表示从源头到使用者的流动，社会影响表示一个潜在的使用者可能采用这个创新的概率或可能性。扩散理论认为，当一些人采取新的生育控制观念（或行为）时，会影响到另外一些人（Rogers，1995）。扩散过程可以视为许多个体累积决策的结果。扩散过程的行为基础有两种机制（Montgomery & Casterline，1996）：社会学习和社会影响。社会学习（Social Learning）是个体通过正式和非正式的社会相互作用，包括大众媒体，从其他人那里获取知识的过程；社会影响（Social Influence）是一些人或机构依靠其力量或权威向其他人施加影响的过程。扩散主要通过两种渠道，即社会网络和大众媒介（Bass，1969），信息的可获得性对于采纳的过程很重要。大众媒介，如广播、电视等，提供信息和可能影响规范。当新的观念和行为是比较普遍、大众关注和充分定义的社会问题时，大众媒介会对个体采纳决策产生影响（Strodthoff et al.，1985），大众媒介在让人们认知创新知识方面更具效力，但是新的观念的形成以及采纳和拒绝新观念和行为的决策方面，仍然更加依赖于人际间传播（Rogers，1995）。

第三节　研究内容与框架

本书以社会资本和社会网络理论为基础，结合文化传播演化与创新扩散理论，在复杂科学视角下，从多角度系统地分析中国社会转型期迁移与流动引起的农民工观念与行为的演变及其社会影响，结合农民工社会网络的再构建，探索流动人口的社会融合过程以及流动与迁移对农民工婚育和养老观念与行为演变的影响机制，为解决作为大城市弱势群体的农民工面临的实际问题、加强流动人口管理、促进城市可持续发展和社会和谐提供政策建议。

本书的研究框架如图 1－2 所示。在研究框架和研究内容的基础上，确定了如下的基本思路。

第一，以社会资本理论作为理论基础，以社会网络理论和分析方法为核心，在复杂性科学的指导下，把创新扩散与文化传播理论纳入其中，综合分析流动人口社会网络特征以及对婚育、养老等观念、行为演化的影响，指出现有研究的不足和研究空间。

第二，从个体中心网络和整体网络两个层次展开，对农民工社会网络特征进行分析。采用个体中心网络主要分析了社会支持网络（包括实际支持、情感支持和社交支持）、社会讨论网络的规模和关系构成特征；采用整体网络不仅分析社会支持网络的传统指标特征，还分析了小世界、无标度和社群结构等复杂网络特征。采用个体中心网络和整体网络，并运用传统社会网络分析方法和复杂网络分析方法，有助于全面揭示农民工的社会网络结构特征。

第三，根据个体婚姻、生育和养老讨论网络的特点，通过建立回归模型，对农民工婚育、养老观念及其演化的影响因素进行分析，明确社会网络和流动因素、个体因素一样在农民工观念行为演化方面发挥着重要的作用。在对社会支持网络结构研究的基础上，分析社会网络资本对于农民工未来发展意愿的作用，借以反映农民工的社会融合状况。

第四，在对现行的流动人口公共政策和以深圳市为代表的地方农村流动人口公共政策体系进行研究和梳理的基础上，基于公共政策分析相关理论进行政策评价。探讨农民工的政策需求，并结合理论研究、实证研究，

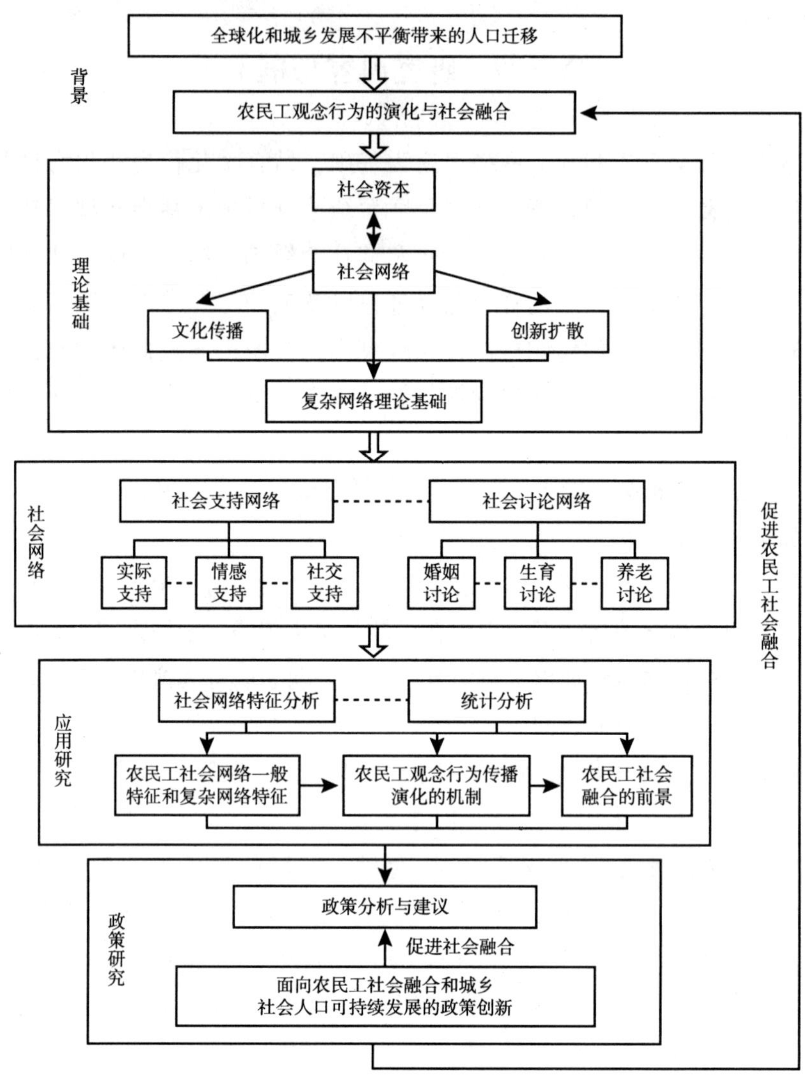

图 1-2　研究框架图

探索有效的农民工管理方法与途径，提出推动城市人口与社会经济可持续发展和促进社会和谐的策略。

本书共分十三章，各章安排如下：

第一章　绪论。介绍本书的研究背景，包括现实社会背景和理论背景；提出本书研究的问题并界定相关概念；明确研究目标和研究意义，提出研究思路和研究框架以及基本研究内容；介绍本书资料来源与分析方法。

第二章 基本理论与相关研究评述。对与本书研究相关的国内外主要理论和方法的研究成果进行评述。在简要介绍社会资本理论、社会网络理论、文化传播和创新扩散理论后，主要阐述国内外关于社会网络分析以及社会网络对婚育、养老观念、行为影响的相关研究，在此基础上，指出本书的研究空间。

第三章 样本选择与数据采集。对本书的资料来源地——深圳市进行介绍。详细介绍了社会支持网络和社会讨论网络测度、抽样调查的问卷设计、抽样过程、调查实施过程、数据质量评估等内容。

第四章 农民工个体中心网络基本特征分析。从个体中心网络角度，分析农民工社会支持网络和社会讨论网络的规模和关系构成，并对网络成员的婚姻、生育、养老观念和行为的分布进行比较。

第五章 农民工整体网络基本特征分析。从整体网络角度，分析农民工社会支持网络和社会讨论网络的二方关系、三方关系和整体网络特征，并对同一调查地不同类型的网络、不同调查地同一类型网络特征进行了对比。

第六章 农民工社会网络复杂性特征分析。分析农民工社会支持网络和社会讨论网络的小世界现象、无标度特征和社群结构特征，并对流动前后社会支持网络的无标度特征以及社会支持网络和社会讨论网络的复杂网络特征进行了对比。

第七章 农民工社会网络对其婚姻观念行为的影响。分析农民工婚姻观念、行为现状，并从社会网络因素、流动因素和个体因素研究了婚姻观念和行为及其变迁的影响因素。

第八章 农民工社会网络对其生育观念行为的影响。分析农民工生育观念和行为的现状，并从网络因素、流动因素和个体因素研究了农民工生育观念行为及其变迁的影响因素。

第九章 农民工社会网络对其未来发展意愿的影响。主要分析农民工的未来发展意愿，反映农民工的社会融合特点。

第十章 农民工对流入地、流出地政府的信任。在对比分析农民工对流入地、流出地政府信任现状的基础上，探讨农民工对流入地、流出地政府组织和政府工作人员信任的影响因素。

第十一章 国家宏观农民工服务管理政策分析。系统梳理国家出台的农民工的相关政策，对农民工政策知晓情况进行了综合分析，再对有关农民工服务与管理的政策进行评估。

第十二章　地方性农民工服务管理政策分析。主要对以深圳、西安为代表的地方性农民工相关政策进行梳理，并对农民工知晓情况以及农民工的政策需求进行分析。

第十三章　结论与展望。对本书的研究内容进行系统总结，给出最终结论。以此为基础，结合本书实证研究结果和政策研究结果，提出促进农民工观念和行为现代化、更好融合城市社会的对策和建议。最后指出本书研究的局限以及今后的研究方向。

第四节　数据与方法

本书所用数据来自2005年4月西安交通大学人口与发展研究所组织的深圳外来农村流动人口抽样调查。深圳市是全国流动人口与户籍人口比例倒挂最严重、人口密度最大、人口年均增长速度最快、适龄劳动人口平均文化程度最低的城市，人口因素已影响到深圳市的现代化进程（郑丽虹、熊晓艳，2004）。因此，选取深圳市作为中国农村流动人口调查地具有一定的代表性。在前期研究的基础上（靳小怡等，2005；杨绪松等，2005），本次调查旨在分析农民工在原有乡土社会网络的基础上进行社会网络再构建的动态过程、特点和后果，探讨农民工进入城镇后的社会网络如何影响其婚姻、生育、养老等观念与行为的演变，促进农民工的社会融合，推动中国城乡人口与社会的可持续发展。本书是基于本次调查的部分数据进行分析所得到的成果。另外，在分析有关流动人口政策以及政策网络之间的关系时，也采用了2008年在西安市进行的农村流动人口调查数据。

本书依据系统工程的思想和方法建构了农民工社会网络与其观念、行为演变的分析框架，结合管理学和社会学研究方法，综合运用了社会网络分析（包括传统社会网络分析和复杂社会网络分析）和统计分析等技术进行分析。

本书利用传统社会网络分析方法，分析了个体社会支持网络和社会讨论网络的规模、关系构成及其分布特点，以及整体社会网络的二方关系、三方关系和整体网络特征等；利用复杂社会网络分析方法，主要分析农民工社会网络的复杂网络特征，包括小世界现象、无标度特征和社群结构等三个方面。统计方法包括：列联表分析法、Logistic 回归法、Ordinal 回归法和 Cox 回归法等。其中，列联表分析法主要用于观念、行为的现状分析以及政府需求和评价分析；Logistic 回归法、Ordinal 回归法和 Cox 回归法主要用于分析农民工的实际婚龄和理想婚龄、初婚风险和生育、养老观念与行为的影响因素及其演化机制。本书采用的分析软件有 SPSS 软件、EXCEL 软件、MATLAB 软件、UCINET 软件等。

第二章　基本理论与相关研究综述

本章首先系统评述社会资本与社会网络理论、复杂网络理论、文化传播与创新扩散理论；其次，对社会网络分析方法进行了介绍；最后，回顾了已有的关于婚姻家庭、生育、养老观念与行为以及社会融合等方面的研究成果。

第一节　基本理论

社会资本理论、社会网络理论、创新扩散与文化传播理论、复杂网络理论相互联系、相互影响，其中社会资本是研究的理论起点，社会网络理论是各理论的核心纽带。社会资本是实际或潜在资源的集合，这些资源是嵌入在社会网络之中，社会网络是资源传递渠道和载体。文化传播理论是对文化现象演化的微观机制进行探讨，而创新扩散理论则描述了新元素在人群中被接受的过程，它们都是通过社会网络作为载体来进行的，同时也被社会网络影响。网络研究作为揭示复杂系统结构和功能的重要手段，是复杂性科学研究的主要内容，而社会网络则是网络研究的重要分支，因此，社会网络研究也成为复杂性研究新的方向和内容。各种理论要素的相似性及内在逻辑联系，使得将它们纳入到复杂性科学研究体系之中成为可能。

一　社会资本理论

1889 年，奥地利学派的代表人物庞巴维克在经济学研究中首次提出了“社会资本”（Social Capital）的概念，与“私人资本”相对应，这一概念具体指代“用来在社会经济方面获得财货的手段的产品”（庞巴维克，1991）。

马克思在《资本论》中也提到了“社会资本”，他所指的是与“私人资本”相对的无数个别资本的总和，即社会总资本。经济学家格伦·罗瑞于1977年最先将“社会资本”概念引入社会科学，但是对社会资本理论的阐释源自于法国的皮埃尔·布尔迪厄和美国的詹姆斯·科尔曼。通过社会关系行动者可以进行以盈利为目的的经营性行为。根据布劳对社会交换的理解，社会交换的标的物不仅仅限于有形的物质或金钱等，只要是符合付出与回报过程的行为都可算作经营性行为。20世纪80年代以来，社会资本理论迅速发展，依据布尔迪厄的定义，社会资本是“实际或潜在资源的集合，这些资源与相互默认或承认的关系所组成的持久网络有关，是社会关系的总和，而且这些关系或多或少是制度化的”。社会资本由两部分构成：一是个体借以获取与之相关群体的资源的社会关系；二是群体内个体可获得资源的数量和质量（Bourdieu，1980）。同时，布尔迪厄提出了“场域”的概念，即构成社会资本的各种社会关系连接而形成的社会场合或社会领域，“场域”的本质是社会构成要素之间的关系，即社会关系网络（Bourdieu，1980）。在此，社会网络是一个人同其他人形成的所有正式与非正式的社会联系，也包括了人与人直接的社会关系和通过物质环境和文化的共享而结成的非直接的关系（Mitchell，1969）；社会网络关注人们之间的互动和联系，而由此产生的个体间的社会互动会影响人们的社会行为（Carrington，1988）。科尔曼认为，社会资本发源于紧密联系的社会网络，是人力资本创造、传递和获得的积极的社会条件，它决定了人们是否可以实现某些既定目标，从社会结构的角度看，社会资本具有五种形式：义务与期望、信息网络、规范与有效惩罚、权威关系、多功能社会组织和有意创建的社会组织（Coleman，1990）。目前，较多学者已认同社会网络是社会资本的重要组成部分，也是社会资本的重要表现形式（Luory，1977；Bourdieu，1986；Coleman，1990；Putnam，2000）。在微观意义上，社会资本具有无形性，以社会规范、社会文化、社会关系、社会凝聚力、社会倾向性和社会价值观等形式内嵌于社会网络关系之中，会影响个体的心理、行为及地位，对个体的行动具有形塑的作用（Bourdieu，1986；Grootaert，1997）；在宏观上，社会资本通过影响某个社会群体在社会交往中相互作用的数量和质量，来影响经济和社会的发展（Ostrom，1994）。

国内外社会学领域有关社会资本与社会网络的理论研究，始于单一的社会网络。自从社会资本理论引入社会学以后，鉴于社会资本与社会网络之间的关系，一些学者基于社会网络对社会资本理论进行研究。

亚历山德罗·波特斯从网络关系角度，对社会资本进行了研究（Portes & Sensenbrenner，1993；Portes & Landolt，1996；Portes，1998）。波特斯认为，社会资本是个人在更宽泛的社会结构中，由于取得了一种成员资格而具有获取资源的能力。这种能力不是个人固有的，而是个人嵌入在一定的社会关系网络中的结果。社会网络本身具有互惠交换、强制信任、价值内化和动态团结的特征。社会资本具有三方面的经济意义：第一，社会资本是社会控制的源泉。由于有限度的团结和可信任，使共同体的成员结为一个亲密的、相互联系的网络，稳定社会秩序、减少社会动乱的发生，对社会控制是非常有利的。第二，社会资本是家庭支持的源泉。第三，社会资本是个体通过家庭之外的网络获得收益的来源。除此之外，波特斯特别提出“消极社会资本”的概念，这一概念是指由于群体结构的封闭性导致社会资本具有排斥圈外人、对团体成员要求过多而可能阻止了其他成员创新的成功、限制了个人的自由、用规范消除了差异却产生了向下的压力等。波特斯的社会资本论详细阐述了网络成员间社会关系特征的差异，提出的“消极社会资本”概念，有利于全面理解和认识社会资本。

罗纳德·博特从网络结构的角度，对社会资本进行了研究（Burt，1992；1993；1997）。博特分析了结构洞理论，并把它运用到市场竞争行为的研究中，认为竞争优势不仅是资源优势，更是关系优势，结构洞越多的竞争者，其关系优势越大，获得较大利益回报的机会越高。博特的网络结构观是基于行为研究人们的社会地位，为个体利用社会资本分配资源提供了很好的解释。

林南从网络资源角度，对社会资本进行了研究（Lin，1982；2001）。他认为，弱关系不只有格兰诺维特所说的“信息桥”的作用（Granovetter，1973），社会可看成分层的金字塔体系，弱关系将不同阶层拥有不同资源的人联系在一起，具有借用、摄取社会资源的作用；并将社会资源按照功效划分为工具型和情感型两类，个人通过各种社会关系获取并利用这两种资源，以支持个体的社会行为和达成预期目标；人们正是为了获得生存及发展所需要的资源，主动地形成了相互依存的社会网络。林南强调社会资本的先在性，认为社会资本是一种先前存在于社会结构之中并可以通过有目的的行动来获得或流动的资源；社会网络是社会资本的一种表现形式，只有将社会网络加以工具性利用时，社会网络才成为社会资本。

社会资本理论研究丰富了对社会关系和社会结构的认识，为社会问题的研究提供了理论基础。随着社会资本理论的不断成熟和发展，这一理论越来越多地受到国内社会学研究者的关注。

伴随着农民工活动场域的变化，其社会关系也在逐渐地发生变化。在流动之前，他们主要在农村从事农业生产，社会网络关系主要以亲缘、地缘为主，以此为基础构建起来的关系网络是社会资源的主要体现；农民工流动是依赖以地缘和血缘关系为基础的初级关系来实现的（罗忆源，2003；农村劳动力流动的组织化特征课题组，1997）。同时，初级社会关系网络有机会部分移植到城里（何频，1997），随着活动场域转换，以初级群体为主，并以初级关系为基础不断建构次级关系，社会关系网络的地域范围大大拓宽。农民工初次流动所依靠的社会资源最主要的是乡土网络，市场化的变革和农民职业及生活方式的变化，并没有从根本上改变他们以血缘、地缘关系为纽带的社会网络的依赖（钟水映、辜胜阻，2000）。

20 世纪 90 年代中期开始，社会资本概念被引入到对我国农民工问题的研究中。彭庆恩（1996）对农民工中“包工头”的个案访谈，详细分析了这些人进城之后如何有意识地构筑起一张张“关系网络”，并利用这些关系网络来获得并巩固自己“包工头”地位。他认为，这些关系网络构成了个人所拥有的“关系资本”，其作用要超过人力资本等其他结构性因素。赵延东也指出，在农民工经济地位获得的过程中，社会资本所扮演的角色是极其重要的，其作用可能比人力资本等因素更为显著，甚至连他们拥有的人力资本也可能要依靠其社会资本才能充分发挥作用（赵延东、王奋宇，2002）。李汉林（2003）分析了农民工群体以初级群体为基础的社会网络具有“强关系”的特点，指出同质群体成员是构成农民工之间强关系纽带的基础；信任，尤其是非制度化信任是构造纽带关系强度的重要前提条件。渠敬东（2001）认为，农民工的社会网络是围绕着血缘、地缘和业缘等同质关系构成，并影响农民工生活世界的建构过程。中国的乡土社会历来重视亲缘和地缘关系。这种对亲缘、地缘关系的重视，影响着人们生活方式和社会交往方式，成为一种“习性”，这种“习性”没有因生活地点从农村到城市的变动或职业由农民到工人的变动而改变。大量的调查显示，在农民工生活和交往中，乡土社会网络起着重要作用。农民进入城市带来职业及生活方式的变化，并没有从根本上改变他们以血缘、地缘关系为纽带的社会网络的边界，城市农民工社会关系结构中的基础仍然是以血缘和地缘关系为核心的初级关系（曹子玮，2003；李培林，1996）。李培林（1996）进而指出，流动农民工在社会位置变动中对血缘、地缘关系的依赖，可以降低交易费用、节约成本，相对于他们可以利用的社会资源来说，是一种非常理性的行为选择。概括地说，规模小、紧密度高、趋同性强、异质性低是农民工社会网络的主要特点（王毅杰、童星，2004）。由于农民工与城市居民之间存在较大的“社会距离”（郭星华、储卉娟，2004），他们构建社会网络主要是为了改善其社会资本匮乏和质量低下的状况，进而更好地融入城市社会（刘传江、周玲，2004）。

农民工从农村到城市的流动过程，伴随着对原有社会关系的依赖、改变以及新的社会关系的形成。这个过程受到个体意识、教育、文化素质等多方面影响，个体在对其他网络成员的观念和行为产生影响的同时，也反过来受到其他社会关系和成员的影响。可以预期，社会资本理论对于分析农民工观念、行为的演化具有重要的指导作用。

二 社会网络理论

社会网络研究者从本体论上坚持世界是由网络而不是由群体或个体组成的，由此发展出了一套与社会阶层研究不同的范式。在对社会网络和疾病传播的研究中，国外学者认为，社会网络是指通过各种关系联系起来的一群人（Frey et al.，1995），或者指特定的人连接起来的特定关系（杨红梅等，2003）。米切尔（Mitchell，1969）将社会网络定义为“一群特定的个人之间的一组独特的联系”。国内的学者也对社会网络给出了定义，如阮丹青等认为，社会网络是一个结构概念，它可以定义为一个由某些个体（个人或组织等）间的社会关系构成的相对稳定的系统，而整个社会则是一个由相互交错或平行的网络构成的大系统（赵延东，1998）。

综观这些定义都认同社会网络中包含两个要素：一个是网络中的个体（节点），另一个是个体之间的关系（边）。众多的网络研究者对节点的理解比较直观，就是特定的个体或组织的集合。而无论个人或组织在各自的生活场域中都会与其他个人或组织发生各种关系，各种社会网络定义中对关系的描述大多对社会网络关系做出了限制，认为并非所有人际或组织间的互动都是社会网络。总的来看，包含于社会网络中的关系应具有以下特点：（1）稳定性，即关系必须具有长效性，短暂的交往与互惠关系不在社会网络关系定义的范畴之内；（2）综合性，包括正式和非正式关系，无论是正式的科层关系（上下级、同事），还是制度之外的非正式关系（朋友、同学），只要符合稳定性的要求都有可能成为社会网络关系；（3）动态性，社会网络是处在动态变化过程中的，原有的关系可能逐渐衰弱，而本来的虚无关系也有可能变化为实质的关系。

从社会网络研究发展的历史来看，其形成和发展经历了一个从方法和隐喻到理论与实质的变化过程（韦尔曼，1994）。齐美尔 1922 年在其《群体联系的网络》一书中，首次使用了“网络”的概念；拉德克利夫·布朗在 1940 年第一次使用了“社会网络”的概念，他将社会结构定义为“实际存在的社会关系网络”（蔡禾、张应祥，2003）。1954 年，巴恩斯通过对一个挪威渔村阶级体系的分析，首次把社会网络的应用从隐喻转化为实际的分析研究。20 世纪 60 年代是社会网络专业研究的起步时期，到 20 世纪 70 年代中期，社会网络研究成为一个新的社会学领域，广泛应用于人类学、市场营销学、政治科学、社区研究、临床医学、社会心理学等学科。此后，大量研究集中于现代社会现象，如阶级阶层、社会流动、城市社会学、政治社会学、精神卫生学和老年学等。

依据社会网络的功能和关注的问题的差异，社会网络又有社会支持网络和社会讨论网络之分。社会支持网络关注网络中个体获得、提供和交换的实际形式和感知形式的社会支持，包括情感支持、实际支持和社会交往支持三种（Van del Poel，1993；Fuhrer & Stansfeld，2002）。社会讨论网络也称人际交往网络，关注某一重要问题，研究个体的意识行为如何受网络影响以及如何通过网络影响其他个体；依据社会网络的不同边界，社会网络的研究可分为整体网络和个体中心网络研究两类（Carolyn，et al.，1999）。个体中心网络，也称为自我中心网络，是指被研究对象以自我为中心形成的人际关系网络，从个体的角度界定社会网络，关心个体行为如何受到其所有社会网络成员的影响，以及个体如何通过网络结合为社会团体（蔡禾、张应祥，2003）。个体中心网络的研究和应用主要集中在求职过程、社会资本、社会支持和社会讨论网络的研究。

整体网络是由一组特定的个体和他们之间的相互关系组成，网络成员具有比较明显的边界（Laumann et al.，1983）。米切尔把一个社会的“整体网络”定义为“在任何社区或者组织的限制内部或外部伸展的始终交织着的关联丛”（刘军，2004）。

个体中心网络的功能通常指网络的支持功能。一般来说，有以下几个方面：一是满足社会融合过程中的基本情感需要；二是财产和隐私的安全感；三是获得实际帮助的需要；四是指导、建议；五是认识其他人获取新信息。社会支持是20世纪70年代以来由健康医学家、精神病学家、心理学家以及社会工作者等发展起来的，它最初的研究焦点是社会支持与个体健康状况的关系，随后逐渐发展到研究社会支持网络本身，包括它的特点、内容以及社会关系与社会支持内容之间的关系等。很多学者认为，社会支持是社会网络的功能，即网络中个体获得的、提供的和交换的实际形式和感知形式的社会支持（Li，2002）。范德普尔将社会支持分为三大类型：情感支持（如与配偶有矛盾时纾解、精神安慰、重大事项咨询）、实际支持（如家务劳动、患病时帮助、借钱、借日常生活用品、帮助填表）和交往支持（如一同外出、拜访），然后将这三方面具体操作化为10个问题加以测量，目的是描述出个体社会支持网络以及支持网络成员的角色关系（Van del Poel，1993）。该分类涵盖了社会支持的各个方面，便于对行动者的社会网络做全面了解，因而被广泛使用。1996～1997年天津城乡居民调查（张文宏等，1999）、1998年福建晋江农村居民调查、2000年贺寨平主持的山西农村老年人调查都部分地采用了此法（贺寨平，2002）。同时，张其仔也对范德普尔标准问卷在中国的适应性做了研究，通过分析加入和去掉第十一个问题对结果的影响程度，发现范德普尔问题可以作为测量中国社会支持网络的工具，但需要做一定的修正（张其仔，1999）。

格兰诺维特（Granovetter，1973）在《美国社会学杂志》（*American Journal of Sociology*）发表“弱关系的力量”一文，对美国社会的劳动力流动问题进行了研究。依据互动频率、感情力量、亲密程度和互惠交换四个方面的程度，将个体（个人或组织）之间的关系分为强关系和弱关系。强关系是在性别、年龄、教育程度、职业身份、收入水平等社会经济特征相似的个体之间发展而来，而弱关系是在社会经济特征相对不同的个体之间发展而来。强关系通常发生在群体内部，因而信息的重复性较高，而弱关系通常发生在群体之间，通常充当着“信息桥”的角色。格兰诺维特的研究揭示了西方文化背景下人际交往和互动的情况。

边燕杰沿着格兰诺维特的思路，研究了中国社会的关系在个人寻找工作过程中的作用，提出了强关系理论假设。边燕杰认为，关系在字义上指“联系”或“关联”，但本质是促进人们之间互惠交换的一组个人间的联系；中国社会重视关系，尤其重视强关系（群体、组织内部的关系，如家庭关系、同学关系等），个体的求职渠道是通过强关系而非弱关系建立的；强关系而非弱关系可以充当没有联系的个人之间的网络桥梁（Bian，1997a）。边燕杰的研究是对儒家文化背景下中国社会联系的一个描述和解释。

基于整体网络研究的理论有网络结构理论和结构洞理论。怀特、格兰诺维特和林南等提出的网络结构观认为，个体（包括人和组织）之间的关系是一种客观存在的社会结构，分析这些关系对个体的影响，指出人们在社会网络中是否处于中心地位及其所占有网络资源的数量和质量等（肖鸿，1999）。博特提出的结构洞理论认为，社会网络表现为两种关系：一种是社会网络中的个体与其他部分个体有关系，无直接联系或关系间断的现象，称作“结构洞”；另一种是网络中的任何个体与其他个体都发生联系的“无洞”结构（Burt，1987）。有结构洞越多的竞争者，其关系优势就越大，获得较大利益回报的机会就越高。博特认为，结构洞越多，说明非重复性的信息源越多，因此，越有优势（Burt，1987）。

费孝通把中国农村社会结构与西方社会结构进行对比后提出了“差序格局”的概念，描述的不是弱网的强力，而是强网的强力。“我们的格局不是一捆一捆扎起来的柴，而是好像一块石头丢在水面上所发生的一圈圈递推出去的波纹，每个人都是他社会影响所推出去的圈子的中心，被圈子的波纹所推及的就发生联系，每个人在某一时间某一地点所动用的圈子是不一定相同的。”费孝通认为，中国社会的人际关系是以己为中心逐渐向外推移的，表明了自己和他人的亲疏远近，以家庭为核心的血缘关系以及地缘关系形成了中国传统社会人际关系的基础，即“差序格局”（费孝通，1998）。

黄光国通过对中国社会交往的研究，提出了“人情与面子——中国人的权力游戏”的理论模式，对不同的人际关系模式进行了区分。他认为，中国人在进行交往时，首先要判断自己与对方关系的类型，他将这些关系分为三个类型：情感型的关系（遵循需求法则），指家庭内成员的关系；混合型的关系（人情法则），指个人在家庭之外所建立的各种关系，包括亲戚、朋友、邻居、同学及同乡等；工具性的关系（公平法则），指个人可能为了达成某些目的而和他人进行交往，其中，只含有少许情感成分，交往双方并不预期将来会建立起长期性的情感关系。“强关系力量”“差序格局”和“人情面子”的研究，深刻揭示了中国人的关系模式，对理解中国人的关系本质具有重要意义。

三　复杂网络理论

复杂性科学（Science of Complexity）是一门新兴的边缘、交叉学科，是研究复杂系统和系统内在复杂性的一门科学。复杂性科学作为“二十一世纪的科学”，其研究受到美国新墨西哥州圣塔菲研究所、乔治·梅森大学以及欧洲有关学者等的广泛关注，已经发展出多种学派：混沌学派、结构学派、系统动力学派、适应系统学派和暧昧学派（Warfield，1999）。20 世纪 80 年代末，钱学森等提出的“开放的复杂巨系统”概念揭开了我国复杂性研究的序幕，随后许多高校和研究所相继成立了与复杂性有关的专门研究机构。复杂性科学已经成为交叉学科和方法论研究的新热点，其研究成果涉及化学、生物、神经、动物、自然地理、气候、经济、考古、医药、社会等学科领域。

虽然复杂性科学这一概念已经被广泛应用，但是复杂性科学“研究领域目前尚显得模糊不清”，“还无人完全知晓如何确切地定义它，甚至还不知道它的边界何在”（米歇尔·沃尔德罗，1997）。尤其是在“社会学理论中，对于复杂性和非线性的认识论考察仍然处于初期”（克劳斯，2004）。由于复杂性概念在不同的学科领域，研究对象和采用分析方法的不同，对复杂性概念的定义也不相同。“复杂性是指系统由于内在元素非线性交互作用而产生的行为无序性的外在表象”，“运用非还原论方法研究复杂系统产生复杂性的机理及其演化规律的科学”可以作为复杂性科学的定义（宋学锋，2003）。简单地说，复杂性科学就是运用非还原论方法研究复杂系统的科学。尽管复杂性科学还没有统一的定义，但是进行复杂系统与复杂性研究具有深远的意义，因为“这项研究正在试图解答一切常规学科范畴无法解答的问题”（米歇尔·沃尔德罗，1997）。目前，复杂性科学的主要研究对象集中在复杂网络研究。

复杂网络研究的主要内容包括：网络的几何性质、网络的形成机制、网络演化的统计规律、网络上的模型性质以及网络的结构稳定性、网络的演化动力学机制等问题。研究发现，绝大多数实际的复杂网络都具有如下几个基本特征（Watts & Strogatz，1998）：

（1）网络行为的统计性：网络节点数可以有成百上千万甚至更多，从而使得大规模的网络行为具有统计特性；（2）节点动力学行为的复杂性：各个节点本身可以是非线性系统，具有分岔和混沌等非线性动力学行为；（3）网络连接的稀疏性：一个 N 节点的、具有全局耦合结构的网络的链接数目为 N^2，而实际大型网络的链接数目通常为 O（N）；（4）连接结构的复杂性：网络连接结构既非完全规则也非完全随机；（5）网络的时空演化复杂性：复杂网络具有空间和时间的演化复杂性，展示出丰富的复杂行为，特别是网络节点之间不同类型的同步化运动（包括出现周期、非周期混沌和阵发行为等运动）。

以上 5 种特征，反映了实际网络的复杂性特征。一方面，它具有无序演化的特征；另一方面，它也具有增加有序程度的演化特征。它具有分形和混沌的特征，具有自组织演化的特征，也具有形成序参量的特征。因此，复杂网络的研究可能会综合以往的各种自组织理论、非线性和复杂性理论研究的成果，从而形成新的复杂性研究机制的理论。

复杂性科学中关于复杂网络的界定与复杂网络的研究进程一致，是从三个角度进行的：聚类系数、路径长度和度分布。聚类系数反映了整体网络中子网络结构的存在和特性，更大的聚类系数反映了网络低层次互动的频繁。路径长度则反映了网络作用于个体的直接性和力量大小，小的路径长度预示着更快的演化速度。度分布则从节点间关系形成这一层次分析网络中节点关系资源的占有和分布情况，度分布的复杂性代表着网络关系存在和构建的复杂性（Watts & Strogatz，1998；He & Pooler，2002）。

网络研究作为揭示复杂系统结构和功能的重要手段，是复杂性科学研究的主要内容，复杂网络理论已经成为目前进展最快的复杂系统的研究领域之一。复杂网络理论研究始于 20 世纪 60 年代由数学家厄多斯和雷尼提出的 ER 随机图模型（Erdös & Rényi，1959）。该模型直到 20 世纪末一直是研究复杂网络的基本模型。近几年来，复杂网络的研究正渗透到从物理学到生物学的众多不同的学科（车宏安、顾基发，2004）。继 ER 随机图模型后，又产生了两种新的网络模型：小世界（Small-World）网络模型和无标度（Scale-Free）网络模型。小世界效应和无标度特征，是目前最受关注的两类复杂网络特征（吴彤，2004；Dorogovtsev & Mendes，2002）。

1998 年，瓦兹和史特格兹在 *Nature* 杂志上发表文章，引入小世界网络模型，以描述从完全规则网络到完全随机网络的转变；小世界网络既具有与规则网络类似的聚类特性，又具有与随机网络类似的较小的平均路径长度（Watts & Strogatz，1998），对计算机网络、学者合作网络等实际网络都体现了小世界特性（Barabàsi，2002）。

1999 年，巴拉巴斯和艾伯特在 *Science* 上发表文章指出，许多实际的复杂网络的连接度分布具有幂律形式。由于幂律分布没有明显的特征长度，该类网络又被称为无标度网络，除具有小世界网络特性外，无标度网络的度分布又具有幂律分布特征，因此，无标度网络的复杂性程度高于小世界网络的复杂性程度（Barabàsi et al.，1999）。基本的无标度网络模型是分两步来定义的（Barabàsi et al.，1999；Barabàsi，2002；Newman，2003a；2003b）：其一，假设随着新的节点加入网络规模不断增加，即网络是开放的，节点数从初始状态的某个节点数开始，持续不断地加入新的节点，网络的规模不断增长。其二，新加入节点以偏好连接的方式与原来的节点发生关系。大量研究表明，真实网络既不是规则网络，也不是随机网络，而是具有与前两者皆不同的统计特征，即许多真实的复杂网络的连接度分布具有幂律形式（Barabàsi et al.，1999）。

复杂网络的研究重点可能会在将来很长一段时间依然集中在理论分析和相关模型的讨论，这可能是因为复杂网络理论还不完善，还有大量理论问题需要解决，同时也与目前从事复杂网络研究的主要是物理学家和数学家有关，复杂网络目前研究重点集中在网络特征的描述，但已经有少数学者开始关注复杂网络的应用。国内虽然紧跟了国际相关研究的趋势，但原创性工作还不多见（周涛等，2005）。

人口流动或迁移是一个复杂现象。不论是发达国家还是发展中国家，在农村劳动力从农村向城市的流动迁移中，链式迁移是一个重要的特点。链式迁移是指早先的迁移者过去居住地的亲属、朋友和乡邻也随之向新地区迁移。对这种链式迁移作用的理论解释，产生了社会网络相关理论。该观念认为，农村劳动力迁移者可能缺乏人力资本和金融资本，但是拥有某些形式的社会资本（在团体内或地区内建立的网络）。社会关系资本通过各种形式体现，如迁移目的地是否有亲属和同乡，有没有潜在的宗族关系，语言是否有相似性等。社会关系对于迁移者的积极作用体现在它能够使迁移者降低心理成本，为迁移者提供目的地的必要信息，对于长距离的迁移者来说，由于返回家乡的频率较低，迁移目的地的社会关系能够为其带来精神上的安慰和物质上的帮助。正是这种社会资本使得农村劳动力迁移者能够容易做出流动的决策（He & Pooler，2002）。我国农村劳动力的流动也呈现出明显的链式迁移现象，可见，农民工社会网络亦应具有复杂性特征，农民工及其网络特点为复杂网络研究提供了良好的现实对象和丰富的数据资料。复杂社会网络分析也为农民工社会网络的研究提供了新的研究方法和视角。

四 创新扩散理论与文化传播理论

创新扩散理论和文化传播理论是密切相关的两个理论，前者重在从宏观层面描述新事物在人群中的总体接受过程，而后者则主要从微观层面对文化现象传播的机制进行探讨。

1. 创新扩散理论

扩散理论试图解释人们为什么、怎么样、什么时候做别人之前做过的事。很多扩散理论在本质上基于社会模仿理论。创新扩散的研究始于泰德1903年出版的《模仿的规律》（*The Laws of Imitation*）一书（Wejnert，2002）。创新扩散理论是美国学者埃弗雷特·罗杰斯提出的。罗杰斯认为，创新是“一种被个人或其他采纳单位视为新颖的观念、时间或事物”。他把创新的采用者分为革新者、早期采用者、早期追随者、晚期追随者和落后者。创新扩散包括五个阶段：了解阶段、兴趣阶段、评估阶段、试验阶段和采纳阶段。而一项创新应具备相对的便利性、兼容性、复杂性、可靠性和可感知性五个要素。另一美国学者罗杰·菲德勒则认为，创新还应当包括“熟悉”这一要素。

最早的扩散研究源于1925年美国生物学家皮尔对生物增长模式的研究，S型增长模型描述了这一特殊的增长过程（Mansfield，1968）。但对这一理论更为细致的研究是瑞恩和高斯在1943年对杂交玉米技术在美国爱荷华州农民中的传播研究。自此以后，许多研究关注各种创新的扩散，如农业技术（Griliches，1957；Fliegel，1993），医学技术（Coleman et al.，1966；Burt，

1987）和生育控制方法（Rogers & Kincaid，1981；Rosero-Bixby & Casterline，1994）等研究逐渐兴起。

创新扩散的主要特征是创新，因此，多数研究集中在创新采纳。这些研究的主要目的是评价大众传媒的影响，处于社区顶层个人的影响程度，以及在创新传播的社区内部人际间互动的作用。

20世纪七八十年代以来，扩散理论的社会学分析从传统的传染模型转入两个不同的方向。其一是重新设计Logistic模型，一方面使其结构更加丰富和复杂化；另一方面重新定位研究目标，不是定位于总体参数（如总体的采纳率），而是关注于个体的决策过程。二是利用总体数据估计扩散模型，指标更为细致，即个人是如何从非采用者到采用者（Rosero-Bixby，1991；Rosero-Bixby & Casterline，1993；1994），虽然这些模型用的是总体的信息（平均生育水平的跨区域调查和时间序列数据），但其实质（亲属的Compartment模型）更适合描述个体行为。

创新扩散理论在人口社会学中经常应用的一个标准定义是由罗杰斯给出的。创新扩散是指在一个社会系统中个体间的信息或行为的传播，传播表示从源头到使用者的流动，社会影响表示一个潜在的使用者采用这个创新的概率或可能性。扩散理论认为，当一些人采取新的生育控制观念（或行为）时，会影响到另外一些人（Rogers，1995）。扩散过程可以视为许多个体累积决策的结果。扩散过程的行为基础有两种机制（Montgomery & Casterline，1996）：社会学习和社会影响。社会学习（Social Learning）是个体通过正式和非正式的社会相互作用，包括大众媒体，从其他人那里获取知识的过程；社会影响（Social Influence）是一些人或机构依靠其力量或权威向其他人施加影响的过程。扩散主要通过两种渠道，即社会网络和大众媒介（Bass，1969），信息的可获得性对于采纳的过程很重要。大众媒介，如广播、电视等提供信息和可能影响规范。当新的观念和行为是比较普遍、大众关注和充分定义的社会问题时，大众媒介会对个体采纳决策产生影响（Strodthoff et al.，1985），大众媒介在让人们认知创新知识方面更具效力，但是新的观念的形成以及采纳和拒绝新观念和行为的决策方面，仍然更加依赖于人际间传播（Rogers，1995）。

创新扩散的传播过程可以用一条“S”形曲线来描述。在扩散的早期，采用者很少，进展速度也很慢；当采用者人数扩大到居民的10%～25%时，进展突然加快，曲线迅速上升并保持这一趋势，即所谓的“起飞期”；在接近饱和点时，进展又会减缓。整个过程类似于“S”形的曲线。在创新扩散过程中，早期采用者为后来的“起飞”做了必要的准备。这个看似“势单力薄”的群体能够在人际传播中发挥很大的作用，劝说他人接受创新。在罗杰斯看来，早期采用者就是愿意率先接受和使用创新事物并甘愿为之冒风险的那部分人。这些人不仅对创新初期的种种不足有着较强的忍耐力，还能够对自身所处各群体的意见领袖展开“游说”，使之接受以至采用创新产品。之后，创新又通过意见领袖们迅速向外扩散。这样，创新继而进入“起飞期”。

创新扩散理论是多级传播模式在创新领域的具体运用。这一理论说明，在创新向社会推广和扩散的过程中，大众传播能够有效地提供相关的知识和信息，而在说服人们接受和使用创新方面，人际传播则显得更为直接、有效。因此，罗杰斯认为，推广创新的最佳途径是“双管齐下”，将大众传播和人际传播结合起来加以应用。这一观点已得到大部分人的认可。“S”形曲线理论在市场营销、广告推广、产品代谢以及媒介生命周期的研究方面都得到了认同，有着广阔的应用前景。该理论对农民工观念、行为演化的研究具有重要的启示。

2. 文化传播理论

文化是一个非常广义的概念，对文化也有许多不同的定义。一般说来，它泛指人类在日常生活中的思想、意识、观念、言论、行为等表现出的特征。文化是人类在长期的社会生活中逐渐积累形成的，文化本身既可以在社会不同群体中传播，又在其传播过程中不断发展和变化。因此，传播与演化是文化本身所具有的两个重要特点。由于文化是人类社会生活和社会发展的重要部分，文化的形成、传播与演化一直是人类学和社会学研究的重要内容。

20 世纪 80 年代以来，一些人类生物学家认为，生物学中基因遗传和生物进化的过程同人类社会生活中文化的传播机制和演化过程存在很多相似之处，也就是说，一种文化特征也具有形成、选择、传播与演化等几个阶段。因此，生物进化的数学模型和方法可以用来定量地描述和分析文化的传播与演化过程（Cavalli-Sforza & Feldman，1981）。在此基础上，他们提出了一系列的有关文化传播与演化的理论与模型，并对社会生活中的许多文化问题进行了深入的定量研究，得到了一些有影响的研究结果，引起了国际人类学界和社会学界的广泛注意（Cavalli-Sforza et al.，1982；Kumm et al.，1994；Laland et al.，1995）

目前，国际上存在三种文化传播与演化理论和模型，其中以卡瓦里（Cavalli-Sforza）和费尔德曼（Feldman）的理论和模型最具影响，在实际中的应用也最多。卡瓦里和费尔德曼认为，实际社会生活中文化的形成、传播与演化也是非常复杂的。卡瓦里和费尔德曼（Cavalli-Sforza & Feldman，1981）认为，文化及其传播存在以下一些特点，这些特点可以帮助人们正确理解文化的传播过程。

第一，文化是由存在于人类日常生活中的思想、言论、行为等具体特征形成的，这些文化特征是可以学习和传播的。文化传播就是人类通过各种方式获取文化特征的过程。因此，研究文化传播与演化必须从具体的文化特征入手。

第二，文化特征是可以定量描述的。离散测度和连续测度都可以描述文化特征，而测度的选用与所研究文化特征的本质有关，也与研究目标和观测方法有关。

第三，文化特征存在二重性。一些文化特征（例如，能否喝酒）主要是天生的，一些文化特征（例如，宗教信仰）主要是后天学习和教育的后果。但也有很多文化特征很难区分生物遗传和后天教育的作用。

第四，一些文化特征存在生物意义上的“适应性”和“选择性”。例如，酗酒和吃盐过多等文化特征，会降低人类生存能力。

第五，文化特征传播的方式存在层次性。人类所具有的铭记、条件反射、模仿、积极的教育和学习及以上方式的组合，都是文化传播的具体表现。

第六，文化是由两个阶段组成的。第一阶段是“知晓”，第二阶段是“学习或接受”。但对一些具有强制意义的文化传播，两个阶段的界限并不清晰，这时文化传播也就变成了一个阶段，例如，婴儿对母语的学习。

心理学和社会学的研究都发现，观念传播的两种途径中，人际互动的影响比大众传媒的影响更深刻。大众传媒在传播的速度和广度上优于人际传播，但是大众媒介的作用似乎只停留在文化传播与创新扩散的过程中的“知晓”阶段，而“模仿”“接受”这些真正实现观念、行为变迁的阶段更多地受到人际互动的作用。所以，近年来的创新扩散与文化传播理论的应用研究和实践都不约而同地将社会网络作为分析视角。个体所处的社会网络的特征以及个体在社会网络中的位置，都会影响到新的观念行为在网络中的传播扩散。

农民工的观念、行为变迁现象属于创新扩散理论与文化传播理论解释的范围。由于中国社会长期处于城乡二元分割的状态，城市人口与农村人口生活在两个完全不同的社会环境之中。因此，在生产和生活方式上都有着显著的差异，这种差异也必然导致在行为与思维模式方面存在很大差异。农民工生活场域的变化，会使得他们接触到不同于以往的一些新的文化特征与创新现象，其行为观念会逐渐被同化。

创新扩散理论和文化传播理论分别从宏观和微观两个角度揭示社会互动过程，而个体与其社会网络的社会互动则是其中的关键。从扩散理论和文化传播理论的相关应用研究发现，社会网络成为观念和行为传播、扩散的主要载体，人际间的互动、影响和扩散对于观念和行为的改变有着重要影响。社会网络可以将宏观的创新扩散理论和微观的文化传播理论结合起来。社会网络对于研究个体的意识、行为等如何受网络影响以及如何通过网络影响其他个体，有着非常重要的意义。

第二节　社会网络分析

社会网络既是一种关于社会结构的观点，也是一套分析方法和技术。社会网络分析（Social Network Analysis）是西方社会学的一个重要分支，是最近 20 多年得到重要发展的研究社会结构的最新方法和技术，也是一种全新的社会科学研究范式，以社会网络为对象进行结构分析。

1930 年，莫雷诺创立了分析社会关系资料的社会计量学方法，把图论引入社会关系的研究中，1934 年，他对实验性小群体的计量学研究为社会网络分析和研究奠定了基础。社会网络分析给社会学分析带来了新的概念和理论，相关模型和方法在国外社会学领域已经被广泛研究和应用。如社会网络对信息传播、发明推广的影响（Rogers，1995），社会网络与职业流动和社会资源的关系（Granovetter，1973），社会支持网络的特点、内容以及社会关系与社会支持的关系（Van del Poel，1993），社会讨论网络（也称人际交往网络）对个人意识行为的影响以及个人如何通过社会网络影响其他个体（Marsden，1987）。

自20世纪60年代以来，社会网络研究一直沿着两个不同的方向平行发展，形成了两个研究群体（肖鸿，1999）。第一个群体遵循社会计量学的传统，研究整体网络的综合结构。这个群体的研究领域是小群体内部的关系，通过使用矩阵方法，分析人际互动和交换模式，产生了一系列网络分析概念和指标，如密度、距离和中心性等（Freeman，1979），这一领域的代表人物是林顿·弗尔曼。第二个群体集中在个体中心网络（Ego-Centric Network），他们从个体的角度界定社会网络。他们关心的问题是个体行为如何受到其人际网络的影响以及个体如何通过人际网络结成社会团体，这个领域的代表人物有格拉诺维特、怀特、林南和博特等。

个体中心网络以个体为中心定位网络，个体中心网络中的资源通过网络结构影响个体的行为，个体中心网络研究的重点也多放在对个体特性的关注以及网络对个体观念、行为的影响的解释上。在理论上将个体作为嵌入社会结构的一部分，从研究方法上看，则主要集中在统计方法的应用，分析个体中心网络特性对个体特征变化影响的显著性，分析个体观念、行为等受到网络影响的结果。整体网络（Whole Network）是由一组特定的个体和他们之间的相互关系组成，网络成员具有比较明显的边界（罗家德，2005）。米切尔把一个社会的"整体网络"定义为"在任何社区或者组织的限制内部或外部伸展的始终交织着的关联丛"（刘军，2004）。

中心性是社会网络微观结构特性之一，也是社会网络分析的重点之一。怀特、格兰诺维特和林南等提出的网络结构观认为，个体（包括人和组织）之间的关系是一种客观存在的社会结构，分析这些关系对个体的影响，指出人们在其社会网络中是否处于中心地位及其所占有网络资源的数量和质量等（肖鸿，1999）。中心性反映的是个体在网络中权力的大小。中心性通常用三种指标来测度：度中心性、接近中心性和居中中心性（Freeman，1979）。如果个体度中心性较大，表明该个体居于中心地位，从而拥有较大的权力。接近中心性高的个体，说明他和其他个体很接近，因此不依赖于他者。居中中心性表征的是一个个体在多大程度上成为各个他者的桥梁或在多大程度上能控制他人。

中心性源于二方组（Dyad）。二方组（即二方关系）是社会网络统计分析的基本单位（刘军，2004）。对有向网络而言，二方组谱系包括虚无对、不对称对和互惠对。莫雷诺等人（Moreno & Jennings，1938）和布隆芬伯雷纳（Bronfenbrenner，1943；1944）第一次对关系中的互惠性进行了定量研究。由于社群数据之间具有相依性，不满足传统的统计检验所要求的变量之间的独立性条件，为此，针对这一不足，布隆芬伯雷纳提出了一种“稳定的参考框架”即“机会期望”或“机会分布”，并计算出“互选”（对称性）和“非互选”（不对称性）以及“孤立点”发生的概率。

与二方组紧密相关的是三方组（Triad）。三方组即三人关系，它是由三对二人关系结合而成。网络分析者认为，三人结构是社会结构的基础，社会关系所负载的社会网络结构可以从“三人组”中分析出来。戴维斯（Davis，1970）、霍兰德和林哈特（Holland & Leinhardt，1970）等人首次给出了三人组可能存在的16种同构类，为以后的网络统计模型研究奠定了基础。

三方组是整体网络的子网络，或图的子图。在社会网络分析中也称为子群，或凝聚子群。这种结构反映了一个群体中的小团体现象。凝聚子群（Cohesive Subgroups）（一般多于三个成员）是那些具有相对较强、直接、紧密、经常或积极关系的个体的集合。凝聚子群可包括派系（Cliques）、n－派系（n-cliques）、k－丛（k-plex）、k－核（k-core）等（Wasserman & Faust，1994）。凝聚子群的研究目的是找出可“分派”的子群来。

凝聚子群是从关系紧密或稀疏程度来找出相对独立的子群，对等性思想则是从关系角度分析社会角色。每个个体处在网络中的位置和角色不同，他们发挥的作用也不同。在社会网络分析中，通过分析网络位置和网络角色来寻找行动者子集之间的关系相似性（Wasserman & Faust，1994），因此，对等性与“凝聚子群”的概念截然不同。相似性有三种类型：结构对等性、自同构对等性和规则对等性。通过各种算法把关系矩阵进行分块，从而分析行动者之间的关系在多大程度上相同。

传统研究认为，随机网络是描述真实系统最适宜的网络（Bollobás，1985）。然而，最近的网络研究发现，大量的真实网络既不是规则网络，也不是随机网络，而是具有独特特征的复杂网络，这种复杂网络在20世纪末成为新的研究热点（Barabàsi et al.，1999；Dorogovtsev & Mendes，2002）。其中，小世界效应（Watts & Strogatz，1998；Dorogovtsev & Mendes，2002）是目前最受关注的复杂网络特征之一。1998年，瓦兹和史特格兹在*Nature*杂志上发表文章，引入小世界（Small-World）网络模型，来描述从完全规则网络到完全随机网络的转变。小世界网络既具有与规则网络类似的聚类特性，又具有与随机网络类似的较小的平均路径长度（Watts & Strogatz, 1998）。研究发现，计算机网络、学者合作网络等真实网络都体现出小世界特性（Albert & Barabási, 2002）。

幂律分布是一类重要的复杂网络特征。自1999年巴拉巴斯和艾伯特发现复杂网络的连接度分布具有幂律形式以来，许多学者在社会领域、信息领域、技术领域以及生物领域均发现这一规律（Newman, 2003b）。在社会领域中，电影演员网络、科学家合作网络以及性关系网络中均具有这种特性（许丹等，2004；Watts & Strogatz, 1998）。复杂网络特性或结构已被用来研究SARS的传播（Small & Tse, 2004；Shi & Small, 2006），产业关系（李守伟、钱省三，2006），股票市场（刘继云、李红，2007）以及航空网络（俞桂杰等，2006）等。由于幂律分布没有明显的特征长度，该类网络又被称为无标度（Scale-Free）网络（Barabàsi & Albert, 1999）。无标度网络研究已经得到国内学界的关注，研究内容主要涉及图论、统计物理学、计算机网络研究、生态学、社会学以及经济学领域（吴金闪、狄增加，2004）。

随着复杂网络研究的不断深入，社群结构探测方法研究受到广泛关注（王林、戴冠中，2005）。纽曼将社群结构探测方法分为传统方法和现代方法两类（Newman, 2004a）。传统方法包括计算机科学方法和社会学方法。计算机科学方法基本上都是基于图划分（尤其是图二分方法）提出的，比较有代表的是基于Laplace矩阵特征向量的谱二分法（Spectral Bisection）（Pothen et al., 1990），以及基于利益函数贪婪优化的Kernighan-Lin算法（Kernighan & Lin, 1970）。社会学方法主要基于层次聚类（Scott, 2002），利用系统树图（Dendrogram）实现社群探测，最常用的方法是单连接法（Single Linkage Method），由于图中派系发现困难且不唯一，因此，全连接（Complete Linkage Method）很少被使用（Newman, 2004a）。传统方法对某些特定网络是有效的，但不是普通网络分析的理想工具（Newman, 2004a）。有代表性的现代方法包括，基于边居间性的Newman-Girvan算法（Girvan & Newman, 2002；Newman & Girvan, 2003；Newman & Girvan, 2004），基于边聚集系数的Radicchi算法（Radicchi et al., 2003）以及利用电阻网络实现的W-H算法（Wu & Huberman, 2003）等。

由于Newman-Girvan算法综合性能优越，从而成为社群探测研究的重要参考算法（王林、戴冠中，2005）。Newman-Girvan 算法基于模块性指标和边居中中心性的划分策略实现社群结构探测（Girvan & Newman，2002；Scott & Smyth，2005），总体时间复杂度为 $O(m^2n)$；其中，m 为网络边的数目，n 为节点的数目。如果考虑无向图中边与节点的关系，网络节点全连接时，$m=\frac{1}{2}n(n-1)$，所以，最差时间复杂度为 $O(n^5)$；但是，对于稀疏矩阵，纽曼认为复杂度仅为 $O(n^3)$（Newman，2004a）。Newman-Girvan 算法有很多值得改进的地方，例如，无法确定社群数目，计算时间复杂度高以及边中间性值计算等。另外，Newman-Girvan 算法是不是需要将所有的边都去掉后，再利用系统树图（Dendrogram）和模块性获得社群结构是值得探讨的；一个显而易见的事实是，如果通过去边的方法已经获得了一个完全分离的社群，就没有必要在这个社群的节点中执行 Newman-Girvan 算法。后续研究者在此基础上提出了一系列改进策略，如克洛赛特等在纽曼快速算法的基础上，提出一种基于模块化指标的分等级聚类算法（Hierarchical Agglomeration），该算法将社群结构探测过程视为一个社群合并聚类过程，针对大规模网络社群结构的应用结果表明该算法有效（Clauset et al.，2004）。但是，该算法强调从 n 类开始，每一次迭代只完成两个子网络的合并，忽略了网络中可能存在的结构先验知识。总之，目前的网络社群结构探测算法虽然各有所长，但是都存在一定的缺陷（Newman，2004a）；就社会网络的社群结构探测而言，考虑将计算科学的方法和社会学方法结合，可能是解决问题的可行之道。

在社会科学领域，社会网络分析方法因为数学图论和计算机技术的引入而日臻成熟，产生了“社会学的新古典革命”。有学者认为，网络分析对社会学发展的突出贡献表现在以下几个方面：第一，提出了一系列指导社会网络研究的概念、命题、基本原理及其相关的理论，使社会学对于社会结构的研究面目一新。社会网络分析形成了受大规模的经验研究支持的一套完整的原理。网络分析者在社会关系的层次上将微观社会网络和宏观的社会结构联结起来。第二，在研究方法上，通过创造一系列更好地理解结构和关系的测量手段、资料收集方法和资料分析技术，摆脱了范畴或属性分析的个人主义方法论、还原主义解释和循环论证的困境（吴彤，2004）。第三，网络分析涵盖甚至超出了社会学研究的传统领域。

经过几十年的发展，社会网络分析已经从初期的小群体研究扩展到社区、社会阶层、社会流动、社会变迁、社会整合与分化、城市社会学、经济社会学、政治社会学、组织社会学、社会工作、科学社会学、人类生态学以及一些边缘性学科如精神健康学、老年学等领域，甚至一些经济学家和心理学家也自觉运用社会网络分析的有关概念和方法研究经济与社会的关系和人与人之间的关系。社会网络分析方法的成熟和完善为农民工问题研究提供了新的方法和工具。

第三节　社会网络与农民工的观念与行为

一　社会网络与婚姻

现代化和夫妇式家庭之间的关系被古德的现代化理论所揭示。古德指出，在迈向工业化和城镇化的进程中，不同类型的扩大家庭趋向于向夫妇式家庭类型转变。他坚信，经济进步和技术发展以及夫妇式家庭的观念对非西方社会更为重要。经济进步观念的重要意义在于，它强调工业增长和技术变化，并把传统和习俗贬低到无足轻重的地步；夫妇式家庭的观念宣传个人价值和幸福高于世系和家庭的延续。古德指出，性别上的平等主义注重家庭内部每个个体的独立性，促进了家庭内部和两性之间、长幼之间的平等。古德还认为，存在两种主要的功能性适应：其一，在个人期冀获得最大限度的平等和个人主义的愿望与某一类型的家庭制度之间的功能适应上，家庭制度对这种价值观与工业技术社会的秩序都能融合；其二，功能适应在家庭制度和工业化之间，而夫妇式家庭制度能够充分体现平等主义和个人主义的信仰。古德（1998）对这些变化给予乐观和肯定的评价：“我看到了人们从年长者的统治与种族限制以及刻板的阶层分化中获得更多自由的希望——放松对个体的控制、爱的权利、家庭内部平等权利以及当婚姻死亡时另结良缘的可能性。”

中国社会正经历快速激荡的工业化过程，在这个过程当中，中国传统的家庭制度也在经历古德所描述的变迁，个人价值和幸福开始高于世系和家庭的延续。伴随着中国的现代化进程，性生活、家庭生活与生育三位一体的传统两性模式，也将逐渐被打破，在婚姻家庭生活中，人们将有更多的选择

（李银河、冯小双，1991）。中国青年报社会调查中心实施的一项调查显示，青年人的婚姻观越来越多元化，对“不婚”、“闪婚”和“隐婚”等现象已有一定程度的接受（谢小亮，2005），在“婚前性关系”“非婚同居”“婚外恋”等问题上也开始表现得较为开放和宽容（袁阳，2005）。伴随着农村经济的发展，在现代文化的冲击下，婚姻自由、男女平等已经成为农村婚恋观念的主流文化，择偶观念、传统的贞操伦理观念均发生重大变迁，但同时在农村婚姻家庭观念的一些传统特征还是保留了下来，其现代性还不如城市（郭显举，1995；王跃生，2002；杨秀莲，2005）。依据一次有380名青年参与的关于内地青年婚恋观的抽样调查结果显示，当代青年的择偶标准、婚恋形式、伦理责任、试婚态度、婚姻关系及其感受等婚恋现状与趋向，在开放的氛围中呈现出这样的特点：传统与新意自然交融、分化乃至碰撞。但应承认，基本趋向是人们恪守婚恋道德，但自主性、宽容性均在增强，追求婚恋方式多样化。同时，“传宗接代”“重男轻女”等重要传统观念有淡出之势。此外，非婚姻或亚婚姻等前卫现象受到了更多的宽容（叶松庆，2003）。女性择偶时仍旧最为关注男方的社会经济条件，但是体现社会经济条件的具体内容有所变化，表现为对男方学历和职业的关注稍有下降，而对财产、事业的要求有所上升；同时，对对方身高的要求有所下降，体现目前择偶趋向于实惠化趋势，对对方修养、人品的要求呈上升趋势，体现女性婚恋观念的改变和提高（钱铭怡等，2003）。对日益突出的新的家庭道德问题，如婚外恋等现象的考察结果表明，性观念日益开放，婚姻稳定性在下降（完颜华，2006）。有些学者分析了中国的离婚态势和原因认为，城镇女性离婚率高于乡村女性，女性离婚率与文化程度呈正相关关系，相反男性离婚率则与文化程度负相关；从事农林牧副渔的低文化职业的男性和从事脑力劳动的受高等教育的女性都属于高离婚风险的人群（叶文振、林擎国，1998）。

人际互动形成的社会网络，不仅会影响个体的特定身份（Martin & Tsai，2003）、健康（Cohen et al.，1997；Seeman et al.，1987）和职业成功（Mehra et al.，2001）等，而且可能会直接影响个人的意识行为。已有研究表明，网络中已婚的比例会对个体结婚的愿望产生正向的影响（Bernardi，2003）。网络成员对个体婚姻的评价（正向或负向）会影响婚姻关系（Hastings & Robinson，1973）。社会网络成员的意见对婚姻满意度的评价结果有非常关键的影响（Goldstein & Kenney，2001）。狄龙（Dillon，2000）

利用1989~1994年间美国西部451个家庭的相关数据研究了社会网络对婚姻美满程度的影响，结果表明，与婚姻有关的社会支持对婚姻的关系影响显著。但是，目前关于社会网络对婚姻的影响研究主要集中在结婚概率和婚姻满意度两个方面，而对初婚年龄和初婚风险的研究很少见，对农民工的相关研究则更少。

对于农民工而言，流动因素也是影响他们初婚姻观念与行为的重要因素。在城市的经历、见识有利于改变农民工原有的乡土价值观念，他们的自我期望值比非流动农村人口要高，对学业和事业的追求有助于提高初婚年龄（Boonstra，1998）。因此，流动增强了农民工婚育观念及行为的现代性（指观念更加趋同于城市市民，下同）。郑真真（2002）通过对农村劳动力流出地的调查，比较深入地研究了外出经历对农村妇女初婚年龄的影响，发现有外出经历妇女的初婚年龄明显大于没有外出经历的妇女。流动对男女农民工初婚带来的影响是不同的。由于女性农民工的社会网络比男性的更狭小（Silvey，2003），使她们很难在城市中找到合适的结婚对象，而地域的分割和阅历的差距也使她们不太可能与留在乡下的、没有打工经历的农村男子培养感情（谭深，1997；Eklund，1999），在一定程度上造成了择偶的困难。因此，短期流动的不稳定性，在客观上会引起农民工初婚行为的被动性改变，带来实际婚龄的提高，这一点对于女性尤其显著。随着在城市滞留时间的延长，农民工的社会融合程度也会不断提高，有些个体甚至进入完全同化阶段，其初婚观念与行为随之发生彻底转变。总之，对流动因素的研究主要侧重于流动时间，对于由流动而产生的居住方式、城市方言掌握程度以及是否受歧视等因素是否对农民工的初婚观念与行为产生影响的研究还少见报道。

个人因素，如教育水平、收入和职业等，是影响婚姻观念和行为的重要因素。其中，教育起到了最重要的作用，因为它不仅影响了个人行为的自主性，也在很大程度上决定了个人的收入和职业。文化程度高的流动人口的理想婚龄和初婚年龄较大（张俊良，1999），而且，婚龄随收入的上升而上升（Zhang，2000）。由厦门大学主持的“厦门市流动人口婚姻家庭抽样调查”在对流动人口择偶模式及其影响因素进行了系统的研究后发现，年龄越小，教育背景越好，其择偶模式越现代化，并且流动人口的择偶模式还会因性别不同而有所差异（叶妍、叶文振，2005）。黄润龙等（2000）利用全国第四次1%人口抽样调查数据，在宏观层面上通过与常住居民比较分析了中国女性流动人口婚姻状况，及其随年龄、受教育程度、职业、流入地区变化的特征，以聚类方式研究了女性流动人口婚姻的宏观地区分类，并用相关分析的方法探索了影响女性流动人口婚姻现状的地区性变量和流动人口自身变量。结果指出，女性对婚姻寄予的希望比男性更大，而且女性流动人口的早婚比例较高。在个体层面上，女性的受教育水平和职业状况会对女性流动人口的婚姻状况产生影响。

外出务工使农民工的生活场域从传统的农村迅速地转换为工业化大都市，其恋爱观、择偶观、婚姻家庭观会在城市的现代文化和价值观冲击下发生改变（风笑天，2006）。打工经历对农民工的婚恋观念和行为取向影响显著，已有研究表明，部分农民工对婚前性行为的看法已经突破传统观念（陈印陶，1997），处于婚育年龄高峰的外出打工青年中较普遍存在婚前性行为、未婚先孕现象（风笑天，2006）。因此，深入研究农民工的婚恋观，对于了解农民工的婚恋需求和行为、有效控制婚外和计划外生育、提高城市流动人口的生殖健康和计划生育服务水平、保护女性农民工和婚外生育子女的合法权益、促进城乡社会的婚姻家庭稳定等，都有重要的现实意义。

二　社会网络与生育

生育作为一种社会现象，同时兼有三个特征，即数量、时间和性别（顾宝昌，1992）。生育观念与生育行为也不可或缺地存在着生育数量、生育时间和生育性别三个方面。生育观念是人们对于生育问题的看法、态度和倾向，直接支配和制约着人们的生育行为（辜胜阻、王冰，1988；王树新，1994；Pritchett，1994）。

宏观上，生育观念反映了社会的生育文化；微观上，生育观念体现着个体行动者的理性选择，直接支配和制约着人们的生育行为（王树新，1994）。

妇女的生育力和相应的生理功能是生育行为的自然基础。医学和生物学的研究表明，生活方式与营养条件的改善，在一般情况下会增强人的生育力。然而，现代社会妇女生育力的增强，并不意味着孩子生产的必然增加。在多数情况下，生育力提高而生育率却下降了，这主要是社会经济因素影响生育行为的结果（李竞能，2001）。具体而言，经济发展会在宏观上影响社会对劳动力的需求、改善社会生活条件、促进城镇化水平的提高，从而在微观上促进个体生育观念的现代化，并最终通过观念的改变影响个体的生育行为决策（刘传江，2005）。也有学者依据成本—效用理论指出，经济的发展会促使个体生育的机会成本与“孩子生产成本”上升，从而影响了个体基于成本—效用比较后可能采取的生育决策（陈彩霞、张纯元，2003）。

胡尔认为，个人社会化过程中的社会舆论、规劝与协商都会对生育意愿和决策产生影响（联合国，1984）。而社会网络为实现个体社会化过程中生育观念与行为的转变提供了影响途径与理论解释。社会网络具有社会交往和社会支持功能，可以满足个体社会化过程中的基本情感需要、获取财产和隐私的安全感、获得实际帮助的需要、获取相关问题的指导和建议、认识他人并获取新信息的需要（卜长莉，2005；Shye et al.，1995）。

农民工流动后，地理空间的变化也带来了社会文化生活上的改变。在此过程中，城乡社会在社会经济、文化等领域的差异，无形地加大了农民工转变角色和身份的压力，促使农民工通过文化适应的方式逐步缩小他们与城市的差异。依据文化适应理论，具有不同文化的群体发生长期而直接的联系，会导致一个或两个群体改变原来的文化模式（Redfield et al.，1936）。流动引起文化的改变更多地体现在流动群体的一方。因此，进入城市后，受社会主流文化的影响与带动，农民工会采取较积极的同化方式逐步认同和接受城市的社会文化与规范，在与城市社会的融合过程中促使个体的观念与行为发生变化（Lindstrom，2003）。一些学者研究发现，农民工进入城市后的实际生活过程也是与城市文明和社会不断整合的过程，是一个以“城里人”为参照群体、不断调整自己的行动方式的社会过程（李培林，1996；池子华，1998）。

中国长期实行的二元体制使城乡在社会、经济和文化等领域具有显著的差异。与乡村相比，城市社会经济发展水平相对较高，长期的经济发展与资源积累建立了较完善的社会保障体系，社会生活条件相对较好；同时，城市家庭生产功能消失，较为普遍的核心家庭的规模与结构也促使城市人口倾向于少育（李竞能，2001）。这些均在一定程度上降低了城市家庭多育、育男的生育需求，促使现代生育文化在城市社区与家庭得到了广泛的传播与认同。而在农村地区，相对落后的社会、经济和文化，促使农村家庭对劳动力、养儿防老以及社会评价的现实需求尚存，在农村社区与家庭还普遍流行着传统的生育观念与行为。流动后，随着空间与时间的变化，农民工所面对的社会、经济和文化环境相应地发生变化。而非永久性的迁移又使得农民工与流出地保持着密切的联系，城乡社会、经济和文化相互交织，促使农民工的生育观念与行为在个体对城乡社会环境差异的认识、比较与评价中发生改变。

农民工的生育观念既是中国计划生育等相关公共政策约束的结果，也是社区、家庭以及各种社会关系共同影响的产物。在农村流入城镇农业人口规模逐年扩大的情况下，农民工的生育观念与行为的演化必将对城市生育水平、出生性别比，以及计划生育工作带来深远的影响。目前，国内已有一些研究描述了外出妇女的生育意愿和生育行为后指出，外出妇女期望子女数低于流出地未外出育龄妇女（黄润龙等，2000；伍先江，2000；尤丹珍、郑真真，2002），实际生育水平低于流出地未外出人口（周祖根，1995）；男孩偏好观念依然比较明显（杨瑛等，2002）。但以上研究多针对外出育龄妇女，并未从男女两性的角度对流动人口的生育观念与行为进行全面的分析。研究表明，基于社会网络的人际交流与互动是收集和散布信息的重要渠道，通过与网络成员讨论一些观念与行为问题，个体可以获取有关工作、生活方面的指导、建议和信息，从而对个体的观念产生影响，为个体的行动提供便利（全海燕，2003；Katz & Lazarsfeld，1955；Kautz et al.，1996）。在网络成员的观念与行为的示范作用下，在社会学习与社会影响过程中个体行为发生转变（Montgomery et al.，2001；Ataca & Berry，2002）。社会网络是社会个体成员间因交往与互动而形成的社会关系，基于社会网络而产生的网络成员间的互动与交流将对个体的观念与行为产生影响，促使个体的观念行为发生转变（Mitchell，1969；Carrington，1988）。因此，进入城市后在与城市社会融合的过程中农民工的生育观念也必将发生改变（Goldstein et al.，1997）。农民工生育观念的发展变化，将在一定程度上加剧城市生育水平与人口性别结构等问题的复杂性，对未来婚姻、家庭的形态和结构以及社会的稳定与健康发展将产生重要而深远的影响。

在中国，长期以来形成的男孩偏好观念是导致人口出生性别比偏高的根本原因（Zeng et al.，1993）。已有研究发现，一方面，具有相对较强男孩偏好观念的农村人口流入城镇地区后，其出生性别比加剧了城镇地区出生性别比的偏高态势（伍海霞等，2005）；另一方面，进入城镇后，随着职业、生活环境和生活方式的变化，农民工重新构建着个体的社会网络，在网络成员观念与行为的影响下，个体的生育观念与行为将发生转变（Carrington，1988；Bongaarts & Watkins，1996；Friedkin & Johnsen，1997；Kohler et al.，2001；Behrman et al.，2002），进而对城镇地区出生性别比产生影响。国内外有关流动人口的生育控制行为研究发现，流动后与社会网络成员的信息交流与互动，有助于流动人口生育控制行为从不避孕向避孕、传统控制方法向现代控制方法的转变（杨绪松等，2005；靳小怡等，2005；Bongaarts & Watkins，1996；Friedkin & Johnsen，1997；Sara & Abigail，1997；Eklund，1999；Kohler et al.，2001；Behrman et al.，2002），在一定程度上表明，从社会网络视角研究流动人口能够更好地理解和认识流动人口观念与行为的变迁。

国内外研究表明，个体层面的年龄、职业、受教育水平、民族、婚姻状况等因素均会在不同程度上对个体的生育观念与行为产生影响（陆杰华等，2005）。其中，受教育水平对个体的生育意愿具有强烈的抑制作用，妇女的文化水平与生育孩子数呈反比关系，文化水平越高，愿意生育孩子数越少（江亦曼，1994；沈安安，1995）。期望生育子女数与农民的年龄呈正相关关系（王海霞，2001）。从生理上，除遗传因素外，排卵期和性交频率会引起出生性别的差异（Harlap，1979；Ulizzi & Zonta，1995）；父母亲年龄、受教育程度、已有子女的数量和性别分布均会影响其婴儿的性别，孩次越高，出生性别比越高（Feitosa & Krieger，1992；Astolfi & Zonta，1999）。

目前，国内学者多从制度性限制和区域性限制的角度，关注流动人口与计划生育管理，对农民工的生育观念的态势及影响因素等方面进行了研究（骆华松，2002；黄云卿，2003）。虽然已有学者通过对流动人口性别偏好等观念的研究指出人口流动有利于流动人口生育观念（如男孩偏好）的转变，但尚无定量化地从社会网络视角对农民工的生育观念及影响因素进行研究（杨瑛等，2002；尤丹珍、郑真真，2002；洪旺全，2005）。从非正式制度的社会网络视角对流动后农民工生育观念变迁进行研究，将为农民工生育问题的研究提供新的视角与研究方法，对于更好地发挥非正式制度在农民工与城镇社会融合过程中的积极作用，促进农民工观念与行为的现代化，推动城乡人口与社会协调、可持续发展具有一定的理论意义和现实意义。

三　社会网络与养老

随着医疗和生活水平的改善提高，人口死亡率下降，平均寿命延长，老年人口比重也在逐年增加。据估计，到21世纪中叶，我国60岁以上老年人将达4亿左右，届时每4个人中就有一位老人。与一些发达国家相比，中国老龄人口基数之大，增长速度之快，都是前所未有的（阎青春，2002）。

养老方式的选择与社会经济发展有直接的关系。对于养老，由于社会经济发展水平的不同，不同国家采取不同的养老模式。西方发达国家采用的是社会养老模式，这种模式是在“从摇篮到坟墓”的高福利政策指导下实行的，其主要特征是由社会承担国民的养老问题，解除了家庭和子女的负担，但由于国家不得不把大量的财政支出用于提供公共福利，政府不堪重负，制约了国民经济发展，由此导致福利危机（龚静怡，2004）。例如，瑞典、意大利和德国纷纷进行改革，改革的方向主要是提高个人和社会的养老费用分担比例，减少政府的开支压力。

中国的养老模式主要还是以家庭养老为主。父母养育子女，子女赡养父母，天经地义。中国推崇含饴弄孙和天伦之乐，人到老年后地缘文化观念更加浓厚，左邻右舍的情感维系更为重要，老年人一般都乐意生活在熟悉的环境中。统计资料显示，虽然老年人生活场所可以有多种选择，如家庭、养老院、老年公寓等，但家庭仍然是老年人的第一选择，即家庭养老仍然是中国社会养老的最主要方式（邓颖等，2003）。

养老模式主要分为社会养老与家庭养老两种模式，各有利弊，人们在实践中逐渐有所认识，并不断加以完善。通过对比两种养老模式的优劣，龚静怡（2004）认为，应该把居家养老和社区养老相结合，从形式上仍保持着传统家庭的养老格局，但在内涵上体现了从传统模式向现代模式的转变。这种模式可兼顾老人的情感需求和人际交往，同时也可以一定程度上解决失业人员的就业问题。但是这种模式能否有效实施，关键在于相关制度是否完善和是否有充足的资金保障。

中国人的社会结构如费孝通的差序格局所描绘的那样，好像把一块石头丢在水面上所引起的一圈圈推出去的波纹。每个人都是他社会影响所推出去的圈子的中心，被圈子的波纹推及的就发生联系（费孝通，1998）。社会网络是行动者通过社会交往与其他行动者之间以及其他行动者之间形成的稳定的网络关系。这些关系可以是直接的也可以是间接的，只要是相互认可的。一方面，个体行动者可以主动地向其他与其连接的行动者寻求帮助（不管是资源的流动，还是信息的交流）；另一方面，在交往的过程中个体的观念与行为，也在潜移默化地受到其他行动者的影响。当遇到问题需要通过网络关系解决时，行动者会根据实际情况与其认为有助于自己行为目的的其他行动者进行互动。每个人在某一时间某一地点所动用的圈子不一定是相同的（费孝通，1998）。比如，个体需要求职时，会从其所有可能帮助其找到工作的关系人中寻求帮助，这样就可以提取出一个求职的网络；而在其需要抉择时，则有可能向在该问题上有深刻见解的或存在相似问题需要解决的关系人寻求启发与认同，这样就可以提取出一个观念传播网络。总之，当行动者通过网络来解决问题时，自然就会调动一个与问题相关的互动网络。

中国对关系的划分是连续的思想，如费孝通的差序格局，而西方主要采用二分法进行分类，如格兰诺维特的强关系和弱关系。已有研究已经关注到社会网络对农民养老的作用，如学者认为，以同质性的关系（如血缘和地缘关系）连接和维系的社会网络，是强关系网络的范畴，并提出应该逐渐实现从同质性的关系（强关系）向异质性的关系（弱关系）或者说从强网向弱网的过渡和转变（铁明太，2007；陈成文、肖卫宏，2007）。强弱关系本无好坏之分，必须得结合具体情况选择搭配才能充分发挥好作用。王全美和张丽伟（2009）从关系强度和制度类型两个维度划分了农村养老资源，强调既要发挥强弱关系的作用，也要发挥制度性或非制度性资源的作用。显然，这里的关系或社会网络实际上是一种社会资源，因此，更确切地说是社会资本。

尽管农民工的养老问题是一个重要的现实问题，但目前外出的农民工通常还没有到养老年龄，关注他们的养老意愿对解决他们未来养老具有重要意义。养老观念的形成和演化与人际互动密不可分，因此，社会关系网络，尤其是社会讨论网络，是养老观念的重要影响因素。然而，从社会网络角度研究农民养老尚不多见，对农民工养老观念的演化研究更为少见，这为本书研究提供了较大的研究空间。

四　社会网络与社会融合

一般认为，社会融合是个体和个体之间、不同群体之间或不同文化之间互相配合、互相适应的过程，并以构筑和谐的社会为目标（任远、邬民乐，2006）。对社会融合的研究可以分为两类：一类研究将社会融合作为重要的解释变量，考察它对某些问题和现象的作用；另一类研究则考察社会融合本身，关注的群体不尽相同，既包括不同种族、不同地区，也包括不同商业组织之间的社会融合。

社会融合已经开始为学术界、政策制定者所重视，许多国家和地区将社会融合作为人类生活质量的主要考察指标，较高的社会融合水平已经成为人类社会发展所追求的目标之一。社会融合本身的分类方法较多，斯科特和迈尔斯的分类方法几乎一致，而且是诸多分类方法中较容易进行变量操作的一种，即将社会融合分为行为融合和情感融合（Scott，1976；Myers，1999）。情感融合指个体在群体内的身份认同、价值取向以及向群体投入时间、劳务与个人资源的意愿；而行为融合则强调人际间社会互动的频率和强度。

当前城市农民工诸问题中的社会适应性，即农民工的社会融合问题成为核心问题（马德峰、雷洪，2000）。王春光和贝沙在研究移民问题时指出，社会融合是指移民与当地社会的关系（王春光、Beja，1999）。他们的生活、交往、心理、观念等方面的矛盾、冲突和问题大多由非制度性社会融合问题引起，但目前对这一问题的研究尚不够深入，在如何具体引导农民工去适应城市生活、如何提供农民工社会适应的条件等方面，还缺乏足够的研究（马德峰、雷洪，2000）。

当前国内对农民工社会融合的很多研究是从社会网络，尤其是社会支持网络入手，考察农民工与其网络成员的互动频率和强度（王毅杰、童星，2003；李树茁等，2006a、2007a、2007b），间接地揭示了当前农民工的城市生活状况，本质上是研究农民工的行为融合情况；个别研究从农民工的城市生活状态、融入城镇愿望以及市民对农民工的接受度的角度，分析了农民工社会融合状况（钱文荣、张忠明，2006），反映了农民工的情感融合状况。由此可见，国内学者已经开始从不同侧面关注农民工的社会融合问题，但还缺乏同时囊括行为融合和情感融合的全面分析。社会支持对社会融合是必不可少的（Agneessens et al.，2006）。社会支持资源的占有和使用与城市融合是相互依赖、密不可分的（范丽娟，2005）。当前对农民工社会融合的研究大部分集中于制度层面（任远、邬民乐，2006），少数学者就农民工社会支持网络对其留城定居的影响进行了研究（冯宪，2004；王毅杰，2005），而从社会网络角度对非制度性社会融合的影响因素进行分析的文献还相当少见。

对农民工而言，他们的社会网络具有天然性、同质性和乡土性特点，农民工信任的仍然是以血缘和地缘关系为基础的初级关系，只有当他们不得不去寻求群体外的支持和帮助时，才会把信任的目光投向城里的其他群体（司睿，2005）。农民工进入和融入城市生活要经过生存和发展两个阶段，在后一阶段，农民工除了利用同质性的强关系外，也必须充分利用具有异质成分和制度因素的弱关系，工具理性开始逐渐占据主导地位。由于制度的约束，农民工赖以生存和发展的社会网络主要是社会支持网络。社会支持是一定社会网络运用一定的物质和精神手段对社会弱者进行无偿帮助的一种选择性社会行为（陈成文、潘泽泉，2000）。个人的社会支持网络是由具有相当密切关系和一定信任程度的人所组成的。社会支持网络在规范个人的态度和行为时发挥着重要影响，它也是个人的一种重要的社会资源（张文宏、阮丹青，1999）。良好的社会支持网络被认为有益于减缓生活压力，有益于身心健康和个人幸福。社会支持网络的缺乏，则会导致个人的身心疾病，使个人日常生活的维持出现困难。然而农民工的社会支持网络具有规模小、紧密度高、趋同性强、网络资源含量较低的特点（王毅杰、童星，2004；范丽娟，2005）。他们的社会支持规模不仅小于城市居民，也小于农村居民，紧密度低于农村居民，接近城市居民；网络的性别趋同性、异质性与城市居民相差不大；趋同性高于农村居民，异质性与农村居民相差不大，职业趋同性接近农村居民而高于城市居民，而异质性高于农村居民但接近城市居民（王毅杰、童星，2004）。这些研究在一定程度上揭示了农民工社会支持网络与社会融合的关系，但研究方法以描述性统计分析为主，较少定量研究影响农民工社会融合的社会网络因素。

近年来，有少数学者从社会支持网络角度研究农民工的社会融合。范丽娟在安徽实地访谈的基础上，考察了打工妹社会支持资源的占有和使用状况以及对她们城市融合的影响，发现打工妹的城市融合过程实际是一个由社会制度、支持网络和个人资本三个层面的要素相互作用、相互影响而构成的一个动态过程（范丽娟，2005）。制度因素导致了打工妹和城市市民交流的隔离，阻止了打工妹的异质人群支持网络的形成，也影响了她们对城市与市民的认同、靠拢和适应；社会网络作为对正式制度的一种补充，对打工妹安全稳妥地进入城市社会提供了便利和低成本，但是由于打工妹网络资源有限，她们与城市社会的融合仍处于低层次；之所以在同等的制度和网络环境下，打工妹的城市融合的最终结果会表现出巨大的差异和分化，其中一个很重要的原因就是微观层面上的个人人力资本的不同。

吴兴陆和亓名杰（2005）对农民工的城市融合现状进行研究后发现，一方面，农民工对进城打工后对自身境况感到满意；另一方面，农民工未来定居城市的意愿却并不十分强烈，只有36.4%的被调查对象打算在打工城市定居，而63.6%的人选择“否”。可以认为，农民工对进城打工后境况改善、对现状感到满意的认定是相对的，这与参照系有关。对于外出打工的农民工而言，初次外出时，他们对自己地位的认定还是以农民为参照群体；随着外出时间延长，他们的参照群体逐渐从农村移到城市，两者对满意程度的认定有很大的差异。

另外，“民工潮”从开始到现在已经20多年，农民工正在经历着从第一代向新生代的转换。20世纪80年代，在寻求并维持生存甚至糊口而非追求利润最大化的“生存理性”的驱使下，第一代农民工为了自己和家庭的生存开始选择外出务工（黄平，1996；黄平等，1997；文军，2001）。赚钱是他们的主要目的，“乡”“土”仍是他们基本的生存保障，是其割舍不开的心理情结，经过一段时间的迁移以后，绝大部分会返回家乡（王春光，2001）。90年代以后，那些出生在70年代末以后，在80年代接受教育的新生代农民工开始陆续大量地涌入城市。与第一代相比，新生代农民工年轻、受教育水平较高、缺乏农业生产经验，更希望留城发展（王春光，2001）。研究显示，农民工尤其是新生代农民工外出打工的动因，已经实现了从“生存理性”到“经济理性”和“社会理性”的跃迁（文军，2001）。新生代外出的目的已经从单纯的“赚钱”走向多元化，城市所提供的个人发展机遇和现代生活方式对他们的吸引越来越大，“学技术”“见世面”往往是他们走出农村的重要原因（王春光，2001；罗娟，2007）。据此，如果将“寻求生存”概括为第一代农民工的生活逻辑，那么“寻求发展”就是新生代农民工的生活逻辑。

尽管生活逻辑发生了改变，但新生代农民工所面临的融入城市社会的困难较第一代并未发生实质性改变。制度因素和非制度因素的共同作用，导致了他们在就业、住房、子女教育、社会保障、福利待遇等方面处于城市的边缘地位（刘传江、周玲，2004；杨绪松等，2006；李树茁等，2007a；李树苗等，2008）。这使得绝大部分农民工不得不选择返乡，仅有少数在生意或职业上发展得比较成功的农民工能留在城市。谈及未来发展意愿，无论第一代，还是新生代，农民工无非有三种选择：第一种是留城发展，“离土又离乡”，这有利于推动城镇化进程；第二是返乡非农就业，“离土不离乡”，是一条“自下而上”的城镇化道路，有利于乡镇经济的多元化发展；第三是返乡继续从事农业生产。从城镇化和现代化的角度来看，农民工的非农职业选择，即无论是返乡非农就业，还是留在城市，都将有助于缓解农村大量剩余劳动力所带来的压力，有利于推动城镇化进程（Ma，1999）。

关于农民工返乡行为影响因素的研究，赵耀辉发现，回迁农民工往往年龄较大、已婚、受过较好教育、在城市从事体力劳动、配偶未发生迁移（Zhao，2002）。王和范认为，农民工留城定居机会有限，从而促使他们与家乡保持紧密联系，家庭责任是回迁的重要原因之一（Wang & Fan，2006）；同时也发现年龄是农民工返乡的重要预测变量，年龄越大越可能返乡。对留城意愿的研究其实是回迁研究的另一角度。曾旭晖和秦伟（2003）的研究表明，教育、家庭因素以及对城市市民和政府的认同态度等，是农民工决定留城的重要影响因素。熊波和石人炳（2007）发现，职业类别、收入状况和住房状况对农民工定居城市的意愿有显著影响，而性别、年龄和受教育程度的影响不显著。

基于对农民工返乡、留城意愿影响因素的研究，结合留城和返乡农民工的特征比较，已有研究在教育的选择性上还存在一些争议，导致研究者对回迁农民工为乡村经济发展所做贡献的评价褒贬不一。一些学者发现，留城农民工的教育水平往往较高，而回迁农民工往往年龄较大、受教育程度不高，大多回归到传统的经济结构中，他们对家乡经济发展所起到的作用比较有限（Bai & He，2003；Liang & Wu，2003）。而有学者则发现，由于迁入地对人力资本的回报较低，导致具有较高教育水平的农民工最终返乡；返乡农民工的城市就业经验对他们非农职业的转化具有重要作用，回迁农民工缓解了农村人才流失现象，他们的投资行为为家乡发展做出了贡献，返乡创业的农民为农村地区提供了就业机会，促进了乡村经济的多元化发展（Ma，2001；2002；Zhao，2002）。

能否与城市社会融合，不仅关系到农民工的生存和发展，而且对城乡社会经济的可持续发展产生重大影响。尽管这一问题已经得到学者的极大关注，但主要是从制度层面进行研究，从社会网络尤其是从复杂网络角度全面考察农民工社会融合问题还有待深入。

本章小结

本章首先系统地评述了相关理论，为研究提供了理论基础。以社会资本理论—社会网络理论—复杂网络理论为主线，把创新扩散理论和文化传播理论纳入其中，构成研究的理论基础。一般网络特征和复杂网络特征是社会网络分析的两个重要内容。目前，网络分析在社会问题领域的研究还不完善，对观念、行为演化分析还不成系统，针对农民工的相关研究成果还不多见。

（1）社会网络是分析社会结构的重要手段，社会网络既是研究方法，也是研究对象。个体中心网络和整体网络是网络研究者的两种取向，各有自身独特的优点，两者相结合才能反映社会网络的全貌。但是，由于数据收集的困难和分析方法的相对复杂，使得针对农民工整体网络的研究还相对较少。随着研究的深入和学科间的日益交叉，综合运用社会网络和复杂网络分析为代表的复杂性科学逐渐成为新的研究热点。农民工流动是一个复杂的社会现象，目前关于农民工社会网络，尤其是其复杂性特征，如小世界现象、无标度特征和社群结构的研究比较少。

（2）农民工的非制度性城市融入已经受到广泛关注，非制度性融入包括观念和行为两个方面，主要表现在社会支持和社会讨论，社会支持网络和社会讨论网络是农民工社会融合的重要体现。社会支持主要影响求职、生活等工具性的一面，而社会讨论则主要影响观念和行为。二者同等重要，但已有研究更多地集中在社会支持网络进行研究，很少关注农民工的社会讨论网络。

（3）流动后，农民工的婚姻圈发生了变化，尤其是女性农民工由于生活阅历、视野的开阔和现代性的增强，可能颠覆传统的婚姻观念，在配偶选择、婚龄、婚外恋、未婚先孕等方面发生变化，在一定程度上会影响婚姻家庭的稳定。已有研究主要从定性角度进行分析，实证研究相对比较缺乏，尤其是对人际互动，即婚姻讨论网络对婚姻观念和行为的影响缺乏深入研究。

（4）农民工计划外生育可能是抬高城镇出生性别比的重要因素，因此，研究农民工的生育观念和行为具有重要的战略意义。国外主要采用社会学习和学习影响的相关理论来解释生育讨论网络对生育观念和行为的影响机制。在中国文化背景下，男孩偏好以及多孩生育意愿和行为虽已受到学者关注，但从社会网络角度研究农民工的生育观念和生育行为演化还不够系统深入。

（5）中国的老龄化问题逐渐显现，养老模式或养老方式的选择不仅影响到个体的生命质量，而且养老金分配是否合理还会影响到国家的经济社会发展水平。随着农民工规模的不断增大，其养老问题受到学者的关注，尽管绝大多数农民工还没有进入老年，研究他们在流动前后养老观念的变化，对于政府科学决策具有重要的前瞩性。社会网络分析为农民工的养老观念演化研究提供了新的方法和工具，相关研究有待于进一步深入。

（6）农民工的社会融合在很长一段时期内都是一个重要研究课题。已有研究主要借鉴国外移民的研究范式，从情感和行为两个方面研究了农民工的融合现状和意愿问题。对于未来发展意愿还缺乏新的研究框架，这为本书基于城乡可持续发展，从“留城”、“返乡务农”和“返乡非农就业”三个方面研究农民工的融合问题提供了空间。

总之，对于农民工流动这一复杂系统，已有研究还没有形成全面的理论基础，缺乏系统的社会网络分析，尤其是整体网络的复杂性特征分析。农民工的社会网络研究主要集中在社会支持网络，缺乏对社会讨论网络的深入研究。对农民工的婚育、养老等观念和行为的演化缺乏社会网络视角的定量研分析，本书基于社会网络视角对农民工观念和行为的演化进行研究是对已有研究进行补充和扩展，以期通过非制度性的社会互动促进农民工的社会融合，进而促进城乡社会经济可持续发展。

第三章　样本选择与数据采集

本书采用的数据来自西安交通大学人口与发展研究所于2005年4月组织进行的深圳外来农村流动人口调查①。本次调查分为问卷调查和访谈两种形式。其中，问卷调查包括抽样调查、社区问卷调查和街头拦访调查；访谈包括个人访谈和小组访谈。本章主要介绍调查地的选择与概况、抽样调查的目标、样本选取、问卷设计和修改过程，以及抽样调查过程、质量控制和最终样本的基本信息。

第一节　调查地的选择与概况

一　调查地的选择

对农村流动人口（农民工）的调查，需要选取具有代表性的、流动人口较集中的城市进行深入调查，掌握有关流动人口的详尽信息。广东省深圳市是沿海经济开放城市的代表。2005年，深圳市共有暂住人口1035万，户籍人口171万，户籍人口与暂住人口比例为1∶6。②。2005年，深圳市已成

---

① 本书主要涉及两部分数据：一是2005年深圳外来农村流动人口调查数据，本书的主体内容均采用这部分数据；二是2008年西安外来农村流动人口调查数据，这部分数据主要补充深圳调查中相关政策数据的不足，这部分数据只是在第十章、第十一章和第十二章使用。

② “五普”资料显示，深圳市户籍人口为121.48万，占总人口的17.3%；暂住人口达579.36万，占总人口比重为82.7%，暂住人口数量是户籍人口数量的4.77倍。“六普”数据显示，深圳市常住总人口达到1322万，非户籍人口约798万，占常住总人口的60%。非户籍人口与户籍人口比例倒挂得到遏制。从“五普”到“六普”这10年，深圳市采取多项措施，降低了入户门槛，加快了户籍人口的增长步伐。

为全国流动人口与户籍人口比例倒挂最严重、人口密度最大、人口年均增长速度最快、适龄劳动人口平均文化程度最低的城市，人口因素已影响了深圳市的现代化进程。而户籍制度的存在与社会资本的相对匮乏，均不利于农村流动人口与城市的融合，给社会安全埋下了隐患，增加了流动人口管理的难度；加之迁移流动的选择性，农村流动人口的年龄集中在结婚、生育旺盛期，其生育观念与行为的演化必将对城市出生性别比产生影响。通过对深圳农民工的调查，在对迁移引起的观念与行为的演变及其社会影响进行研究的基础上，探索深圳市农村流动人口的有效管理途径，为促进城市的人口与社会经济可持续发展提供政策建议，促进深圳市整个社会经济的全面、协调、可持续发展，并对解决其他城市的相关问题有着重要的示范意义。

值得说明的是，深圳市是农村流动人口调查的典型城市。深圳市民与流动人口的比例倒挂十分严重，因此，农村流动人口的观念与行为受城市的影响可能要比其他城市要小，更多的是受到农村流动人口相互间的影响。农村流动人口与城市社会的融合可能更多的是农村流动人口相互间的融合。这是本次调查的局限所在，尽管如此，此次调查为本研究利用社会网络分析农民工的社会融合及观念与行为的演化提供了宝贵的第一手资料。

二　调查地概况

广东省深圳市成立于 1979 年，1980 年被定为“经济特区”，属国家副省级计划单列城市。深圳市是中国大陆人均国内生产总值最高、经济效益最好的城市之一。国内生产总值居中国大中城市第四位，2003 年国内生产总值达到 349.79 亿美元，人均国内生产总值 6590 美元；财政收入居大中城市第三位；进出口总额占中国大陆的七分之一，连续 11 年居大中城市第一。深圳市已基本建成“以高新技术产业、先进制造业为基础，以现代服务业为支撑的适应现代化中心城市功能”的新型产业体系。深圳市行政区划图见图 3－1[①]。

深圳市地处广东省南部，北接东莞、惠州两市，下辖罗湖、福田、南

① 该图引自 http：//www.0755－0755.com/page/sz－map.htm。

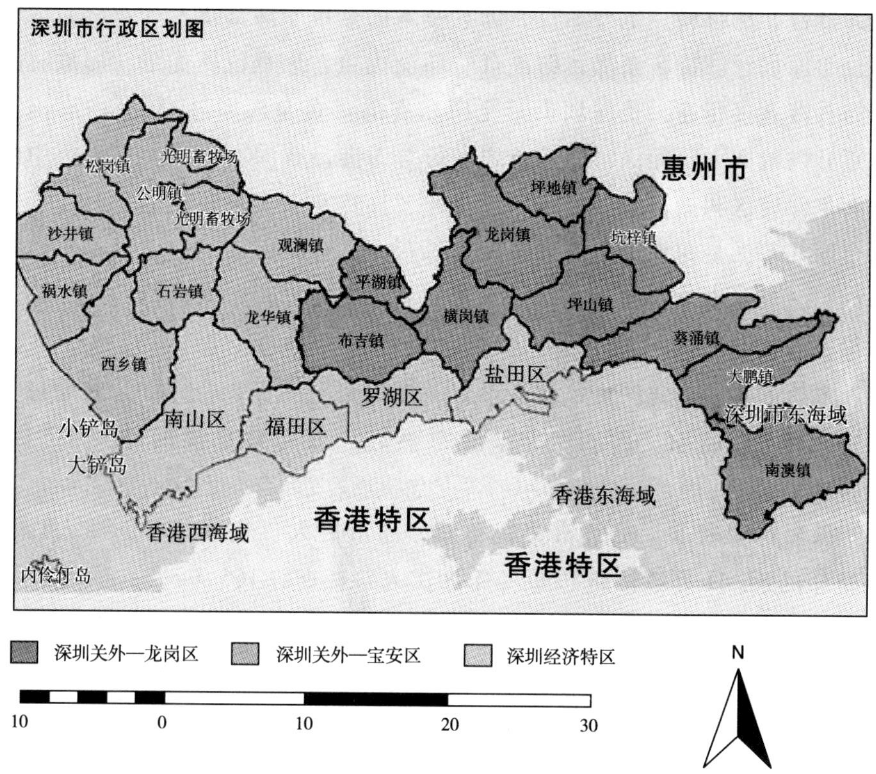

图 3－1　深圳市行政区划图

山、盐田、宝安和龙岗 6 个行政区、51 个街道办事处，其中，罗湖区、福田区、南山区、盐田区位于经济特区内，宝安区、龙岗区地处经济特区外。在区域结构上，深圳业已形成“南软北硬”“南高北重”“东西两翼旅游港口”的产业分工布局和特色。其中，福田区位于深圳经济特区的中部，是深圳市委、市政府所在地，形成了以通信、电子、轻工、机械制造为主体，服装、医疗、化工等 10 多个行业并举的工业体系，拥有超大规模集成电路、计算机硬盘、光电通信器件、数控等离子切割机床等一批高新技术产品；罗湖区位于深圳经济特区中部，是深圳市开发较早的商业中心区，以商贸、金融、信息、旅游、酒店服务和房地产为主，第三产业占主导地位，是深圳市商贸、金融、信息中心；南山区位于深圳特区西部，拥有优越的投资环境和优美的生活环境，是深圳市的高新技术产业基地、西部物流中心、旅游基地和教育基地，形成了计算机、通信、微电子及基础元器件、新材料、生物工程、机电一体化等 6 个高新技术产业群；盐田区位于深圳经济特区东部，辖区自然环境优美，地理位置优越，海域、陆域与香港直接相连，是深圳市乃至广东省的“黄金海岸”，辖区内有国家重点开发的四大国际深水中转港之一的盐田港，有深圳市三大保税区中的沙头角保税区和盐田港保税区，还有许多自然及人文景观；宝安区位于深圳市西北部，是深圳市重要的加工贸易基地，有深圳市“加工贸易出口第一区”之称；龙岗区位于深圳市东部，是深圳市面积最大的行政区，总面积约占深圳市总面积的一半，作为深圳市重要的大工业、大农业、大流通、大旅游基地，龙岗区已逐步形成了以工业为主导，“三高”农业稳步发展，商贸、运输、房地产、旅游等第三产业初具规模的外向型经济格局。

深圳自南宋末年陆续有移民落脚，建市后人口快速增长，总人口从 1979 年的 31.41 万增长到 1990 年第四次人口普查的 166.74 万，至 2000 年第五次人口普查人口时达到 700.88 万。深圳市人均年龄 30.8 岁，其中，0 ~ 14 岁人口占 8.49%，15 ~ 59 岁劳动适龄人口占 88.41%，65 岁及以上人口占 1.22%；外来人口中具有大专及以上学历者占总数的 16.76%，高中文化程度的占 46.06%，初中及以下文化程度的占 37.18%。外来人口从事生产、运输的居多，占总数的 39.43%；服务行业占 16.83%；商业行业占 12.18%；专业技术人员仅占 3.84%；其他占 27.72%。外来人口从事第一、二、三产业的比例分别为 1.59%、52.80%、29.96%，其他（读书、投靠亲属等）为 15.65%。总体上，深圳市人口结构呈现两级化趋势：一边为高学历、高素质的知识技术型人才的密集，另一边则为低学历、低素质的劳务型打工者的密集。

第二节 街头拦访调查

深圳市街头拦访调查的主要目的是了解有关深圳市户籍人口和非户籍人口的社会生活现状，获取个体对婚姻家庭、生育、养老的态度以及未来打算等信息，尤其是户籍人口的相关数据信息，通过对两类人群的对比分析，研究农村流动人口观念与行为的演变及其对城市社会的影响，为促进农村流动人口的社会融合、加强对农村流动人口的管理工作、改善计生服务提供政策建议。

1. 调查方式

拦访的目标人群是年龄在15周岁以上，不包括外籍或国内游客、来访或出差的其他城市市民。具体包括：深圳市的户籍人口、流入深圳市不满半年的暂住人口或流动人口和流入深圳市半年以上的常住人口。

2. 调查内容

街头拦访调查包括三部分内容：第一部分为受访者的基本信息，包括户籍所在地、年龄、教育程度、婚姻状况、职业、月收入和在深圳市居住的时间；第二部分为调查对象对婚姻家庭、生育、养老的态度及未来的打算；第三部分为调查对象对在深圳市生活的满意度，以及对流动人口的看法等。

3. 调查地点的选择

在调查中，需要依据街头拦访调查的主要目的和调查内容，选取人流相对集中，人流构成中包括深圳市本地人和外来人口的区域实施调查。在充分了解深圳市区概况的基础上，选取深圳市BGL、SC、HQB和DM步行街四个区域。其中，BGL工业区位于深圳市福田区，是深圳市最早的工业区之一，区内各类工业厂房、写字楼、商业综合楼、宿舍等建筑共168栋，其中，宿舍楼52栋，房屋9300多间，在这个点的人流中，外来农民工比较集中；SC位于深圳市罗湖区，经销各类书刊及音像制品、电脑软件、精品文具、集邮及收藏品，吸引大批读者及游客。这个点的人流中，学生及当地市民相对较多；HQB是目前深圳市最重要的商业圈，每天的人流量达到近十万，也是“中国第一商业街”，并且HQB的电子产品市场总量已经超过了整个中国市场容量的50%，成为“亚洲第一电子市场”，这个点的人流构成比较广泛；DM步行街历史悠久，是一个集商贸、购物、游乐、观光、休闲、居住、办公为一体的多功能、现代化商业步行街区，这个点的人流量大、构成广泛，并且女性居多。以上4个调查点人流构成符合研究的需要，且人流集中，有利于全面采集深圳市各类人群的相关信息，为实现研究目标提供充分的数据支持。因此，在实地调查中，选取BGL、SC、HQB和DM步行街四个区域实施街头拦访调查。

4. 调查实施

街头拦访调查为期1天，于4月17日完成。为了保证调查质量，西安交通大学人口与发展研究所的老师对参与实地拦访调查的调查员进行了培训，向调查员讲解调查的目标、问卷结构、问卷中问题的具体含义，以及现场调查需要具备的基本技能。在调查过程中，调查指导员到各个调查点巡视，了解各调查点的调查情况，及时解决调查中存在的问题。最终，深圳市街头拦访共收回有效问卷1011份。后续的数据录入、清洗和复录工作表明，街头拦访调查的数据质量可靠，复录的一致率达到99.23%，达到了调查目标对数据质量的要求。

第三节　抽样调查

一　调查目标和调查内容

1. 调查目标

本次调查的目标是基于社会资本、社会网络视角，分析农村流动人口在原有乡土社会网络的基础上进行社会网络再构建的动态过程、特点和后果。研究农村流动人口再构建的社会网络与乡土和城市社会网络的联系与区别；通过对城镇外来农村流动人口再构建的社会网络的测量，分析农村流动人口再构建的社会资本与社会网络如何影响其婚姻家庭、生育、养老等的观念和行为；探讨人口流动、社会网络再构建、社会融合过程中，进城农村人口的婚姻家庭、生育、养老观念与行为的影响机制。调查所获取的数据资料也将用于分析农村流动人口社会网络的性别差异及其社会人口影响，为促进农村流动人口的社会融合和社会性别平等、加强计生管理、改善生殖健康服务提供政策建议，促进中国城乡人口与社会的可持续发展。

在调查中，需要选择能够反映社会网络特性的各类农村流动人口进行问卷调查，以获取研究所需要的信息。理论上，社会网络可分为个体中心网络和整体网络两大类，个体中心网络主要关心单一个体如何受到其社会网络成员的影响，整体网络则主要考察在一定的网络边界内的所有网络成员间的人际互动。为了保证研究的完整性，依据研究目标，我们从个体中心网络和整体网络两个角度收集数据信息。其中，个体中心网络信息，主要应用于从统计分析的角度对个体观念与行为演变的影响机制的研究；整体网络信息，不但应用到农村流动人口社会网络的结构特征研究中，而且利用整体网络数据从复杂科学视角，采用复杂性网络分析方法，提出农村流动人口生育观念与行为演变的社会网络理论模型。

2. 调查内容

（1）问卷调查

农村流动人口抽样调查利用结构化的个人问卷，由接受过问卷调查培训的调查员对被访者进行面对面访问，依据被访者回答的实际内容填写问卷。

农村流动人口抽样调查问卷由五部分组成：

①个体基本信息

包括被调查者个人的性别、年龄、受教育程度、户籍所在地、流动时间和来深圳市的原因等流动信息、目前在深圳的职业、收入和生活情况等；

②婚姻家庭信息

包括个体的婚姻状况、配偶的年龄、受教育程度、职业等基本信息、流动前后对农村女性外出打工、婚外恋、初婚年龄等婚姻家庭问题的观念等；

③生育观念和行为信息

包括流动前后对家庭理想孩子数及性别、男孩比女孩读书多等问题的观念、个体或配偶（女朋友）的怀孕史、流动前后避孕情况及避孕信息获知的渠道等；

④养老观念和行为信息

包括个体及配偶父母的年龄、居住安排、主要生活来源、劳动能力（健康状况）、与父母的代际支持（包括货币、劳务和情感支持）、流动前后养老问题的观念等；

⑤社会网络信息

包括深圳市求职支持网络、流动前个体的实际支持、情感支持和社会交往支持网络的规模及目前相关网络的详细信息、目前的婚姻家庭、生育、避孕和养老讨论网络信息，以及整体网络信息等。

（2）调查中社会网络概念的界定

借鉴已有社会资本与社会网络研究的成果（边燕杰、张文宏，2001；

张其仔，2001；白南生等，2002；Granovetter，1973），特别是上海市浦东流动人口调查（靳小怡等，2005），适应于本研究目标的要求，对调查中个体中心网络和整体网络边界确定方法不同：个体中心网络采用定名法，而整体网络采用定位法（与个体中心网络数据采用的定位法不同）。

①个体中心网络

个体中心网络指调查对象个体在工作或生活过程中，获得他人的帮助与支持或讨论有关观念与行为问题而形成的社会网络。在本次调查中，个体中心网络主要包括：

a. 求职网络

实际调查中，调查了被访者在第一份工作及目前的工作获得过程中所利用的社会网络，通过问题“在您获得第一份（目前的）工作的过程中，哪些人帮助过您？他们的具体情况如何”并通过回答表格内容来获取最多5位网络成员的相关信息（见附录）。

b. 社会支持网络

包括实际支持网络、情感支持网络和社会交往支持网络。实际支持网络主要指被访者在需要向他人借东西或获得其他实际帮助而形成的社会网络，情感支持网络指被访者在心情压抑时向他人倾诉而形成的社会网络，社会交往支持网络指被访者在社交活动中与他人交往而形成的社会网络；对于以上两类个体中心网络，在调查中，主要用于获取个体的帮助人或交往者的数量，每一位帮助人或交往者的年龄、性别、职业、受教育程度，以及与调查对象的亲密程度、认识时间和接触频率等信息。

c. 社会讨论网络

指个体与他人交流或讨论婚姻家庭、生育等观念与行为等话题而形成的交往网络，依据本课题研究目标的需要，在调查中，社会讨论网络主要包括：婚姻讨论网络、生育及子女教育讨论网络、避孕讨论网络和养老讨论网络。

对于以上四类社会讨论网络，在调查中除收集讨论网网络成员个体的年龄、性别、职业、受教育程度，以及与被访者的亲密程度、认识时间和接触频率等信息外，还需要收集相应网络中主要讨论议题的观念与行为信息：婚姻讨论网络成员的理想初婚年龄、对农村女性外出打工的看法、对未婚先孕的看法，以及对婚外恋的看法等信息；生育讨论网络成员理想子女数及性别、实际生育子女情况、对头胎生育女孩的看法、对女孩教育的看法等信息；避孕讨论网络成员是否采用避孕措施、是否推荐被访者采用网络成员本人所采用的避孕措施等信息；养老讨论网络中对将来养老的准备、将来与谁同住等信息（见附录）。

②整体网络

聚居类整体网络由一组特定的个体及其相互关系组成（Laumann et al.，1983），在调查中，整体网络是由同一单位的被访者构成，调查中将网络中所有成员进行编码，形成整体网络边界，网络中每一个个体在网络边界内确定与自身有交往关系的网络成员，并要求被访者回答网络成员是否给予其实际支持、情感支持和社会交往支持，以及是否与之讨论过婚姻家庭话题、生育及女孩教育话题、避孕话题和养老话题。同时，获取被访者的整体网络成员与其亲密程度、认识时间和接触频率等信息。

二　社会网络测度

1. 个体中心网络

依据范德普尔社会支持分类方法，将社会支持网络分为情感支持网络、实际支持网络和社会交往支持网络三类。并依据农村流动人口实际情况，对范德普尔的社会支持度量的10个标准问题进行必要的调整，实现对社会支持网络的度量。表3－1对比了范德普尔社会支持度量标准问题和本研究相应调查问题的对照关系。

由于问卷长度的限制，本研究在社会支持网络测度时，合并了相应的范德普尔标准问题，分别用一个问题来测度相应的社会支持网络。对范德普尔社会支持测度标准问题的修改主要考虑了农村流动人口群体的特征，删除了农村流动人口很少涉及的“填税单或遗产管理表”等问题，而加入了可能代买“日常用品”等问题。对于个体中心网络，还度量了农村流动人口流动前后其社会支持网络规模的变化情况。

个体在求职过程获得的支持是一类特殊的社会支持，对于农村流动人口在城市发展尤为重要，所以，本研究将农村流动人口的求职网络（即工作支持网络）单独作为一种社会支持网络来研究。主要询问农村流动人口在获得目前这份工作的过程中，哪些人帮助过他（她）以及具体情况如何。

表 3-1 社会支持的分类与度量

社会支持网络	范德普尔标准问题	调查问题
情感支持	• 假如您与您的配偶有严重的矛盾而又不能和他（她）讨论，您会同谁谈这些问题？ • 假如您心情压抑想同某人谈谈，您会找谁谈这些问题？ • 假如您需要对生活中的重大变化进行咨询（如换工作、迁移到另一个地区），如果这种变化曾经在您的生活中发生过，您曾征求过谁的意见？	人们常常会因为某些问题而心情压抑，如跟身边的人吵架、工作上不愉快、生活不如意等，您经常会跟哪些人谈论这些个人问题？
实际支持	• 假如您家中有些活需要别人帮忙，如固定楼梯或移动家具，您会请谁帮忙？ • 假如您患了流行感冒要卧床几天，您会请谁来照料您，或帮您购物？ • 假如您需要借一笔钱，您会向谁借呢？ • 假如您需要白糖之类的东西，当时商店已关门，或您需要某种工具，您会向谁借这些东西？ • 假如您在填表格如税单或遗产管理表时遇到了问题，您会请谁帮助？	人们经常会向别人借东西（如借钱、白糖、钳子），或者请别人帮助做些屋里、屋外的小事（如帮忙搬东西、买个日常用品），您经常为这些事向哪些人求助？
社交支持	• 近一段时期您与谁一同外出购物、散步、去餐厅或看电影？ • 您与谁至少每月交往一次，如相互拜访聊天、喝咖啡、饮酒或打牌？	人们总有些社交活动，如一起去逛街购物、喝酒吃饭、打牌聊天等，您经常和哪些人一起做这些事情？

为了探讨农村流动人口在城市人脉关系延伸的演化，还特别考察了其流入深圳市后第一份工作的求职网络和目前工作求职网络的情况。

社会讨论网络的测量没有标准的问卷问题。本研究采取与社会支持网络测量类似的方法，通过询问农村流动人口"如果您要和其他人讨论婚姻家庭方面的话题，您会和哪些人讨论"，"如果您要和其他人讨论生育及子女教育方面的话题，您会和哪些人讨论"，"如果您要和其他人讨论养老方面的话题，您会和哪些人讨论"，以获得他们在以上三方面的社会网络的信息。

2. 整体网络

本研究采用的整体网络数据来自聚居类调查点。聚居类样本的抽样分别在深圳市的南山区、龙岗区和宝安区进行。依据研究目标在上述三个区抽取了包括三类不同特征农村流动人口群体（即男性为主、女性为主和男女比例相当）的5个公司。首先，对每个公司的目标人群进行编码，形成5个公司的整体网络边界；其次，采用名单识别法让被访者在相应的抽样名单中挑选与自己有社会支持和社会讨论关系的其他被访者。

聚居类整体网络数据分为两大类：一类是社会支持网络的数据，具体包括实际支持网络、情感支持网络和社会交往支持网络的数据；另一类是社会讨论网络，具体包括婚姻讨论网络、生育讨论网络、避孕讨论网络和养老讨论网络的数据，通过询问农村流动人口“您是否会向他/她求助日常小事”、“您是否会向他/她倾诉心情问题”、“您是否会与他/她有社会交往的活动”、“您是否会与他/她讨论婚姻家庭话题”、“您是否会与他/她讨论生育子女教育的话题”、“您是否会与他/她讨论避孕话题”、“您是否会与他/她讨论养老话题”来获取整体网络数据。这样，在5个调查点共获得35个不同类型的整体网络数据。

三　个人基本信息测度

个体主要的基本信息包括被调查者个人的性别、年龄、受教育程度、户籍所在地、流动时间和来深圳市的原因等流动信息，以及目前在深圳市的职业、收入和生活情况等。

年龄、流动时间与时间相关的信息测度，要求被访者的回答要精确到月，即回答某年某月。户籍所在地则精确到县。收入利用“近半年您的平均月收入”测度，并收集了被访者的收入分配信息，包括“自己积攒的（包括储蓄的、带回或寄回老家的）”、“自己日常花费的（吃、住、行等）”、“用于社会交往”等。其他信息的测度情况如表3－2所示。

个人信息2、3和4与流动时间一起构成了流动因素的主要测度变量。个人信息5、6测度了农村流动人口在城市的职业和社会分层，在调查中，我们还考察了被访者刚进入深圳和目前的职业的变化情况，而有关测度选项的设计参考了李强等人的研究成果（李强，2002）。个人信息7～10是社会融合的主要测度变量，其中，7和8反映了融合现状，而9和10则反映了被访者的融合意愿。

表 3-2 个人基本信息测度

序号	个人基本信息	测度
1	受教育程度	1. 不识字或很少识字 2. 小学 3. 初中 4. 高中(含中专、技校)5. 大专 6. 本科及以上
2	来深圳市的主要原因	1. 求学、学手艺 2. 挣钱养家 3. 挣钱结婚 4. 结婚 5. 照顾家人 6. 见世面/向往城里的生活 7. 其他(请注明)
3	最初是和谁一起来深圳市的?	1. 自己单独来 2. 随配偶来 3. 随家人来 4. 随老乡来 5. 其他(请注明)
4	来深圳市是由谁决定的?	1. 自己 2. 配偶/男(女)朋友 3. 兄弟姐妹 4. 父母 5. 亲戚 6. 原所在地的干部 7. 其他(请注明)
5	职业	1. 餐饮 2. 娱乐 3. 宾馆 4. 美容美发 5. 裁缝 6. 废品收购 7. 小商贩 8. 家政 9. 加工业 10. 运输业 11. 建筑业 12. 其他(请注明)
6	阶层	1. 国家及社会管理者 2. 经理 3. 私营企业主 4. 专业技术人员 5. 办事人员 6. 个体户 7. 商业、服务业劳动者 8. 产业工人
7	您是否被深圳市民歧视?	1. 有过,且经常发生 2. 有过,但次数不多 3. 几乎没有
8	您广东话如何?	1. 会说 2. 仅能听懂 3. 听不懂
9	您更愿意和什么样的人交朋友?	1. 家乡人 2. 一起工作的外地打工者 3. 深圳本地人 4. 其他(请注明)
10	您以后准备在哪里长期发展或者定居?	1. 回老家 2. 在深圳 3. 在其他城市

四 问卷开发与设计

本研究调查问卷的开发和设计经历了如图 3-2 所示的资料收集与整理、问卷框架设计、问卷初步设计、试调查、问卷修改等过程。

主要内容包括:

(1) 根据研究目标和研究计划，参考国外的相关研究中流动人口和社会资本与社会网络的理论及研究结果，对研究问题进行准确细化，拟定调查

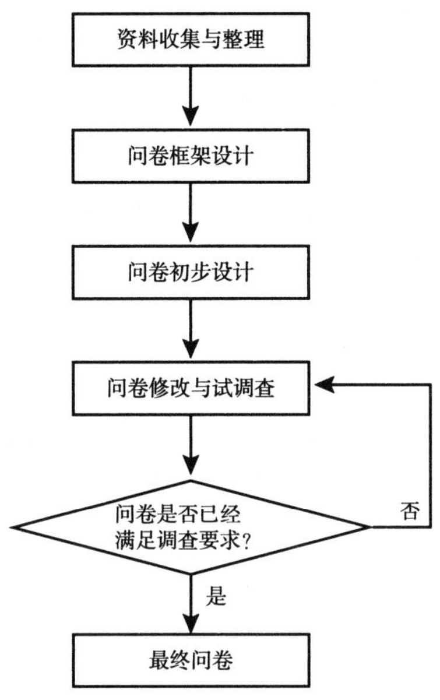

图 3－2　问卷开发与设计流程

问卷内容框架。

（2）针对调查涉及的内容，2004 年 9 月，在西安市选取 8 名农村流动人口进行个人访谈，了解农村流动人口社会网络、婚姻家庭、生育、避孕和养老等方面的实际情况和存在的问题，分析调查内容的合理性和完备性，对调查问卷内容框架进行调整和完善。

（3）在确定问卷内容框架的基础上，总结和借鉴上海市“浦东新区外来人口调查”问卷，以及基于该数据的相关研究结果（靳小怡等，2005），并结合农村流动人口的实际工作、生活状况细化了调查问卷中个体基本信息、婚育、养老观念与行为，以及社会网络问卷的调查内容，设计相应内容的调查问项，完成调查问卷的初步设计。聘请有关专家对问卷内容进行论证，提高问卷的效度。

（4）2005 年 1 ~2 月，由西安交通大学人口与发展研究所放假回家的两名研究生分别对河北和江苏两地的 5 名农村流动人口进行了个体问卷的第一次试调查，检验问卷内容的可行性，记录完成问卷所需要的时间，并征询被访者的建议。问卷试访完成后根据调查过程记录、调查员的自我感受，以及被访者的建议对调查问卷进行调整。

（5）结合研究目标和个体中心网络问卷试调查的结果，确定整体网络调查内容，设计完成包括个体中心网络和整体网络内容的完整问卷。2005年3月，在西安市选取一外来农村流动人口聚居的建筑工地，抽取其中的11名农村流动人口，进行再次试调查。在调查过程中观察被调查者的反应，记录调查中出现的问题以及整个过程的时间分配。调查完成以后，根据调查员的总结和建议，对问卷再次进行修改完善。

根据两次试调查的结果，研究者对问卷做了最后修订，确定了深圳市农村流动人口调查的最终问卷。同时，试调查和问卷修改过程中存在的问题和积累的经验，也为正式调查前的调查员培训以及调查过程中的质量控制提供了可靠的依据和宝贵的经验。

五 抽样过程

1. 调查对象的确定

整体上，流动人口抽样调查以“年龄在15周岁以上，非深圳市户籍的农村流动人口”为调查对象。而从居住环境上，深圳农村流动人口又可划分为“散居”和“聚居”两大类：“散居”类主要包括居住在周围是深圳市民的居住小区或深圳市民与外地人的混合居民区的流动人口，这类流动人口多为家庭户，大多从事商业、服务业工作；“聚居”类主要包括居住在流动人口聚居地的流动人口，又可以划分为村落式聚居和集体宿舍式聚居两类。村落式聚居主要指进入深圳市后以地缘为纽带而形成的以外地某一地区流动人口为主要居民的自然村落，村落成员大多以家庭户为主；集体宿舍式聚居，主要指在各类加工业厂区、建筑工地工棚等居住的农村流动人口，他们大多为单身。在实际调查中，可以从“散居”流动人口中得到以个体中心网络为主的数据信息，从“聚居”流动人口中则可以得到整体网络研究需要的数据，而从广义上，“聚居”流动人口的个人网络的信息又同时具有个体中心网络的特征，也可将其视为个体中心网络数据进行研究。

因此，在问卷调查中，相应的，分别从聚居和散居的农村流动人口中进行抽样。散居类调查对象主要为市区各街道中从事服务业、商业等职业的农村流动人口，以及居住在市民（深圳户籍人口）家庭中的农村流动人口

（如保姆）等；聚居类调查对象主要为农村流动人口聚居村（村落）里的居民，居住在工厂、建筑工地或企业等的集体宿舍或工棚的农村流动人口，考虑到性别因素，选取若干加工厂（女性居多）和若干建筑工地（男性居多）进行抽样调查。

2. 抽样方法及原则

从深圳市整体来看，罗湖区是深圳的商业中心区，人口相对密集，农村流动人口以散居为主；南山区以高新技术产业为主，一些工厂、工地中农村流动人口相对较集中，尤其在南山区形成了一定数量的以地缘为纽带的农村流动人口聚居村，同时，商贸等行业的快速发展，也形成了大量流动人口散居的局面；盐田区以仓储运输业为切入点，港口服务业发达，区内的农村流动人口以散居居多；宝安区和龙岗区主要产业支柱为加工制造业，绝大多数企业雇佣外地务工人员进行生产，区内农村流动人口以聚居居多。综合以上深圳各区内流动人口的特点，结合调查目标，在调查中选取罗湖区、南山区和盐田区为散居类调查区域，南山区、宝安区和龙岗区为聚居类调查区域。在确定了调查区域后分别进行散居和聚居类抽样。

（1）散居类抽样

分别在南山区、罗湖区和盐田区进行散居类问卷调查抽样。按照三区通用的工作报表顺序，对各个区内所辖街道进行排序，采用系统随机抽样方法，在南山区和盐田区分别选取一个街道，在罗湖区选取两个街道，作为下级抽样的抽样框。在所抽取的街道中，按照该街道通用的工作报表顺序，对该街道所有的居委会进行排序，按照系统随机抽样方法，选取 6 个或 10 个居委会，根据各个居委会出租屋登记名册（电子版）中所有农村流动人口作为调查对象的抽样框，确定“抽样间距”，在抽样框中随意抽取一个数（采用抓阄法）作为“随机起始点”，从该点开始，在抽样框中按抽样间距选取被访者。考虑到流动人口外出、搬迁等原因可能造成被访者不足等问题，最终在每个区抽取 300 名农村流动人口，生成“抽样结果表”，作为最终的调查对象。

（2）聚居类抽样

分别在南山区、龙岗区和宝安区进行聚居类问卷调查抽样。其中，在南山区选取 1 个农村流动人口聚居村和 1 个大量雇用农村流动人口的建筑工地；在龙岗区和宝安区分别选取1个以女工为主的加工厂和1个男、女工均有的加工厂。对于所选取的农村流动人口聚居村落，抽取其中的100户家庭（包括户主及其配偶或者同居的男/女朋友）为调查对象；对于所选取的建筑工地或加工厂（农村流动人口总数不得低于200人），从中选取1个或若干个工作群体（班组）进行调查，样本为200份。

3. 调查实施中抽样的调整

在实际调查中，散居类问卷调查依据抽样结果进行，而聚居类抽样结果受所选取的调查点实际情况的约束，做出了必要的调整：

调查中所选取的聚居村落月亮湾社区，村民以长途货运为主要职业，男性大多为司机，时间上很难保证调查实施，而其配偶多数忙于运输生意的联络与交涉，能够接受访问的人很少，拒访率也很高，不可能形成最初设计的整体网络被访者名单，实际调查中调整为散居类调查。

所选取的宝安区加工厂和南山区的建筑工地，因为原定配合调查的公司规模较小，样本量得不到保证，因而，最终在宝安区增加1个公司，抽取100个调查对象进行聚居类问卷调查。

六 调查实施

1. 调查时间和参与人员

抽样调查自2005年4月20日正式开始，4月27日结束，为期8天，每个调查点由1~2名指导员、1名协调员和5~10名调查员共同完成调查任务。

指导员由西安交通大学人口与发展研究所的博士研究生或硕士研究生担任，他们都是课题的参加人，熟悉问卷，对实际调查的问卷质量进行控制；协调员是各个调查点的街道办相关部门的负责人，他们对各自调查点的情况非常熟悉，并且有丰富的基层工作经验，对于调查工作的顺利开展起了很大的作用。调查员由各个调查点确定，有以下几种类型的人员：一是调查点街道办的经济普查办工作人员，他们都具有大专以上学历，知识水平较高，并且参与过多次经济普查，专业技能较强；二是调查点出租屋管理所的工作人员，他们都具有高中以上学历，需要指出的是，出租屋管理系统是深圳市目前最健全地掌握当地外来人口信息的机构，这些工作人员由于工作性质的关系与农村流动人口的关系最为紧密，所以调查工作容易开展；三是调查点的居委会干部和综合治安专员，他们也都具有高中以上学历，并且十分了解当地的情况，便于工作的开展。

2. 调查培训

在正式调查之前，对所有参加调查的相关人员进行了问卷调查培训。培训的重点在于讲解调查的目标、问卷结构、问卷中问题的具体含义，以及现场调查需具备的基本技能。在分散到各个调查点后，由各调查点的指导员组织二次培训，由各个调查员分别进行模拟调查，由指导员担任模拟调查对象，对模拟问卷调查及实地调查中可能出现的每一个问题进行讲解和总结。在培训结束之后，由协调员组织，指导员带领调查员就近选择一名调查对象进行实地试访，了解实际调查中可能出现的意外情况。最后，各小组汇报试调查中的问题，并由调查组织者进行总结和处理。

3. 正式调查

在正式调查中，每个调查指导员负责指导和管理 5 ~ 10 个调查员，每一个调查点在调查期间完成 200 份或 250 份问卷调查的任务。在正式现场调查之始，调查指导员对每一个调查员的第一次问卷访问进行跟访，以便提高调查员对问题的准确理解和现场调查的技巧。在以后的几天中，调查员每天将完成的问卷上交调查指导员，调查指导员进行审卷，并将有数据信息不全或存在逻辑错误等问题的问卷于次日返还给调查员，请调查员进行复访，修正问卷中存在的问题。所有被调查指导员审查过的问卷由调查组织者进行最终审查。有严重问题或调查对象拒访的问卷将被视为无效问卷。

七　质量评价

为了保证调查的顺利执行和所得数据信息的可靠性，依据图 3 - 3 所示流程，调查组织者在每一环节采取了相应的质量控制措施，确保现场调查和数据录入的质量。

1. 现场质量控制

在正式调查中，使用了各种方法来保证调查质量。调查指导员在每天的调查工作开始之前与所有调查员集中开会，发放当天的调查问卷和礼品，并且点评前一个工作日的问卷中存在的问题，将不合格的问卷发还给调查员进

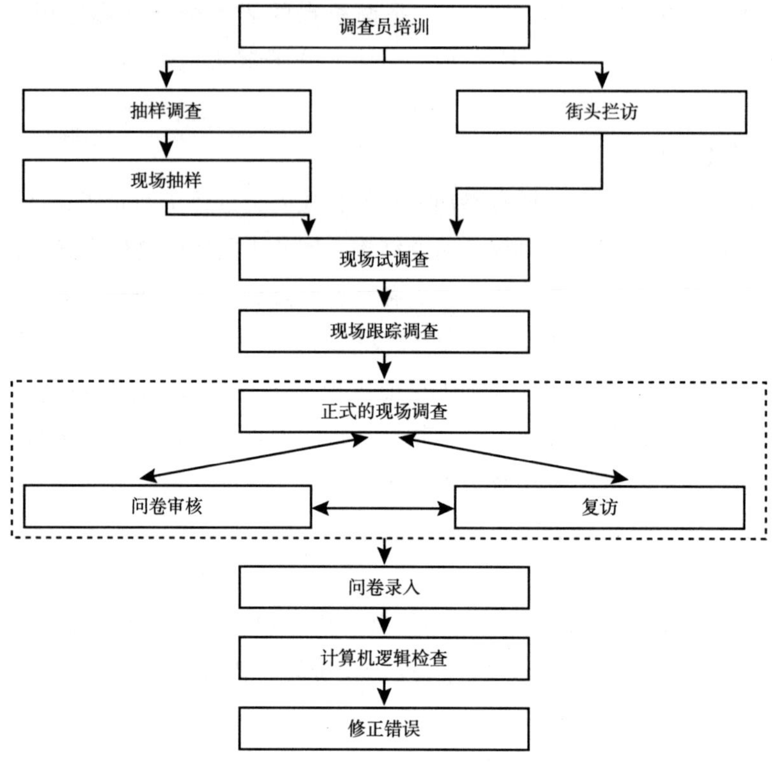

图 3－3 问卷质量控制流程

行再次访问。在正式调查的前两天，指导员分别跟访每一位调查员，以便提高调查员对问题的准确理解和现场调查的技巧，并及时发现实际调查中出现的问题。

正式调查的第三天开始，每位指导员每天抽取 2 名调查员的各一份问卷进行复访，以便检查两次调查的一致性。复访的结果所发现的问题会通知调查员，以便他（她）提高以后调查的质量。深圳调查抽样复访与正式访问信息的一致率在 87% 左右，数据质量可靠。

2. 数据录入和清洗

数据录入工作在调查结束之后开展，从 2005 年 5 月 4 日开始，5 月 11 日结束，由调查指导员将问卷信息录入到 Foxpro 数据库中。在数据录入完毕后，每个调查指导员随机选取 10% 的样本来检验数据录入的准确性和质量。自检结果表明，数据录入的错误少，错误比例低于 1.8%，在可接受的范围内。

在数据录入工作结束之后，通过编制计算机程序来检验夫妻、子女与父母、基本情况与网络成员等问卷中相关信息之间的逻辑一致性。对于有逻辑一致性问题的问卷，调查指导员再次进行审查，并对有输入错误的问卷进行更正。

3. 网络数据的信度和效度

信度（可靠性）和效度（有效性）是评价测度质量的两个重要指标。由于本研究社会支持网络测度是基于范德普尔标准问题，因此，可以较好地保证社会支持网络问卷可以准确测量农村流动人口的社会支持特性，即社会网络数据具有较好的效度。虽然利用复访的方法检验了数据的信度，但是复访整个网络非常困难（相当于重新构建网络邻接矩阵），因此，无法利用复访来测度网络数据的信度。

考虑到社会讨论网络涉及的问题较社会支持网络更加隐私，因此，如果网络成员间不存在社会支持关系，则更不会进行社会讨论。对于网络成员 i 和 j 之间的社会支持关系 a_{ij}^{s} 与相应的社会讨论关系 a_{ij}^{d}，定义：

$$r = \frac{\sum_{i}\sum_{j} d_{ij}}{\sum_{i}\sum_{j} a_{ij}^{d}} \tag{3-1}$$

其中，$d_{ij} = \begin{cases} 0 & a_{ij}^{s} \geq a_{ij}^{d} \\ -1 & a_{ij}^{s} < a_{ij}^{d} \end{cases}$。显然，$r$ 越接近 -1，表明网络数据的信度越小，而当 $r=0$ 时，说明 $\left\{a_{ij}^{d}\right\} \subset \left\{a_{ij}^{s}\right\}$，即社会讨论关系完全包含在社会支持关系中。为了简化计算，对调查获得的整体网络进行了对称化处理，并综合考虑了 3 种社会支持网络和 4 种社会讨论网络间的关系，对于调查地 HM、XYX 和 CZ 收集的整体网络，可分别计算的 r 值，结果分别为：-0.0115、-0.0370、-0.0042，均接近于 0，表明所获得的整体网络数据信度较好。

4. 问卷调查数据质量的总体评价

总体上，通过调查组织者在抽样调查和街头拦访调查中对回收问卷的严格审核，在数据录入中尊重问卷事实，在数据清洗中严密的逻辑检测，以及对最终数据信息的反复校改，所得到的农村流动人口抽样调查问卷信息和街头拦访问卷信息的数据误差均在可接受的范围内，数据质量较高，达到了问卷调查对数据质量的要求，为最终实现既定研究目标打下了坚实可靠的数据基础。

第四节　调查结果

一　全部样本的基本信息

本次调查的深圳市农村流动人口性别、年龄和文化程度、民族和户籍所在地分布及男女性别差异的交叉表检验，见表3-3。

表3-3　农村流动人口样本的基本信息

单位：%

项目	总体	男	女	LR检验
性别	(1739)	51.1	48.9	
年龄	(1739)	(888)	(851)	***
17~24岁	29.9	17.34	42.89	
25~34岁	40.1	41.56	38.66	
35岁+	30.0	41.10	18.45	
文化程度	(1939)	(888)	(850)	ns
小学及以下	12.4	13.2	11.6	
初中	58.1	58.3	57.9	
高中及以上	29.5	28.5	30.5	
民族	(1739)	(888)	(851)	ns
汉族	96.5	96.62	96.47	
少数民族	3.5	3.38	3.53	
户籍所在地	(1732)	(888)	(851)	ns
广东	19.7	19.93	19.27	
湖南	17.8	16.10	19.51	
四川	15.5	14.53	16.45	
湖北	11.5	13.51	9.27	
河南	8.4	8.11	8.46	
江西	6.1	6.64	5.41	
广西	2.4	1.58	3.29	
重庆	2.3	3.04	1.53	
安徽	2.1	1.80	2.35	
福建	2.0	2.14	1.65	
山东	2.3	1.58	2.94	
其他	9.9	11.04	9.87	

注：1. 括号内数字是人数（样本量），如无特殊说明，此说明对后面的表均适用；

2. *** $p<0.001$；ns 不显著；

资料来源：2005年深圳市外来农村流动人口调查。

本次共调查农村流动人口1739人，其中，男性为888人、女性为851人，男性被访者比例略高于女性；流动人口的主体是中青年，25~34岁的被访者占40.1%，35岁及以上的被访者为30%。被访者中，男、女性之间的年龄结构差异明显，女性处于低年龄阶段（17~24岁）的比例明显高于男性。

教育程度大部分为初中（58.1%），小学及以下和高中及以上分别占了12.4%和29.5%。男女被访者教育程度为初中的人分别占各自样本的58.3%和57.9%，性别差异并不明显。

汉族人口占了绝大多数（96.5%）。此次调查中流动人口共来自全国26个省，其中，以广东省流入人口最多，占19.7%；其次为湖南和四川，分别占了17.8%、15.5%；再次为湖北和河南，分别占了11.5%、8.4%。来自以上5个省的农村流动人口占了总体的72.9%。流入深圳市的人口多来自本省以及国内流出人口大省，如湖北、湖南和四川。在男、女性被调查流动农村流动人口中，民族和户籍分布均没有显著的差异。

二　聚居类样本的基本信息

聚居类样本的人口学特征如表3－4所示。所有聚居类样本可分为三种类型：男性为主（CZ和SZ调查点）、女性为主（HM和AMT调查点）和男女比例基本平衡（XYX调查点）。总体而言，男性农村流动人口年龄偏大，主要集中在35岁以上；女性群体和男女混合农村流动人口群体年龄主要集中在20~34岁。文化程度以初中为主，来深圳市打工前大多数人没有打工经历。男性群体和男女混合群体多数曾婚，女性群体中则未婚者较多。

表3－4　聚居类样本的人口学特征

单位：%

特征 \ 调查地点	HM	AMT	XYX	CZ	SZ	总体
样本规模(人数)	200	75	90	135	47	547
性别构成						
男	0	0	50.0	100	91.5	40.8
女	100	100	50.0	0	8.5	59.2
年龄构成						
20岁以下	9.5	30.7	13.3	1.5	6.4	10.8
20~34岁	88	66.6	67.8	44.4	27.6	65.6

续表

调查地点 特征	HM	AMT	XYX	CZ	SZ	总体
35 岁及以上	2.5	2.7	18.9	54.1	66.0	23.6
文化程度						
小学及以下	0	3.9	20.0	11.0	25.5	8.8
初中	51.5	71.1	72.2	78.7	68.1	65.6
高中及以上	48.5	25.0	7.8	10.3	6.4	25.6
有无打工经历						
有	8.5	23.7	27.8	38.2	31.9	23.0
无	91.5	76.3	72.2	61.8	68.1	77.0
与谁同来深圳						
自己单独	16.0	13.2	34.4	36.8	17.0	23.8
配偶(男或女友)	3.0	18.4	17.8	3.7	8.5	5.7
家人	34.0	61.8	17.8	13.2	27.7	23.4
老乡	39.5	6.6	30.0	46.3	46.8	43.4
其他	7.5	0	0	0	0	3.7
在深圳居住环境						
市民聚居区	5.0	0	6.7	0	0	2.9
流动人口聚居区	76.0	100	63.3	99.3	100	85.0
混合居住	19.0	0	30.0	0	0	11.9
其他	0	0	0	0.7	0	0.2
婚姻状况						
未婚	59.0	89.5	44.4	16.9	21.3	47.1
曾婚*	41.0	10.5	55.6	83.1	78.7	52.9
调查点性质	电器公司	电器公司	金属器件的电喷、油漆	建筑公司	建筑公司	/
所属区域	龙岗区	宝安区	宝安区	南山区	南山区	/

注：曾婚包括初婚、再婚、离婚和丧偶。

资料来源：2005 年深圳市外来农村流动人口调查。

三 调查地及其实施情况

在西安交通大学人口与发展研究所精心组织和深圳市相关部门的配合下，在罗湖区、盐田区、南山区、宝安区和龙岗区的 8 个调查点实施了农村流动人口抽样调查，历时 8 天，共完成有效问卷 1739 份，其中，散居区问卷 1188 份、聚居区问卷 551 份；在南山区、罗湖区、盐田区和龙岗区共进行个人访谈 6 人；在罗湖区和龙岗区各进行组访 1 次；同时，得到社区问卷 9 份。各调查点调查实施情况见表 3－5。

表 3－5　深圳调查各区及调查点调查实施情况表

<table>
<tr><th colspan="2">调查内容</th><th colspan="3">调查地</th><th>调查类型</th><th>调查规模</th><th>备注</th></tr>
<tr><td colspan="2" rowspan="10">抽样调查</td><td rowspan="4">南山区</td><td colspan="2">NS 街道 YLW 社区</td><td>村落散居</td><td>209</td><td rowspan="10">聚居调查点:3 个
散居调查点:5 个
总样本数:1739</td></tr>
<tr><td colspan="2">深圳 SZ 公司</td><td rowspan="2">工地聚居</td><td>136</td></tr>
<tr><td colspan="2">CZ 公司</td><td>47</td></tr>
<tr><td colspan="2">ZS 和 YH 街道</td><td>散居</td><td>224</td></tr>
<tr><td rowspan="2">罗湖区</td><td colspan="2">HB 街道</td><td>散居</td><td>252</td></tr>
<tr><td colspan="2">QSH 街道</td><td>散居</td><td>250</td></tr>
<tr><td>盐田区</td><td colspan="2">STJ 街道</td><td>散居</td><td>253</td></tr>
<tr><td>龙岗区</td><td colspan="2">BJ 街道 HM 电业</td><td>工厂聚居</td><td>200</td></tr>
<tr><td rowspan="2">宝安区</td><td rowspan="2">SY 街道</td><td>AMT 电器</td><td rowspan="2">工厂聚居</td><td>76</td></tr>
<tr><td>XYX 电器</td><td>92</td></tr>
<tr><td colspan="2">街头拦访</td><td colspan="4">BGL、SC、HQB 和 DM 步行街</td><td>1011</td><td>有效样本数:1011</td></tr>
<tr><td rowspan="3">访谈</td><td>个访</td><td colspan="4">南山区、罗湖区、龙岗区、盐田区</td><td>6</td><td>个访:6 人</td></tr>
<tr><td rowspan="2">组访</td><td colspan="4">罗湖区清水河街道龙岗社区</td><td>10</td><td rowspan="2">组访:2 次
共计:16 人</td></tr>
<tr><td colspan="4">深圳龙岗区布吉街道鸿名电业制品厂</td><td>6</td></tr>
<tr><td colspan="2">社区问卷调查</td><td colspan="4">南山区、罗湖区、龙岗区、盐田区</td><td>9</td><td>社区问卷 9 份</td></tr>
</table>

资料来源：2005 年深圳市外来农村流动人口调查。

四　补充调查

为了充实报告的政策建议部分，弥补和克服深圳市调查地的强典型性和弱代表性的不足，课题组于 2008 年 12 月 25～30 日在西安市莲湖区做了补充调查。

西安市是陕西省省会，世界著名的历史文化名城，是我国中西部地区重要的科研、高等教育、国防科技工业和高新技术产业基地。西安市位于陕西关中平原的渭河南岸，背依秦岭，面向秦川，泾、渭、灞、沣、涝等水流经省内，形成沃野千里，号称“八百里秦川”。目前，全市辖境东西 204 公里，南北 116 公里；面积 9983 平方公里，其中，市区面积 1066 平方公里。

至2007年底，全市常住人口830.54万，其中，女性人口401.22万，占48.3%，男性人口429.32万，占51.7%。全年全市共迁入人口19.90万，增加2.67万，其中，从省内迁入11.80万，省外迁入8.10万；全年迁出人口14.02万，增加2.26万，其中，迁往省内6.98万，迁往省外7.04万①。

补充调查与深圳调查的主体内容相同，都包括个人基本信息、婚姻家庭和养老信息、社会融合和网络信息，与深圳调查不同的是，西安补充调查新增加了有关性问题和政策信息。本书在分析中主要采用了政策信息，性问题信息则用于其他相关研究，在本书中不予采用。

西安调查同样包括市民和农村流动人口两类人群，样本数分别为274和307。总体信息见表3-6。在农村流动人口中，女性的比例稍高于男性，占到了52.4%；婚姻状况多为曾婚，高达82.5%；从年龄分布来看，农村流动人口的主体是中青年，年龄主要集中在25~44岁；从受教育程度来看，以初中和高中及以上为主，比例分别为45.5%和42.6%；从户籍所在地来看，此次调查的流动人口共来自全国20个省份，但以陕西省省内流入人口为主，占到了61.6%。在调查的274名市民中，女性市民占到了73%；从婚姻状况来看，95.6%的人曾婚；平均年龄为40岁，25~34岁、35~44岁及45岁

表3-6 西安调查样本基本信息

项目	农村流动人口		市民	
	频数	百分比(%)	频数	百分比(%)
性别	307	100.0	274	100.0
男	146	47.6	74	27.0
女	161	52.4	200	73.0
年龄(岁)	303	100.0	273	100.0
15~24	49	16.3	16	5.9
25~34	119	39.2	81	29.7
35~44	92	30.4	90	33.0
45+	43	14.1	86	31.4
平均年龄(岁)	34		40	
婚姻状况	303	100.0	272	100.0
未婚	53	17.5	12	4.4
曾婚	250	82.5	260	95.6

① http://www.xa.gov.cn/structure/zjxa/kj.

续表

项目	农村流动人口		市民	
	频数	百分比(%)	频数	百分比(%)
受教育程度	303	100.0	272	100.0
小学及以下	36	11.9	14	5.2
初中	138	45.5	81	29.8
高中及以上	129	42.6	177	65.0
户籍所在地	307	100.0	274	100.0
本省	189	61.6	274	100.0
外省	118	38.4	/	/

资料来源：2008 年西安市农村流动人口调查。

及以上的市民分别占 29.7%、33% 和 31.4%；受教育程度以高中及以上为主，占到了 65%。

分代次和分性别农村流动人口的信息，分别见表 3-7 和表 3-8。

表 3-7　西安调查不同代次农村流动人口基本信息

项目	第一代		第二代		LR 检验
	频数	百分比(%)	频数	百分比(%)	
性别	207	100.0	96	100.0	ns
男	101	48.8	42	43.8	
女	106	51.2	54	56.2	
婚姻状况	204	100.0	95	100.0	***
未婚	8	3.9	45	47.4	
曾婚	196	96.1	50	52.6	
受教育程度	203	100.0	97	100.0	/
小学及以下	33	16.3	3	3.1	
初中	94	46.3	41	42.7	
高中及以上	76	37.4	53	54.2	
户籍所在地	207	100.0	96	100.0	/
本省	118	57.0	69	71.9	
外省	89	43.0	27	28.1	

注：*** $p<0.001$，ns 不显著。"/" 表示频数小于 5 不宜做 LR 检验。

资料来源：2008 年西安市农村流动人口调查。

表 3－7 的数据显示，两代农村流动人口群体中的女性比例均稍高于男性，代际差异不明显；从婚姻状况来看，第一代农村流动人口中的未婚比例仅为 3.9%，远低于第二代农村流动人口的未婚比例，存在显著的代际差异。第二代的受教育水平普遍高于第一代；与第一代相比，第二代农村流动人口主要来自省内。

表 3－8　西安调查不同性别农村流动人口基本信息

项目	男性		女性		LR 检验
	频数	百分比（%）	频数	百分比（%）	
婚姻状况	144	100.0	159	100.0	*
未婚	33	22.9	20	12.6	
曾婚	111	77.1	139	87.4	
受教育程度	143	100.0	160	100.0	**
小学及以下	12	8.4	24	15.0	
初中	76	53.1	62	38.8	
高中及以上	55	38.5	74	46.2	
户籍所在地	146	100.0	161	100.0	***
本省	74	50.7	115	71.4	
外省	72	49.3	46	28.6	

注：*** $p<0.001$，** $p<0.01$，* $p<0.05$。

资料来源：2008 年西安市农村流动人口调查。

表 3－8 表明，男性与女性的婚姻状况有明显差异，男性的未婚比例高于女性；从受教育水平来看，男性和女性农村流动人口均以初中和高中及以上为主，但与男性农村流动人口相比，女性农村流动人口接受过完整的义务教育的比例明显低于男性，但是女性流动人口中接受过高中及以上教育的比例明显高于男性。由此可见，农村流动人口在受教育水平方面存在较显著的性别差异。接近半数的男性农村流动人口来自省外，而女性农村流动人口主要来自省内。

西安补充调查是在 11 个调查点进行，综合考虑了农村流动人口的居住特点（城中村和社区两类）和职业特点（包括个体商户、商业服务业从业人员、产业工人等典型职业），获得农村流动人口有效问卷 307 份、市民有效问卷 274 份。各调查地调查实施情况见表 3－9。

表 3-9 西安市农村流动人口调查实施情况表

<table>
<tr><th colspan="2" rowspan="2">调查内容</th><th colspan="2" rowspan="2">调查地</th><th colspan="2">调查规模</th><th rowspan="2">备注</th></tr>
<tr><th>市民</th><th>流动人口</th></tr>
<tr><td colspan="2" rowspan="12">抽样调查</td><td rowspan="4">社区</td><td>庆安</td><td>27</td><td>17</td><td rowspan="12">总样本数:581
市民:274
流动人口:307</td></tr>
<tr><td>惠南</td><td>24</td><td>40</td></tr>
<tr><td>汉东</td><td>20</td><td>16</td></tr>
<tr><td>远东</td><td>20</td><td>15</td></tr>
<tr><td rowspan="2">城中村</td><td>友谊村</td><td>73</td><td>26</td></tr>
<tr><td>工农村</td><td>52</td><td>56</td></tr>
<tr><td>超市</td><td>土门十字爱家超市</td><td>33</td><td>30</td></tr>
<tr><td>市场</td><td>土门市场</td><td>25</td><td>52</td></tr>
<tr><td rowspan="2">建筑工地</td><td>二公司</td><td></td><td>23</td></tr>
<tr><td>十一公司</td><td></td><td>14</td></tr>
<tr><td>工厂</td><td>利奥集团(油漆厂)</td><td></td><td>18</td></tr>
<tr><td>访谈</td><td>个访</td><td colspan="4">惠南社区、庆安社区</td><td>5 人</td></tr>
</table>

资料来源：2008 年西安市农村流动人口调查。

本章小结

本章详细介绍了深圳市和西安市外来农村流动人口调查的设计、社会支持网络测度、流动与社会融合等重要变量的测度、抽样、调查实施过程及质量控制等。调查主要内容包括农村流动人口在婚姻生育和养老等方面的观念与行为的演变，以及就业和社会融合状况等。虽然调查样本的普遍代表性还值得探讨，但是它对本研究从社会网络角度分析农民工观念与行为的演变提供了有力的数据支持。本章也对农民工的基本信息和不同调查点样本的基本情况和基本特征给予了简单介绍。

本书没有采用滚雪球的方式构建社会网络。所谓滚雪球方法指的是调查从某个人或某一些人开始，问他们和他人之间的所有关系，然后再追溯所有关系人的关系（关系人的关系可以只问一部分，也可以问全部，视具体情况而定），直到没有新的关系人产生或者新的关系人处于群体特别边缘的位置或者研究者决定停止的时候。滚雪球方法有两个明显的缺陷：（1）对某些孤立的关系测量不到，也可能夸大了成员间的连通性和团结性；（2）不能保证找到所有有关系的人，容易产生误差。另外，采用滚雪球方法还有一个很值得注意的问题：雪球从何处开始滚？即如何选定调查网路的初始者。滚雪球方法通常适用于调查专门的人群，如商务网络、社区中坚分子、集邮者、亲属网络等。由于农民工群体具有很大的流动性，受调查时间、空间的限制，因此，我们认为滚雪球方法不适合农民工社会网络调查。

个体中心网络的收集采用了定名法。每个调查对象就某一问题提供可能网络的网络成员数目之后，还提供了 0 ~ 5 名网络成员的详细信息。由于本次调查涉及的问题和网络类型比较多，且时间和经费有限，因此，数据采集中没有收集网络成员间的关系。因此，本书中的个体中心网络全部是星型网络，无法测量个人在网络中的位置和主要的互惠关系。从星型的个体中心网络中获得网络规模和构成（强弱关系）等基本信息，已经可以满足本研究的需要。

整体网络的数据收集采用了定位法。由于农民工在其工作地点中的身份较易认定，虽然他们之间的关系可能是非正式的，我们将网络界定为某一场域（工厂、工作车间或者工地）内所有人的关系，而没有考虑利用关系来确定网络范围。同时，农民工间的关系比较复杂，以工作地点来确定网络范围，比较有利于本研究获得尽可能多的关系情况，并方便进一步研究中的网络对比分析。

网络问卷中的社会讨论问题是依据研究需要自行设计的，而有关社会支持网络（情感支持、实际支持和社会交往支持）问题则来自对范德普尔社会支持 10 个经典问题的调整。其他内陆城市，如老工业基地城市的情况与深圳市有所不同，同时可能的研究目标、被访对象也不相同，因此，应该根据实际情况，对相关社会支持网络的类型和问题设置进行修正。

网络数据的信度和效度检验是一个非常复杂的问题。传统的信度、效度检验方法，如再测信度、内容效度等，稍加改进后仍然适用于网络调查，但是统计结论效度、分半信度等已经不再适合整体网络数据，因为样本之间不独立，对整体网络数据进行统计分析比较困难。在实践中，我们也提出了一些新的信度和效度检验方法，例如，考虑到社会讨论网络较社会支持网络更具有隐私性，我们假设如果网络成员不存在社会支持关系，也不会存在社会讨论关系，从而对问卷整体网络数据的信度进行分析，效果良好。发展适合网络调查的信度和效度检验方法，是网络数据收集需要重点研究的问题之一。

第四章　农民工个体中心网络基本特征分析

本章分别从社会支持网络和社会讨论网络两个方面，分析农民工个体中心网络的基本特征。对于个体中心网络，因为实际调查中比较容易获取被调查者与其网络成员之间的关系，而难以获得个体的网络成员之间的关系，所以本研究涉及的个体中心网络都是星型网络。本章主要分析农民工社会网络的网络规模和网络构成特征。

第一节　社会支持网络

一　规模特征

实际支持、情感支持、社交支持三种个体中心网络规模特征如表 4－1 所示。少数调查对象三种支持网络规模为 0，分别占总样本数的 7.4%、9.2%、6.4%，三种网络规模同时为 0 的占 1.05%；虽然大部分农民工的

表 4－1　农民工社会支持网络的网络规模

单位：%

项目	0	1	2	3	4	5^+
实际支持	7.4	39.2	30.1	12.0	4.2	7.1
情感支持	9.2	48.3	26.3	9.7	3.1	3.4
社交支持	6.4	33.4	29.1	16.6	6.9	7.6

注：表中第一行数字 0～5^+ 指的是被调查者社会支持网络的网络规模。

资料来源：2005 年深圳市外来农村流动人口调查。

社会支持网络规模超过了 1，但是网络规模普遍不大。进一步对比可以发现，情感支持网络的网络规模最小，因为与实际支持和社交支持相比，情感支持涉及的内容相对隐私，由此说明，农民工不愿意涉及有关问题。另外，三种网络规模的标准差分别为 2.32、2.72 和 4.04，表明实际支持网络的网络规模相对稳定，而社交支持的网络规模差异最大。

二 构成特征

表 4－2、表 4－3 和表 4－4 分别描述了实际支持、情感支持和社交支持的网络构成特征。需要说明的是，因为本次调查只收集最多 5 个社会支持个体中心网络成员的具体信息，所以这三个表中调查对象的网络规模最大为 5；这 3 个表中“小计”一列是对调查对象所有网络成员的统计结果，其总体已经在对应项目中用括号表明；“0”至“5”列是用以表明对应的项目占调查样本的百分比，例如，表 4－2 中关于网络深圳户籍的统计结果（第三行）表明，在实际支持个体中心网络中，深圳户籍只占网络成员总数 3209 的 4.5%，而网络成员中没有深圳户籍的调查对象占有效样本总数 1603 的 92.7%，仅有 1 个深圳户籍的占 5.6%。以下社会支持个体中心网络和社会讨论个体中心网络的网络构成特征统计方法与此相同。

表 4－2　农民工实际支持网络的构成特征

单位：%

项目	小计	人数					
		0	1	2	3	4	5
户籍	(3209)						
深圳	4.5	92.7	5.6	1.6	0.1	0.0	0.0
非深圳	95.5	3.1	41.9	32.1	12.4	4.7	5.8
教育程度	(3160)						
小学及以下	6.3	90.8	6.8	1.9	0.4	0.0	0.1
初中	58.8	32.0	36.5	20.8	6.7	2.2	1.8
高中及以上	34.9	57.9	25.3	10.7	3.4	1.6	1.1
关系	(3212)						
强关系	58.3	32.1	36.9	20.0	6.6	1.8	2.6

续表

项目	小计	人数					
		0	1	2	3	4	5
弱关系	41.7	51.0	27.4	13.8	4.4	1.7	1.7
性别	(3206)						
男	59.8	31.1	37.2	19.7	7.5	2.1	2.4
女	40.2	50.1	29.6	13.2	4.4	1.8	0.9
亲密程度	(3204)						
十分亲密	26.0	66.9	20.5	8.8	2.2	0.3	1.3
比较亲密	45.8	45.7	30.9	14.9	4.8	2.0	1.7
一般	27.6	68.6	16.1	9.1	4.6	0.9	0.7
不太亲密	0.4	99.5	0.3	0.1	0.1	0.0	0.0
很不亲密	0.2	99.8	0.1	0.1	0.0	0.0	0.0
见面频率	(3214)						
每天	60.7	30.6	37.6	20.0	6.4	2.6	2.8
每周有几次	15.3	80.3	11.4	5.8	1.9	0.4	0.2
每月有几次	10.3	86.0	9.5	3.3	0.6	0.5	0.1
大约每月一次	5.1	92.7	5.1	1.8	0.3	0.1	0.0
每年几次	6.6	91.2	5.7	2.1	0.8	0.1	0.1
几年一次	2.0	97.2	2.1	0.4	0.2	0.1	0.0
电话联系频率	(3195)						
每天	18.8	75.9	13.9	8.0	1.7	0.1	0.4
每周有几次	19.3	76.9	13.4	5.6	2.9	0.9	0.3
每月有几次	18.1	76.7	13.8	7.2	1.6	0.5	0.2
大约每月一次	8.5	88.9	6.8	3.1	0.9	0.2	0.1
每年几次	7.0	90.9	6.0	2.0	0.5	0.5	0.1
几年一次	28.3	69.9	15.5	8.0	3.1	1.3	2.2
样本数	1603						

注：1. 括号内数字是指选定样本量的网络成员数目。

2. 表中第二行数字0～5指的是被调查者实际支持网络的网络规模。

3. “强关系”是指亲缘、地缘关系，“弱关系”是指友缘、业缘关系。

资料来源：2005年深圳市外来农村流动人口调查。

表 4 - 3　农民工情感支持网络的构成特征

单位：%

项目	小计	人数					
		0	1	2	3	4	5
户籍	(2761)						
深圳	3.2	94.8	4.7	0.5	0.0	0.0	0.0
非深圳	96.8	1.9	53.1	28.0	10.3	3.3	3.4
教育程度	(2737)						
小学及以下	8.1	89.0	8.9	1.6	0.4	0.0	0.1
初中	57.3	34.9	41.2	15.8	5.7	1.3	1.1
高中及以上	34.6	58.8	28.4	8.4	3.0	1.0	0.4
关系	(3212)						
强关系	58.7	32.2	43.2	16.9	5.3	1.3	1.1
弱关系	41.3	54.3	27.3	12.5	4.0	1.1	0.8
性别	(3206)						
男	51.7	40.1	39.7	12.8	5.0	1.3	1.1
女	48.3	41.4	40.9	11.7	4.3	1.0	0.7
亲密程度	(2761)						
十分亲密	38.3	51.9	34.8	9.7	2.1	0.7	0.8
比较亲密	40.8	53.4	30.0	10.8	3.6	1.5	0.7
一般	20.5	79.1	10.7	6.2	3.3	0.4	0.3
不太亲密	0.2	99.6	0.4	0.0	0.0	0.0	0.0
很不亲密	0.2	99.8	0.1	0.1	0.0	0.0	0.0
见面频率	(2769)						
每天	62.8	27.7	46.8	16.9	5.1	2.3	1.2
每周有几次	13.5	83.6	11.2	3.2	1.7	0.3	0.0
每月有几次	9.2	88.6	7.8	2.9	0.5	0.2	0.0
大约每月一次	3.4	95.2	4.0	0.6	0.1	0.1	0.0
每年几次	7.6	90.5	6.6	2.1	0.5	0.1	0.2
几年一次	3.5	95.7	3.1	0.8	0.3	0.1	0.0
电话联系频率	(2769)						
每天	21.3	71.1	21.9	6.1	0.6	0.1	0.2
每周有几次	21.3	74.8	16.4	6.0	2.0	0.8	0.0
每月有几次	16.9	78.4	15.3	4.7	1.3	0.2	0.1
大约每月一次	8.7	90.4	5.6	3.0	0.7	0.2	0.1
每年几次	5.2	93.4	4.8	1.2	0.4	0.2	0.0
几年一次	26.6	72.6	16.5	6.6	3.3	1.0	0.0
样本数	1566						

注：1. 括号内数字是指选定样本量的网络成员数目。

2. 表中第二行数字 0 ~ 5 指的是被调查者实际支持网络的网络规模。

3. “强关系”是指亲缘、地缘关系，“弱关系”是指友缘、业缘关系。

资料来源：2005 年深圳市外来农村流动人口调查。

表 4-4 农民工社交支持网络的构成特征

单位：%

项目	小计	人数					
		0	1	2	3	4	5
户籍	(3415)						
深圳	4.0	93.3	5.6	0.8	0.2	0.1	0.0
非深圳	96.0	5.7	35.5	29.2	16.0	7.5	6.1
教育程度	(3368)						
小学及以下	6.0	91.1	6.6	1.5	0.6	0.1	0.1
初中	61.0	31.4	31.9	21.8	9.8	3.6	1.5
高中及以上	33.0	59.6	24.0	9.1	3.8	2.4	1.1
关系	(3415)						
强关系	47.2	43.6	30.5	15.1	6.4	2.5	1.9
弱关系	52.8	42.7	25.5	17.2	9.1	3.3	2.2
性别	(3402)						
男	55.1	41.0	27.8	15.6	8.7	3.5	3.4
女	44.9	47.3	27.5	14.5	6.2	3.3	1.2
亲密程度	(3413)						
十分亲密	22.9	68.7	21.2	6.1	2.3	1.0	0.7
比较亲密	45.9	46.2	27.5	15.2	6.9	2.5	1.7
一般	30.9	68.3	12.2	10.7	5.0	2.6	1.2
不太亲密	0.2	99.7	0.2	0.1	0.0	0.0	0.0
很不亲密	0.1	99.8	0.1	0.1	0.0	0.0	0.0
见面频率	(3420)						
每天	68.4	25.4	34.6	21.1	10.9	5.0	3.0
每周有几次	14.8	80.8	11.2	5.1	2.0	0.6	0.3
每月有几次	9.6	87.9	6.3	4.0	1.4	0.3	0.1
大约每月一次	3.3	94.8	3.6	1.4	0.2	0.0	0.0
每年几次	2.7	96.2	2.4	1.0	0.3	0.0	0.1
几年一次	1.2	98.5	1.0	0.3	0.1	0.1	0.0
电话联系频率	(3412)						
每天	20.6	72.5	16.8	6.7	2.9	1.0	0.1
每周有几次	18.3	78.2	11.7	5.9	2.2	1.1	0.9
每月有几次	17.0	78.9	11.6	6.1	2.0	1.0	0.4
大约每月一次	9.0	89.8	4.8	3.0	1.6	0.6	0.2
每年几次	4.8	93.1	4.4	2.0	0.4	0.0	0.1
几年一次	30.3	70.2	11.4	9.0	5.1	2.4	1.9
样本数	1620						

注：1. 括号内数字是指选定样本量的网络成员数目。

2. 表中第二行数字 0~5 指的是被调查者实际支持网络的网络规模。

3. “强关系” 是指亲缘、地缘关系，“弱关系” 是指友缘、业缘关系。

资料来源：2005 年深圳市外来农村流动人口调查。

对比表4－2、表4－3和表4－4可以发现，实际支持网络、情感支持网络和社交支持网络差异微小，具有以下相似的特征：网络成员中有深圳人的个数都远远小于有非深圳人的个数；网络中有强关系的人数多于有弱关系的个数；男性网络成员的个数多于女性成员的个数；网络成员的教育程度是初中文化的个数大于高中及以上的个数，而小学及以下的个数最少；与网络成员的亲密程度是比较亲密的个数最多，十分亲密和一般的个数相当，而不太亲密和很不亲密的个数则很少；见面频率为每天的个数比其他频率的个数相对要多，这说明农民工社会支持来源主要是那些在一起工作或生活的老乡、同事和朋友。

但是，从关系亲密程度可以看出，情感支持网络中“十分亲密”的比例要远高于实际支持和社交支持，从而说明，农民工更愿意从关系最近的网络成员中获得情感支持，显然这也是情感支持涉及的内容相对隐私的结果。

从以上分析可以看出，农民工在深圳市的社会支持网络规模普遍偏小，支持网络中深圳市本地人的数量很少，更多的还是依赖强关系，虽然他们在深圳市工作、生活，但是深圳人在他们的社会支持网络中还没有发挥十分重要的作用。

第二节　社会讨论网络

一　规模特征

婚姻讨论网络、生育讨论网络和养老讨论网络三种个体中心网络规模特征如表4－5所示。数据显示，少数被调查对象的网络规模为0，分别

表4－5　农民工社会讨论网络的网络规模

单位：%

项目	0	1	2	3	4	5⁺
婚姻讨论网络	9.3	49.0	26.6	9.7	2.8	2.6
生育讨论网络	9.5	56.7	21.4	8.1	2.3	2.0
养老讨论网络	13.8	58.3	15.4	8.6	1.8	2.1

注：表中第一行数字0～5⁺指的是被调查者社会讨论网络的网络规模。

资料来源：2005年深圳市外来农村流动人口调查。

占总样本数的9.3%、9.5%、13.8%；虽然绝大部分农民工的社会讨论网络规模不为0，但是，网络规模普遍不大，三种讨论网络的规模集中在1和2。

二　构成特征

表4-6和表4-7分别描述了婚姻讨论网络的网络构成和网络成员的观念，表4-8和表4-9分别描述了生育讨论网络的网络构成和网络成员的观念与行为，表4-10和表4-11分别描述了养老讨论网络的网络构成和网络成员的观念与行为。

表4-6　农民工婚姻讨论网络的构成特征

单位：%

项目	小计	人数					
		0	1	2	3	4	5
户籍	(3015)						
深圳	3.0	95.7	3.6	0.5	0.2	0.0	0.0
非深圳	97.0	1.5	54.9	27.9	10.1	2.9	2.7
关系	(2081)						
强关系	20.5	82.1	13.0	3.9	0.6	0.3	0.1
弱关系	79.5	36.5	41.3	16.0	4.6	0.8	0.8
性别	(3013)						
男	47.1	42.9	41.0	10.7	3.7	0.8	0.9
女	52.9	36.7	43.5	15.1	2.9	1.0	0.8
婚姻状况	(3013)						
未婚	23.8	72.4	18.6	6.0	2.0	0.7	0.3
曾婚	76.2	18.7	47.7	21.9	8.5	2.2	1.0
受教育程度	(3013)						
小学及以下	23.8	72.4	18.6	6.0	2.0	0.7	0.3
初中	76.2	18.7	47.7	21.9	8.5	2.2	1.0
高中及以上	0.0	100.0	0.0	0.0	0.0	0.0	0.0
亲密程度	(3026)						
十分亲密	46.2	44.3	38.7	12.0	3.7	0.6	0.7
比较亲密	35.2	60.7	24.4	10.1	3.6	0.8	0.4

续表

项目	小计	人数					
		0	1	2	3	4	5
一般	17.9	80.9	10.8	5.8	1.8	0.4	0.3
不太亲密	0.5	99.6	0.3	0.0	0.0	0.0	0.1
很不亲密	0.2	99.7	0.2	0.1	0.0	0.0	0.0
见面频率	(3027)						
每天	56.4	34.5	43.6	15.6	3.9	1.3	1.1
每周几次	12.8	84.2	11.2	3.2	1.1	0.3	0.0
每月几次	7.8	90.1	7.2	2.0	0.7	0.0	0.0
每月一次	3.7	95.3	3.7	0.6	0.3	0.1	0.0
每年几次	13.0	84.7	10.0	4.0	0.9	0.3	0.1
几年一次	6.3	92.8	4.4	2.3	0.3	0.1	0.1
电话频率	(3020)						
每天	20.6	73.2	19.7	6.1	0.8	0.1	0.1
每周几次	26.0	70.5	17.6	8.9	2.4	0.5	0.1
每月几次	17.9	78.1	15.2	5.2	1.1	0.1	0.3
每月一次	6.9	90.8	7.1	1.6	0.4	0.1	0.0
每年几次	5.1	93.3	5.2	1.2	0.1	0.1	0.1
几年一次	23.5	75.2	15.6	5.3	2.6	0.5	0.8
样本数	1577						

注：表中第二行数字 0 ~ 5 指的是被调查者婚姻讨论网络的网络规模。

资料来源：2005 年深圳市外来农村流动人口调查。

表 4-7 农民工婚姻讨论网络成员的婚姻观念信息分布

单位：%

项目		小计	人数					
			0	1	2	3	4	5
理想初婚年龄								
男性	<25	(2506)	76.8	14.8	6.6	1.4	0.1	0.3
	≥25		30.3	41.9	19.4	5.8	1.4	1.2
女性	<23	(2517)	66.4	21.7	9.0	2.2	0.3	0.4
	≥23		38.7	38.2	15.7	4.9	1.5	1.0
样本数		1577						

注：表中第二行数字 0 ~ 5 指的是被调查者婚姻讨论网络的网络规模。

资料来源：2005 年深圳市外来农村流动人口调查。

表 4－8　农民工生育讨论网络的构成特征

单位：%

项目	小计	人数					
		0	1	2	3	4	5
户籍	(2482)						
深圳	2.8	96.6	2.6	0.6	0.2	0.0	0.0
非深圳	97.2	1.1	63.3	23.1	8.1	2.4	2.0
关系	(2479)						
强关系	50.6	38.3	48.4	9.5	3.0	0.7	0.1
弱关系	49.4	49.8	31.3	13.1	3.9	0.8	1.1
性别	(2477)						
男	47.0	44.8	42.6	8.3	3.1	0.4	0.8
女	53.0	36.8	48.1	11.6	2.3	0.8	0.4
婚姻状况	(2468)						
未婚	18.9	77.4	16.7	4.6	1.1	0.2	0.0
曾婚	81.1	16.5	53.4	20.2	6.8	2.0	1.1
教育程度	(2482)						
小学及以下	13.2	83.5	13.2	2.7	0.4	0.1	0.1
初中	55.0	36.8	46.2	12.1	3.5	0.8	0.6
高中及以上	31.8	63.9	26.1	6.6	2.7	0.4	0.3
亲密度	(2488)						
十分亲密	52.7	36.0	50.3	9.5	3.3	0.3	0.6
比较亲密	31.3	66.1	23.0	7.3	2.9	0.3	0.4
一般	15.6	83.9	9.9	4.6	1.0	0.4	0.2
不太亲密	0.3	99.7	0.2	0.0	0.1	0.0	0.0
很不亲密	0.1	99.9	0.1	0.0	0.0	0.0	0.0
见面频率	(2492)						
每天	59.5	33.1	48.6	12.5	3.7	1.0	1.1
每周有几次	12.1	85.6	10.5	3.2	0.6	0.1	0.0
每月有几次	7.8	90.2	7.8	1.7	0.3	0.0	0.0
约每月一次	2.8	96.2	3.3	0.4	0.1	0.0	0.0
每年几次	12.6	85.5	10.3	3.1	1.0	0.1	0.0
几年一次	5.2	93.3	5.3	1.2	0.2	0.0	0.0
电话频率	(2482)						
每天	23.1	70.8	23.8	4.2	1.0	0.1	0.1
每周有几次	24.3	72.4	19.6	5.8	1.7	0.5	0.0
每月有几次	17.3	79.1	15.8	3.8	1.0	0.1	0.2
约每月一次	7.4	90.9	7.0	1.7	0.4	0.0	0.0
每年几次	4.4	94.0	5.1	0.8	0.1	0.0	0.0
几年一次	23.5	75.8	15.9	5.1	2.0	0.4	0.8
样本数	1573						

注：1. 括号内数字是指选定样本量的网络成员数目。

2. 表中第二行数字 0 ~ 5 指的是被调者生育讨论网络的网络规模。

资料来源：2005 年深圳市外来农村流动人口调查。

表 4-9　农民工生育讨论网络成员的生育观念与行为信息分布

单位：%

项目	小计	人数					
		0	1	2	3	4	5
理想孩子数	(2443)						
不要孩子	0.0	100.0	0.0	0.0	0.0	0.0	0.0
1孩							
1男孩	3.9	94.9	4.5	0.4	0.1	0.0	0.1
1女孩	1.0	98.6	1.3	0.1	0.0	0.0	0.0
1孩无所谓男女	18.2	77.9	17.6	3.3	1.0	0.1	0.1
2孩							
2男孩	0.7	99.0	0.9	0.1	0.0	0.0	0.0
2女孩	0.3	99.6	0.4	0.0	0.0	0.0	0.0
1男1女	58.3	35.0	46.2	13.6	3.9	0.8	0.5
1男,另一无所谓	2.4	97.1	2.0	0.7	0.2	0.0	0.0
1女,另一无所谓	0.0	100.0	0.0	0.0	0.0	0.0	0.0
2孩,无所为男女	8.7	90.2	7.4	1.7	0.4	0.0	0.3
3孩及以上	6.5	92.4	5.5	1.8	0.2	0.1	0.0
曾生子女数	(2490)						
0个	24.7	70.9	21.9	5.2	1.6	0.3	0.1
1男孩	20.2	71.8	24.9	2.7	0.5	0.1	0.0
1女孩	10.9	84.4	14.0	1.5	0.1	0.0	0.0
2男孩	5.3	92.1	7.5	0.4	0.0	0.0	0.0
2女孩	2.8	95.8	3.9	0.3	0.0	0.0	0.0
1男1女	22.0	70.4	24.7	4.3	0.6	0.0	0.0
3孩以上	14.1	83.9	10.7	4.8	0.5	0.0	0.1
对头胎是女孩态度	(2400)						
停止生育	25.6	70.9	22.4	4.3	1.8	0.4	0.2
再要一个,不管男女	61.5	32.7	49.0	12.8	3.6	1.0	0.9
直到生一个儿子为止	12.9	87.2	7.7	3.5	1.4	0.2	0.0
样本数	1573						

注：1. 括号内数字是指选定样本量的网络成员数目。

2. 表中第二行数字0~5指的是被调查者生育讨论网络的网络规模。

资料来源：2005年深圳市外来农村流动人口调查。

表 4-10 农民工养老讨论网络的构成特征

单位：%

项目	小计	人数					
		0	1	2	3	4	5
户籍	(2305)						
深圳	3.0	96.1	3.4	0.3	0.2	0.0	0.0
非深圳	97.0	1.8	67.1	17.4	9.8	1.6	2.3
关系	(2311)						
强关系	53.7	35.1	52.6	7.9	3.5	0.6	0.3
弱关系	46.3	54.4	28.8	11.1	3.5	1.1	1.1
性别	(2307)						
男	50.9	41.4	45.6	8.6	2.8	0.8	0.8
女	49.1	40.7	47.0	9.7	1.6	0.7	0.3
婚姻状况	(2299)						
未婚	22.0	74.4	19.9	3.8	1.5	0.3	0.1
曾婚	78.0	18.4	57.0	14.5	7.6	1.6	0.9
受教育程度	(2298)						
小学及以下	12.3	84.0	13.8	1.7	0.4	0.1	0.0
初中	52.8	40.4	44.6	10.1	3.9	0.5	0.5
高中及以上	34.9	62.2	27.5	6.2	3.1	0.7	0.3
亲密程度	(2302)						
十分亲密	55.5	33.6	54.2	7.5	3.3	0.9	0.5
比较亲密	29.1	69.5	21.3	5.5	2.8	0.5	0.4
一般	15.0	84.7	9.5	4.5	0.9	0.1	0.3
不太亲密	0.3	99.6	0.3	0.1	0.0	0.0	0.0
很不亲密	0.1	99.9	0.1	0.0	0.0	0.0	0.0
见面频率	(2316)						
每天	60.2	32.3	51.8	9.5	4.5	1.0	0.9
每周几次	11.3	86.7	9.9	2.7	0.6	0.1	0.0
每月几次	8.0	90.4	7.3	1.9	0.3	0.1	0.0
每月一次	3.5	95.6	3.7	0.5	0.1	0.1	0.0
每年几次	11.8	86.4	10.2	2.3	0.9	0.2	0.0
几年一次	5.2	93.6	4.9	1.3	0.2	0.0	0.0
电话频率	(2311)						
每天	22.4	71.5	24.2	2.9	1.2	0.1	0.1
每周几次	23.8	72.9	20.1	5.0	1.5	0.4	0.1
每月几次	18.9	77.9	16.7	4.1	1.1	0.1	0.1
每月一次	7.5	91.2	6.7	1.5	0.5	0.1	0.0
每年几次	4.6	93.9	5.4	0.5	0.1	0.1	0.0
几年一次	22.8	76.7	16.2	4.0	1.9	0.7	0.5
样本数	1499						

注：1. 括号内数字是指选定样本量的网络成员数目。

2. 表中第二行数字 0~5 指的是被调查者养老讨论网络的网络规模。

资料来源：2005 年深圳市外来农村流动人口调查。

表4-11 农民工养老讨论网络成员的养老观念与行为信息分布

单位：%

项目	小计	人数					
		0	1	2	3	4	5
养老如何准备	(2253)						
社会养老保险	10.4	88.9	7.9	2.2	0.7	0.2	0.1
商业养老保险	5.1	93.8	5.2	0.7	0.2	0.1	0.0
赚钱储蓄	50.1	45.5	40.6	9.1	3.4	0.7	0.7
依靠儿女	29.6	66.1	26.2	5.7	1.4	0.3	0.3
没有任何准备	4.8	94.6	4.2	0.9	0.1	0.1	0.1
是否讨论过	(2311)						
是	80.8	17.7	56.3	14.4	8.5	1.5	1.6
否	19.2	79.6	14.7	3.9	0.8	0.3	0.7
样本数	1499						

注：1. 括号内数字是指选定样本量的网络成员数目。

2. 表中第二行数字0~5指的是被调查者养老讨论网络的网络规模。

资料来源：2005年深圳市外来农村流动人口调查。

从表4-5、表4-6和表4-7发现，农民工婚姻讨论网络特征是：90%以上的人都讨论过婚姻方面的话题；大多数农民工的婚姻讨论网络规模为1和2，而且讨论网络的规模越大，对应的农民工越少，仅有2.6%的农民工的讨论网络规模超过5。婚姻讨论网络成员中非深圳人的比例明显高于深圳人的比例，而且非深圳人的网络成员可以达到5个，深圳网络成员则主要是1个，而且比例很低。各网络成员的性别结构差异不大。曾婚的比例高于未婚的比例。网络成员文化程度主要是初中，没有高中以上的文化程度。亲密程度主要是十分亲密和比较亲密。联系频率主要是每天见面和每周几次通电话。

就婚姻讨论网络成员的观念而言，更多的网络成员赞成较大年龄结婚，且普遍赞成男性比女性结婚更晚。

从表4-5、表4-8和表4-9发现，农民工生育讨论网络的特征是：讨论网络的规模较小，半数以上人（56.7%）的讨论网络仅包含1名成员，近10%的人的没有讨论过生育话题。生育讨论网络的平均规模为1.43人。从生育讨论网络成员的特征来看，大多数成员为非深圳户籍人口，主要是他们的老乡、亲属和一起工作的外地打工者；强关系的比例高于弱关系，性别比例相差不多，大多数网络成员曾婚；教育程度以初中居多；绝大部分受访者与自己关系比较亲密和十分亲密的人进行讨论，而且他们见面频率很高，由此反映出，生育讨论网络成员主要是在一起工作的老乡和同事。农民工的生育讨论网络规模较小，讨论对象主要局限在血缘、地缘关系，说明农民工的社会融合程度不高。

就生育讨论网络成员的观念与行为而言，绝大部分被调查对象的网络规模仍然集中在 1 和 2。具体而言，希望“生育 1 男 1 女”的网络成员的比例最大（约 60%），其次为“生育 1 孩无所谓男女”的网络成员比例，接近 20% 这一点与调查对象的理想子女分布状况很相似。网络成员中约 75% 的人都有了孩子，有“1 男孩”和“1 男 1 女”的成员均约占五分之一，3 孩以上的网络成员约占 14%。当被问到“如果头胎生育 1 女孩有何打算”时，多数网络成员（61.5%）还想再生一个，选择停止生育的仅占到四分之一左右。由此可以看到，无论从观念还是从行为上来讲，男孩偏好仍存在于农民工群体之中。

从表 4-5、表 4-10 和表 4-11 发现，样本中 13.8% 的人没有讨论过养老话题。在所有被访者的养老讨论网络中，很少有深圳本地人与其讨论，96.1% 的人的讨论网络中没有一个深圳人。他们讨论的对象多数都是和他们有强关系的人，即配偶、父母和其他亲戚。弱关系中，54.4% 的人没有与农民讨论过养老话题。网络成员性别基本平衡，40% 左右的被访者的讨论对象全是女性或者全是男性。很少有人与未婚者讨论养老话题，讨论网络成员为曾婚者占 78%。多数讨论对象是初中文化水平，高中及以上水平居中，小学及以下水平最少。从亲密程度来看，54.2% 的样本有一个十分亲密的网络成员。从联系频率中发现，67.7% 的被访者与网络成员每天都能见面，电话联系频率较低，因为他们主要与配偶和一起工作的同乡讨论养老话题。

从讨论网络中成员的养老安排和实际讨论情况来看，网络成员的养老观念分布与被访者基本一致。在养老准备方面，95.2% 的网络成员都对自己的养老有所准备，但依靠社会养老保险和商业养老保险的人很少，通过储蓄和依靠儿女是主要的养老打算。大部分被访者与网络成员实际讨论过养老问题。

本章小结

通过研究农民工个体中心网络有以下主要发现：

第一，从个体中心网络结构来看，向农民工提供社会支持和进行社会讨论的关系中，深圳人的数量极少，农民工在深圳市工作和生活主要还是依赖乡土关系或亲属关系，深圳市民在农民工的工作和生活中并没有发挥重要的作用。农民工遇到困难后，他们可以求助的对象依次是家人、老乡和同事，向法律部门求助的比例非常少。因此，社会网络成为农民工获得社会支持和进行社会讨论的主要渠道。他们的社会网络的规模平均不到3人，其交往对象和范围极其有限，社会交往一般限于同质人群。

第二，从个体中心网络成员的观念来看，更多的网络成员赞成较晚结婚，且普遍赞成男性比女性结婚更晚。希望“生育1男1女”的网络成员的比例最大，其次为“生育1孩无所谓男女”，这一点与调查对象的理想子女分布状况很相似。在被问及“如果头胎生育1女孩有何打算”时，多数网络成员还想再生一个，选择停止生育的仅占四分之一左右。从曾生子女数来看，多数农民工都生育1男孩或1男1女。由此可见，无论观念还是行为，农民工群体中仍然存在男孩偏好。大部分农民工对未来养老的打算还是依靠子女和赚钱储蓄，依靠社会养老保险和商业养老保险的人很少。

第五章　农民工整体网络基本特征分析

社会网络分析主要有两大研究取向：个体中心网络和整体网络。个体中心网络关注的是“自我”，而整体网络关注的是整个网络结构。个体中心网络层次的研究，仅以农民工个体为中心分析在某一时点的直接与其相连的网络构成，没有考虑到他们的社会网络整体的宏观特征，而整体网络层次的研究恰恰弥补了这一点。本章研究整体网络的基本特征，即从关系的构成角度，分别分析整体网络的二方关系特征、三方关系特征和整体网络特征。

第一节　分析方法

网络成员间的关系可用一个邻接关系矩阵来表示，如果成员 i 与成员 j 之间存在关系，$X_{ij}=1$，否则 $X_{ij}=0$。这样，5 个公司 7 种不同性质的整体网络可以用 35 个邻接矩阵表示。由于网络成员间的关系是非对称的，例如，网络成员 A 支持 B，但是 B 不一定支持 A；因此，本章研究的 35 个网络均为有向关系网络，对应的邻接矩阵是非对称的。

二方关系是研究两个个体之间的关系，有向二方关系有三种同构类：单向关系、互惠关系和虚无关系（刘军，2004）。二方关系的同构类如图 5 - 1 所示。单向关系和互惠关系的数目占所有可能的二方关系总数的比例反映了网络成员间单向交流和双向互动状况。比例越高，表明网络成员间的联系越多；虚无关系则相反，该种关系占所有可能的二方关系总数的比例越高，说明网络成员间的联系和互动就越少。

图 5－1 有向图可能的二方关系同构类

三方关系是研究三个个体之间的关系，三方关系中任意两个个体之间的关系都是二方关系，即三方关系是由二方关系组成的。在有向网络中，三人组所有可能的关系结构有 64 种，其中，同构类却只有 16 种（Wasserman & Faust，1994；刘军，2004）。三方关系同构类如图 5－2 所示。用三个数字表示三方组同构类。第一个数字代表互惠对的个数，第二个数字代表单向对的个数，第三个数字代表虚无对的个数。对于相似的三方组，其后加一个字母来区分：T 表示传递（Transitivity）关系，C 表示循环（Cycle）关系，D 表示向下（Down）关系，U 表示向上（Up）关系。如 030T 表示具有单向传递关系的三方组，030C 表示具有单向循环关系的三方组。分析三方组同构类，是把整体网络还原为 16 种统计量，从而简化对整体网络结构的分析（刘军，2004）。三人组中互动的二方关系越多，表明网络成员在该群体中的认同感和归属感越强，他们的观念越容易在该群体中传播或被他人影响。

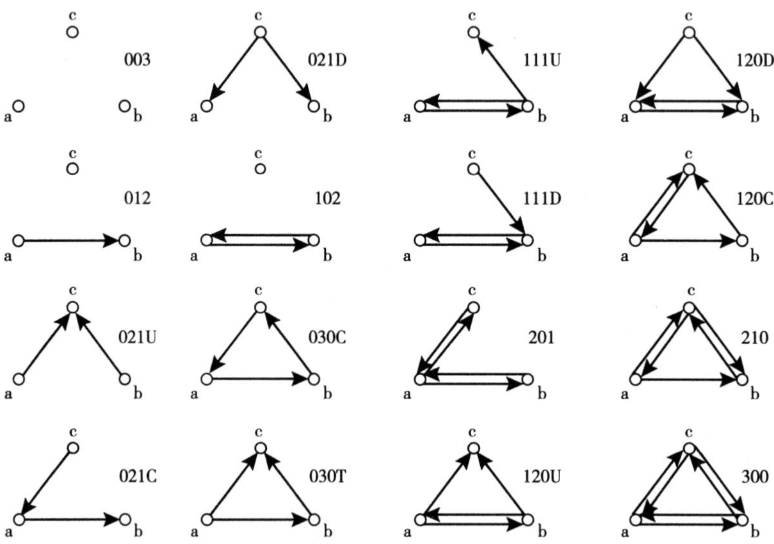

图 5－2 有向图中可能存在的 16 种三方组同构类

以二方关系为基础，表示整体网络结构特征的指标有：密度（Density）、出度中心势（Outdegree Centralization）和入度中心势（Indegree Centralization）（Wasserman & Faust，1994）。

有向网络中密度为 $d = \frac{\sum_{i=1}^{n}\sum_{j=1}^{n}X_{ij}}{n(n-1)}$，其中，$n$ 代表网络的规模。密度可以从关系总量上表示网络成员的关系疏密程度。密度值越大，说明网络成员间的关系越密集。

个体出度 $d_{out}(n_i) = \sum_{j=1}^{n}X_{ij}$，也称扩张性，即某个体与他人交往的人数。入度 $d_{in}(n_j) = \sum_{i=1}^{n}X_{ij}$，也称聚敛性，即他人与某个体交往的人数。

出度中心势和入度中心势分别反映整体网络中个体出度和入度的差异程度。出度中心势的值越大，说明个体扩张关系能力的差异就越大。入度中心势的值越大，说明个体受网络成员欢迎程度的差异就越大。中心势计算公式为：

$$C = \frac{\sum_{i=1}^{n}(C_{\max} - C_i)}{\max[\sum_{i=1}^{n}(C_{\max} - C_i)]} \tag{5-1}$$

其中，C_i 代表个体 i 的出度或入度，$C_{\max}$ 代表出度或入度的最大值。

以三方关系为基础，表示整体网络结构的特征指标有：居中中心势（Betweenness Centralization）（Wasserman & Faust，1994）、聚类系数（Clustering Coefficient）和平均距离（Average Distance）（Cowan et al.，2004）。

居中中心性计算公式为：

$$C_{B(i)} = \frac{2\sum_{j}^{n}\sum_{k}^{n}b_{jk}(i)}{(n^2 - 3n + 2)}, j \neq k \neq i 且 j < k \tag{5-2}$$

其中，g_{jk} 代表 j 与 k 之间的测地线（即最短距离）的数目，$g_{jk}(i)$ 表示 j 与 k 之间经过 i 的测地线的数目。$b_{jk}(i)$ 代表 i 在 j 与 k 之间的居中中心性，$C_{B(i)}$ 代表标准化后的 i 位于网络中任意两个成员间的居中中心性。居中中心势计算公式同（5-1）式。居中中心势是从整体上衡量网络中个体作为其他两个个体交往桥梁的差异。该值越大，说明网络中个体间的交往受少数个体控制的差异就越大。

聚类系数是指与同一个个体交往的另外两个个体间也交往的可能性大小，是从整体上反映了网络成员关系的稳健性。聚类系数越大，网络成员间的关系就越稳定。其计算公式为：

$$C_l = \frac{1}{n}\sum_{i=1}^{n}\sum_{j,l\in\Gamma_i}\frac{X(j,l)}{\frac{\#\Gamma_i(\#\Gamma_i - 1)}{2}} \tag{5-3}$$

其中，如果 $j \in \Gamma_l$，则 $X(j,l) = 1$，如果 $j \notin \Gamma_l$，则 $X(j,l) = 0$。Γ_i 是 i 的朋友集，$\#\Gamma_i$ 表示 i 的朋友数量。

平均距离表示一个个体平均要经过多少个体才能与另一个个体建立联系，即关系链的长度。关系链越长，网络成员间的关系传播得就越远。反之，关系传播得就越近。平均距离计算公式为：

$$L = \frac{1}{n}\sum_{i=1}^{n}\sum_{j\neq i}\frac{d(i,j)}{n-1} \tag{5-4}$$

其中，$d(i,j)$ 代表 i 与 j 的测地线（最短）距离。

聚类系数反映的是关系传播的广度，而平均距离则体现了关系传播的深度。

总之，通过分析农民工的整体网络特征，可以揭示农民工社会网络结构。结构决定内容（罗家德，2005），不同农民工社会网络结构决定了农民工群体不同的相互融合状况和不同的关系传播特点。本章研究的二方关系、三方关系数据计算是通过编制相应的程序，运用 MATLAB7.0 软件来完成。整体网络层次的特征指标是运用 UCINET6.0 网络软件来计算。需要说明的一点是，由于5个调查点网络规模不同，不同地点、同一性质网络指标的可比性相对较弱（刘军，2004）。因此，本章重点对同一地点、不同性质的整体网络特征进行了比较。

第二节　二方关系

农民工社会支持网络的二方关系分布如表 5－1 所示。对比同一公司社会支持网络的三种类型关系占二方关系总数的比例发现，不论农民工来自哪个公司，也不论他们的性别结构、年龄构成、婚姻状况等人口学特征如何，他们的社会支持网络二方关系具有很强的相似性，具体表现在：

表 5－1　社会支持网络的二方关系分布

单位：%

调查点	网络名称	互惠关系	单向关系	虚无关系	总体关系
HM	实际	0.3	1.7	98.0	19900
	情感	0.3	1.6	98.1	
	社交	0.4	1.8	97.8	
AMT	实际	2.7	11.7	85.6	2775
	情感	1.4	7.6	91.0	
	社交	2.3	10.4	87.3	
XYX	实际	1.0	8.0	91.0	4005
	情感	1.0	5.8	93.2	
	社交	1.1	8.2	90.7	
CZ	实际	0.7	3.1	96.2	9045
	情感	0.6	2.7	96.7	
	社交	0.9	3.5	95.6	
SZ	实际	1.8	5.2	93.0	1081
	情感	1.3	4.8	93.9	
	社交	1.5	5.4	93.1	

资料来源：2005 年深圳市外来农村流动人口调查。

（1）农民工群体的虚无关系都占绝大多数比例。单向关系比例很小，互惠关系比例更小。表明农民工群体间的单向交流很少，双向互动更加困难。

（2）农民工群体在实际支持和社会交往支持的单向关系、互惠关系比例基本相等，且都明显高于情感支持的单向关系、互惠关系比例。表明农民工群体的社会支持主要体现在日常帮助和社交方面，很少进行情感交流。

对比不同公司、同一类型的支持网络，发现 AMT 和 XYX 的三种支持网络单向关系比例明显高于 CZ 和 SZ 的相应关系比例，HM 的关系比例在 5 个公司中最小。这表明，年龄较小、大部分未婚且文化程度较低的女性农民工群体和男女混合农民工群体间的社会支持较多；男性农民工群体次之，年龄较大、大部分曾婚且文化程度较高的女性农民工群体间的社会支持和互动最少。

农民工社会讨论网络的二方关系分布如表 5－2 所示。对比同一公司农民工 4 种社会讨论网络三种类型关系占二方关系总数的比例，可以发现：

表 5－2　社会讨论网络的二方关系分布

单位：%

调查点	网络名称	互惠关系	单向关系	虚无关系	总体关系
HM	婚姻	0.2	1.4	98.4	19900
	生育	0.1	1.0	98.9	
	避孕	0.0	0.6	99.4	
	养老	0.1	0.8	99.1	
AMT	婚姻	0.6	5.3	94.1	2775
	生育	0.3	3.5	96.2	
	避孕	0.1	2.1	97.8	
	养老	0.5	4.0	95.5	
XYX	婚姻	0.1	4.4	95.5	4005
	生育	0.2	3.3	96.5	
	避孕	0.0	1.6	98.4	
	养老	0.1	4.2	95.7	
CZ	婚姻	0.2	1.6	98.2	9045
	生育	0.1	1.6	98.2	
	避孕	0.0	0.6	99.4	
	养老	0.1	1.7	98.2	
SZ	婚姻	0.1	3.0	96.9	1081
	生育	0.5	3.2	96.3	
	避孕	0.0	0.3	99.7	
	养老	0.3	2.6	97.1	

资料来源：2005 年深圳市外来农村流动人口调查。

（1）与社会支持网络的情况类似，仍然是虚无关系占绝大多数比例，单向关系比例很小，互惠关系比例更小甚至为 0。表明农民工群体间在婚姻、生育、避孕和养老等方面的单向交流和双向讨论关系更为稀疏。

（2）同一公司农民工对不同性质问题的讨论关系比例不尽相同。在 4 种讨论网络中，对电器公司而言，HM 的女性农民工更多关注婚姻和生育问题；AMT 的女性农民工和 XYX 男女混合农民工更关心婚姻和养老问题。而对建筑公司而言，CZ 的男性农民工更为关注生育和养老问题；SZ 的男性农民工较为关注婚姻和生育问题。总体来说，从业于电器公司的农民工更关注婚姻问题，其原因是这些农民工多为女性，且女性往往可能在婚姻方面处于弱势，她们更希望有美满的婚姻。从业于建筑公司的农民工更关注生育问题，其原因是这些农民工多为男性，他们可能更希望传宗接代，后继有人。

婚姻、生育和养老问题较为大众化，农民工在这些方面的讨论较多，而对于较隐私的避孕问题，可能由于乡土文化影响，农民工通常不太愿意讨论。

比较不同公司、同一类型的社会讨论网络的二方关系比例，得到与社会支持网络相同的发现。

对比表 5 - 1 和表 5 - 2 可以发现，农民工社会讨论网络的二方关系比例明显小于他们的社会支持网络比例。说明农民工之间主要是通过社会支持加强交流和互动，很少进行婚姻家庭、生育、避孕和养老等方面的讨论。这可能是因为农民工群体间那些关系密切且相互间社会支持较多的人，才更可能讨论婚姻、生育、避孕和养老等话题。

第三节　三方关系

农民工社会支持网络的三方关系分布如表 5 - 3 所示。对比同一公司 3 种社会支持网络 16 种三方关系同构类占三方关系总数的比例发现，无论农民工的背景情况如何，他们的三方关系也呈现出一些共同的特点：

（1）每个公司农民工群体三人关系中，003 同构类关系都占三方关系总数的绝大部分比例。表明在农民工群体中，大多数情况是三人中任何两人之间没有社会支持关系。除 003 外，其他三人关系结构很稀疏。

（2）012 的关系比例较大，说明在三个农民工中间，其中只有两人之间有社会支持关系的比例较大。030C 和 300 这两个三方组同构类的关系比例最小。说明在三个农民工中间，有单向传递关系和双向传递关系的比例都很小，进而表明农民工在群体中的认同感和归属感较差。

（3）每个公司情感支持网络中 003 的比例都高于实际支持网络和社交支持网络的比例，说明在情感支持网中 3 个农民工相互间没有情感支持的比例最高，同时也说明了情感支持网络其他三方组同构类的比例会更小。说明农民工在情感支持方面比实际支持和社会交往支持更差。对不同公司、同一类型的社会支持网进行比较得出与二方关系一致的结论：即 AMT 的女性农民工群体间和 XYX 男女混合农民工群体间，三人支持结构模式多于 CZ 和 SZ 男性农民工群体；HM 的女性农民工群体间三人支持结构模式最少。

农民工社会讨论网络的三方关系分布如表 5 - 4 所示。对同一公司农民工社会讨论网络的三方关系比较，得到如下发现：

表 5－3　社会支持网络的三方关系分布

单位：%

地点	网络名称	003	012	102	021D	021U	021C	111D	111U	030T	030C	201	120D	120U	120C	210	300	关系总数
HM	实际	94. 239	4. 873	0. 721	0. 058	0. 028	0. 031	0. 014	0. 021	0. 006	0. 000	0. 003	0. 002	0. 001	0. 001	0. 001	0. 000	1313400
	情感	94. 469	4. 657	0. 729	0. 050	0. 023	0. 030	0. 013	0. 019	0. 004	0. 000	0. 002	0. 001	0. 001	0. 001	0. 001	0. 000	
	社交	93. 655	5. 167	1. 007	0. 040	0. 031	0. 037	0. 023	0. 025	0. 005	0. 000	0. 004	0. 003	0. 001	0. 001	0. 001	0. 001	
AMT	实际	63. 319	25. 090	5. 876	1. 631	0. 695	0. 985	0. 367	0. 966	0. 390	0. 010	0. 117	0. 095	0. 215	0. 068	0. 138	0. 040	67525
	情感	75. 501	18. 481	3. 634	0. 738	0. 360	0. 478	0. 201	0. 305	0. 110	0. 002	0. 050	0. 034	0. 043	0. 022	0. 033	0. 009	
	社交	67. 037	23. 245	5. 155	1. 340	0. 558	0. 918	0. 341	0. 668	0. 295	0. 009	0. 102	0. 071	0. 116	0. 056	0. 071	0. 019	
XYX	实际	76. 175	19. 050	2. 320	0. 916	0. 384	0. 527	0. 112	0. 191	0. 216	0. 002	0. 014	0. 033	0. 025	0. 013	0. 019	0. 004	117480
	情感	81. 539	14. 623	2. 382	0. 488	0. 192	0. 352	0. 118	0. 136	0. 073	0. 001	0. 013	0. 030	0. 020	0. 012	0. 016	0. 005	
	社交	75. 492	19. 448	2. 470	0. 872	0. 402	0. 651	0. 153	0. 176	0. 190	0. 004	0. 019	0. 030	0. 044	0. 020	0. 022	0. 007	
CZ	实际	89. 323	8. 437	1. 833	0. 062	0. 111	0. 095	0. 038	0. 035	0. 026	0. 004	0. 005	0. 007	0. 007	0. 008	0. 007	0. 002	400995
	情感	90. 528	7. 532	1. 617	0. 567	0. 079	0. 067	0. 034	0. 030	0. 022	0. 004	0. 005	0. 008	0. 006	0. 009	0. 004	0. 002	
	社交	87. 525	9. 386	2. 545	0. 063	0. 142	0. 122	0. 077	0. 049	0. 033	0. 004	0. 010	0. 011	0. 009	0. 012	0. 010	0. 004	
SZ	实际	80. 389	13. 796	4. 823	0. 043	0. 099	0. 136	0. 099	0. 123	0. 123	0. 019	0. 006	0. 111	0. 068	0. 056	0. 074	0. 037	16215
	情感	82. 818	12. 840	3. 509	0. 074	0. 154	0. 173	0. 025	0. 099	0. 117	0. 000	0. 006	0. 068	0. 049	0. 031	0. 019	0. 019	
	社交	80. 481	14. 598	3. 996	0. 068	0. 123	0. 197	0. 074	0. 086	0. 154	0. 012	0. 006	0. 056	0. 068	0. 031	0. 031	0. 019	

资料来源：2005 年深圳市外来农村流动人口调查。

表 5－4　社会讨论网络的三方关系分布

单位：%

地点	网络名称	003	012	102	021D	021U	021C	111D	111U	030T	030C	201	120D	120U	120C	210	300	关系总数
HM	婚姻	95.43	4.03	0.44	0.03	0.02	0.02	0.01	0.01	0.00	0.00	0.00	0.00	0.00	0.00	0.00	0.00	1313400
	生育	96.89	2.78	0.27	0.02	0.01	0.01	0.00	0.01	0.00	0.00	0.00	0.00	0.00	0.00	0.00	0.00	
	避孕	98.08	1.81	0.07	0.02	0.00	0.00	0.00	0.00	0.00	0.00	0.00	0.00	0.00	0.00	0.00	0.00	
	养老	97.44	2.33	0.18	0.03	0.00	0.01	0.00	0.01	0.00	0.00	0.00	0.00	0.00	0.00	0.00	0.00	
AMT	婚姻	83.42	13.78	1.67	0.34	0.19	0.28	0.07	0.12	0.07	0.00	0.01	0.02	1.00	0.01	0.01	0.00	67525
	生育	89.23	9.43	0.80	0.27	0.07	0.12	0.02	0.03	0.02	0.00	0.00	0.01	0.00	0.00	0.00	0.00	
	避孕	93.71	5.89	0.21	0.10	0.03	0.06	0.01	0.00	0.00	0.00	0.00	0.00	0.00	0.00	0.00	0.00	
	养老	87.43	10.52	1.29	0.23	0.08	0.22	0.05	0.00	0.03	0.00	0.01	0.01	0.01	0.01	0.01	0.00	
XYX	婚姻	87.60	11.24	0.35	0.46	0.11	0.17	0.01	0.00	0.04	0.00	0.00	0.00	0.00	0.00	0.00	0.00	117480
	生育	90.31	8.77	0.39	0.35	0.04	0.07	0.01	0.00	0.02	0.00	0.00	0.00	0.01	0.00	0.00	0.00	
	避孕	95.44	4.27	0.07	0.18	0.13	0.02	0.00	0.00	0.01	0.00	0.00	0.00	0.00	0.00	0.00	0.00	
	养老	88.29	10.62	0.33	0.46	0.10	0.11	0.00	0.04	0.04	0.00	0.00	0.00	0.01	0.00	0.00	0.00	
CZ	婚姻	94.86	4.55	0.47	0.04	0.03	0.02	0.01	0.01	0.01	0.00	0.00	0.00	0.00	0.00	0.00	0.00	400995
	生育	94.67	4.89	0.32	0.05	0.03	0.02	0.00	0.01	0.01	0.00	0.00	0.00	0.00	0.00	0.00	0.00	
	避孕	98.14	1.80	0.03	0.02	0.00	0.00	0.00	0.00	0.00	0.00	0.00	0.00	0.00	0.00	0.00	0.00	
	养老	94.72	4.76	0.41	0.05	0.02	0.02	0.00	0.01	0.01	0.00	0.00	0.00	0.00	0.00	0.00	0.00	
SZ	婚姻	91.15	8.33	0.25	0.13	0.05	0.04	0.00	0.02	0.03	0.00	0.00	0.00	0.00	0.00	0.00	0.00	16215
	生育	89.31	9.11	1.26	0.09	0.04	0.06	0.02	0.04	0.03	0.00	0.00	0.00	0.03	0.01	0.01	0.00	
	避孕	99.17	0.82	0.00	0.00	0.00	0.00	0.00	0.00	0.00	0.00	0.00	0.00	0.00	0.00	0.00	0.00	
	养老	91.66	7.32	0.80	0.09	0.03	0.04	0.00	0.01	0.02	0.00	0.00	0.00	0.01	0.00	0.00	0.00	

注：表中的 0.00 表示数值非常接近 0，0 表示数值为 0。

资料来源：2005 年深圳市外来农村流动人口调查。

首先，在每个公司农民工群体中，大多数情况是三人中任何两人间都不讨论有关婚姻、生育、避孕和养老方面的话题。其次，在3个农民工中，主要是其中两个人有社会讨论关系，三人中两两之间有讨论关系的情况极少甚至没有，说明农民工的社会讨论关系很难在三人中传递，因而他们的观念也就难以进行有效的交流和碰撞。再次，每个公司的农民工群体仍然在婚姻、生育和养老方面讨论关系的同构类较多，对避孕话题讨论关系的同构类很少。

比较不同公司、同一类型的社会讨论网络发现，AMT的婚姻讨论网络三方组的关系结构最多，这是因为该公司女性农民工绝大多数年龄较小，正处在找对象阶段。SZ的生育讨论网络三方组关系结构最多，是因为该公司男性农民工群体年龄较大且绝大部分已婚，可能正面临生育孩子或教育子女问题。AMT和XYX的避孕讨论网络三方组关系结构最多，说明年龄较小、未婚比例较高且文化程度较低的女性农民工群体和男女混合农民工群体都较多关注避孕话题。AMT和SZ的养老讨论网络三方组关系结构较多，说明年龄较小、文化程度较低且大部分未婚的女性农民工群体讨论话题较广泛，养老话题也在其讨论之列；绝大部分已婚的男性农民工群体关注养老话题较多的原因可能是因为实际养老需要。

对比表5-3和表5-4发现，农民工社会讨论网络三方组同构类明显少于他们的社会支持网络同构类，且相应关系比例也要小得多。说明农民工社会讨论网络结构与社会支持网络有巨大差异。

第四节　整体网络特征

农民工的社会支持网络的整体网络特征如表5-5所示，分别对比同一公司、不同类型的3种社会支持网络可以发现，具有不同人口学特征的农民工具有不同的特点：

（1）农民工社会支持的关系密集程度不同。对每个电器公司3种支持网络而言，HM的女性农民工和XYX男女混合农民工的社会支持更倾向于社会交往；而AMT的女性农民工社会支持则主要体现在日常帮助。对建筑公司农民工3种支持网络而言，CZ的男性农民工群体社会支持更多地体现在社会交往；SZ的男性农民工群体社会支持主要体现在日常帮助。与二方

表 5-5　社会支持网络的整体特征

调查点	网络名称	密度	出度中心势	入度中心势	居中中心势	平均距离	聚类系数
HM	实际	0.111	0.130	0.054	0.135	5.504	0.124
	情感	0.011	0.115	0.035	0.162	7.411	0.118
	社交	0.013	0.113	0.063	0.155	5.775	0.123
AMT	实际	0.086	0.324	0.118	0.116	2.885	0.296
	情感	0.053	0.221	0.097	0.174	3.791	0.214
	社交	0.075	0.335	0.075	0.115	2.943	0.269
XYX	实际	0.050	0.290	0.108	0.091	3.649	0.239
	情感	0.039	0.154	0.074	0.104	3.995	0.231
	社交	0.052	0.288	0.095	0.195	3.330	0.233
CZ	实际	0.022	0.053	0.106	0.075	5.204	0.243
	情感	0.019	0.056	0.101	0.024	3.629	0.240
	社交	0.026	0.049	0.109	0.118	5.361	0.254
SZ	实际	0.044	0.132	0.110	0.014	1.641	0.446
	情感	0.037	0.095	0.095	0.010	1.722	0.400
	社交	0.042	0.903	0.903	0.016	2.100	0.374

注：在计算平均距离和句类系数时，只考虑有联系的个体，不包括孤立点。同下表 5-6。

资料来源：2005 年深圳市外来农村流动人口调查。

关系、三方关系结果相同，不论从业于电器公司还是建筑公司，也不论是婚姻和文化状况等如何，农民工的情感交流都更缺乏。

（2）农民工在社会支持方面的交往能力差异不同。首先，农民工在寻求社会支持的交往能力差异不同。对比出度中心势指标可以发现，HM 的女性农民工和 XYX 的男女混合农民工在寻求日常帮助方面的能力差异高于其他两种社会支持；AMT 的女性农民工在寻求社会交往方面的能力差异较大。CZ 的男性农民工群体在寻求情感交流方面的能力差异较大；而 SZ 的男性农民工在寻求日常帮助方面的能力差异比其他两种社会支持的要大。

其次，农民工在接受社会支持的交往能力差异不同。对比入度中心势指标可以发现，HM 的女性农民工在接受他人的社会交往方面的能力差异较大；AMT 的女性农民工和 XYX 男女混合农民工在接受与他人日常帮助交往的能力差异较大。CZ 的男性农民工群体接受他人社会交往的能力差异较大；SZ 的男性农民工群体接受他人在日常帮助方面交往的能力差异较大。

再次，农民工寻找社会支持的交往能力差异大于接受社会支持的交往能力差异。每个公司3种支持网络的出度中心势指标都高于入度中心势，表明农民工在寻找社会支持更主动、活跃，而接受社会支持相对较为被动。

（3）农民工社会支持的关系传播情况不同。第一，农民工社会支持关系传播的深度不同。对比平均距离指标发现，与其他两种社会支持相比，从业于三个电器公司的农民工在情感支持方面的关系链更长、更容易延伸情感支持关系。而对从业于建筑公司而言，CZ的男性农民工更容易延伸他们的情感支持关系；而SZ的男性农民工更容易延伸他们的社会交往支持关系。

第二，农民工社会支持关系传播的广度不同。从聚类系数指标对比中发现，与其他两种社会支持相比，从业于三个电器公司的农民工在日常帮助方面交际范围更广、关系更稳定。而对从业于建筑公司的农民工而言，SZ的男性农民工在日常帮助方面交际范围更广、关系更稳定；CZ的男性农民工在社会交往方面的交际范围更广、关系更稳定。

比较5个公司、同一类型的社会支持网络发现，就实际支持而言，AMT农民工关系密集程度最高，寻求和接受实际支持的能力差异也最大；HM农民工关系链最长、最容易受处于链中间的个体控制；SZ农民工关系最稳定。就情感支持而言，AMT农民工关系密集程度最高，寻求情感交流的能力差异也最大，且农民工交往最易受处于关系链中间个体的控制；CZ农民工接受情感交流的能力差异最大；HM农民工的关系链最长；SZ农民工的关系最稳定。就社交支持而言，AMT农民工关系密集程度最高，寻求社会交往的能力差异最大；SZ农民工接受社会交往的能力差异最大，且社会交往关系最稳定；XYX农民工交往最容易受处于关系链中间的个体控制；HM农民工关系链最长。由此可见，不同公司、不同人口学特征农村流动人口的同一性质社会支持网络的结构有很大的差异。

社会讨论网络的整体特征如表5-6所示。分别对同一公司、不同类型的4种讨论网络进行比较发现，具有不同人口学特征的农民工也呈现出不同的特点：

（1）农民工社会讨论网络的关系密集程度与二方关系、三方关系的结果相同：从业于电器公司的女性农民工更关注婚姻问题；而从业于建筑公司的男性农民工更多的是关注生育问题；农民工对避孕这类隐私问题很少与他人交流。

表 5-6　社会讨论网络的整体特征

调查点	网络名称	密度	出度中心势	入度中心势	居中中心势	平均距离	聚类系数
HM	婚姻	0.009	0.097	0.042	0.086	5.112	0.113
	生育	0.006	0.100	0.050	0.031	3.684	0.101
	避孕	0.003	0.103	0.037	0.007	2.216	0.152
	养老	0.005	0.101	0.041	0.010	2.554	0.135
AMT	婚姻	0.033	0.145	0.076	0.137	3.934	0.185
	生育	0.020	0.157	0.048	0.025	2.609	0.150
	避孕	0.011	0.071	0.030	0.003	1.569	0.044
	养老	0.025	0.112	0.057	0.088	3.799	0.162
XYX	婚姻	0.023	0.170	0.056	0.018	2.481	0.151
	生育	0.018	0.175	0.039	0.052	4.359	0.232
	避孕	0.008	0.185	0.037	0.001	1.366	0.157
	养老	0.022	0.171	0.057	0.024	2.498	0.193
CZ	婚姻	0.010	0.043	0.065	0.005	2.063	0.204
	生育	0.010	0.050	0.065	0.004	2.354	0.178
	避孕	0.003	0.049	0.027	0.000	1.200	0.239
	养老	0.010	0.050	0.035	0.002	1.998	0.187
SZ	婚姻	0.016	0.073	0.073	0.003	1.340	0.180
	生育	0.021	0.090	0.068	0.003	1.338	0.360
	避孕	0.001	0.043	0.021	0.000	1.000	0.000
	养老	0.016	0.073	0.051	0.002	1.029	0.322

资料来源：2005 年深圳市外来农村流动人口调查。

（2）农民工在社会讨论方面交往能力的差异不同。一方面，农民工在寻求社会讨论的交往能力的差异不同。在 4 种讨论网络中，HM 女性农民工和 XYX 男女混合农民工在寻求讨论避孕话题的能力差异最大；而 AMT 女性农民工在寻求讨论生育话题的能力差异最大。CZ 男性农民工在寻求生育和养老话题方面的能力差异最大；SZ 男性农民工在寻求讨论生育话题方面的能力差异较大。

另一方面，农民工在接受他人社会讨论的交往能力的差异不同。在 4 种讨论网络中，HM 的女性农民工在接受讨论生育话题的能力差异较大；AMT 的女性农民工在接受讨论婚姻话题的能力差异较大；XYX 的男女混合农民工则在接受讨论养老话题方面的能力差异较大。CZ 和 SZ 男性农民工在接受讨论婚姻话题的能力差异较大。

另外，与社会支持类似，农民工寻求社会讨论较主动、活跃，而接受社会讨论较为被动。

(3) 农民工社会讨论关系传播情况不同。一是农民工的社会讨论关系传播的深度不同。在4种讨论网络中，HM和AMT女性农民工更容易延伸他们在婚姻话题方面的讨论关系，且这种讨论关系被其中少数个体所控制的差异也最大；XYX男女混合农民工更易延伸他们在生育话题方面的讨论关系，且生育讨论关系被少数个体所控制的差异较大。CZ的男性农民工更容易延伸他们在生育话题方面的讨论关系，且他们的婚姻讨论关系被少数个体控制的差异较大；而SZ的男性农民工更容易延伸他们在婚姻、生育话题方面的讨论关系，且这种讨论关系被少数个体所控制的差异较大。

二是农民工的社会讨论关系传播的广度不同。在4种讨论网络中，HM的女性农民工在避孕话题方面的讨论关系更广、关系更稳定；AMT的女性农民工在婚姻话题方面的讨论关系更广、关系更稳定；XYX的男女混合农民工在生育话题方面的讨论关系更广、关系更稳定。CZ的男性农民工在避孕话题方面的讨论关系更广、关系更稳定；SZ男性农民工在生育话题方面的讨论关系更广、关系更稳定。

比较不同公司、同一类型的社会讨论网络发现，就婚姻讨论而言，AMT女性农民工关系最密集、最容易受处于链中间个体的控制，且接受讨论该话题的能力差异最大。XYX男女混合农民工寻求讨论婚姻话题的能力差异最大。HM女性农民工关系链最长。CZ男性农民工网络关系最稳定。就生育讨论而言，SZ男性农民工关系最密集，个体接受讨论生育话题的能力差异最大、关系最稳定。XYX农民工寻求讨论生育话题的能力差异最大、关系链最长，且最易受处于链中间个体控制。就避孕讨论而言，AMT农民工关系最密集，XYX农民工寻求和接受讨论避孕话题的能力差异最大，HM农民工接受讨论避孕话题的能力差异最大、关系链最长、最易受处于关系链中间个体的控制。CZ农民工关系最稳定。就养老讨论而言，AMT农民工关系最密集、关系链最长、最易受处于关系链中间个体的控制、个体接受讨论养老话题的能力差异最大。XYX农民工寻求和接受讨论养老话题的能力差异最大。SZ农民工关系最稳定。可见，具有不同人口学特征的农民工群体关注的话题不同，对同一话题讨论的深度和广度也不同。

比较表5－5和表5－6发现，与二方、三方关系相同，农民工社会讨论网络的整体特征指标普遍小于社会支持网络的指标。

本章小结

本章以整体网络为视角，较系统地研究了农民工二方关系、三方关系以及整体网络结构特征，得到如下主要发现：

（1）从二方关系角度研究发现：不论什么样的人口学特征，农民工社会支持关系很少、社会讨论关系更少。就社会支持而言，农民工在实际支持和社会交往支持方面较少，在情感交流方面就更为缺乏。造成这种情况的原因可能是：农民工交流主要发生在以血缘、地缘为主的初级关系中，以初级关系为基础的次级关系还没有完全建立。农民工的社会讨论主要发生在有社会支持关系的小群体间，而且不同工作环境、不同性别农民工讨论的关注点也不同：从业于电器公司的农民工多为女性，她们更关注婚姻问题；而从业于建筑公司的男性农民工更多的是关注生育问题；对于避孕这种隐私问题，农民工极少谈及。

（2）通过研究三方关系发现：农民工三人关系结构稀少。就社会支持而言，与实际支持和社会交往支持相比，农民工的情感支持三人结构更少，且三人中多以两人间有支持关系，三人中两两之间都有支持关系的情况极少。表明农民工在群体中的认同感和归属感较差。与社会支持相比，农民工社会讨论的三人关系结构更少，说明农民工的观念不太容易在三人结构中传播和交流。4种讨论问题中，农民工在婚姻、生育和养老这些较为大众化的问题上谈论较多，从而在这些方面的观念和态度较易传播；而对于避孕这样相对隐私的问题，农民工的三人关系结构非常稀少，相应的观念与态度几乎无法交流和传播。

（3）对比整体网络指标发现：第一，不同文化程度的农民工群体，其社会支持类型存在差异。文化程度较高的农民工更倾向于社会交往支持，而文化程度较低的农民工则主要体现在实际支持，且与企业的类型无关。第二，不同性别的农同工群体在社会支持方面的交际能力存在差异。女性为主的农民工更易延伸情感支持关系，在实际支持方面交际范围更广；男性农民工则更易延伸社交关系，且在社交方面交际范围更广。第三，同一农民工群体其不同方面的社会讨论的传播能力存在差异。从业于电器公司的女性农民工在婚姻问题上的观念和态度可能会传播得更远，而从业于电器公司的男女混合农民工和从业于建筑公司的男性农民工在生育方面的态度和观念会传播得更远。第四，不同人口学特征的农民工群体社会讨论的关注重点存在差异。具有较高文化程度的农民工在避孕问题方面讨论关系较广；男女混合农民工和文化程度较低的男性农民工在生育问题方面讨论关系较广；而年龄较小、文化程度较低、大部分未婚的女性农民工在婚姻问题方面讨论关系较广。

第六章　农民工社会网络复杂性特征分析

第四章和第五章分别从个体中心网络和整体网络角度，研究了农民工社会网络的基本特征。在此基础上，结合网络复杂性的相关理论和方法，本章将研究农民工社会网络的复杂性特征，包括小世界现象、无标度特征和社群结构等。通过本章的分析，进一步完善对农民工社会网络特征的研究。

第一节　小世界现象

表 6－1 对比了本次调查的农民工 35 个社会网络与相应随机网络的平均路径长度和聚类系数。对于平均度很小的网络，如表 6－1 的避孕讨论网络，网络中的孤立节点很多，相应参数计算结果意义不大。

表 6－1　社会支持与社会讨论网络各种参数的结果与对比

调查地点	参数	实际支持网络	情感支持网络	社交支持网络	婚姻讨论网络	生育讨论网络	避孕讨论网络	养老讨论网络
HM	$<k>$	2.225	2.140	2.520	1.705	1.150	0.675	0.935
	L	6.063	7.436	5.861	5.343	3.686	2.210	2.565
	Lrand	6.060	6.015	5.382	8.305	4.142	3.779	4.602
	C	0.121	0.122	0.125	0.117	0.096	0.138	0.129
	Crand	0.008	0.004	0.013	0.011	0.003	0.000	0.003
AMT	$<k>$	6.360	3.893	5.547	2.440	1.507	0.827	1.840
	L	2.885	3.791	2.943	3.934	2.609	1.569	3.799
	Lrand	2.516	3.338	2.711	4.314	6.613	4.349	5.038
	C	0.296	0.214	0.269	0.185	0.150	0.044	0.162
	Crand	0.075	0.057	0.070	0.037	0.025	0.009	0.013

续表

调查地点	参数	实际 支持网络	情感 支持网络	社交 支持网络	婚姻 讨论网络	生育 讨论网络	避孕 讨论网络	养老 讨论网络
XYX	$<k>$	4.356	3.389	4.511	2.022	1.589	0.722	1.911
	L	3.617	4.012	3.493	2.473	4.348	1.366	2.518
	Lrand	3.138	3.608	3.108	5.329	6.643	2.344	6.105
	C	0.235	0.229	0.230	0.160	0.236	0.157	0.194
	Crand	0.055	0.038	0.044	0.020	0.023	0.042	0.012
CZ	$<k>$	2.926	2.585	3.541	1.289	1.296	0.430	1.304
	L	5.204	3.629	5.361	2.063	2.354	1.200	1.998
	Lrand	4.359	5.417	3.894	5.897	8.277	1.734	6.951
	C	0.243	0.240	0.254	0.204	0.178	0.239	0.187
	Crand	0.016	0.020	0.030	0.015	0.007	0.000	0.016
SZ	$<k>$	2.043	1.702	1.936	0.723	0.957	0.064	0.723
	L	1.641	1.722	2.100	1.340	1.338	1.000	1.209
	Lrand	4.196	4.056	6.581	1.901	2.561	1.000	1.806
	C	0.446	0.400	0.374	0.180	0.360	0.000	0.322
	Crand	0.018	0.080	0.051	0.030	0.014	1.0E+00	0.014

注：表中 $<k>$ 表示网络的平均度，*L* 和 *C* 分别表示调查网络的平均距离和聚类系数，而 *Lrand* 和 *Crand* 分别表示相应随机网络的平均距离和聚类系数。

资料来源：2005 年深圳市外来农村流动人口调查。

表 6-1 的结果表明，与相应的随机网络相比，农民工社会网络的平均距离大致相等，而聚类系数比随机网络大 3.7 倍以上，一般在 10 倍左右。因此，可以判定这些社会网络存在明显的小世界现象。

分析同一调查地点 7 个不同类型的网络可以发现：

（1）实际支持、情感支持和社会交往支持网络的平均度 $<k>$ 一般要大于其他 4 类社会讨论网络。与社会支持网络相比，社会讨论网络所涉及的问题相对隐私，尤其是避孕讨论网络，可能讨论较少。

（2）实际支持、情感支持、社会交往支持网络以及婚姻讨论网络的平均路径长度也略大于生育、避孕和养老 3 类社会讨论网络。虽然大的平均路径长度说明网络成员之间需要经过更多人才能彼此交往，反映出网络成员间关系较弱；但是也说明了如果某个网络成员要将自己的观念和行为传递给另外一个成员，可能需要经过更多的中间成员，因此，大的平均路径长度也代表了网络中观念和行为传播的深度。从这个意义上来讲，调查发现在农民工社会网络中，网络成员在实际支持、情感支持、社会交往支持以及婚姻等方面的彼此联系或讨论比较深入。

（3）聚类系数反映了与某网络成员有直接关系的其他网络成员之间的关系。对于讨论网络而言，如果聚类系数越大，说明和某网络成员讨论过某一讨论话题的网络成员间也讨论了该话题，大的聚类系数反映讨论范围的广度，或者是对某一问题的关心程度。很显然，社会支持网络的聚类系数要略高于社会讨论网络。

进一步对比不同调查地点同一类型的网络可以看出：

（1）以男性为主的聚居类农民工（CZ 和 SZ）关于避孕问题的平均度 $<k>$ 小于男女混合或者以女性为主的聚居类农民工（HM、AMT 和 XYX），说明 CZ 和 SZ 的农民工之间较少讨论避孕话题，可见，男性对生育的关注程度要远低于女性。当然，这种情况也可能是受到年龄的影响，因为 CZ 和 SZ 的年龄要高于 HM、AMT 和 XYX。

（2）在社会讨论网络中，不同调查地的聚类系数也不尽相同。比如，以未婚女性为主的 AMT 网络，婚姻讨论网络的聚类系数明显高于其他社会讨论网络，说明与养老、避孕等相比，女性更加关注婚姻，而且对婚姻的讨论也比较广泛。

（3）比较年龄偏大的 SZ 网络和其他 4 个调查聚居点网络，可以看出平均路径长度也可能与年龄有关，聚居为农民工提供了交流的必要条件，而偏低的年龄结构使得他们在交往中比较活跃，更愿意与其他网络成员交流，特别是婚姻方面的话题。避孕讨论网络的平均路径长度最短，说明对于这样很隐私的话题，农民工可能只愿意与关系最近的少数人讨论，如果要在网络中传播类似观念和行为也就比较困难。

第二节　无标度特征

本节分别研究整体网络的无标度特征和个体中心网络的无标度特征。前者利用聚居类农民工整体网络的数据；后者则利用散居类农民工抽样调查的数据，考察流动前后个体社会支持网络的度分布特征。

对网络度分布的无标度特征的判断①，一般对形如 $P(k) \sim k^{\alpha}$ 的幂律

① 判断网络度分布是否符合幂律分布比较复杂。本书采用的是一种最简单直观的判断方法，更严谨的方法及论述请参阅 Clauset 等人 2009 年的文章“Power－law Distributions in Empirical Data”。

分布做稍微的变形处理，考察其对数形式$\log P(k) \sim \log k$在 log - log 图上的线性关系。如果$\log P(k) \sim \log k$满足线性关系，则$P(k) \sim k^{\alpha}$成立（Newman，2003b）。本节借鉴上述策略，在整体网络的无标度特征的分析中，利用统计线性回归来判断是不是存在显著的线性关系，从而间接说明相应的分布是不是符合幂律分布，并估计相应的回归系数α；在此基础上，为了进一步说明社会支持网络的度分布更接近幂律分布，而不是指数分布$P(k) \sim e^{\beta k}$，针对流动前后社会支持网络的度分布特征分析，也对相应指数分布进行拟合。相关分析利用 SPSS 获得网络节点度，并验证$\log P(k) \sim \log k$线性关系。为了对比研究，本节还利用 EXCEL 软件进行了幂律分布和指数分布的拟合。

一 整体网络无标度特征分析

整体网络无标度特征分析是运用深圳调查数据中的整体网络数据进行的。表 6 - 2 给出了$\log P(k)$与$\log k$线性回归的结果，在计算中，概率$P(k)$用频数表示。需要说明的是，由于网络成员间的关系不是对称的、相互的；对于社会支持网络，即网络成员 A 可能支持 B，但是 B 不一定支持 A；对于社会讨论网络，则是 A 可能主动与 B 讨论，而 B 未必主动与 A 讨论。这样，上述 35 个网络邻接矩阵是非对称的，对应的社会网络是有向网络。因此，在计算网络的度分布时，出度和入度具有不同的含义，出度表示网络成员给予其他网络成员帮助或者主动与其他网络成员讨论社会话题的情况，而入度则代表接受其他网络成员帮助或者被动与其他网络成员讨论的情况。表 6 - 2 的结果表明：

（1）对于大多数网络，$\log P(k)$与$\log k$之间存在线性关系，而且很多线性关系还非常显著，从而可以说明，绝大部分调查网络的度分布符合幂律分布，因此，可以判断这些网络具有无标度网络的主要特征。进一步的，度服从幂律分布表明这些网络中存在核心节点。如果将这些核心节点认为是“意见领袖”，就可以利用他们来传播相应的观念和行为；同时，系统地分析这些核心节点的特征，也可深入了解整个网络的特征。其实，农民工存在核心节点是很正常的。例如，对于每一个农民工社会网络，都可能存在一个甚至是几个“包工头”（罗家德，2005），他们负责这些农民工个体的生活、工作，他们更容易和外界接触，更可能是网络的核心节点。

表 6－2　logP（k）与 logk 线性回归结果

网络	指标	HM		AMT		XYX		CZ		SZ	
		α	R^2	α	R^2	α	R^2	α	R^2	α	R^2
实际支持	出度	-1.865***	0.872***	-0.119	0.009	-1.068*	0.575*	-1.448*	0.842***	-0.961*	0.756*
	入度	-1.501***	0.854***	-0.653*	0.550*	-0.807***	0.602***	-1.206*	0.528*	-1.145*	0.902*
情感支持	出度	-1.513***	0.827**	-1.059*	0.612*	-1.148*	0.626*	-1.582***	0.808***	-0.924*	0.689*
	入度	-1.481***	0.886***	-1.078***	0.837***	-0.957***	0.675***	-1.308*	0.645*	-1.103*	0.726*
社交支持	出度	-1.715***	0.873***	-0.318	0.110	-0.835*	0.514*	-1.282***	0.800***	-0.984*	0.926*
	入度	-1.473***	0.924***	-0.750*	0.575*	-0.768***	0.600***	-0.991 +	0.415 +	-1.118*	0.936*
婚姻讨论	出度	-2.051***	0.828***	-1.336*	0.794*	-1.558*	0.753*	-1.779*	0.863*	-2.227*	0.946*
	入度	-1.496***	0.882***	-1.158*	0.752*	-0.890*	0.747*	-0.979*	0.875*	-0.452	0.375
生育讨论	出度	-2.065***	0.909***	-1.640*	0.849*	-1.467	0.615	-1.830*	0.847*	-1.685 +	0.825 +
	入度	-1.445***	0.842***	-0.931*	0.650*	-0.838***	0.930***	-1.194*	0.735*	-1.199	0.602
避孕讨论	出度	-2.162*	0.873*	-1.306	0.867	-2.159*	0.941*	-2.404	0.912	/	/
	入度	-1.212*	0.784*	-0.935	0.602	-0.237	0.207	-0.784 +	0.555 +	/	/
养老讨论	出度	-1.985***	0.916***	-1.113*	0.759*	-1.791*	0.780*	-1.994*	0.832*	-1.842	0.967
	入度	-1.212***	0.884***	-0.904*	0.648*	-0.706***	0.678***	-1.266*	0.691*	-0.922	0.661

注：1. *** $p<0.001$，** $p<0.01$，* $p<0.05$，+ $p<0.1$；

2. 由于避孕讨论网络中仅两个成员，出度和入度的分布无意义，用“/”表示。

资料来源：2005 年深圳市外来农村流动人口调查。

（2）社会支持网络出度和入度的分布基本一致，α 值差别不大，这说明农民工获得与给予其他网络成员社会支持总体上差异不大；而对于所有社会讨论网络，入度的 α 值一般要小于出度，表明网络成员在有关话题上主动与其他网络成员讨论和接受其他网络成员的讨论要求是不一致的，同时与 k 个其他网络成员讨论的概率要低于同时接受 k 个网络成员讨论的概率。可见，农民工在社会讨论中很少主动，更多的是被动接受。总之，度分布的这种特点表明网络成员在接受和给予实际支持、情感支持和社会交往支持等方面是比较平等的，但是在婚姻、家庭、生育、养老等社会讨论中，被访者倾向于被动地和别人讨论。

二　流动前后个体社会支持网络的度分布特征分析

图 6－1～图 6－3 所示的是流动前后农民工社会支持网络度分布及其在 log-log 图上线性拟合的结果。结果显示，上述社会支持网络的度分布基本符合幂律分布，其中，流动前，$a \in [-1.9, -1.4]$；流动后，$a \in [-2.9, -1.8]$，发生了较大变化。

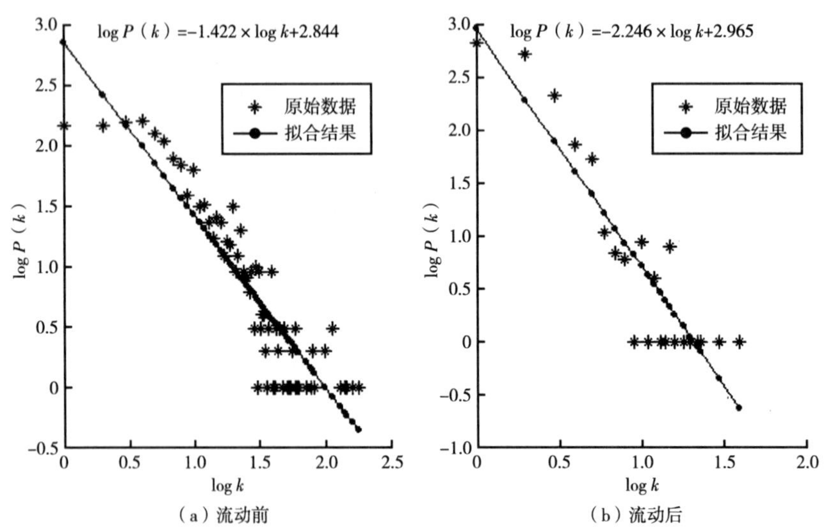

图 6－1　农民工实际支持个体中心网络度的 log-log 分布

资料来源：2005 年深圳市外来农村流动人口调查。

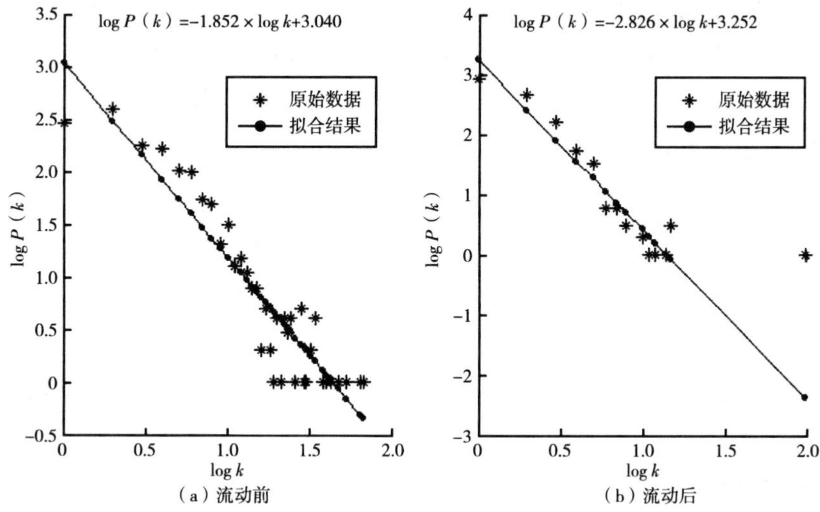

图 6-2　农民工情感支持个体中心网络度的 log-log 分布

资料来源：2005 年深圳市外来农村流动人口调查。

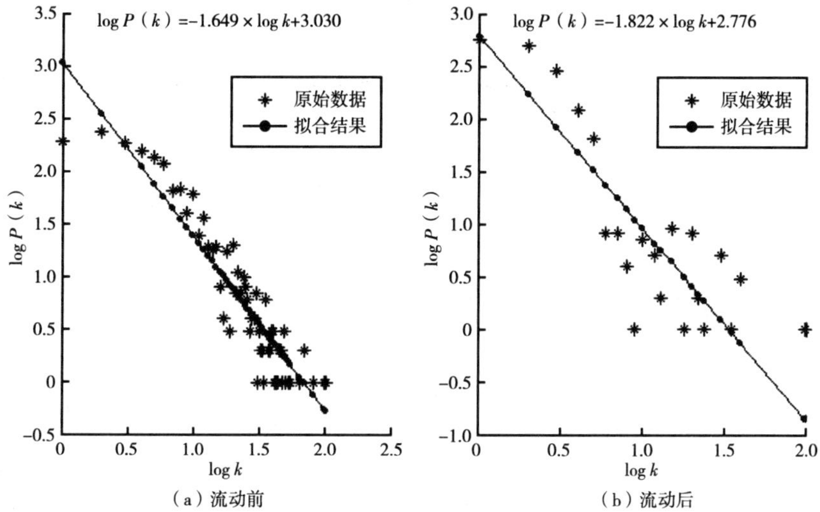

图 6-3　农民工社交支持个体中心网络度的 log-log 分布

资料来源：2005 年深圳市外来农村流动人口调查。

表 6-3 列出了相应 log$P$（k）- log$k$ 线性回归和指数分布拟合的结果，表 6-4 分性别考察农民工社会支持网络度分布在流动前后的变化。由于与

EXCEL 中幂律函数的拟合结果完全相同，因此，在表 6－3 和表 6－4 中，有关幂律分布的结果仅列出了 SPSS 中 log$P$（k）－log$k$ 线性回归的结果。EXCEL 没有给出相应拟合的统计检验，所以表中有关指数分布的拟合没有相应的显著性标识。

表 6－3　农民工社会支持网络度拟合结果

网络	指标	无标度（幂律）分布		指数分布		相关系数
		α	R^2	β	R^2	
实际	流动前	－1.422***	0.829***	－0.029	0.494	0.226***
	流动后	－2.246***	0.838***	－0.164	0.510	
情感	流动前	－1.852***	0.871***	－0.089	0.614	0.320***
	流动后	－2.826***	0.925***	－0.467	0.808	
社交	流动前	－1.649***	0.872***	0.060	0.644	0.320***
	流动后	－1.822***	0.737***	－0.121	0.426	

注：*** $p<0.0001$。

资料来源：2005 年深圳市外来农村流动人口调查。

表 6－4　分性别农民工社会支持网络度拟合结果

网络		指标	无标度（幂律）分布		指数分布		相关系数
			α	R^2	β	R^2	
实际	男	流动前	－1.314***	0.826***	－0.037	0.559	0.224***
		流动后	－2.114***	0.866***	－0.192	0.576	
	女	流动前	－1.276***	0.808***	－0.023	0.354	0.229***
		流动后	－1.958***	0.858***	－0.141	0.476	
		流动后	－1.967***	0.867***	－0.150	0.539	
情感	男	流动前	－1.590***	0.838***	－0.075	0.564	0.326***
		流动后	－2.517***	0.902***	－0.429	0.733	
	女	流动前	－1.868***	0.886***	－0.133	0.665	0.341***
		流动后	－2.632***	0.924***	－0.424	0.765	
社交	男	流动前	－1.458***	0.806***	－0.059	0.613	0.292***
		流动后	－1.576***	0.654***	－0.097	0.333	
	女	流动前	－1.531***	0.887***	－0.059	0.565	0.397***
		流动后	－1.967***	0.867***	－0.150	0.539	

注：*** $p<0.0001$。

资料来源：2005 年深圳市外来农村流动人口调查。

分析表6－3中社会支持网络的度分布规律，可以发现：

（1）流动前后农民工社会支持个体中心网络均表现出无标度特征。表6－3中，无标度拟合的 R^2 一般都大于指数拟合，由此可见，与指数拟合相比，不论是流动前还是流动后的农民工，社会支持网络的度分布都更接近幂律分布。这一结果表明，在社会支持网络中，始终是只有少部分农民工的度比较大，即他们可以从数量较大的其他人处获得实际、情感和社交等支持，而大部分农民工只能从少数人处获得相应的社会支持，即农民工社会支持网络中的资源被少数人占有，出现了网络度幂律分布所代表的“富者越富”现象；而且这种对网络资源占有不平等的现象广泛存在、不受流动的影响。流动前，由于农民工尚未外出打工，他们的社会支持网产生“富者越富”现象的原因，可能是由于个体的禀赋、家庭影响和受教育水平等的不同，一部分人的交际能力较强，成为网络的“核心”节点。流动后产生“富者越富”现象的原因，则可能是资源重新分配带来的不平等，一部分农民工较早外出打工，丰富的流动经历和不断更换工作，使他们提高了人力资本，进而获得了较多的社会资源，尤其是经济收入较高（李树茁等，2007a）；那些后来者由于在城市缺乏社会关系，加之城市制度因素的约束，他们理所当然地要从那些较早外出者身上吸取经验、寻求帮助。而对较早外出打工者而言，自身能力和收入的提高也为他们帮助后来者提供了保障，因此，他们的社会网络规模会越来越大，在农民工群体中的地位也有所提高，从而有利于他们扩展社会交往范围，而社会交往圈的扩大又提高了他们支配资源的能力，进而获得更高的收入。这样，在不断的循环过程中，少数农民工成为网络的“核心”节点，对网络资源具有支配能力，而大部分农民工处于被支配地位。尽管流动前后，社会支持网络都表现出“富者越富”特征，但是由于出现的地域和情景不同，流动前可能很少体现在经济层面，而流动后这种特征则显著影响了农民工经济收入和社会地位。

（2）流动加强了农民工社会支持个体中心网络中“富者越富”的现象。虽然流动不是农民工群体中的“富者越富”现象的主要成因，因为这种现象在流动之前就已经存在，但是对比流动前后无标度分布的 α 值可以发现，流动前的值要大于流动后的，表明与流动前相比，流动后农民工具有同样网络规模（或者占有相同资源）的可能性降低了。出现这种情况的原因很多，我们认为：首先，流动前农民工由于亲缘、地缘的存在以及长期以来形成的乡土规范，为他们的长期交往提供了制度保障，使得他们都可能获得较多的社会支持，虽然可能彼此存在差异导致“富者越富”，但是这种差异相对较小，所以对应网络度分布的 α 值较大。其次，流动后，由于农民工职业不稳定，加之城市社会尚未形成对农民工有普遍约束力的制度规范，他们之间难以保持长期交往，网络规模降低的可能性提高了，相关研究已经证明了这一点（李树茁等，2007b），所以流动后网络度分布的 α 值较流动前小。再次，农民工流动具有“帮带”的特征，例如，少数打工打出了“名堂”的农民工带动自己亲戚的例子数不胜数，他们创造出的财富对于乡邻具有强大的影响力，人们往往愿意跟着他们的“富亲戚”出去闯荡、打工（杨玉华、马姝瑞，2007），而这种流动方式在某种程度上巩固甚至扩大了“富者”的财富和在城市的地位，从而使得他们在资源占有中更加处于优势地位，而成为网络中的核心节点，这是由于流动方式造成的资源初始占有不平等。最后，农民工进入城市，必然面临资源的重新分配，但是多数农民工在进入城市之前没有经过任何技能培训，而由于自身素质能力有限以及农村信息闭塞，只有少数农民工融入城市比较快，可能处于资源占有的优势地位，形成以“包工头”为代表的特殊农民工群体，绝大多数农民工在资源重新分配过程中，只能处于底层并可能受到“多阶剥夺”（李强，2004），不仅可能受到雇主的剥削，还可能受到不同等级包工头的剥削；因此，多数农民工可能提供给他人的支持减少，根据社会平衡理论（Mayhew & Levinger，1976），他们可能获得的社会支持也相应减少，少数类似包工头这样的农民工，因资源占有的优势而在有关事务中享有更多的决策权，导致他们占有更多的资源和便利，造成了新的不公，如此流动导致的恶性循环，加剧了“富者越富”现象。

（3）情感支持是农民工容易忽视的社会资源，而流动后社会交往支持受到普遍重视。与实际支持和社交支持网络的度分布相比，情感支持网络的 α 值在流动前后都是最小的。一方面，农民工对情感支持的重视和投入不够，相关调查已经表明，情感问题是农民工群体的重要危机之一；另一方面，情感交流的直接回报与实际和社交支持相比相对要少，这与梅斯和莱温格的观点一致，因为要维持一定的网络规模和稳定的网络结构，网络成员必须投入一定的资源（如时间），当回报减少并且代价太大时，行动者就会停止发展新的关系（Mayhew & Levinger，1976）。流动之后，社会交往网络度

分布的 α 值要高于其他两种社会支持网络（流动前实际支持网络的最高），由此说明，农民工更加重视社会交往，因为通过社会交往可以扩大其活动范围，有利于提高支配网络资源的能力。

（4）农民工自身的能力，对其资源占有影响很大。流动前后的三种支持网络均显著正相关，即流动前网络规模大的农民工在流动后也能建立更广泛的社会联系，获得社会支持；这种情况表明，农民工自身交际能力的强弱，不会因为农村和城市环境的变化而改变，在农村时是网络的"核心"节点，到城市后仍然可能是"核心"节点。因为农民工的交往对象主要还是农民工群体，与农村情况不同的是，农民工在城市交往对象的地域范围更大了。

表 6－4 进一步验证了表 6－3 的结果，而且还表明不同性别农民工社会支持网络在流动前后度分布均表现出无标度特征，流动之后，男性和女性的社交支持网络的 α 值均有所减小，而且女性农民工比男性农民工更为明显，这说明，女性在社会支持中相对处于劣势，与男性相比，女性对网络资源的支配能力较差。

第三节　社群结构

一　社群结构及其探测

1. 社群结构的定义

自然界中存在的大量复杂系统可以通过网络加以描述，但是许多网络是不均匀的，是由许多子网络构成，子网络中个体之间的关系比较紧密，而子网络之间个体的关系比较稀疏，网络中的这种结构即为社群结构（Newman，2004a、2004b），如图 6－4 所示。

如果忽略网络间关系的强弱和作用方向，社会网络可以用无向无权图 $G(V,E)$ 表示，其中，V 表示节点（网络成员）集合；E 表示边（网络成员关系）集合；邻接矩阵 A 是社会网络的另一种表示方法，对于有 n 个节点的网络，定义，$A=(a_{ij})$　$i, j=1, 2, \cdots, n$，如果节点 i 与 j 相连，则 $a_{ij}=1$，否则 $a_{ij}=0$，另外，一般认为节点不存在自身连接，所以 $a_{ii}=0$　$i=1,2,\cdots,n$。

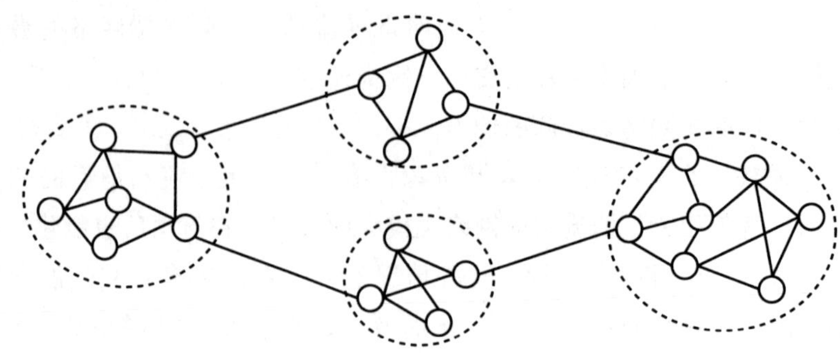

图 6－4　网络社群以及社群结构示意图

设网络节点集合 Vp，Vq 是 V 的真子集，即，$V_p \neq \phi$，$V_q \neq \phi$，且 $V_p \subset V$，$V_q \subset V$；若 $V_p \cap V_q = \phi$，则有：$A_{pq} = \{a_{ij}\}, i \in V_p, j \in V_q$，且 $A_{pq} \subset A$。记 $A = \sum_{i=1}^{n} \sum_{j=1}^{n} a_{ij}$，因此，当 $p \neq q$ 时，$A_{pq} = \sum_{i \in V_p} \sum_{j \in V_q} a_{ij}$，$a_{ij} \in A$ 为子集 Vp，Vq 间关系数量，而 $p = q$ 时，$A_{pp} = \sum_{i \in V_p} \sum_{j \in V_p} a_{ij}$，$a_{ij} \in A$ 为子集内部关系的数量。网络社群结构划分就是将节点集合 $V = \{v_1, v_2, \cdots, v_n\}$ 划分为 m 个子集合 $V_1, V_2, \cdots, V_m$，使其满足：（a）$V_p \neq \phi, p = 1, 2, \cdots, m$；（b）$\bigcup_{p=1}^{m} V_p = V$；（c）$V_p \cap V_q = \phi$，$p \neq q$ 且 p，$q = 1$，2，…，m。由于社会网络关系复杂，很难将其划分为互不联系的社群组合，因此，（c）很难满足。定义 $e_{pq} = \frac{\|A_{pq}\|}{\|A\|}$；应用中，网络社群结构划分只要同时保证 $\max\left(\sum_{p} e_{pp}\right), p = 1, 2, \cdots, m$ 和 $\min\left(\sum_{p,q} e_{pq}\right), p \neq q$ 且 $p, q = 1, 2, \cdots, m$，就可以满足社群内部关系密集而社群间关系稀疏的要求，因此，纽曼将度量社群结构划分的有效合理性的模块性指标（Modularity）定义为（Newman, 2004a）：

$$Q = \sum_{p=1}^{m} \left[e_{pp} - \left(\sum_{q=1}^{m} e_{pq} \right)^2 \right] \tag{6-1}$$

纽曼进一步指出，如果 Q 大于 0.3，就表明网络存在明显的社群结构（Newman, 2004a）。因为 $G(V, E) = G\left(\bigcup_{i=1}^{m} V_i, E\right)$，所以网络社群结构并没有改变网络本身基本特征，只是对原网络按社群结构的方式重新做了表达。但是，一个规模为 n 的网络，其可能存在的社群结构划分很多，寻找适合的网络社群结构是一个复杂的过程。在给定了目标函数之后，网络社群结构探测，本质上也是一个聚类和分类问题，更是一个优化问题（Newman，2004b），因此，目标函数的定义就显得非常重要。纽曼等提出的模块性（Modularity）以其在实践中应用效果好而得到了广泛关注（White & Smyth，2005）。

2. 基于先验知识与模块性指标的探测算法：PKM 算法

随着复杂网络研究的不断深入，社群结构探测方法研究受到广泛关注（王林、戴冠中，2005）。由于 Newman-Girvan 算法综合性能优越，从而成为目前社群探测研究的重要参考算法。但是，Newman-Girvan 算法有很多值得改进的地方，例如，无法确定社群数目，计算时间复杂度高以及边中间性值计算等。后续研究者在此基础上提出了一系列改进策略，如克洛赛等在纽曼快速算法的基础上，提出一种基于模块化指标的分等级聚类算法（Hierarchical Agglomeration）（Clauset et al.，2004）；但是，该算法忽略了网络中可能存在的结构先验知识。总之，目前的网络社群结构探测算法虽然各有所长，但是都存在一定的缺陷（Newman，2004a）；就社会网络的社群结构探测而言，如何考虑将计算科学的方法和社会学方法结合，可能是问题获得更好解决的可行之道。我们在分析 Newman 模块化指标特点以及相关社会网络社群结构探测算法的基础上，提出一种用于社会网络社群结构探测的算法（PKM），利用网络结构提供的先验知识，并结合模块化指标的可累加性，基于优化的观点，通过迭代实现网络社群探测。

在 Clauset-Newman 分等级聚类算法的基础上，PKM 算法的设计强调社会网络结构先验知识，尤其是节点度对寻找社群结构的可能影响。具体的，本章算法首先基于网络节点度获得一个初始社群网络结构，即以度大的节点为中心实现社会网络的初始聚类；然后，采用与 Clauset-Newman 算法一样的思想，将社群结构探测视为将子网络合并的聚类过程，以获得最大模块性指标。与 Clauset-Newman 算法相比，PKM 算法的聚类不是从单个节点开始，而是从子网络（初始社群），可以减少算法的迭代次数，虽然获得初始网络社群结构需要一定计算量，但是与子网络合并迭代相比要小得多，从而提高算法效率；同时，PKM 算法考虑社会网络特征，将节点度的先验知识引入到初始网络社群探测，可以增加算法的适用性。

不失一般性，考虑一次只合并一个基本单位（可能是单个网络成员，也可能是已经获得的社群），如果合并是从 m 个社群开始，用 $U_{m-k}^{(k|m)}$ 表示对这 m 个社群进行了 k 次合并，获得了 $m-k$ 个社群，则这一过程可以表示为：

$$U_{m}^{(0|m)} \rightarrow U_{m-1}^{(1|m)} \rightarrow \cdots \rightarrow U_{m-k}^{(k|m)} \rightarrow \cdots \rightarrow U_{1}^{(m-1|m)} \tag{6-2}$$

记 $Q(U_{m-k}^{(k|m)})$ 是合并 $U_{m-k}^{(k|m)}$ 对应社群结构的模块性指标值，则有：

$$Q\left(U_{m-k}^{(k|m)}\right) = \sum_{c=1}^{m-k} e_{cc}^{(k)} - \sum_{c=1}^{m-k}\left(\sum_{q}^{m-k} e_{cq}^{(k)}\right)^{2} \tag{6-3}$$

其中，$e_{cq}^{(k)}$ 是第 k 次合并后，获得的社群 c，q 之间关系的度量。设 $U_{m-k-1}^{(k+1|m)}$ 是由所 $U_{m-k}^{(k|m)}$ 对应的社群结构合并社群 p，q 获得的，因此，有

$$Q\left(U_{m-k-1}^{(k+1|m)}\right) = Q\left(U_{m-k}^{(k|m)}\right) + 2e_{pq}^{(k)} - 2\sum_{j=1}^{m-k} e_{qj}^{(k)} \sum_{i=1}^{m-k} e_{pi}^{(k)} \tag{6-4}$$

记 $\varphi_{pq}^{(k)} = 2e_{pq}^{(k)} - 2\sum_{j=1}^{m-k} e_{qj}^{(k)} \sum_{i=1}^{m-k} e_{pi}^{(k)}$。显然，只要满足 $\varphi_{pq}^{(k)} > 0$，就可以保证 $Q\left(U_{m-k-1}^{(k+1|m)}\right) > Q\left(U_{m-k}^{(k|m)}\right)$，即在 $U_{m-k}^{(k|m)}$ 基础上进行一次合并 $U_{m-k-1}^{(k+1|m)}$ 是有效的。进一步的，如果 $\max_{p,q}\left(\varphi_{pq}^{(k)}\right) > 0$，那么就能保证本次合并是最优合并。

上述合并过程的计算复杂度和 m 有关，如果能够减小 m，则可以相应减小计算复杂度。社会网络一般都具有特别的结构特征，例如，小世界现象和无标度特征，即网络中的局部连接丰富且可能存在核心节点，因此，可以利用这些网络结构的先验知识，先获得一个网络的初始社群结构，使 m 尽量小；然后在此基础上采用上述合并步骤，从而达到减少计算复杂度的目的。在社会网络中，网络节点的度是一个重要结构参数，是指和某节点直接相连的关系的数目，节点 i 的度可以通过下式计算：

$$d_{i} = \sum_{j=1}^{n} a_{ij} \tag{6-5}$$

网络无标度特征表明，度大的节点是核心节点，也应该是相应社群的重要节点。因此，可以借助节点度的特征，将网络节点按照度进行归类，对网

络进行初始划分，然后进行社群合并。

综合考虑上述因素，PKM 算法如下：

步骤 1：计算矩阵网络中节点的度；

步骤 2：找到度最大的节点 i，将该节点以及与它直接相连的节点划为 1 个社群；

步骤 3：将邻接矩阵中节点 i 所在的行列全部赋值为 0；

步骤 4：如果邻接矩阵中的所有元素都为 0，执行步骤 5，否则回到步骤 1；

步骤 5：计算任意两个社群合并引起的指标变化 $\varphi_{pq}^{(k)}$ 。

步骤 6：选取最大 $\varphi_{pq}^{(k)}$ ，并将相应的子网络 p、q 合并。

步骤 7：如果所有的网络已经被合并成一个网络，结束算法，否则到步骤 5。

上述算法步骤 1 ~4 是基于节点度获得一个网络的基本社群结构。对于步骤 2，如果多个节点度相同，则选择聚类系数大的节点。算法最差的情况是对每一个节点都操作，因为求取 n 元素序列最大值的时间复杂度为 $o(n)$ ，所以，获得初始划分最差的间复杂度为 $o\left(\frac{n(n-1)}{2}\right) \leqslant o(n^2)$ 。步骤 5 ~7 基于模块性指标的变化情况，对相应的社群进行合并以获得最佳社群结构，整个合并过程最多只是对计算 $o\left(\frac{m(m-1)}{2}\right) \leqslant o(n^2)$ 。综上所述，算法的计算复杂度为 $o(n^2)$ ，如果是稀疏矩阵，或者网络社群结构明显，算法的复杂度还会大大降低。由于网络规模是有限的，合并循环合并的次数一定小于网络规模，所以，算法必然收敛。

3. PKM 算法的应用效果

分别将算法 PKM 应用于计算机生成数据、UCINET 软件提供数据的社群结构探测。计算机生成数据验证算法发现人为预设网路社群结构的能力；UCINET 数据是公用数据，便于和目前已知算法探测结果进行比较，由于其中 Drugnet 网络规模较大，可以检验算法处理大规模网络结构探测的性能。通过对比 PKM 算法和 Newman-Girvan（N - G）算法以及 Clauset-Newman（C - N）算法对上述不同网络的探测结果，主要是 Modularity 指标 Q 值以及迭代次数；显然，Q 值越大，表明算法获得的社群结构越显著；而迭代次数越少，说明算法的计算效率越高；从而比较全面地检验本章算法的有效性与可用性。需要说明的是，C－N 和 PKM 算法由 MATLAB 软件实现，而 N－G 算法的结果由 UCINET 软件的相关程序获得。

按照如下规则生成网络：规模为$\{n_1, n_2, \cdots, n_m\}$的 m 个网络，各网络内部节点间的连接概率为$\{p_1, p_2, \cdots, p_m\}$，不同网络间的节点按照概率 p_c 连接，就构成一个新网络；很显然，如 $p_i >> p_c$，$i=1, 2, .., m$，则该网络具有明显的社群结构特征。这里取规模为 10，20，20 和 10 的 4 个网络，网络内部节点间的连接概率均为 0.5，网络间节点的连接概率为 0.05，构成图 6－5（a）所示的网络。图 6－5（b）是网络社群结构的探测结果，可以看出，本文算法可以很好地发现预设的社群结构。另外，PKM 算法迭代 46 次就可以获得最优值 0.607，而 C－N 算法需要 56 次。

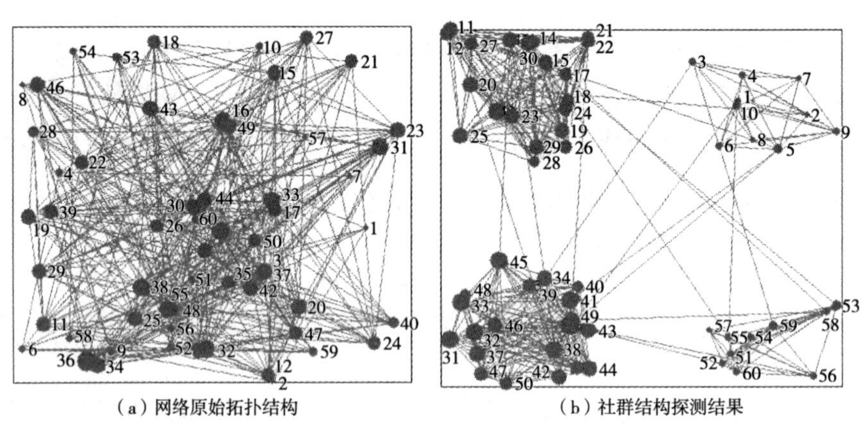

（a）网络原始拓扑结构　　（b）社群结构探测结果

图 6－5　计算机模拟数据

Zachary 空手道俱乐部网络（Zachary's Karate Club Network）以及 Drugnet 网络是 UCINET 软件提供的两个网络。Zachary 空手道俱乐部网络规模为 34，平均度为 2.2941，是一个对称 0－1 网络，该网络已经被广泛用于网络分析研究。Drugnet 是一个规模为 293 的非对称 0－1 网络，由于只探讨无向网络的社群结构，所以将其转化为对称网络，转化后平均度为 0.9693。

针对 Zachary 空手道俱乐部网络和 Drugnet 网络，图 6－6（a）、（b）分别对比了 PKM 算法和 C－N 算法模块化指标 Q 随迭代次数变化的情况。PKM 算法迭代获得最优值的迭代次数要远小于 C－N 算法。另外，对于

Zachary 空手道俱乐部网络，C－N 算法最优 Q 值为 0.383，而本章算法为 0.412；对于 Drugnet 网络，C－N 算法最优 Q 值为 0.745，而 PKM 算法为 0.751。由此可见，针对这两个网络，PKM 算法无论是迭代次数，还是社群结构探测结果均优于 C－N 算法。

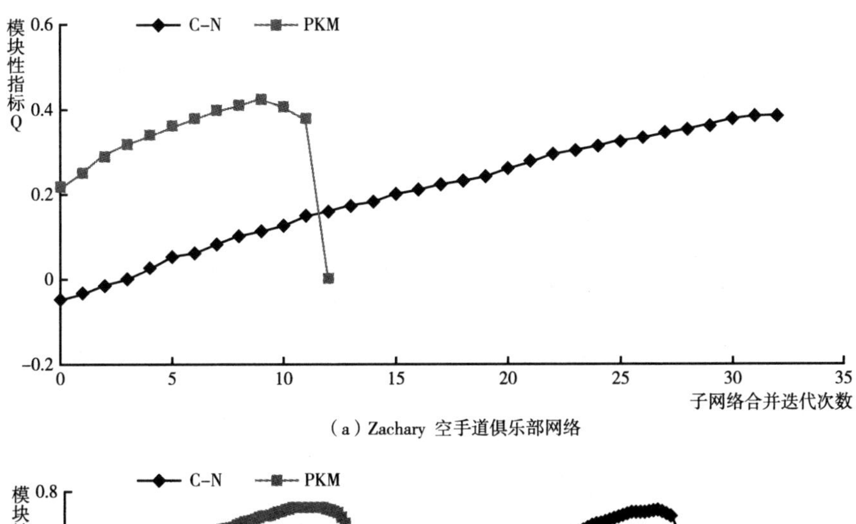

(a) Zachary 空手道俱乐部网络

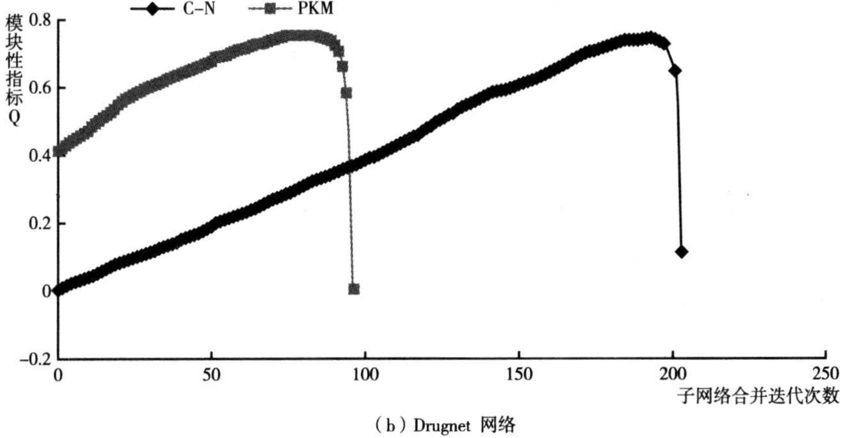

(b) Drugnet 网络

图 6－6　模块性指标 Q 随迭代过程变化情况

二　农民工社会网络社群结构探测结果

本节利用调查获得的 35 个整体网络数据（5 个聚居点，每个聚居点的 7 个网络），对比本章所提算法与纽曼相关算法在社群结构探测中的性能。表 6－5 针对调查数据，列出了 3 种算法社群结构探测的最优模块性指标 Q 值。

可以看出，C－N 和 PKM 的最优 Q 值基本相同，但是均要优于 N－G。由此可见，基于优化思想的社群结构探测算法是有效的。进一步对比获得最优 Q 值时算法子网络合并迭代次数 T 则可以发现，PKM 算法一般只是 C－N 的一半。因此，结果表明本章算法计算效率较高。由于 N－G 算法的计算复杂性高于 C－N，且其原理及实现与另外两种算法不同，因此，表 6－5 中没有比较 N－G 算法的迭代次数。

表 6－5　网络最佳社群结构数目及其对应的评价指标值

指标	调查地点	参数	实际支持网络	情感支持网络	社交交往支持网络	婚姻讨论网络	生育讨论网络	避孕讨论网络	养老讨论网络
Q	HM	N－G	0.437	0.480	0.463	0.553	0.544	0.389	0.465
		C－N	0.539	0.578	0.546	0.638	0.680	0.740	0.678
		PKM	0.547	0.578	0.545	0.643	0.673	0.740	0.676
	AMT	N－G	0.327	0.418	0.364	0.497	0.543	0.512	0.476
		C－N	0.385	0.473	0.390	0.499	0.613	0.685	0.517
		PKM	0.376	0.455	0.378	0.523	0.6117	0.685	0.519
	XYX	N－G	0.421	0.455	0.351	0.474	0.556	0.371	0.556
		C－N	0.464	0.507	0.413	0.496	0.603	0.609	0.587
		PKM	0.462	0.498	0.422	0.526	0.591	0.605	0.589
	CZ	N－G	0.692	0.696	0.696	0.658	0.660	0.612	0.761
		C－N	0.728	0.713	0.701	0.762	0.744	0.783	0.789
		PKM	0.711	0.717	0.702	0.760	0.742	0.783	0.787
	SZ	N－G	0.583	0.599	0.656	/	0.579	/	0.703
		C－N	0.691	0.683	0.725	0.760	0.774	/	0.791
		PKM	0.691	0.683	0.725	0.760	0.775	/	0.794
T	HM	C－N	176	181	187	170	139	101	114
		PKM	88	84	100	88	87	29	43
	AMT	C－N	70	69	70	64	59	45	56
		PKM	47	43	46	32	22	14	24
	XYX	C－N	85	82	82	76	73	45	74
		PKM	47	43	48	33	26	8	26
	CZ	C－N	122	119	125	92	98	44	93
		PKM	68	62	72	36	39	8	41
	SZ	C－N	35	31	36	26	27	/	24
		PKM	17	15	18	6	9	/	6

资料来源：2005 年深圳市外来农村流动人口调查。

进一步考察农民工不同性质网络最优社群结构的模块性指标 Q 可以发现：(1) 所有网络的 Q 值均大于0.3，有的甚至超过了0.7，说明社群结构在中国农民工社会网络中广泛存在。有研究者认为（Clauset et al.，2004），社群现象（小团体）现象在中国尤其重要，如果这种现象过分严重，可能会损坏社会利益。(2) 不同性质网络的社群结构存在差异。社会讨论网络的 Q 值一般要大于社会支持网络（少数避孕讨论网络有异常，可能与这一问题网络成员彼此讨论较少，所以很分散有关），表明对涉及个人隐私的问题，农民工往往只和社群内部的人讨论，而不愿意和其他社群成员交流。(3) 不同调查地网络间的社群结构也存在差异。以男性为主的 CZ 和 SZ 的 Q 值大于以女性为主的 HM、AMT 以及男女比例接近的 XYX。由此表明，在农民工中，男性比女性更容易形成小团体，具有比较明显的社群结构。

本章小结

本章通过对农民工社会网络的复杂性特征研究，得到以下主要发现：

首先，与相应的随机网络相比，调查所获得的网络具有类似的平均距离和大的聚类系数，说明小世界现象存在于农民工社会网络中，不论是社会支持网络，还是社会讨论网络。

其次，整体网络出度/入度分布分析结果表明，调查所获得的网络绝大部分的 $\log P(k)$ 与 $\log k$ 具有较显著的线性关系，间接证明 $P(k)$ 满足幂律分布，即 $P(k) \sim k^{\alpha}$ 成立，表明农民工社会网络比较符合无标度特征。

就以上两点而言，小世界和无标度网络理论共同揭示了农民工网络的复杂性特征。不同的是，小世界现象静态地反映由于存在丰富的局部连接和很少的随机长距离连接，所以农民工网络与随机网络区别显著，表明随机网络具有的理想“民主”不可能出现在农民工社会网络结构中。无标度现象则是动态地反映网络可能的形成过程，并且强调核心节点对网络资源的占有状况，说明农民工网络中可能出现的“富者越富”的现象及其在理论上的形成机制。但是小世界中的随机长距离连接和无标度网络中的核心节点，可能同指农民工中的“包工头”或者其他意见领袖，因此，小世界和无标度网络理论在农民工社会网络中又相互联系。例如，就特征指标判断而言，无标度网络很可能具有小世界现象。另外，这两种复杂网络都表现出信息传递快的特点，不同的是小世界网络是依靠捷径，而无标度网络是依靠中心节点。分析农民工群体的这些复杂性特点，为进一步研究基于社会网络的农民工观念与行为的传播与演化奠定了基础。

再次，农民工流动前后社会支持网络度分布的变化情况表明，随机网络具有的理想“民主”没有出现在农民工社会支持网络结构中，无标度特征才是农民工社会支持网络度分布的主要特征；农民工在流动前就已经表现出对社会资源占有的不平等性，社会支持网络度幂律分布所揭示的“富者越富”现象就已经存在。但在流动前，农民工还是农民身份，由于农村经济发展水平较低，他们的发展机会较少，社会支持网络的无标度特征对他们的经济收入和社会地位的影响不是十分明显；流动后则大不一样，城市发展导致的劳动分工提供了大量的工作机会，这时能否支配网络资源决定了其是否能在劳动分工中占据有利地位，从而影响到他的收入和社会地位。由此看出，无标度特征对农民工在城市社会的分化影响巨大。

最后，本章将社群结构探测过程视为一种基于目标函数的聚类优化过程，并考虑网络结构已经具有的先验知识，提出一种网络社群结构探测方法。与纽曼的有关算法相比，PKM 算法可以在模块性指标体系下获得更好的社群结构。基于 PKM 算法我们发现，社群结构（小团体现象）普遍地存在农民工社会网络之中，且男性网络比女性网络更为明显。

第七章　农民工社会网络对其婚姻观念与行为的影响

第四章、第五章和第六章分别分析了农民工个体中心网络、整体网络和复杂网络特征，本章主要采用个体中心网络分析农民工婚姻观念与行为的演变。婚姻观念的形成和婚姻行为的产生，既与相关个体的个人特征有关，也与社会经济和文化因素有关，本章将结合上述因素分析再构建社会网络结构特征以及网络成员的观念与行为对农民工婚姻观念和行为的影响。

第一节　研究设计

一　分析框架与研究假设

虽然国内一些学者在分析中国社会经济、文化、政策等现实背景的基础上，提出了相应的婚姻观念与行为模式，但尚未从社会资本与社会网络角度，考虑社会交往群体对个体观念与行为的影响。

相关文献表明，社会经济和文化因素、社会网络因素、流动因素、个人因素均对婚姻家庭观念与行为产生了重要影响。农民工具有较高的流动性与分散性，流动后农民工更多地借助于正式制度之外的社会网络渠道接触到城市市民的相关观念与行为。同时，与网络成员的互动与交流，将促使个体的婚姻家庭观念与行为发生转变。

社会网络影响观念和行为是通过两种机制实现的：社会学习和社会影响。前者提高决策的可靠性，后者则在群体压力下的一种个体选择。在个体中心网络中，个体与其每一个网络成员间发生联系，网络规模和网络关系构成是个体中心网络的基本特征指标。其中，网络规模指个体社会网络的成员数量，在一定程度上代表了个人所拥有的社会资源（Hanneman & Robert, 2001）；网络关系构成是指个体与网络成员间的关系类型。一般而言，在社会生活中个体基于网络关系同其网络成员进行人际互动与交流，网络规模越大，个体通过网络交流获得的有关婚姻的信息越多，婚姻观念与行为转变的可能性越大。

除社会网络因素外，流动因素和个体因素也可能促使农民工形成新的观念，并产生相应的行为。具体而言，随着个体在城市滞留时间的延长，个体在与其网络成员进行有关婚姻话题的讨论与交流时，会将流动前自身已形成的相应观念或已发生的相应行为同网络成员的观念与行为进行比较，尤其是与自身差异较大的弱关系群体进行比较评价，在个体社会人口特征、流动因素的作用下，在社会影响与社会学习的过程中，逐步形成新的婚恋观念或产生相应的行为。本章分析框架如图 7－1。

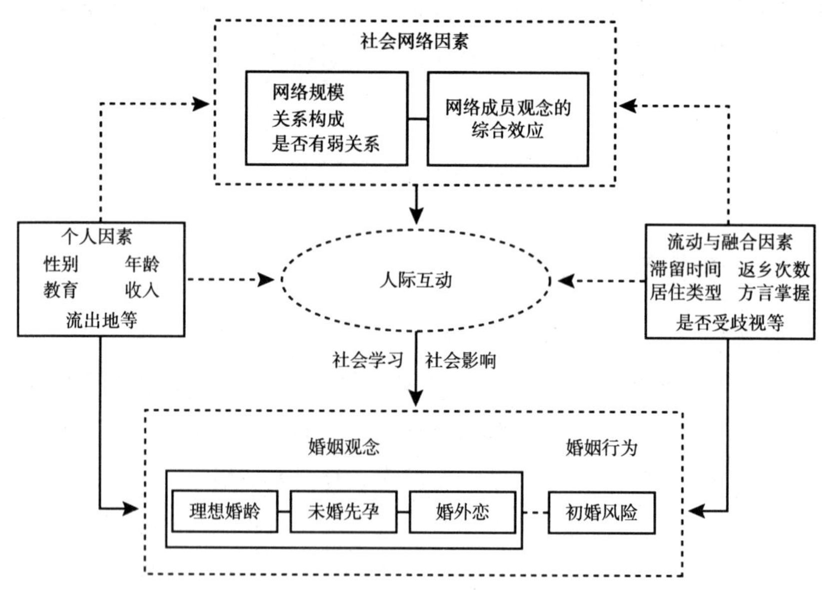

图 7－1 农民工婚姻观念与行为影响因素分析框架

社会互动包含社会学习和社会影响两个不同过程。社会学习是指个体从其他人处获得决策需要的有关知识和经验，以降低决策中的不确定性；社会影响是指其他人的观念和行为在群体中的流行程度对个体的影响

（Kohler et al.，2001；Behrman et al.，2002）。社会网络通过为个体提供信息和施加影响来推动社会学习和社会影响。个体会以网络成员的观念和行为为参照，来修正或维持自己的观念和行为。农民工对待婚姻家庭的观念和行为在很大程度上取决于其所处的舆论环境，他们通过自己的见闻，尤其是与他人进行面对面的交流讨论，其自身的观念才得以形成或发生变迁。反映农民工所受到的影响状况的载体就是其婚姻讨论网络，因此，婚姻讨论网络成员的婚恋态度和行为，可以通过网络传递给农民工并对其产生影响。

社会网络的关系结构对个体观念的形成与变化具有重要影响（Burt，1982）。已有研究根据互动频率的高低、感情力量的深浅、亲密程度的强弱、互惠交换的多少，将个体与网络成员之间的关系分为强关系和弱关系（Granovetter，1973）。强关系是社会经济特征相似的个体之间发展起来的，通常发生在群体内部，信息的重复性较高；弱关系是在社会经济特征相对不同的个体之间发展而来。对农民工而言，强关系囊括了发生在乡土社会所拥有的亲缘、地缘关系，往往在婚恋观念上不可避免地具有同质性；而弱关系可以将不同阶层拥有不同资源的人联系在一起，具有借用、摄取社会资源的作用，关系越弱，越可能获取好的社会资本（Lin，1982、1986；林南、牛喜霞，2003）。弱关系的“信息桥”和“借用、摄取社会资源”的作用，有利于农民工在城市生活和发展（黄凤，2002），有利于他们与城市社会的融合，最终可能改变其原有的传统婚恋观念。在城市社会，农民工社会网络再构建的特征是以亲缘、地缘为纽带的强关系网络逐渐向友缘和业缘为纽带的弱关系网络转变（曹子玮，2003），其表象是与原流出地的一些网络成员减少或断绝联系，而吸纳在城市中结识的关系人成为其网络成员。这些新的网络成员（弱关系）所提供的信息要优于强关系（地缘、亲缘关系），他们成为农民工接触城市婚姻家庭观念的重要信息渠道。农民工流动固然是以提高经济收入为目的，但是流动对未婚者和曾婚者的生活方式都产生了一定影响。对于未婚农民工而言，与城市社会的融合程度决定了其受到城市婚恋文化感染的程度，在城市的经历见识也有利于改变农民工原有的乡土价值观念，他们的自我期望值比非流动农民要高。

已有研究结果表明，城乡流动使得农民工的实际婚龄推迟，并可能接受新的婚恋观念（郑真真，2002）。这是因为：一方面，流动行为使农民工婚姻陷入了困境，这种困境表现在农民工暂时退出流出地的婚姻市场，却难以迅速加入流入地的婚姻市场；而且由于劳动强度大、没有时间休闲等原因，客观上迫使他们推迟了婚龄。另一方面，农民工在城市工作、生活过程中，他们的思想受到现代生活方式和思想观念的影响，逐步改变了原来的“先成家再立业”的思想，更多地关注自身素质的提高和追求现代生活方式。

农民工普遍推迟理想婚龄或接受未婚先孕和婚外恋，在很大程度上是自愿的。这种结果的出现，缘于讨论网络成员的观念与行为。其作用机制就是社会学习和社会影响。网络成员普遍推迟理想婚龄，享受现代生活带来的乐趣、追求社会发展带来的机遇，充实自我，实现自身的人生价值。无形之中产生了一种社会影响，这种影响会在那些有同样欲望的人身上发生作用。同时，农民工来城市打工，本身就是要改变自己的生活方式，向城里人看齐，他们自然会有意无意地模仿城里人的行为模式，理想初婚年龄、婚外恋等也不例外。这样在主动的社会学习和被动的社会影响的综合作用下，农民工的观念和行为就会朝着城市主流文化方向变化。这种变化有利于农民工不断地融入城市社会。

社会网络对农民工婚恋观念的影响，主要来自网络的两个特征：数量特征和质量特征。网络的数量特征指的是网络的规模，网络的质量特征指的是网络中是否有弱关系存在（李树茁等，2007a）。网络数量特征的影响表现在讨论婚姻话题的人数，人数越多，即网络规模越大，网络成员提供新观念的信息就越多，当这种信息累积到一定程度就会产生质的变化，即个体中心网络核心人员的观念受到其讨论网络成员的影响，也就是他们趋于相同的观念。这样，新进入城市的农民工不断地受到城市的网络成员的影响，网络成员对其中心成员的影响就像磁场对铁的磁化作用一样，网络成员越多，这种磁化作用就越大，处于场中的人就越容易被“磁化”。较大的网络规模为农民工接触各种各样的婚恋观念创造了条件，然而最重要的影响因素还是其网络成员的婚恋观念的综合影响。最终通过社会网络，原有的观念可能会在占据优势地位的或强势观念的影响下，在社会学习与社会影响过程中潜移默化地发生转变（Carrington，1988；Bongaarts & Watkins，1996；Friedkin & Johnsen，1997；Kohler et al.，2001；Montgomery et al.，2001；Ataca &

Berry，2002)。

网络质量特征的影响主要是指网络中弱关系的作用起主导作用。网络成员中有弱关系意味着该个体的人际交往能力强，获得的信息更多，他们的社会融合程度更高。王春光（2001）研究显示，社会融合程度高的农民工更易接受城市主流文化。农民工对待婚姻家庭的观念和行为在很大程度上取决于其所处的舆论环境，他们通过自己的见闻尤其是与他人进行面对面的交流讨论，其自身的观念才得以形成或发生变迁。与异质性的弱关系交往越多，接触到不同于农村传统社会的婚恋观念的可能性就越大。个体会以网络成员为标准，来修正或维持自己的观念与行为，进而逐渐与参照群体趋于一致。社会网络中弱关系成员对理想婚龄、未婚先孕和婚外恋的态度和观念，可以通过社会网络传递给农民工并对其产生影响。网络成员中弱关系越多，越可能改变农民工的婚恋观念。

根据上述分析，提出如下假设：

H7_1：较大的网络规模有利于农民工婚恋观念现代化。

H7_1a：较大的网络规模有利于降低理想婚龄和初婚风险；

H7_1b：较大的网络规模有利于对未婚先孕持较宽容态度；

H7_1c：较大的网络规模有利于对婚外恋持较宽容态度。

H7_2：社会网络中弱关系有利于农民工婚恋观念现代化。

H7_2a：社会网络中弱关系的存在有利于降低理想婚龄和初婚风险；

H7_2b：社会网络中弱关系的存在有利于对未婚先孕持较宽容态度；

H7_2c：社会网络中弱关系的存在有利于对婚外恋持较宽容的态度。

H7_3：社会网络成员的综合效应有利于农民工婚恋观念现代化。

H7_3a：婚姻讨论网络成员的理想婚龄有利于降低理想婚龄和初婚风险；

H7_3b：婚姻讨论网络成员对未婚先孕的态度使农民工与之趋同；

H7_3c：婚姻讨论网络成员对婚外恋的态度使农民工与之趋同。

除了社会网络影响之外，农民工与城市社会的融合状况，如流动时间、居住方式、城市方言掌握情况以及是否受过歧视等，也可能影响农民工的婚恋观念与行为。另外，个人因素如性别、年龄、婚姻状态、教育水平、收入状况等也会对农民工的婚恋观念产生影响，其中，教育水平所起到的作用更不容忽视，很大程度上决定了个人行为的自主性。

二　分析方法与变量设置

1. 婚姻观念

本章分析的婚姻观念主要有理想婚龄、未婚先孕与婚外恋观念。现状描述主要采用描述性统计方法，对于流动前后的差异依变量类型的不同采用不同的检验方法，理想婚龄为连续变量，采用 T 检验考察流动前后的差异；未婚先孕和婚外恋观念为分类变量，采用 LR 检验对比流动前后的差异。

对于影响因素分析，以下就不同因变量分别加以说明，自变量相同部分则统一说明。

因变量：

（1）理想婚龄

理想婚龄：理想婚龄由问题“您认为多大年龄结婚比较好”来测度，在回归分析中，将其理想婚龄值设置为连续变量直接纳入回归模型。采用多元线性回归分析不同性别农民工的理想婚龄的影响因素。

（2）未婚先孕与婚外恋

问卷中通过问题“您对未婚先孕（婚外恋行为）的态度是怎样的?”来获取农民工相关的婚恋观念的信息，备选答案为“非常反对”、“反对”、“无所谓”、“赞成”和“非常赞成”五级度量。在回归中，均将选项“非常反对”和“反对”合并作为“反对”并赋值“1”，“无所谓”保持不变赋值“2”，将选项“赞成”和“非常赞成”合并作为“赞成”并赋值“3”。由于因变量为有序分类变量，故采用 Ordinal 回归分析两类观念的影响因素。

自变量：

（1）网络变量

网络成员婚姻观念：是通过网络成员的综合效应加以度量。对于理想婚龄，用被访者所有网络成员理想婚龄的平均值作为网络成员对理想婚龄的婚姻观念。而对于未婚先孕和婚外恋态度，则利用农民工婚姻讨论网络中网络成员对未婚先孕或婚外恋的态度，以相应网络成员与被访者的亲密程度为权重，采用式（7－1）加权计算网络影响的总效应：

$$\text{网络影响效应} = \sum_{i=1}^{n} I_i \times A_i \quad (7-1)$$

式（7－1）中，I_i 为第 i 个网络成员与被访者的亲密程度，分为“十分亲密”、“比较亲密”、“一般”、“不太亲密”和“很不亲密”五个等级，并分别赋值5、4、3、2和1；A_i 为第 i 个网络成员对未婚先孕（或婚外恋）的态度，分为“非常反对”、“反对”、“无所谓”、“赞成”和“非常赞成”，分别赋值－2、－1、0、1和2，n 为网络成员数。回归分析中，将网络成员对未婚先孕（婚外恋）态度的总影响效应划分为无效应（总效应值为零）、正效应（总效应值大于零）和负效应（总效应值小于零）三类，以无效应为参照项。

网络中是否有弱关系：根据婚姻讨论网络中网络成员与被调查对象的关系来确定网络中是否存在弱关系。农民工的社会关系一般包括亲缘、地缘、业缘和友缘，其中，亲缘和地缘为强关系，业缘和友缘为弱关系。网络中如果有弱关系成员赋值为1、没有为0，以没有弱关系为参照项。

网络规模：网络规模是指调查对象的婚姻讨论网络中的成员数目。

（2）流动或社会融合变量

流动变量主要以流动时间来度量，而社会融合通常用“居住环境”、“当地方言掌握程度”与“是否受过歧视”来反映。流动时间即从初次打工的时点到调查时点之间的时间段，为连续变量。流动时间越长，越说明流动人口对城市生活的适应性越高，接受城市文化熏陶的程度也就有越高，也可在一定程度上代表融合程度。农民工在城市的居住状况分为三类：“与深圳人居住”、“相对独立的外来人口聚居地”以及“同深圳市民与外地人的混合居住区”。居住环境在很大程度上反映了农民工的社会融合程度，在相对独立的外来人口聚居地的农民工与市民和主流文化相对隔绝；而散居在深圳市民与外地人的混合居住区或周围是深圳市民的居住小区的人不与老乡发生紧密的协作关系，生活方式与当地常住人口已无大的差别（蔡昉，2001）。当地方言掌握程度通常被当作一种衡量外来人口市民化程度的标准（Friedkin & Johnsen，1997），方言掌握较好的人社会融合程度也较高。方言掌握程度分为“听不懂”“仅能听懂”和“会说”。是否受过歧视分为“经常发生”“偶尔”和“从未”。流动时间为连续变量，直接纳入模型。居住环境、当地方言掌握程度和是否受过歧视均采用虚拟变量的方式纳入模型，参照项分别为“聚居”、“听不懂”和“经常发生”。

（3）个人变量

个人因素包括性别、年龄、受教育水平、婚姻状况和平均月收入。本章将年龄分成三个类别："24岁及其以下"、"25岁至34岁"和"35岁及其以上"；受教育程度分为三个类别："小学及其以下"、"初中"和"高中及其以上"。性别、年龄、受教育程度和婚姻状况均用分类变量纳入模型，参照项分别为"女性"、"24岁及以下"、"小学及以下"和"未婚"。平均月收入（取对数）为连续变量，直接纳入模型。

具体分析中，将上述各类变量逐个放入共建立3个回归模型。在模型1中，考察社会网络的质量特征（有无弱关系）、数量特征（网络规模）和网络影响的总效应对因变量的粗影响；模型2中，加入流动或社会融合变量，考察控制住这类变量后，社会网络变量对婚恋观念的净影响；模型3是在模型2基础上，进一步控制住个人变量后，考察网络变量对婚恋观念的净影响。

2. 婚姻行为

因变量：初婚风险

因变量为初婚时间到初次流动时间（对流动后初婚者而言）、调查时间至初流动时间（对未婚者而言）的时间间隔，如果这一时间间隔大于60个月（5年）或者未婚，则相应的样本数据为截尾数据。

自变量包括社会网络变量、流动变量以及个人特征变量；与对理想婚龄的分析相比，在实际初婚年龄的分析中去掉了流动时间，主要是因为流动时间在计算因变量时已经考虑。具体分析中仍然采用与理想婚龄分析类似的逐步回归的方法，将上述各类变量逐个放入共建立的3个回归模型，采用Cox比例风险回归方法，全面分析这些因素对农民工初次流动后5年内结婚风险的影响。

第二节　社会网络与婚姻观念

一　婚姻观念现状

1. 理想婚龄

表7－1提供了流动前后农民工理想婚龄的分布情况。从流动前后理想婚龄的变化中，可以看出其演化的动态过程。

表 7-1　农民工流动前后理想婚龄分布

单位：%

项目	流动前		流动后		总体	
	男	女	男	女	流动前	流动后
理想婚龄	(869)	(806)	(887)	(834)	(1675)	(1721)
19⁻	0.0	1.2	0.3	0.2	0.6	0.2
20～24	11.3	77.3	21.9	59.4	57.4	40.1
25～29	54.7	21.5	62.2	38.6	38.5	50.8
30+	6.4	0.2	15.6	1.8	3.5	8.9
均值	24.8	22.9	26.1	24.0	23.9	25.1
T 检验	***		***		***	
LR 检验	***		***		***	

注：括号中的数字为样本数。*** $p<0.001$。

资料来源：2005 年深圳市外来农村流动人口调查。

表 7-1 结果表明，从理想婚龄分段比例来看：流动前后，理想婚龄在 19 岁以下的被调查者人数极少；流动后理想婚龄在 20～24 岁的调查者比例有所减少，由流动前的 57.4% 减少至流动后的 40.1%；相反，理想婚龄在 25～29 岁和 30 岁及以上两个区间的被调查者比例则均有所增加，理想婚龄在 25～29 岁区间的被调查者由流动前的 38.5% 增加至流动后的 50.8%；理想婚龄在 30 岁及以上的被调查者也由流动前的 3.5% 增加至流动后的 8.9%。

流动前后，男性与女性被调查者的理想婚龄都有明显差异。初次流动前，男性的平均理想婚龄是 24.8 岁，女性平均理想婚龄是 22.9 岁；流动后，男性的平均理想婚龄提高到 26.1 岁，女性平均理想婚龄提高到 24 岁。经过 T 检验发现，这种差异是非常显著的。流动前后男女理想婚龄的差距保持在两岁，但男高女低的择偶模式并没有发生变化。总体数据也显示，流动前后农民工的平均理想婚龄推迟了 1 岁多。

可见，流动以后，农民工对于理想婚龄的观念与初次流动前的观念相比发生了改变。流动后，更多的农民工理想婚龄推迟，希望晚婚农民工比例有所增加。

2. 对未婚先孕的态度

表 7-2 给出了农民工流动前后对未婚先孕态度的分布情况。数据表明，

无论流动前还是流动后，大部分农民工都对未婚先孕持反对态度。但在流动以后，他们对未婚先孕的态度较流动前要宽容一些，持“非常反对”、“反对”态度的比例下降，持“无所谓”、“赞成”和“非常赞成”态度的比例均有所上升，经 LR 检验，这种差别在统计上是显著的。

表 7－2　农民工流动前后对未婚先孕的态度分布

单位：%

时间	非常反对	反对	无所谓	赞成	非常赞成	LR 检验
流动前(1729)	21.5	61.8	14.8	1.8	0.1	***
流动后(1738)	18.3	53.1	24.7	3.6	0.3	

注：括号内为样本数，后同；*** $p < 0.001$ 。

资料来源：2005 年深圳市外来农村流动人口调查。

3. 对婚外恋的态度

表 7－3 给出了农民工流动前后对婚外恋态度的分布情况。可以发现：流动前后，绝大部分的农民工对婚外恋都持否定态度；但流动后较流动前对婚外恋的态度变得宽容一些，持“非常反对”和“反对”态度的比例下降，持“无所谓”、“赞成”和“非常赞成”态度的比例均有所上升，统计检验显示这种变化是显著的。

表 7－3　农民工流动前后对婚外恋的态度分布

单位：%

时间	非常反对	反对	无所谓	赞成	非常赞成	LR 检验
流动前(1723)	35.3	57.6	5.7	1.3	0.1	***
流动后(1738)	34.1	54.1	9.9	1.7	0.2	

注： *** $p < 0.001$ 。

资料来源：2005 年深圳市外来农村流动人口调查。

二　婚姻观念影响因素分析

1. 理想婚龄

表 7－4 提供了农民工理想婚龄影响因素的描述性信息。农民工理想婚龄影响因素回归分析结果见表 7－5。

表 7－4　农民工理想婚龄影响因素分析描述性信息

变量	男性		女性	
	均值	标准差	均值	标准差
因变量				
理想婚龄	26.063	2.581	24.050	2.087
自变量				
网络变量				
网络成员平均理想婚龄	24.139	6.088	21.989	6.186
是否有弱关系（无）				
有	0.124	0.330	0.184	0.388
网络规模	1.727	1.002	1.715	0.964
流动与融合变量				
流动时间	7.593	36.173	6.732	37.477
居住类型（与流动人口聚居）				
与深圳人居住	0.083	0.276	0.100	0.300
混居	0.474	0.500	0.411	0.492
方言掌握（听不懂）				
仅能听懂	0.333	0.472	0.373	0.484
会说	0.229	0.420	0.277	0.448
是否受过歧视（无）				
偶尔	0.203	0.403	0.181	0.385
从未	0.763	0.425	0.805	0.396
个人变量				
年龄（24^-）				
25～34	0.431	0.496	0.411	0.492
35^+	0.432	0.496	0.191	0.393
受教育程度（小学及以下）				
初中	0.571	0.495	0.575	0.495
高中及以上	0.296	0.457	0.320	0.467
月收入（log）	3.117	0.270	3.017	0.282
样本数	723		773	

资料来源：2005 年深圳市外来农村流动人口调查。

表 7－5　农民工理想婚龄影响因素分析回归结果

变量	男性			女性		
	模型 1	模型 2	模型 3	模型 1	模型 2	模型 3
网络变量						
网络成员平均理想婚龄	0.096***	0.080***	0.068***	0.056***	0.054***	0.049***
是否有弱关系(无)						
有	0.498+	0.241	－0.170	0.559**	0.402	0.158
网络规模	0.220*	0.189*	0.177*	0.016	－0.020	－0.013
流动与融合变量						
流动时间		－0.001	－0.001		－0.001	－0.001
居住类型(与流动人口聚居)						
与深圳人居住		0.031	－0.113		－0.191	－0.177
混居		0.412+	0.333+		0.045	0.086
方言掌握(听不懂)						
仅能听懂		0.724***	0.462*		0.465**	0.243
会说		1.506***	1.275***		0.931***	0.791***
是否受过歧视(经常)						
偶尔		0.788	0.550		0.138	0.287
从未		0.557	0.346		－0.200	－0.003
个人变量						
年龄(24－)						
25－34			0.487+			0.317+
35+			－0.134			－0.322
受教育程度(小学及以下)						
初中			0.492+			0.357
高中及以上			1.460***			0.871**
月收入(log)			0.940**			0.444
R^2	0.252***	0.368***	0.443***	0.201***	0.274***	0.337***
样本数	783	783	773	781	781	723

资料来源：2005 年深圳市外来农村流动人口调查。

表 7－5 结果显示，网络因素对男女农民工的理想初婚年龄的影响显著(模型 1)。婚姻讨论网络成员的平均理想婚龄和网络中的弱关系对男女农民工理想婚龄具有显著的正向影响，即网络成员的理想婚龄越大，被访农民工的理想婚龄也越大。与无弱关系相比，网络成员中有弱关系，则被访农民工

的理想婚龄越大，说明网络成员的理想婚龄具有示范效应，弱关系更有利于农民工延长理想婚龄。

从影响程度而言，弱关系对女性理想婚龄比男性婚龄的影响更为显著；网络规模仅对男性农民工的理想初婚年龄有显著影响，而对女性农民工的影响不显著。由此可见，婚姻讨论网络结构对男性农民工有重要影响的是网络规模，而对女性有重要影响的是有无弱关系。产生这一结果的可能原因是，男女两性在长期的“男主外、女主内”家庭分工影响下，在人际交往方面存在差异：男性可经常接触到新的思想和观念，习以为常，只有当周围的多数人想推迟婚龄时，才可能会影响到他们；女性的婚姻讨论网络规模相对较小，通过网络成员接触新的婚姻观念的概率变小，因此，女性的婚姻讨论网络规模对她们理想婚龄的影响并不显著。

模型 2 是在模型 1 的基础上加入流动与融合变量，发现网络成员的平均婚龄影响仍然显著；有与无弱关系没有显著影响。对男性而言，网络规模有显著影响，表明控制住流动与融合因素之后，网络变量仍有显著影响。除此之外，在融合变量中，方言掌握程度显著影响了男女农民工的理想婚龄，与“听不懂”方言的农民工相比，“仅能听懂”和“会说”的男女农民工的理想初婚年龄均显著推迟，说明社会融合好的农民工，更容易抛弃农村“早婚早育”的观念，从而推迟婚龄。与在相对独立的外来人口聚居地（工棚、宿舍）居住的农民工相比，“混居”对男性农民工的理想婚龄影响略显著，而“与深圳人居住”影响不显著；女性则全部不显著。这些结果表明，居住方式并非影响农民工理想婚龄的主要变量。

在模型 2 的基础上再控制住个人特征变量后，模型 3 回归结果发现，网络变量的显著性没有发生变化，只是回归系数略小一些，表明网络变量的净效应仍显著，只是影响的程度略小。在融合变量中，方言掌握程度仍显著，居住方式没有显著影响。个人变量中，年龄的影响略显著，与 24 岁以下的农民工相比，年龄在 25 ~ 34 岁，不论是男性还是女性农民工都期望延长理想婚龄，很可能是因为这一年龄段是农民工工作、事业发展的关键时期，而且也可能由于没有合适的居住条件等实际困难被迫推迟初婚年龄。文化程度对男女两性农民工的理想婚龄都有显著影响，具有高中及以上文化程度的农民工理想婚龄显著高于只有小学及以下水平的农民工。表明农民工文化程度越高，越可能更多地关注事业，而不是较早组建家庭。但是月收入变量对男女农民工的理想婚龄的影响有很大差异。收入越高，农民工的理想婚龄越大，但是这种影响对男性而言显著，对女性而言并不显著。一个可能的原因是，在社会经济地位和年龄方面，传统的“男高女低”的择偶模式使得收入成为男性成婚的必要条件，而收入对于成婚的必要性对女性而言，则弱得多。这一结果表明，传统的“男高女低”的择偶模式在农民工中依然起到了重要作用。

2. 对未婚先孕的态度

表 7－6 给出了未婚先孕和婚外恋的描述性统计信息。

表 7－6　农民工未婚先孕和婚外恋的描述性统计信息

变量	均值	标准差
网络变量		
未婚先孕的网络影响效应(零效应)		
负效应	0.76	0.43
正效应	0.02	0.12
婚外恋的网络影响效应(零效应)		
负效应	0.84	0.36
正效应	0.01	0.10
弱关系(无)		
有	0.14	0.34
网络规模	1.56	1.06
流动与融合变量		
在城市生活时间	5.67	4.72
居住类型(与流动人口聚居)		
混居	0.43	0.49
散居	0.09	0.29
方言掌握程度(听不懂)		
仅能听懂	0.33	0.47
会说	0.25	0.43
是否受过歧视(经常发生)		
偶尔	0.19	0.39
从未	0.79	0.41
个人变量		
性别(男)		
女	0.49	0.50

续表

变量	均值	标准差
年龄 24⁻		
25 ~ 34	0.40	0.49
35 岁及以上	0.33	0.47
受教育程度（小学及以下）		
初中	0.58	0.49
高中及以上	0.29	0.46
婚姻状态（未婚）		
曾婚	0.68	0.47
月收入（log）（1663*）	3.07	0.28
样本数	1739	

注：* 括号内数字表示某一变量在剔除缺失值后的有效样本数，没有特别说明的变量的样本量为 1739。

资料来源：2005 年深圳市外来农村流动人口调查。

除了网络影响效应在未婚先孕和婚外恋的因素分析中不同之外，其他变量都是相同的。可以发现，网络影响效应中，无论是未婚先孕的网络影响效应还是婚外恋的影响效应，负效应均占了绝大多数，正效应分别只有 2 % 和 1% 。网络成员中包括弱关系的农民工的比例不高，网络规模不大，均值仅为 1.56。从流动与社会融合因素可以看出，农民工平均流动时间不到 6 年，混居和聚居为主，四分之一的农民工会说方言，三分之一左右的人可以听懂，绝大多数农民工未受到过歧视。

表 7 - 7 是农民工对未婚先孕态度的影响因素分析结果。回归结果显示，社会网络因素是农民工对未婚先孕态度的重要影响因素。网络规模具有显著的正向影响，即农民工社会网络规模越大，农民工对未婚先孕的态度越宽容。网络成员其未婚先孕态度的综合效应对农民工的态度具有显著影响，说明网络成员对未婚先孕所持的态度对农民工自身具有重要的示范效应，与零效应相比，正效应导致农民工对未婚先孕持比较宽容的态度，负效应则恰恰相反。

模型 2 在模型 1 的基础上，将流动与社会融合因素纳入模型。社会网络变量的影响几乎没有发生变化。分析结果显示，居住类型和方言掌握程度对农民工的婚姻态度具有比较显著影响：与深圳市民和外地人混合居住的生活

表 7－7　农民工未婚先孕影响因素的 Ordinal 回归结果

自变量	模型 1	模型 2	模型 3
网络变量			
弱关系(无)			
有	0.019	－0.090	－0.143
网络规模	0.215 ***	0.193 ***	0.195 ***
网络影响效应(零效应)			
负效应	－1.063 ***	－1.025 ***	－1.011 ***
正效应	1.259 ***	1.302 ***	1.159 ***
流动与融合变量			
在城市生活时间		0.008	0.011
居住类型(与流动人口聚居)			
混居		0.542 ***	0.491 ***
散居		0.235	0.223
方言掌握程度(听不懂)			
仅能听懂		0.020	0.021
会说		0.232 +	0.222 +
是否受过歧视(经常发生)			
偶尔		0.510	0.647 +
从未		0.320	0.478
个人变量			
性别(男)			
女			－0.313 **
年龄 24－			
25～34			0.250
35 岁及以上			－0.169
受教育程度(小学及以下)			
初中			－0.143
高中及以上			－0.082
婚姻状态(未婚)			
曾婚			0.110
月收入(log)			0.114
－2LL	216.53 ***	1711.12 ***	2115.17 ***
样本数	1738	1738	1738

注：*** $p < 0.001$，** $p < 0.01$，+ $p < 0.1$。

资料来源：2005 年深圳市外来农村流动人口调查。

环境有利于农民工婚恋观念现代性的增强，混居较聚居的农民工对未婚先孕的态度更宽容些；会说深圳市本地方言的农民工对未婚先孕的态度也表现出宽容的一面。而流动时间和歧视因素则没有显著影响。

模型3在模型2基础上，加入个人变量后发现，原来具有显著影响的社会网络因素和流动与社会融合因素对农民工的婚姻态度的影响没有发生大的变化。但同时，“歧视”这一因素开始产生比较显著的影响，表明“偶尔受到歧视”的农民工要比“经常受到歧视”的农民工对未婚先孕更宽容些。在性别、年龄、受教育程度、婚姻状态和收入等个人因素中，仅性别变量对农民工的未婚先孕态度产生显著影响，女性农民工对未婚先孕更容易持反对态度。这可能是因为未婚先孕的发生，女性在心理和生理上所受到的伤害要远远大于男性。

总之，通过分析发现，网络因素对农民工未婚先孕态度有显著影响，网络规模和网络成员的综合效应均是重要的影响变量；社会融合因素中的居住类型和方言掌握情况也是农民工婚恋观念的重要影响因素；个人因素中仅有性别变量的影响显著，女性对未婚先孕表现出更加反对的态度。由此可以看出，关于未婚先孕的相关假设基本得到验证。

3. 对婚外恋的态度

农民工对婚外恋态度的影响因素分析结果见表7－8。分析结果发现，与未婚先孕态度的影响因素分析结果类似，社会网络是农民工对婚外恋的态度的重要影响因素。网络规模具有显著的正向影响，即农民工婚姻讨论网络的规模越大，农民工对婚外恋的态度越是宽容些。同样的，网络成员对婚外恋的态度对农民工具有重要的示范效应，与零效应相比，网络成员对婚外恋越宽容，农民工也比较宽容，网络成员对婚外恋越反对，农民工也越反对。

表7－8　农民工婚外恋态度影响因素的Ordinal回归结果

自变量	模型1	模型2	模型3
网络变量			
弱关系（无）			
有	－0.241	－0.298	－0.230
网络规模	0.159*	0.176**	0.182**
网络影响效应（零效应）			
负效应	－1.322***	－1.375***	－1.314***
正效应	0.938**	1.149***	1.043**

续表

自变量	模型 1	模型 2	模型 3
流动与融合变量			
在城市生活时间		0.038**	0.041**
居住类型(与流动人口聚居)			
混居		0.302+	0.281+
散居		0.156	0.327
方言掌握程度(听不懂)			
仅能听懂		-0.101	0.017
会说		-0.344+	-0.182
是否受过歧视(经常发生)			
偶尔		1.228+	1.299+
从未		1.353+	1.482*
个人变量			
性别(男)			
女			-0.565***
年龄 24-			
25~34			0.250
35 岁及以上			-0.200
受教育程度(小学及以下)			
初中			-0.080
高中及以上			-0.387
婚姻状态(未婚)			
曾婚			-0.122
月收入(log)			-0.701*
-2LL	155.51***	1037.33***	1271.81***
样本数	1737	1737	1737

注：*** $p<0.001$，** $p<0.01$，* $p<0.05$，+ $p<0.1$。

资料来源：2005 年深圳市外来农村流动人口调查。

模型 2 在模型 1 的基础上，加入了流动与社会融合因素。社会网络因素的影响依然显著，变化不大。而流动时间、居住类型、方言掌握程度和歧视均对农民工所持的婚外恋的态度产生了不同程度的显著影响。农民工的流动时间越长，其对婚外恋越容易持宽容态度；混合居住的环境有利于农民工婚恋观念的现代性增强，使其对婚外恋的态度更宽容；偶尔受到歧视或者从未受到歧视的农民工较经常受到歧视的对婚外恋更加宽容一些。但与未婚先孕态度的影响因素恰恰相反，与根本听不懂方言的农民工相比，会说本地方言的农民工对婚外恋的态度表现得更不宽容，其原因有待继续探讨。

模型3中将个人的社会经济特征加入到影响因素分析中。可以发现，除了方言掌握程度的影响变得不再显著以外，社会网络因素和社会融合因素对农民工在婚外恋态度的影响并未发生多大改变。个人的社会经济特征中，仅性别和月收入对农民工的婚姻态度产生显著影响。同样的，女性在对婚外恋的态度上较男性更加反对，可能也是因为在婚外恋这样的事件中，女性所承受的压力和受到的伤害会更严重些；收入越高的农民工，对婚外恋的态度越反对，这可能是因为在农民工这一群体中，收入的多少与工作时间成正比，一些年龄较大，担负着整个家庭重担的农民工会自愿加班以提高收入，这部分农民工的婚恋观念往往比较传统。

通过模型1~3的分析可以发现，社会网络因素、流动与社会融合因素和个人特征均对农民工的未婚先孕态度产生重要影响。网络规模、网络成员的综合效应、流动时间、居住类型、城市对农民工的歧视程度、性别和收入，均在增强农民工婚恋观念现代性方面起到重要作用。

第三节　社会网络与婚姻行为

一　婚姻行为现状

表7-9描述了农民工流动前后初婚年龄的分布情况。

表7-9　农民工实际初婚年龄分布

单位：%

项目	流动前		流动后		总体	
	男	女	男	女	流动前	流动后
实际婚龄	(416)	(265)	(248)	(220)	(681)	(468)
19⁻	10.3	20.0	1.6	6.4	14.1	3.8
20~24	60.3	63.4	40.3	62.3	61.5	50.7
25~29	25.0	15.1	47.6	28.2	21.2	38.4
30⁺	4.3	1.5	10.5	3.2	3.2	7.1
均值	23.2	21.8	25.6	23.4	22.7	24.6
T检验	***		***		***	
LR检验	***		***		***	

注：括号中的数字为样本数。*** $p<0.001$。

资料来源：2005年深圳市外来农村流动人口调查。

在所有流动以前结婚的调查样本中发现，农民早婚的情况比较严重，尤其是女性，有20.0%的女性在19岁以前就已结婚。20~24岁是青年农民结婚的高峰期，六成以上的青年农民是在这一阶段完成婚姻大事的。很少有农民在30岁以后完婚。流动以后，早婚的现象明显减少，男性的婚姻高峰期转移至25~29岁；而女性结婚的高峰依然是在20~24岁，只不过19岁以下结婚的人口比例降至6.4%。流动前后男性的实际婚龄始终比女性大约2岁，依然保持传统的婚配模式。

流动后男性实际婚龄的推迟比较明显，而女性则仅体现在早婚现象减少。这种差异，一方面暗示农民工婚姻市场上女性的稀缺，男性求偶比女性存在更大的困难；另一方面也显示，女性对于大龄未婚比男性有更大的恐惧感，因为社会舆论环境对大龄未婚女性的压力比男性更大。

已有研究发现，流动会导致农民工的婚龄推迟（郑真真，2002），在本研究中这一结果再次得到验证。数据显示，流动后结婚的农民工实际婚龄比流动前结婚的流动人口晚了约2岁。

二 婚姻行为影响因素分析

表7-10提供了农民工初婚风险影响因素的描述性信息。

表7-10 农民工初婚风险影响因素分析的描述性信息

变量	男性		女性	
	均值	标准差	均值	标准差
因变量				
理想婚龄(月)	55.283	43.922	45.650	33.973
流动后初婚(非截尾)	0.326	0.469	0.271	0.445
自变量				
网络变量				
网络成员平均理想婚龄	24.292	6.493	21.824	6.566
是否有弱关系(无)				
有	0.157	0.364	0.212	0.409
网络规模	1.908	1.096	1.733	1.019
融合变量				
居住类型(与流动人口聚居)				
与深圳人居住	0.092	0.289	0.085	0.278

续表

变量	男性		女性	
	均值	标准差	均值	标准差
混居	0.505	0.501	0.367	0.483
方言掌握情况(听不懂)				
仅能听懂	0.355	0.479	0.407	0.492
会说	0.309	0.463	0.303	0.460
是否受过歧视(经常)				
偶尔	0.244	0.430	0.161	0.368
从未	0.727	0.446	0.829	0.377
个人变量				
年龄(24^-)				
25~34	0.548	0.498	0.381	0.486
35^+	0.201	0.401	0.063	0.243
受教育程度(小学及以下)				
初中	0.560	0.497	0.601	0.490
高中及以上	0.345	0.476	0.364	0.481
月收入(log)	3.107	0.261	3.001	0.257
样本数	414		509	

资料来源：2005 年深圳市外来农村流动人口调查。

表 7－11 给出了农民工初次流动后 5 年内初婚风险影响因素的分析结果。对于女性农民工而言，网络变量对初婚风险的影响并不显著；网络规模仅对男性农民工的初婚风险有显著影响；流动变量中，居住类型和方言掌握程度对于男女农民工流动后 5 年内初婚风险均有一定影响。个人变量中，受教育程度、收入没有显著影响，仅年龄对初婚风险有显著影响。

在模型 1 中，对网络变量的粗影响分析发现：对于男性农民工而言，网络成员的平均理想婚龄和网络中是否存在弱关系，对其初次流动后 5 年内的结婚风险均无显著影响。而网络规模越大，男性农民工初次流动后 5 年内结婚的几率越低，说明影响男性农民工初婚风险是与网络成员间婚姻观念的交流，而不是网络成员的理想婚龄以及网络成员中是否有弱关系有关；对女性而言，网络变量中弱关系的存在会显著提高初次流动后 5 年内结婚的几率，这与假设相反，但净效应并不显著，网络成员的平均理想婚龄和网络规模对她们5年内结婚风险没有显著影响。这一结果与对理想婚龄的分析结果相同，虽然人际交往某种程度上影响到女性农民工的初婚观念，但是要落实在行为上还需要相当长的时间，说明传统的“男高女低”的择偶模式在农民工群体中依然起到了重要作用。

表7-11　流动后5年内农民工初婚风险影响因素Cox回归分析结果

变量	男性			女性		
	模型1	模型2	模型3	模型1	模型2	模型3
网络变量						
网络成员平均理想婚龄	0.012	0.022	0.021	0.000	0.000	-0.000
是否有弱关系(无)						
有	-0.243	-0.183	-0.093	0.354*	0.364*	0.166
网络规模	-0.203*	-0.229**	-0.252**	-0.141	-0.125	-0.099
流动变量						
居住类型(与流动人口聚居)						
与深圳人居住		-0.548	-0.544		0.645*	0.487
混居		-0.401*	-0.456*		0.669***	0.595**
方言掌握(听不懂)						
仅能听懂		-0.379+	-0.452*		-0.484*	-0.535**
会说		-0.420+	-0.500*		-0.619**	-0.837**
是否受过歧视(经常)						
偶尔		-0.142	0.032		1.427	1.332
从未		-0.367	-0.181		1.458	1.342
个人变量						
年龄24⁻						
25~34			1.538***			0.766**
35⁺			1.942***			0.467
受教育程度(小学及以下)						
初中			0.101			0.424
高中及以上			0.321			0.786+
月收入(log)			-0.235			0.319
-2LL	1520.3**	1520.3**	1520.0***	1725.061	1725.1**	1558.1***
样本数	418	418	414	535	535	509

资料来源：2005年深圳市外来农村流动人口调查。

模型2在模型1的基础上控制住流动与社会融合变量后，发现网络变量的显著性没有发生变化；流动变量中，较好地掌握方言、混居都显著减少了男女农民工初次流动后 5 年内结婚风险，表明社会融合情况越好，他们的初婚行为越可能推迟。是否受歧视对初婚风险没有显著影响。

模型 3 在模型 2 的基础上，继续控制住个人变量后发现，网络变量对男性初婚风险影响的显著性没有变化，但是对女性而言，网络变量不再对初婚风险有显著影响。流动变量对初婚风险的影响也没有发生变化。对个人变量而言，年龄变量显著增加了男女农民工初次流动后 5 年内的结婚风险。区别在于，对男性而言，年龄越大，初婚风险越大；而对女性而言，年龄对初婚风险影响仅发生在 25 ~ 34 岁。收入的提高没有显著影响到农民工的初婚风险。文化程度虽然没有影响到男性的初婚风险，却对女性略有显著影响，高中及以上文化程度者比小学及以下者初婚风险更大，这说明女性较高的文化程度并没有对降低初婚风险起到积极作用，从侧面也反映出女性农民工转变初婚行为需要较长的时间。

讨论

研究发现再构建婚姻讨论网络对实际婚龄的影响存在性别差异。这验证了假设 H7 - 1a。网络规模显著地降低了男性的初婚风险，却对女性的初婚风险没有显著影响。换言之，男性实际初婚年龄较大，而女性实际初婚年龄较小。可能的原因是传统观念对男女两性的期望不同，男性要“干大事”，不宜受家庭干扰，因而要晚结婚；女性主要是生儿育女、照顾家庭，早结婚较好。

婚姻讨论网络对农民工的实际婚龄的影响，并没有像对理想婚龄影响那样显著。尽管网络成员中有弱关系显著推迟了农民工个体的理想婚龄，但是对实际的初婚行为没有显著影响。假设 H7 - 2a 没有得到验证。讨论网网络成员的平均理想婚龄对农民工初婚风险影响并不显著。假设 H7 - 3a 没有得到验证，这可能是因为观念改变相对容易，但落实到行为上还需要一定的时间。现阶段，农民工在城市还没有稳定的职业，流动性较强，社会地位相对较低，他们的观念虽然受到城市观念的冲击，但毕竟他们还不是真正的城里人，当他们进行婚姻决策时，天然的乡土观念可能会起到支配作用。但是，在流动过程中，在城市社会融合程度较高的农民工初次流动后 5 年内初婚的风险显著降低。这说明，流动对农民工婚姻观念与行为确有影响，但行为要滞后于观念。

本章小结

本章基于社会网络对农民工婚姻观念与行为进行了分析，有以下主要发现：

婚姻观念方面。（1）对于理想婚龄，流动前后，无论男女，理想婚龄都主要分布在25～29岁，且流动后的比例更高，性别差异显著。从平均理想婚龄来看，男性的理想婚龄高于女性，流动后理想婚龄均推迟了约2岁。现状分析表明，流动有助于农民工晚婚。就理想婚龄的影响因素而言，婚姻讨论网络成员的平均理想婚龄对农民工理想婚龄具有显著的正向影响，即网络成员的理想婚龄越大，被访农民工的理想婚龄也越大。社会网络中有无弱关系对农民工理想婚龄没有显著影响。网络规模的影响仅仅表现在男性农民工群体，即网络规模越大，男性农民工理想婚龄越大。

（2）对于未婚先孕态度，流动前后，大部分农民工都持反对态度。但流动后，态度较流动前明显要宽容一些。社会网络是农民工对未婚先孕态度的重要影响因素。网络规模具有显著的正向影响，即农民工社会网络规模越大，农民工对未婚先孕的态度越宽容。网络成员其未婚先孕态度的综合效应对农民工的态度具有显著影响，说明网络成员对未婚先孕所持的态度对农民工自身具有重要的示范效应，与零效应相比，正效应导致农民工对未婚先孕持比较宽容的态度，负效应则恰恰相反。婚姻讨论网络中有无弱关系与未婚先孕态度没有明显关系。

（3）对于婚外恋态度，流动前后，绝大部分的农民工对婚外恋都持否定态度；但流动后较流动前农民工对婚外恋的态度变得宽容一些，这种变化在统计上是显著的。影响因素分析结果与未婚先孕态度类似，社会网络是农民工对婚外恋态度的重要影响因素。即婚姻讨论网络的规模越大，农民工对婚外恋的态度越是宽容。同样的，网络成员对婚外恋态度对农民工具有重要的示范效应，与零效应相比，网络成员对婚外恋越宽容，农民工也比较宽容，网络成员对婚外恋越反对，农民工也越反对。

婚姻行为方面。流动前，农民早婚的情况比较严重，尤其是女性，20～24岁是结婚高峰期，六成以上的青年农民工是在这一阶段完成婚姻大事的。流动后，早婚的现象明显减少，男性的婚姻高峰期转移至25～29岁；而女性结婚的高峰依然是在 20 ~ 24 岁。流动前后男性的实际婚龄始终比女性大约 2 岁。流动后结婚的农民工实际婚龄比流动前晚了 2 岁。婚姻讨论网络对农民工的初婚观念影响显著，但是对初婚行为的影响不太明显。婚姻讨论网络成员的作用只表现在男性农民工群体，具体表现在，网络规模越大，农民工在 5 年内结婚的风险越低。对女性而言，网络中有弱关系，5 年内结婚的风险更高，但这种作用与个人特征相比显得微不足道。

总之，社会网络是农民工观念行为演变的重要影响因素，农民工群体在城市社会新构建的社会网络是增强农民工婚恋观念现代性的重要途径之一。同时，社会融合程度对农民工婚恋观念具有重要影响，较好的融合程度有利于农民工群体对城市文明和观念的认同，有利于农民工群体最终转变传统的乡土观念和行为。农民工婚恋观念的现代性不断增强，一方面促进了农民工与城市社会在文化价值观念上的融合；但另一方面也有可能加剧未婚先孕和婚外恋现象的发生，不利于城乡社会的婚姻家庭稳定，并且对计划生育管理、未婚女性农民工的生殖健康保护、未婚女性农民工及其婚外生育子女的合法权益带来不利影响。上述结论可以为政府制定相关公共政策、进行有效政策干预提供理论和现实依据。

第八章　农民工社会网络对其生育观念与行为的影响

本章主要分析农民工生育观念和行为，生育观念包括期望生育孩子数量和性别偏好两个方面，生育行为则主要包括流动后是否生育 2 孩和 2 孩性别两个方面。首先给出本章的研究设计；其次，分析社会网络对生育观念的影响；最后，探讨社会网络对生育行为的影响机制和过程。

第一节　研究设计

一　分析框架

在社会化过程中，社会舆论、规劝与协商都会对个体生育意愿和决策产生影响（联合国，1984）。社会网络为这一过程中生育观念与行为的转变提供了途径与渠道。社会网络具有传递信息与提供支持功能，可以满足个体在社会化过程中的基本情感需要、获取财产和隐私的安全感、实际帮助的需要、相关问题的指导和建议、认识他人并获取新信息的需要（卜长莉，2005；Shye et al.，1995）。

进入城市后，由于时空的限制，原有的以亲缘和地缘为主的关系网络被割裂，为了适应城市社会生活，在城市进行社会网络的再构建成为农民工的必然选择（李培林，1996）。已有研究表明，基于社会网络的人际交流与互动是收集和散布信息的重要渠道，通过与网络成员讨论一些观念与行为问题，个体可以获取有关工作、生活方面的指导、建议和信息，从而对个体的观念产生影响，为个体的行动提供便利（全海燕，2003；Katz & Lazarsfeld,

1955；Kautz et al.，1996）。同时，促使个体行为在网络成员的观念和行为的示范作用下，在社会学习和社会影响过程中发生转变（Bongaarts & Watkins，1996；Carrington，1988；Friedkin & Johnsen，1997；Montgomery et al.，2001；Ataca & Berry，2002）。因此，流动后受网络成员的影响，农民工的生育观念与行为会发生转变。一般而言，在社会生活中个体基于网络关系同其网络成员进行人际互动与交流，网络规模越大，与个体讨论生育话题的网络成员越多，个体通过网络交流获得的有关生育的信息越多，其观念与行为越易于发生转变。

在流动过程中，农民工经历着社会文化生活上的转变。在此过程中，城乡社会经济、文化等领域的差异，也无形地加大了农民工转变角色和身份的压力，促使农民工通过文化适应的方式逐步缩小自身与城市的差异。依据文化适应理论，具有不同文化的团体发生长期而直接的联系，会导致一个或两个团体改变原来的文化模式（Redfield et al.，1936）；但流动引起文化的改变，更多地体现在流入人口一方（Kim，1988）。因此，进入城市后，受城市社会主流先进文化的影响与带动，农民工会采取较积极的同化方式逐步认同和接受城市区域的社会文化与规范，在与城市社会的融合过程中促使个体的观念与行为发生变化（Berry & Kim，1988；Goldstein et al.，1997；Lindstrom，2003）。

总体而言，在社会网络因素、流动因素和个体因素的共同作用下，形成了流动后农民工的生育观念，产生生育行为。具体而言，流动后随着个体在城市滞留时间的延长，个体在与其网络成员进行有关生育话题的讨论与交流时，会将流动前自身已形成的生育观念或已发生的生育行为同网络成员的生育观念与行为进行比较，尤其是同与自身差异较大的弱关系群体进行比较评价，进而在个体社会人口特征、流动因素的作用下，在社会影响与社会学习的过程中，逐步形成流动后个体的生育观念，而当具备生育的社会支持条件时，在个体生育意愿的支配下产生生育行为。

基于以上分析，构造了基于社会网络的农民工生育观念与行为影响因素分析框架，见图 8－1。

二　研究假设

已有研究表明，在社会网络中，个体与网络成员的亲密程度越高，该网

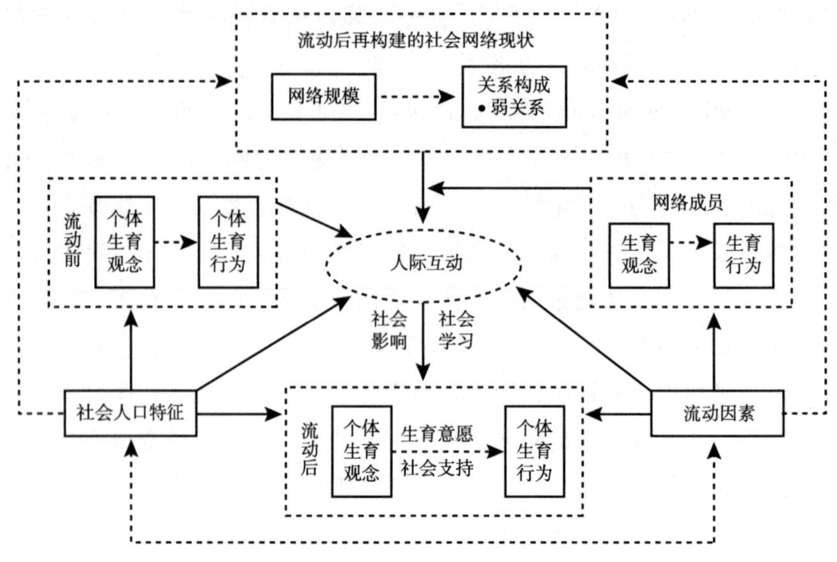

图 8-1 农民工生育观念与行为影响因素分析框架

络成员的观念与行为对个体的影响越大（Granovetter，1973；Fisher，1982）。因此，社会网络对观念行为的影响同时需要具备两个条件：网络成员的观念与行为和网络成员与被影响个体之间的关系强度。在变量操作化过程中，把网络成员的观念和行为以关系亲密程度为权重进行加总，来测度某个体的所有网络成员的观念或行为对其影响的总效应。流动后，农民工在与其生育讨论网络成员的互动与交流过程中，网络成员的观念与行为的现代性程度越高，越利于农民工观念与行为的现代化。而在中国，不同时期的社会经济、文化以及生育政策不同，致使人们的生育行为具有较强的时代特征和群体差异，因而在一定程度上，从生育行为角度难以客观地度量网络成员对个体生育观念与行为的影响。生育观念体现着个体行动者的理性选择，直接支配和制约着人们的生育行为（王树新，1994；Pritchett，1994），本章在分析中仅从生育讨论网络成员的生育观念角度，度量网络成员对农民工生育观念与行为的影响。据此，本章提出假设：

H8_1：网络成员的生育观念的现代性程度越高，越利于农民工生育观念与行为的现代化。

H8_1a：期望多育的网络成员越多，农民工期望多育的几率越大。

H8_1b：期望多育的网络成员越多，农民工多育的几率越大。

H8_1c：当网络成员对个体性别偏好的影响表现为负效应（有男孩偏好）时，农民工有男孩偏好观念的几率越高。

H8_1d：当网络成员对个体性别偏好的影响表现为负效应（有男孩偏好）时，农民工有男孩偏好行为（2 孩生育男孩）的几率越高。

理论上，社会网络的关系结构对个体观念的形成与变化具有重要影响。社会网络关系一般可划分为强关系和弱关系两类，西方学者在研究中多将“亲戚”和“朋友”定义为强关系，而将“熟人”定义为弱关系（Granovetter，1995）。且社会网络中的强关系与个体的社会经济特征相似性较高，提供的信息重复性相对较高；而弱关系则与个体间具有相对较高的异质性，更多地充当了“信息桥”的角色（Granovetter，1973）。在中国，乡土社会重视以家庭为纽带的亲缘和地缘关系，流动后职业和生活环境的变化促进了业缘和友缘网络关系的扩展（李培林，1996；曹子玮，2003）。边燕杰将以“亲缘”和“地缘”为主的家属、亲戚和老乡构成的网络关系定义为强关系，由“业缘”和“友缘”为主的朋友、同事和老板等构成的网络关系界定为弱关系（Bian，1999）。本书从生育观念与行为研究的角度认为，在农民工的社会网络中，从事个体经营、商业或服务业、产业的劳动者，在职业、社会地位等方面与农民工具有高度的同质性，形成了农民工的强关系群体，与农民工相似，在这类人群中传统生育观念与行为更为普遍；而职位层次相对较高的经理、企业主、专业技术人员、流入地与流出地的政府干部，在社会经济方面与农民工具有较大的差异，构成了农民工社会网络的弱关系，他们的生育观念与行为更具有现代性特征，对农民工生育观念与行为的转变发挥着更大的作用，更利于农民工的生育观念与行为趋同于城市市民。根据上述分析，提出如下假设：

H8_2：弱关系成员的影响更利于个体观念与行为向现代生育观念与行为转变。

H8_2a：当网络中有弱关系时，农民工趋于少育观念的几率越高。

H8_2b：当网络中有弱关系时，农民工少育的几率越高。

H8_2c：当网络中有弱关系时，农民工有男孩偏好观念的几率越低。

H8_2d：当网络中有弱关系时，农民工 2 孩生育男孩的几率越低。

另外，迁移或流动也有利于个体观念与行为的转变（Lee & Farber，

1984；Goldstein et al.，1997）。一般而言，流动后个体的生育观念与行为既受流动前自身已形成的观念的影响，也受流动后再社会化过程中自身对城市社会文化适应的影响。本书认为，人口流动对个体观念与行为的影响，表现在从初次流动时的年龄、流动后在城市的滞留时间和流动期间年返乡次数三个方面。依据赖利的年龄分层理论，由于家庭状况、教育程度、生活经历和居住区域社会经济文化、政策制度等的差异，初次流动时不同年龄层的农民工的生育观念不同（Riley，1971）。相对而言，未成年人对婚育问题还处于概念阶段；而成年人，尤其是已婚群体，对婚姻家庭、子女价值等问题已有了较深刻的认识，在社区生育文化、相关制度规范、家庭成员结构和生育观念的影响下，逐步形成了自己的生育观。据此，提出如下假设：

H8_3：初次流动时的年龄越小，流动后农民工生育观念与行为越趋于现代化。

H8_3a：初次流动时的年龄越小，流动后农民工期望多育的几率越低。

H8_3b：初次流动时的年龄越小，流动后农民工多育的几率越低。

H8_3c：初次流动时的年龄越小，流动后农民工有男孩偏好观念的几率越低。

H8_3d：初次流动时的年龄越小，流动后农民工有男孩偏好行为（2孩生育男孩）的几率越低。

流动后，在交往群体与流入地社会文化的影响下，随着对流入地社会生活的适应，个体的观念与行为会发生变化，从而形成了影响个体生育观念的时期效应（Riley，1971；Charlotte & Howard，1992；Geoffrey，2000；Hui et al.，2001；David & Christopher，2003）。同时，依据社会组织理论，进入组织时间较长的个体将对进入时间相对较短者产生较大的影响，而自身受进入组织时间较短者的影响也相对较小（McCain et al.，1983）。相应的，在城市社会，认同现代生育观念的城市市民对农民工的观念与行为会产生较大的影响，在城市滞留时间（流动时间）相对较长的农民工会对流动时间短的农民工产生较大影响，城市社会中主流现代生育观念会对农民工的观念与行为产生影响，流入时间越长，时期效应越强，农民工的观念与行为越趋同于城市社会的主流生育文化（Yu et al.，1996）。由此提出如下假设：

H8_4：流动时间越长，农民工生育观念与行为越趋于现代化。

H8_4a：流动时间越长，农民工期望少育的几率越高。

H8_4b：流动时间越长，农民工少育的几率越高。

H8_4c：流动时间越长，农民工有男孩偏好观念的几率越低。

H8_4d：流动时间越长，农民工有男孩偏好行为（2孩生育男孩）的几率越低。

三　研究方法

1. 现状分析

现状分析包括生育观念和生育行为分析。生育观念包括期望子女数和生育性别偏好。生育行为包括曾生子女数和性别比。无论是生育观念，还是生育行为，在分析时都将农民工流动前后的信息进行对比，通过LR检验来判断两者是否具有显著差异。在此基础上，分析农民工生育观念和行为的影响因素。

2. 影响因素分析

（1）生育观念

①期望子女数

因变量

农民工的期望子女数多为1孩或2孩，不育或多于2孩者所占比重较小，本章将期望子女数划分为期望生育1孩及以下和期望生育2孩及以上两类。采用二分Logistic回归方法进行期望子女数的影响因素分析，模型为：

$$\ln\frac{P}{1-P}=\alpha+\beta_1x_1+\beta_2x_2+\cdots \tag{8-1}$$

式（8-1）中，P表示期望生育2孩及以上的概率，以期望生育1孩及以下为基准。

自变量

社会网络因素。社会网络因素包括网络成员的期望生育数量观念和弱关系两个方面。首先，利用生育讨论网络中问题“他/她认为的理想子女数”所得到的信息，将被访者的每一个网络成员的期望子女数划分为“1孩及以下”和“2孩及以上”两类，并据此计算被访者生育讨论网络中期望生育2孩及以上的网络成员数（数值型变量），将其作为分析网络成员生育数量观念的指标。其次，利用生育讨论网络成员的职业信息，将职业为经理、私营企业主、专业技术人员、当地工会干部、当地妇联干部、当地计生干部、当地政府干部、家乡政府干部的网络成员界定为弱关系，分析中划分为“有弱关系”和“无弱关系”两类，以“无弱关系”为参照项。

流动因素。流动因素主要包括农民工初次流动时的年龄、在城市滞留时间和年返乡次数3个变量。初次流动时的年龄指个体首次外出进入城市时的年龄，分析中作为连续型变量；个体在城市滞留时间（简称流动时间）指农民工首次进入城市至调查之日止的时间长度，划分为“2年以内”、“3～4年”、“5～7年”、“8～10年”和“11年及以上”五类，以“2年以内”为参照项。年返乡次数（假定个体流动后每年返乡次数无明显变化）划分为“2次及以上”、“1次”和“不回去”三类，以“2次及以上”为参照项。

控制变量

控制变量为个体因素，包括性别、婚姻状况、受教育程度和流动前居住区域。其中，受教育程度作为分类变量，划分“为小学及以下”、“初中”和“高中及以上”三类；婚姻状况划分为“未婚”和“曾婚”（包括初婚、再婚、离异和丧偶）两类，以“未婚”为参照项；流动前居住区域分为“东部”、“中部”和“西部”三类，以“东部”为参照项。

②性别偏好

因变量

利用调查问卷中的问题“如果您第一个孩子是女孩，您想怎么做?”所得到的信息，将性别偏好划分为三级：“无男孩偏好”（停止生育）、“弱男孩偏好”（再要一个，不管男女）和“强男孩偏好”（不管怎样都要更多的孩子，直到有一个儿子为止）。

采用累加logit模型（Cumulative Logistic）进行分析，具体为：

$$\begin{cases} \ln\left[\dfrac{\pi_1}{1-\pi_1}\right] = \alpha_1 + \beta X \\ \ln\left[\dfrac{\pi_1+\pi_2}{1-\pi_1-\pi_2}\right] = \alpha_2 + \beta X \end{cases} \tag{8-2}$$

式（8－2）中，π_1、π_2分别表示因变量为农民工有强男孩偏好、弱男孩偏好的概率，而以无男孩偏好为参照项。

自变量

社会网络因素。社会网络因素主要包括网络成员对个体性别偏好的总影响效应和生育讨论网络中是否有弱关系。

网络成员对个体的性别偏好的总影响效应。利用生育讨论网中网络成员对“第一个孩子是女孩”时的态度，以相应网络成员与被访者的亲密程度为权重，采用式（8－3）加权计算网络成员对个体男孩偏好的总影响效应：

$$总影响效应 = \sum_{i=1}^{n} I_i \times A_i \qquad (8-3)$$

式（8－3）中，I_i 为第 i 个网络成员与被访者的亲密程度，分为“十分亲密”、“比较亲密”、“一般”、“不太亲密”和“很不亲密”五个等级，并分别赋值5、4、3、2和1；A_i 为第 i 个网络成员对第一胎是女孩的态度，分为“无男孩偏好”（停止生育）、“弱男孩偏好”（再要一个，不管男女）和“强男孩偏好”（不管怎样都要更多的孩子，直到有一个儿子为止），分别赋值1、0和－1，n 为网络成员数。回归分析中，将网络成员对个体性别偏好的总影响效应划分为“无效应”（加权值为零）、“正效应”（加权值大于零）和“负效应”（加权值小于零）三类，以“无效应”为参照项。

生育讨论网络中是否有弱关系。该变量的确定与期望子女数影响因素分析相同。

流动因素。流动因素包括初次流动时的年龄、在城市的滞留时间和年返乡次数三个变量。初次流动时的年龄作为连续型变量。流动时间划分为“不满1年”、“1～4年”、“5～7年”和“8年及以上”五类，以“不满1年”为参照项。年返乡次数划分为“2次及以上”、“1次”和“不回去”三类，以“2次及以上”为参照项。

控制变量

控制变量为个体因素，与期望子女数影响因素分析相同。

（2）生育行为

研究表明，2孩及以上孩次的出生性别比偏高，且该孩次的性别与前次存活子女性别相关（高凌，1993）。在已有1孩存活的情况下，流动后是否生育第2个孩子及其性别，可分别从数量和性别两个方面反映流动后农民工的生育行为特征。

①是否生育2孩

因变量

依据个体的生育史信息，在第1个孩子活产的条件下，确定自流动后至调查之日止农民工是否生育第2个孩子，将其作为分析中的因变量，具体划分为“生育第2个孩子”和“未生育第2个孩子”。特别注意的是，生育需要经历怀孕、生产过程以及后续的母乳喂养期，在生育 1 孩后，至少需要间隔约 1 年的时间才可能生育第 2 个孩子，因此，在确定分析样本时，剔除自第 1 个孩子出生后至调查之日止时间间隔不满 1 年的未生育第 2 个孩子的样本。

流动后是否生育第 2 个孩子，主要体现了流动后农民工在生育数量上的行为特征。利用调查所得到的农民工生育史信息，首先确定农民工的活产孩子数，并判断流动后个体是否生育了第 2 个孩子（1 孩为流动前生育或流动后生育，如果 2 孩活产则必须为流动后生育），进而将流动后农民工的生育行为划分为“生育 2 孩”与“未生育 2 孩”两类，将其作为因变量，采用二分 Logistic 回归方法进行分析，模型与式（8－1）相同。但此时的 P 代表流动后生育 2 孩的概率，以“未生育第 2 个孩子”为参照项；α 为常数项；X_i 表示个体的社会网络变量、流动变量和社会人口特征变量；β_i 为回归系数。

自变量

社会网络因素。社会网络因素包括网络中期望生育 2 孩及以上的成员人数和弱关系。利用生育讨论网络中问题“他/她认为的理想子女数”所得到的信息，将被访者的每一个网络成员的期望子女数划分为“1 孩及以下”和“2 孩及以上”两类，并计算生育讨论网络中期望生育 2 孩及以上的网络成员数，将其作为数值型变量纳入回归分析。弱关系的确定与前述相同。

在此，依据以下原则确定纳入计算范围的网络成员：如果个体在流动后生育了第 2 个孩子，则只将个体在生育该孩之前认识的网络成员（假设其生育观念在个体怀孕直至生产期间内未发生改变）计入度量范围；如果个体在流动后未生育第 2 个孩子，则将个体目前网络中的所有成员纳入度量范围。在完成网络成员的确认后，据此确定分析中的社会网络变量。

另外，网络成员的生育行为对个体的生育行为具有示范效应。理论上，网络成员的生育行为也应作为自变量引入回归模型，但由于本次调查并不是针对农民工的生育问题进行的专项调查，调查中未得到有关网络成员生育的时间信息，加之生育过程特征，不能准确判断网络成员的生育行为是否发生在个体的生育行为之前。因此，生育行为的影响因素分析均未考虑网络成员的生育行为对个体生育行为的影响。

流动因素。流动因素包括农民工初次流动时的年龄、流动时间和年返乡的次数 3 个变量。初次流动时的年龄，作为数值型变量。对于个体的流动时间，依据以下原则进行确定：如果被访者流动后生育了第 2 个孩子，则其流动时间计算的截止时点为第 2 个孩子出生的具体时间，如果个体在流动后未生育第 2 个孩子，则其流动时间的截止时点为本次调查时点。分析中，流动时间划分为“2 年以内”、“3 ~4 年”、“5 ~7 年”、“8 ~10 年”和“11 年及以上”五类，以“2 年以内”为参照项。年返乡次数划分为“2 次及以上”、“1 次”和“不回去”三类，以“2 次及以上”为参照项。

控制变量

控制变量为个体因素，包括受教育程度、第 1 孩的生育时间和性别，以及流动前居住区域。其中，受教育程度划分为“小学及以下”、“初中”和“高中及以上”三类，以“小学及以下”为参照项；第 1 孩的生育时间划分为“流动前生育”和“流动后生育”两类，以“流动后生育”为参照项；第 1 孩的性别划分为“男孩”和“女孩”，以“男孩”为参照项；流动前居住区域划分为“东部”、“中部”和“西部”三类，以东部为参照项。

②2 孩性别

因变量

流动后 2 孩性别主要体现了农民工生育行为上的性别偏好特征。依据个体的生育史信息，以流动后 2 孩性别为因变量。分析中，采用二分 Logistic 回归方法，以“2 孩为女孩”为参照项。模型与式（8 - 1）相同。但在此式中的 P 代表 2 孩性别为男孩的概率；α 为常数项；X_i 表示个体的社会网络变量、流动因素变量和社会人口特征变量；β_i 为回归系数。

自变量

社会网络因素。社会网络因素包括网络成员对个体性别偏好的总影响效应和网络中是否有弱关系。其中，网络成员性别偏好的总影响效应采用“第一胎为女孩时的态度”为主进行确定，其测度方法与前述生育观念中的确定方法相同；在测度生育讨论网络中是否有弱关系时，考虑男孩偏好观念与生育行为的时滞性，只纳入个体生育该孩前已认识的网络成员对个体男孩偏好的影响效应（假定该网络成员在个体怀孕前的男孩偏好至个体生育该孩时的男孩偏好一致），在此基础上，依据这些网络成员的职业信息，确定个体生育讨论网络中是否有弱关系。

流动因素。流动因素包括个体初次流动时的年龄、流动时间和年返乡次数 3 个变量。初次流动时的年龄作为连续型变量。流动时间划分为“4 年以内”、“5 ~7 年”、“8 年及以上”三类，以“4 年以内”为参照项。年返乡次数划分为“2 次及以上”、“1 次”和“不回去”三类，以“2 次及以上”为参照项。

控制变量

控制变量为个体因素，包括受教育程度、第 1 孩的性别和流动前居住区域。其中，受教育程度划分为“小学及以下”、“初中”和“高中及以上”三类，以“小学及以下”为参照项；第 1 孩的性别划分为“男孩”和“女孩”两种，以“男孩”为参照项；流动前居住区域划分为“东部”、“中部”和“西部”三类，以“东部”为参照项。

第二节　社会网络与生育观念

一　生育观念现状

1. 期望子女数

依据调查问卷中的问题“您认为一个家庭中最理想的孩子数是几个?”所得到的信息，确定农民工的期望子女数，结果见表 8 - 1。

表 8 - 1　农民工流动前后期望子女数分布

单位：%

项目	样本数	不要孩子	1 孩	2 孩	3 孩及以上	均值
流动前期望子女数	1737	0.2	25.0	70.6	4.1	1.8
流动后期望子女数	1739	0.2	34.8	62.9	2.1	1.7
LR 检验	***					

注：*** $p<0.001$。

资料来源：2005 年深圳市外来农村流动人口调查。

由表 8 - 1 可知，流动后被访者中期望生育 2 孩、3 孩及以上者所占比例下降，期望生育 1 孩者所占比例上升；流动后平均期望子女数下降。同时，检验结果表明，流动前后流动人口的生育数量观念具有显著差异。

2. 生育性别偏好

依据调查问卷中的问题“如果您第一个孩子是女孩，您想怎么做?”所得到的信息分析农民工的性别偏好观念，结果见表 8 - 2。

表 8－2　农民工流动前后性别偏好分布

单位：%

项目	流动前	流动后	LR 检验
停止生育	28.2	37.1	***
再要一个,不管男女	63.9	55.9	
不管怎样都要更多的孩子,直到有一个儿子为止	7.9	7.0	
样本数	1686	1725	

注：*** $p<0.001$。

资料来源：2005 年深圳市外来农村流动人口调查。

由表 8－2 可知，流动后，在第一胎是女孩的情况下，“不管男女再要一个孩子”者所占比例，与“不管怎样都要更多的孩子，直到有一个儿子为止”者所占比例均下降，“停止生育”者所占比例有所上升；统计检验结果显示，流动前后农民工对头胎生育女孩的态度具有显著差异，表明流动前后农民工的男孩偏好观念发生改变，流动后部分农民工的男孩偏好观念有所弱化。

总之，流动前后农民工的生育数量和性别偏好观念具有显著差异；流动后生育数量偏好与生育性别偏好发生变化，期望子女数下降，男孩偏好观念有所弱化。

二　生育观念影响因素分析

1. 期望子女数

(1) 描述性信息

表 8－3 提供了农民工期望子女数影响因素分析的描述性信息。

表 8－3　农民工期望生育子女数影响因素分析的描述性信息

变量	均值	方差
因变量		
个体期望生育数量(1 个及以下)		
2 个及以上	0.651	0.477
自变量		
社会网络因素		
期望生育 2 孩及以上的网络成员数	1.186	0.920

续表

变量	均值	方差
生育讨论网络中的弱关系(无)		
有	0.098	0.297
流动因素		
初次流动时的年龄	23.988	6.581
流动时间(2年以内)		
3~4年	0.159	0.366
5~7年	0.250	0.433
8~10年	0.140	0.347
11年及以上	0.229	0.420
年返乡频率(2次及以上)		
一年一次	0.502	0.500
不回去	0.307	0.461
个体因素		
性别(女)		
男	0.510	0.500
婚姻状况(未婚)		
曾婚	0.703	0.457
受教育程度(小学及以下)		
初中	0.578	0.494
高中及以上	0.295	0.456
流出地(东部)		
中部	0.466	0.499
西部	0.224	0.417
样本数	1548	

资料来源：2005年深圳市外来农村流动人口调查。

由表8-3的描述性分析结果可知，在1548个有效样本中，期望生育2孩及以上者约占总样本的65%；男性略多于女性，约70%的人曾婚，初中文化程度者居多，来自中部的农民工相对较多。在生育讨论网络中，个体中心网络成员期望生育2孩及以上的平均人数为1.2人，9.8%的农民工社会网络中有弱关系。初次流动时的平均年龄约为24岁，表明外出打工者中青年农民工居多；从流动时间上看，在城镇滞留5~7年者相对较多；约50%的农民工每年返乡1次，约31%的人打工期间几乎不回家乡。

(2) 回归分析结果

农民工期望子女数的影响因素回归分析，主要包括单变量分析和多变量分析两部分。单变量分析主要用于度量每一个变量对农民工期望子女数的粗影响；多变量分析在于确定各个因素对个体生育数量观念的净影响，分为3个模型。模型1分析社会网络因素对个体生育数量观念的影响；模型2分析流动因素对个体生育数量观念的影响；模型3分析社会网络、流动因素和个体因素对农民工生育数量观念的影响。回归分析结果见表8-4。

表8-4 农民工期望子女数影响因素回归分析结果

变量	Exp(B)			
	粗影响	模型1	模型2	模型3
自变量				
社会网络因素				
期望生育2孩及以上的网络成员数	2.093***	2.108***		1.883***
生育讨论网络中的弱关系(无)				
有	0.552***	0.504***		0.483***
流动因素				
初次流动时的年龄	1.032***		1.043***	1.027*
流动时间(2年以内)				
3~4年	0.734+		0.811	0.727+
5~7年	1.307+		1.407*	1.372+
8~10年	1.509*		1.755***	1.593*
11年及以上	2.501***		3.008***	2.210***
年返乡频率(2次及以上)				
一年一次	0.688*		0.692*	0.816
不回去	0.599***		0.554***	0.799
个体因素				
性别(女)				
男	0.684***			0.923
婚姻状况(未婚)				
曾婚	2.050***			1.221
受教育程度(小学及以下)				
初中	0.518***			0.660*

续表

变量	Exp(B)			
	粗影响	模型 1	模型 2	模型 3
高中及以上	0.363***			0.481***
流动前居住区域(东部)				
中部	0.503***			0.513***
西部	0.412***			0.415***
-2LL		1895.49***	1925.16***	1762.56***
样本数	1568			

注：曾婚包括初婚、再婚、离婚和丧偶。*** $p<0.001$，** $p<0.01$，* $p<0.05$，+ $p<0.1$。
资料来源：2005 年深圳市外来农村流动人口调查。

由表 8-4 中的单变量分析结果可知，期望生育 2 孩的网络成员越多，个体多育的可能性越大；生育讨论网络中有弱关系时，个体趋于少育的几率越高。初次流动时的年龄越大，个体期望生育 2 孩及以上的可能性越大；流动时间在 3~4 年者，相对于流动时间在 2 年以内的个体多育的几率下降，但流动时间在 5 年以上时，个体趋于多育的可能性却显著上升；年返乡频率越低，个体有多育观念的可能性越小。相对于女性而言，男性更期望生育较少的孩子；曾婚人群期望生育 2 孩及以上的可能性显著高于未婚人群；随着受教育程度的上升，个体期望多育的几率下降；流动前居住于中、西部的人群流动后期望少育的几率显著低于流动前居住于东部的人群。

在多变量分析中，模型 1 的结果表明，社会网络因素对个体期望生育子女数具有显著影响。其中，随着生育讨论网络中期望生育 2 孩及以上的网络成员人数的增加，个体期望生育 2 孩及以上的几率显著上升；网络中弱关系成员期望生育数量观念带来的影响，会使个体有少育观念的几率上升。

模型 2 的结果表明，流动因素对个体期望生育子女数具有显著影响。初次流动年龄越大，个体期望生育 2 孩及以上的几率越大；与在城镇滞留时间在 2 年以内的群体相比，在城镇滞留 5 年以上的农民工生育 2 孩及以上的可能性显著增大；与返乡 2 次及以上者相比，年返乡一次与不回乡者生育 2 孩及以上的几率显著下降。

模型 3 分析了社会网络因素、流动因素和个体因素对农民工的生育数量观念的共同影响。结果表明，社会网络因素对个体期望生育数量观念具有显著影响，其中，生育讨论网络中期望生育 2 孩及以上的网络成员每增加一个，个体期望生育 2 孩及以上的风险将上升 0.883 倍；网络中有弱关系的个体期望生育 2 孩及以上的几率仅为无弱关系的个体的 0.48 倍。在流动因素中，个体初次流动年龄越大，期望生育 2 孩及以上的几率相对越高；与在城镇滞留时间在 2 年以内的群体相比，在城镇滞留 3～4 年的农民工期望生育 2 孩及以下的几率下降，约为前者的 0.73 倍，但是当在城镇滞留 5 年以上时生育 2 孩及以上的可能性显著增大，滞留时间越长，期望多育的几率增长得越快。另外，个体因素中的受教育程度和流动前居住区域，也对个体期望生育数量观念具有显著影响。随着受教育程度的上升，个体期望多育的几率下降；流动前居住于中部和西部的人群流动后期望少育的几率显著低于流动前居住于东部的人群。

（3）讨论

农民工期望生育数量的影响因素分析结果，符合本章提出生育观念与行为分析框架，支持了本章研究的总体假设。单变量的分析结果表明，本章在研究设计中的社会网络因素、流动因素和个体因素对个体生育数量观念均产生了影响，这在一定程度上支持了本章提出的分析框架。在多变量分析中，随着期望多育子女的网络成员的增加，个体期望生育 2 孩及以上的几率显著上升，充分表明网络成员的期望子女数量观念对个体的生育观念产生了影响（Carrington，1988；Bongaarts & Watkins，1996；Friedkin & Johnsen，1997；Kohler et al.，2001；Montgomery et al.，2001；Ataca & Berry，2002），验证了假设 H8_ 1a。生育讨论网络有弱关系时，个体多育的几率显著低于无弱关系的个体，表明与个体间具有相对较高的异质性的弱关系更多地充当了“信息桥”的角色（Granovetter，1973），弱关系网络成员的“少育”观念促进了个体有多育观念的几率的下降，这一结果与假设 H8_ 2a 一致。

在流动因素中，个体初次流动时的年龄越大，个体期望多育的几率越高，表明在流动时点基于年龄的差异产生了影响流动群体调查时点的生育观念的队列效应（Hui et al.，2001），初次流动年龄越大，受农村传统生育观念的影响时间越长，所受影响越大，有多育观念的可能性越大，验证了假设 H8_ 3a。个体在城市的滞留时间对个体生育数量观念产生了影响，随着个体在城市滞留时间的延续，个体期望多育的几率呈现先下降再上升的过程，因此，假设 H8_ 4a 未得到充分验证。本书认为，在流动之初，农民工具有相对较强的传统生育观念，随着打工时间的延长，受城市地区的生活环境、社会网络等的影响，个体对城市社会文化的认识与认同感逐步加强，短期内会引起个体生育观念向城市社会转变（Griffith & Villavicencio，1985）。流动时间越长，个体对城市社会文化的适应程度越高，生活水平也有所提高，但受社会体制的约束，其本质上仍“游离”于城市社会，并未从根本上抵消或替代养儿防老等现实需求（穆光宗、陈俊杰，1996），传统的通过多育方式以获取未来较多的支持与保障的心理在一定程度上得到了强化。对此尚需进一步考证。另外，年返乡频率在多变量分析中并不显著，这也在一定程度上表明，社会网络、在城市的滞留时间和初次流动年龄对个体生育观念的影响更为重要。

最后，个体受教育程度和流动前居住区域对农民工生育数量观念具有显著影响。随着教育水平的提高，期望少育的几率越高。流动前居住在西部和中部的个体相对于流动前居住在东部的人群有少育观念的几率更大，这充分说明，中国农村地区的生育数量观念与经济发展水平有密切的关系。

2. 性别偏好

（1）变量描述信息

表 8－5 提供了农民工性别偏好影响因素分析的变量描述信息。

表 8－5　农民工性别偏好回归变量描述

变量	均值	方差
因变量		
第 1 孩为女孩时的性别偏好（无男孩偏好）		
弱男孩偏好	0.556	0.497
强男孩偏好	0.072	0.258
自变量		
社会网络因素		
网络成员对个体性别偏好的总影响效应（无效应）		
负效应（有性别偏好）	0.280	0.450
正效应（无性别偏好）	0.600	0.490
生育讨论网络中的弱关系（无）		
有	0.097	0.296
流动因素		
初次流动时的年龄	24.380	7.587

续表

变量	均值	方差
流动时间(不满1年)		
1~4年	0.334	0.472
5~7年	0.254	0.435
8年及以上	0.372	0.484
年返乡频率(2次及以上)		
一年一次	0.504	0.500
不回去	0.307	0.461
个体因素		
性别(女)		
男	0.515	0.500
婚姻状况(未婚)		
曾婚	0.711	0.453
受教育程度(小学及以下)		
初中	0.294	0.456
高中及以上	0.126	0.332
已有子女性别(无孩)		
只有男孩	0.271	0.445
只有女孩	0.146	0.353
男女孩均有	0.232	0.422
流动前居住区域(东部)		
中部	0.466	0.499
西部	0.224	0.417
样本数	1483	

资料来源：2005年深圳市外来农村流动人口调查。

由表8-5可知，对于“如果您第一个孩子是女孩，您想怎么做?”问题上所体现出的生育意愿，被访者中无男孩偏好者占37.2%，弱男孩偏好者占55.6%，强男孩偏好者占7.2%，表明多数农民工在生育性别方面存在男孩偏好。网络成员对个体性别偏好的影响效应表现为无性别偏好者较多，达到60%；讨论网络中有弱关系者相对较少，不到一成。

(2) 回归分析结果

在农民工性别偏好的影响因素分析中，首先进行单变量对性别偏好的粗影响分析；继而采用3个模型进一步分析各因素对农民工性别偏好的净影响：模型1分析了社会网络因素对个体性别偏好的影响，模型2分析了流动因素对个体性别偏好的影响，模型 3 分析了社会网络因素、流动因素和个体因素对农民工性别偏好观念的共同影响。回归结果见表 8 – 6。

表 8 – 6　农民工生育性别偏好影响因素分析回归结果

变量	B 值			
	粗影响	模型 1	模型 2	模型 3
社会网络因素				
网络成员对个体性别偏好的总影响效应(无效应)				
负效应(有男孩偏好)	–1.363***	–1.384***		–1.183***
正效应(无男孩偏好)	1.528***	1.491***		1.313***
生育讨论网络中的弱关系(无)				
有	0.710***	0.534**		0.558**
流动因素				
初次流动时的年龄	–0.042***		–0.05***	–0.018+
流动时间(不满 1 年)				
1 ~4 年	0.529+		0.348	0.711*
5 ~7 年	0.420		0.222	0.590*
8 年及以上	–0.053		–0.396	0.304
年返乡频率(2 次及以上)				
一年一次	0.145		0.191	0.067
不回去	0.410**		0.514***	0.190
个体因素				
性别(女)				
男	–0.527***			–0.102
婚姻状况(未婚)				
曾婚	–0.684***			0.151
受教育程度(小学及以下)				
初中	0.620***			0.165
高中及以上	1.189***			0.525**
已有子女性别(无孩)				
只有男孩	–0.443***			–0.358
只有女孩	–0.615***			–0.631*
男女孩均有	–1.478***			–0.928***
流出地(东部)				
中部	0.350**			0.300*
西部	0.707***			0.680***
–2LL		146.12***	1080.38***	2170.17***
样本数	1483			

注：*** $p<0.001$，** $p<0.01$，* $p<0.05$，+ $p<0.1$。

资料来源：2005 年深圳市外来农村流动人口调查。

单变量分析结果表明，网络成员的性别偏好观念对个体男孩偏好观念具有显著影响，当网络成员对个体性别偏好的总影响效应为负效应（有男孩偏好）时，个体有男孩偏好观念的几率上升；反之，当总影响效应为正向（无男孩偏好）时，个体有男孩偏好的几率显著下降；生育讨论网络中弱关系有助于个体有男孩偏好的几率的下降；初次流动时的年龄越大，个体有男孩偏好的几率越高；不回乡者有男孩偏好的几率显著低于年返乡 2 次以上者；男性比女性更可能有男孩偏好观念；曾婚人群有男孩偏好的几率高于未婚人群；随着受教育程度的提高，个体有男孩偏好的几率下降；已有孩子者有男孩偏好的几率高于无孩者，且在男女孩均有的人群中表现得最为突出；流动前居住于中部和西部的人群流动后有男孩偏好的几率显著高于东部人群。

多变量分析中，模型 1 的结果表明，网络成员的性别偏好和生育讨论网络中弱关系对农民工的性别偏好具有显著影响。网络成员对农民工的性别偏好的总影响效应为负效应时，农民工有男孩偏好的几率约为网络成员性别偏好观念总影响效应为零者的 4（$e^{1.384}$）倍，而网络成员对个体的性别偏好的总影响效应为正效应时，农民工有男孩偏好的几率仅为网络成员性别偏好总影响效应为零者的 0.23（$e^{-1.491}$）倍；有弱关系的农民工有男孩偏好的几率约为无弱关系者的 0.59（$e^{-0.534}$）倍。

模型 2 的结果表明，初次流动时的年龄和年返乡次数对个体性别偏好观念产生影响，相对而言，在城市的滞留时间对个体有无性别偏好的影响并不显著。

模型 3 的回归结果显示，社会网络因素、流动因素和个体因素均在一定程度上对农民工性别偏好观念产生了影响。流动后，初次流动时个体的年龄越大，农民工有男孩偏好观念的几率越高；随着在城市滞留时间的延长，农民工有男孩偏好观念的几率下降，其中，流动时间在 1～7 年者有男孩偏好的几率约为流动不足 1 年者的 50% 左右；受教育程度为高中及以上的农民工有男孩偏好的几率显著低于小学及以下文化程度者；只有女孩和男女孩均有的农民工有男孩偏好观念的几率均显著高于无孩者，分别为无孩者的 1.9（$e^{0.631}$）倍和 2.5（$e^{0.928}$）倍；流动前西部与中部的农民工有男孩偏好的几率显著高于来源于东部的农民工。流动后年返乡次数并未对农民工的男孩偏好观念产生影响。

另外，回归分析结果中模型 1、模型 2 和模型 3 中的似然对数值 -2LL 均显著，表明以上回归模型的估计具有较高的有效性。相对而言，模型 1 的拟合优度最高，说明网络成员生育性别偏好对流动后农民工的性别偏好影响尤为重要。

（3）讨论

回归结果表明，社会网络因素对农民工的性别偏好观念产生了重要影响。当生育讨论网络成员对个体性别偏好的总影响效应表现为无男孩偏好时，农民工有男孩偏好观念的几率降低；相反，网络成员的性别偏好的影响将促进农民工男孩偏好观念的几率上升，这一结果在一定程度上表明，基于社会网络的社会影响与社会学习机制在个体的生育观念上发挥了作用（Montgomery et al.，2001；Ataca & Berry，2002），假设 H8_ 1c 得到验证。生育讨论网络弱关系成员的性别偏好观念的现代化程度相对较高，弱关系群体较弱的男孩偏好将促使个体有男孩偏好的可能性下降，验证了假设 H8_ 2c，由此可知，社会网络中有弱关系更利于农民工男孩偏好观念的弱化。

流动因素对农民工性别偏好观念产生的影响。具体表现在，初次流动时的年龄越大，流动后个体有男孩偏好的几率越高，表明初次流动时点农民工群体形成了队列效应，对流动后个体的男孩偏好观念产生了影响。个体在城市的滞留时间对生育性别偏好具有一定影响，表明流动后个体在适应流入地的社会生活过程中，形成了影响个体生育观念的时期效应（Riley，1971；Charlotte & Howard，1992）。流入时间越长，时期效应越强，男孩偏好越弱，性别偏好观念与行为越趋同于城市市民（Yu et al.，1996）。流动后年返乡次数对个体性别偏好并未产生影响，表明流动后农民工观念与行为的转变更多地受来自城市社会生活的影响。

另外，受教育程度和已有子女性别对个体性别偏好观念产生了影响。受教育程度越高，有男孩偏好的几率越低，这一结果与已有的研究结果一致（涂平，1993）。已有子女性别对性别偏好观念具有显著影响，表明农民工在无男孩时强烈偏好男孩，在有一男孩时则期望儿女双全，进而期望生育更多的男孩（李涌平，1993；风笑天、张青松，2002）。流出地区域对个体的男孩偏好观念具有显著影响，表明性别偏好观念在中国农村存在区域性差异（穆光宗、陈俊杰，1996）。

总体上，社会网络因素、流动因素和个体因素均在一定程度上对农民工性别偏好观念产生了影响，较好地验证了本章提出的研究假设，印证了本章的分析框架。

第三节　社会网络与生育行为

一　生育行为现状

利用深圳调查中散居被访者生育史数据，从流动前后曾生子女数、曾生子女性别比的角度对农民工生育行为进行分析。

表 8－7 提供了流动前后农民工的曾生子女数和曾生子女性别比。

表 8－7　农民工曾生子女数及性别比

孩次	生育时间	总人数	男	女	性别比	95% 致信区间	LR 检验
1 孩	流动前	569	303	266	112.6	95.55～132.89	*
	流动后	441	266	175	152.0	126.00～184.77	
2 孩	流动前	314	187	127	147.2	108.10～204.39	ns
	流动后	224	144	80	180.0	138.16～239.68	
3 孩及以上	流动前	91	50	41	122.0	80.94～187.17	ns
	流动后	53	35	18	194.4	114.05～371.32	
总计	流动前	974	540	434	124.4	92.61～119.10	***
	流动后	718	445	273	163.0	94.42～121.61	

注：1. *** $p<0.001$， * $p<0.05$， + $p<0.1$， ns 为不显著。

2. 95% 置信区间计算以 105 为性别比基准。

资料来源：2005 年深圳市外来农村流动人口调查。

表 8－7 结果显示，流动前后农民工的曾生子女性别比均高于基准性别比 105，但流动前后分孩次的曾生子女性别比均在置信度为 95% 的临界范围内，而总的曾生子女性别比均超出了 95% 的致信区间。流动后分孩次曾生子女性别比均明显高于流动前，流动前后的 1 孩曾生子女性别比和总的曾生子女性别比之间存在显著差异。以上结果表明，流动后农民工生育水平下降，但流动前后农民工在生育行为上均体现了较强的男孩偏好特征，流动后表现得更为突出。

总之，从以上生育观念与行为的现状分析结果可知，流动前后较多的农民工期望生育2孩，不要小孩和生育多孩者较少；流动后期望子女数下降，部分农民工的男孩偏好观念有所弱化；流动前后农民工的生育行为均具有较强的男孩偏好特征，流动后表现得更为显著；流动后农民工的生育水平相对有所降低。

二　生育行为影响因素分析

1. 流动后是否生育2孩

(1) 描述性信息

表8－8给出了农民工流动后是否生育2孩的影响因素分析的描述性信息。

表8－8　流动后农民工是否生育2孩影响因素分析的描述性信息

变量	均值	方差
因变量		
是否生育第二个孩子(否)		
是	0.320	0.468
自变量		
社会网络因素		
期望生育2孩及以上的网络成员数	1.376	0.804
生育讨论网络中的弱关系(无)		
有	0.103	0.304
流动因素		
初次流动时的年龄	24.388	5.868
流动时间(2年以内)		
3～4年	0.152	0.359
5～7年	0.246	0.431
8～10年	0.191	0.393
11年及以上	0.244	0.430
年返乡频率(2次及以上)		
一年一次	0.518	0.500
不回去	0.302	0.459

续表

变量	均值	方差
个人因素		
受教育程度(小学及以下)		
初中	0.536	0.499
高中及以上	0.305	0.461
1孩的生育时间(流动前)		
流动后	0.633	0.482
1孩的性别(男)		
女	0.414	0.493
流出地(东部)		
中部	0.457	0.499
西部	0.231	0.422
样本数	660	

资料来源：2005年深圳市外来农村流动人口调查。

从表8-8的结果可知，农民工中具有初中文化程度者约占半数以上；约有63.3%的农民工第1孩出生于流动后；约41.4%的第1孩为女孩；流动后约32%的农民工生育了2孩。生育讨论网络中，平均有1.38个网络成员期望生育2孩及以上；10.3%的农民工生育讨论网络中有弱关系；初次流动时农民工的年龄相对较小；在城市滞留时间在5年及以上者相对较多；约51.8%的农民工1年返乡1次。

（2）回归分析结果

流动后是否后育2孩回归结果见表8-9。

表8-9　流动后农民工是否生育2孩影响因素回归分析结果

变量	Exp(B)			
	粗影响	模型1	模型2	模型3
社会网络因素				
期望生育2孩及以上的网络成员数	1.144	1.263*		1.317*
生育讨论网络中的弱关系(无)				
有	0.667	0.680		0.484*
流动因素				
初次流动时的年龄	0.943***		0.885***	0.860***

续表

变量	Exp(B)			
	粗影响	模型 1	模型 2	模型 3
流动时间(2 年以内)				
3～4 年	1.774*		1.289	1.034
5～7 年	1.115		0.593+	0.585+
8～10 年	0.739		0.306***	0.232***
11 年及以上	0.618+		0.212***	0.152***
年返乡频率(2 次及以上)				
一年一次	0.790		0.813	0.918
不回去	0.676		0.708	0.837
个人因素				
受教育程度(小学及以下)				
初中	0.747			0.810
高中及以上	0.411***			0.342***
1 孩生育时间(流动前)				
流动后	0.728+			0.757
1 孩的性别(男)				
女	1.735***			1.555*
流出地(东部)				
中部	0.576**			0.565*
西部	0.488**			0.471**
-2LL		757.567***	769.032***	649.403***
样本数	660			

注：*** $p<0.001$，** $p<0.01$，* $p<0.05$，+ $p<0.1$。

资料来源：2005 年深圳市外来农村流动人口调查。

对于流动后农民工是否生育第 2 个孩子的影响因素分析，首先进行单变量分析，确定各变量对是否生育第 2 个孩子的粗影响；继而采用 3 个模型进一步分析各因素对是否生育 2 孩的净影响。其中，模型 1 分析了社会网络因素对是否生育 2 孩的影响，模型 2 分析了流动因素对是否生育 2 孩的影响，模型 3 分析了社会网络因素、流动因素和个体因素对农民工是否生育 2 孩的共同影响。

由单变量分析可知，社会网络因素对个体流动后是否生育 2 孩的影响并不显著；在流动因素中，初次流动时的年龄越大，流动后生育 2 孩的几率越小；流动后在城市滞留时间在 3～4 年者生育 2 孩的几率高于滞留时间在 2 年以内的群体，而滞留 11 年及以上的群体生育 2 孩的几率却有所降低。在个体因素中，高中及以上文化程度者流动后生育 2 孩的几率显著低于小学及以下者；第 1 孩为流动后生育的个体，流动后生育 2 孩的几率有所降低；第 1 孩为女孩的个体，流动后生育 2 孩的几率显著高于第 1 孩为男孩者；流动前居住于中部与西部地区的个体，流动后生育 2 孩的几率显著低于流动前居住于东部的个体。

在多变量分析中，模型 1 的结果显示了生育讨论网络中期望生育 2 孩及以上的网络成员越多，个体流动后生育 2 孩的几率越高。模型 2 的结果表明，初次流动时的年龄越大，流动后个体生育 2 孩的几率越小；随着个体在城市滞留时间的延长，个体生育 2 孩的几率下降，且在滞留时间为 5 年以上的农民工群体中表现得尤为明显。模型 3 的回归结果显示，生育讨论网络中期望生育 2 孩及以上的网络成员越多，个体流动后生育 2 孩的几率越高；生育讨论网络中有弱关系的个体，流动后生育 2 孩的几率仅为无弱关系者的 0.48 倍。初次流动时的年龄越大，流动后生育 2 孩的几率越小；在城市滞留时间在 5 年以上的个体流动后生育 2 孩的几率显著下降，特别是流动时间在 8 年以上的个体，流动后生育 2 孩的几率约为在城市滞留时间在 2 年以内者的 0.2 倍；第 1 孩为女孩的农民工流动后生育 2 孩的几率是第 1 孩为男孩者的 1.56 倍；受教育程度为高中及以上的群体生育 2 孩的几率仅为小学及以下者的 0.35 倍；流动前居住于中部与西部地区的个体，流动后生育 2 孩的可能性显著低于流动前居住于东部的个体。

（3）讨论

从流动后农民工是否生育 2 孩的影响因素分析结果发现，社会网络中网络成员的生育数量观念、弱关系的有无，流动因素中个体的初次流动时的年龄、在城市的滞留时间（流动时间）以及个体的受教育程度与流动前居住区域，均在不同程度上对个体流动后是否生育 2 孩产生了影响。基本验证了本章的分析框架。

在社会网络因素中，生育讨论网络中期望多育的网络成员的影响，将提高流动后农民工生育 2 孩的几率，验证了假设 H8_1b；农民工的网络成员中有弱关系，将促使个体流动后生育 2 孩的几率下降，验证了假设 H8_2b。在流动因素中，初次流动时的年龄越小，个体流动后生育 2 孩的几率越高。对此我们认为，目前中国的农民工初次流动时多处于生育旺盛期，流动后会在国家计划生育政策允许范围内实施个体的生育决策，生育 2 孩的可能性相对较高。随着个体在城市滞留时间的延长，流动后个体生育 2 孩的几率下降，这说明个体在城市的滞留时间越长，对城市区域社会文化适应程度越高，受城市现代生育观念的影响越大，生育数量会趋于下降。

值得说明的是，本节在研究生育行为中发现的“随着个体在城市滞留时间的延长，流动后个体生育 2 孩的几率下降，这在一定程度上说明个体在城市的滞留时间越长，对城市区域社会文化适应程度越高，受城市现代生育观念的影响越大、生育数量越于下降”与上节研究生育观念中发现的“流动时间在 5 年以上时，时间越长，个体多育意愿的可能性越大”和“传统的通过多育获得未来较多的支持与保障的心理在一定程度上得到了强化”并不矛盾。产生结果不一致的原因是，尽管农民工进入城市工作生活，但是由于长期的户籍制度和社会保障制度的不完善，造成了他们长时间在城市生活使得生育意愿向传统回归，但是由于城市高昂的生活成本和经济负担，又使得他们不得不选择少育的行为。

另外，个体因素中的受教育程度、第 1 孩的性别和流出地区域，也对个体流动后是否生育 2 孩产生了影响。高中及以上者流动后生育 2 孩的可能性下降，表明受教育程度越高，越利于接受现代少育的生育文化；第 1 孩为女孩者流动后生育 2 孩的几率显著增高，这在一定程度上反映了“1 孩为女孩时可在一定时间间隔后生育 2 孩”的计划生育政策；同时，也体现了农村人口传统的多育与偏好男孩的生育特征。来源于不同流出区域的农村流动人口生育 2 孩的几率不同，表明农村人口的生育行为具有地区性差异。

2.2 孩性别

（1）描述性信息

表 8－10 提供了农民工 2 孩性别的影响因素分析的变量描述性信息。

表 8－10　农民工生育 2 孩性别影响因素的描述性信息

变量	均值	方差
因变量		
2 孩性别（女）		
男	0.683	0.467
自变量		
社会网络因素		

续表

变量	均值	方差
网络成员对个体性别偏好的总影响效应（无效应）		
负效应（有性别偏好）	0.190	0.396
正效应（无性别偏好）	0.124	0.330
生育讨论网络中的弱关系（无）		
有	0.134	0.342
流动因素		
初次流动时的年龄	22.520	4.679
流动时间（4 年以内）		
5～7 年	0.290	0.455
8 年及以上	0.350	0.478
年返乡频率（2 次及以上）		
一年一次	0.522	0.501
不回去	0.269	0.445
个人因素		
受教育程度（小学及以下）		
初中	0.667	0.743
高中及以上	0.177	0.383
1 孩的性别（男孩）		
女孩	0.495	0.501
流出地（东部）		
中部	0.425	0.496
西部	0.188	0.392
样本数	186	

资料来源：2005 年深圳市外来农村流动人口调查。

由表 8－10 可知，在有效样本内，农民工初次流动时的平均年龄为 22.5 岁，67% 的个体具有初中文化水平，流动后约 68.3% 的农民工生育了男孩，第 1 孩为男孩者所占比例略高于第 1 孩为女孩者，来源于中部的农民工相对较多。生育讨论网络成员对个体性别偏好观念的总影响效应呈正效应者约占 12%，负效应者约占 19%；生育讨论网络中有弱关系的农民工约占 13.4%，表明农民工与比自身职业层次相对较高者的交往较少。约 64% 的个体在城市滞留时间在 5 年以上，1 年返乡 1 次者居多。

（2）回归分析结果

农民工 2 孩性别的影响因素分析主要分两步进行。首先，通过单变量分析，得出各变量对个体 2 孩性别的粗影响；随后仍然采用 3 个模型，模型 1 分析社会网络因素对流动后农民工 2 孩性别的粗影响；模型 2 分析流动因素对 2 孩性别的粗影响；模型 3 分析了社会网络因素、流动因素和个体因素对 2 孩性别的联合影响，即控制流动因素和个人因素后的社会网络因素的净影响。回归分析结果见表 8－11。

表 8－11　农民工 2 孩性别影响因素回归分析结果

变量	Exp(B)			
	粗影响	模型 1	模型 2	模型 3
社会网络因素				
网络成员对个体性别偏好的总影响效应(无效应)				
负效应(有性别偏好)	0.475	0.489		0.382
正效应(无性别偏好)	0.263 *	0.268 *		0.258 +
生育讨论网络中的弱关系(无)				
有	0.815	0.922		0.579
流动因素				
初次流动时的年龄	0.977		0.938	0.901 *
流动时间(4 年以内)				
5～7 年	0.862		0.735	0.640
8 年及以上	0.723		0.490	0.404 +
年返乡频率(2 次及以上)				
一年一次	1.280		1.278	1.210
不回去	0.566		0.532	0.536
个人因素				
受教育程度(小学及以下)				
初中	3.258 **			2.963 *
高中及以上	3.282 *			3.029
1 孩的性别(男孩)				
女孩	8.929 ***			9.838 ***
流出地(东部)				
中部	1.381			0.969
西部	0.750			0.882
－2LL		227.34	224.20	173.96 ***
样本数	186			

注：*** $p<0.001$，** $p<0.01$，* $p<0.05$，+ $p<0.1$。

资料来源：2005 年深圳市外来农村流动人口调查。

单变量分析结果可知，网络成员对个体性别偏好的总影响效应为正效应（无男孩偏好）时将促使个体生育男孩的几率下降；受教育程度越高，二胎生育男孩的几率越高；第 1 孩为女孩时，2 孩生育男孩的几率约为 1 孩为男孩时的 8.9 倍。

多变量分析中，模型 1 的结果表明，社会网络因素对农民工 2 孩性别有一定影响，网络成员总影响效应为无性别偏好时有助于个体生育男孩几率的降低。模型 2 反映了流动因素对农民工 2 孩性别的影响，发现单一的流动因素对个体生育 2 孩性别的影响并不显著。模型 3 在模型 1 的基础上到控制了流动因素和个体因素，结果显示，随初次流动时的年龄的增长个体生育男孩的几率有所降低；流动时间在 8 年及以上的个体，2 孩生育男孩的几率低于流动时间在 4 年以内的个体；具有初中文化程度的农民工 2 孩生育男孩的几率约为小学及以下者个体的 2.96 倍；已有一女孩的农民工生育 2 孩为男孩的几率约为已有一男孩者的 9.8 倍。

（3）讨论

流动后出生的 2 孩性别影响因素分析结果表明，社会网络因素、流动因素和个体因素均在不同程度上对流动后农民工的 2 孩性别产生了影响。具体的，在社会网络因素中，当网络成员的性别偏好观念对个体产生的总影响效应为无性别偏好时，将有助于个体生育男孩几率的降低，说明网络成员的男孩偏好观念对个体的生育行为产生了影响，验证了假设 H8_1d。但生育讨论网络中有弱关系对个体 2 孩性别的影响并不显著，假设 H8_2d 没有得到支持。原因是个体的生育行为取决于宏观社会条件和微观家庭的生育决策。在现实社会经济条件下，农村人口向城市的流动，促进了农民工收入的增加和生活水平的提高，城市先进生育文化和社会网络中交往群体的示范作用对其生育观念产生了影响，但并未从根本上抵消或替代其世袭继嗣、劳动力与养儿防老等现实需求；加之社会交往、社会评价与社会支持等需求促使男性居于不可替代的主导地位，生男孩仍然是目前农民工生育的核心追求（穆光宗、陈俊杰，1996）。这在一定程度上制约了弱关系成员较弱的男孩偏好对农民工生育行为的积极作用。

受农村传统生育文化的影响，初次流动时年龄较大的农民工具有相对较强的男孩偏好，但其生育男孩的几率相对低于初次流动时年龄较小的个体。我们认为，初次流动时年龄相对较大的个体，在生育第二个活产子女时年龄也相对较大，随着年龄的增长与流动时间的延长，在与城市社会的融合过程中形成了影响个体生育观念与行为的时期效应，促使个体的男孩偏好观念越来越弱化（Riley，1971；Charlotte & Howard，1992）；流入时间越长，时期效应越强，性别偏好行为越趋同于城市市民（Yu et al.，1996）。同时，研究发现，流动时间对农民工男孩偏好行为的影响在8年后才得以显现，表明男孩偏好行为的转变需要经历相对较长的时间才会发生显著变化。流动后年返乡次数对个体性别偏好行为并未产生影响，表明流动后农民工观念与行为的转变更多地受到来自城市社会的影响。

个人因素中的受教育程度和已有子女性别对个体性别偏好行为产生了影响。受教育程度越高，2孩生育男孩的可能性越大，这一结果与已有的研究结果一致（涂平，1993；伍海霞等，2005）。已有子女性别对2孩性别具有显著影响，验证了2孩性别与原存活子女性别相关（穆光宗、陈俊杰，1996）。流出地对个体的生育行为并未发生作用，这在一定程度上说明生育男孩仍然是农村人口的共同追求（高凌，1993）。

本章小结

本章在对比流动前后农民工生育观念与行为的基础上，分析了社会网络对农民工生育观念与行为的影响，得到以下结论：

在生育观念方面。农民工的生育观念主要表现在期望子女数和生育性别偏好。（1）现状分析表明，流动前后，农民工期望子女数都主要集中在1孩和2孩，但流动后明显的变化是，期望生1孩的比例增加，而期望生2孩的比例下降；在第一胎是女孩的情况下，多数农民工都希望不管男女再生一个孩子，但流动后比流动前比例明显有所下降。由此可知，流动显著影响了农民工的生育观念。（2）生育观念的影响因素分析表明，生育讨论网络是农民工生育观念的重要影响因素：对于期望子女数而言，期望生育2孩的网络成员越多，多育的可能性越大；生育讨论网络有弱关系时，趋于少育的几率越高。对于生育性别偏好，当网络成员对个体性别偏好的总影响效应为有男孩偏好时，农民工有男孩偏好观念的几率上升；反之，当总影响效应为无男孩偏好时，农民工有男孩偏好的几率显著下降；生育讨论网络中有弱关系促使农民工有男孩偏好的几率下降。

在生育行为方面。流动前后农民工的曾生子女性别比均高于基准性别比105，且流动后分孩次曾生子女性别比均明显高于流动前，流动前后的1孩曾生子女性别比和总的曾生子女性别比之间存在显著差异。这一结果表明，流动后农民工生育水平下降，但流动前后农民工在生育行为上均体现了较强的男孩偏好特征，流动后表现得更为突出。社会网络对生育行为的影响主要体现在是否生育2孩和2孩性别两个方面。对于是否生育2孩，生育讨论网络中期望生育2孩及以上的网络成员越多，农民工流动后生育2孩的几率越高；生育讨论网络中有弱关系的农民工，流动后生育2孩的几率反而低于没有弱关系的农民工。对于2孩性别，生育讨论网络的影响表现在，网络成员对个体性别偏好的总影响效应为无男孩偏好时将降低农民工生育男孩的几率。

除了社会网络的影响之外，流动因素和个人因素也产生了显著影响。在流动因素方面，个体初次流动时的年龄越大，个体期望多育的几率越高，流动后个体有男孩偏好的几率越高；初次流动时的年龄越小，流动后生育2孩的可能性越高，生育男孩的几率却相对低于初次流动时年龄较小者。随着打工时间的延长，流动后农民工生育2孩的几率下降，2孩生育男孩的几率降低。在个人因素方面，随着受教育水平的提高，农民工期望少育的几率上升，男孩偏好降低；来自西部和中部的农民工相对于东部少育观念的几率更大，男孩偏好观念相对更弱。但是当农民工第1孩为女孩时，则2孩生育男孩的几率大大高于第1孩为男孩时的几率。

总之，本章研究结果基本验证了农民工生育观念与行为的相关假设，支持了社会网络与农民工生育观念与行为关系模式，为引导农民工适应新的生育文化、降低出生性别比的政策创新，提供了翔实的实证基础。

第九章　农民工社会网络对其发展意愿的影响

第七章和第八章分别研究了农民工婚姻、生育观念和行为的变迁。本章将研究农民工的未来发展意愿，对第一代和新生农民工进行对比分析，进而揭示社会网络对农民工的社会融合意愿的影响。

第一节　研究设计

一　分析框架

1.“留”还是“返”

无论是国际迁移还是国内迁移，回流迁移是劳动力迁移的重要组成部分（Gmelch，1980；Zhao，2002）。迁移原因和回流原因的研究受到经济学和社会学的一贯重视，经济学和社会学中一些理论为我们研究农民工的“留城”与“返乡”决策的形成提供了有价值的参考。比如，新古典经济学认为，迁移者决定“留”或“返”是一种基于成本收益来寻求终生净收益的最大化的决策，迁移者愿意承担由于离开家乡和亲人带来的心理成本，以及由于迁移带来的一系列的经济成本，以期通过学习新的技能、语言等投资行为提升自身的人力资本，来获取较高的工资和达到一定的生活水准，最终实现终生收益最大化（Sjaastad，1962；Todaro，1976；Massey et al.，1993）。新经济学理论将劳动力迁移视为对迁出地市场失败的反应，而不将迁移行为视为是对国际劳动力市场失衡的调节（Stark，1991）。在这一模型中，迁移者的目的主要通过一定时间的外出工作赚取预期数额的金钱，一旦这个既定目标达到了，迁移者就会决定返乡（Piore，1979）。社会学中的社会网络理论认为，迁移网络，即那些通过亲缘、地缘和友缘关系将迁出地和迁入地的迁移者、曾经的迁移者和未发生过迁移的人们联系起来的各种社会关系，有利于减小后续迁移者的迁移成本和风险，从而维持并促进迁移的进一步发生（Massey，1990；Massey et al.，1993）。在这一理论视角下，迁入地社会网络资源的匮乏，可能促使迁移者回迁行为的发生（Orrenius，1999）。

但是，单一的经济学理论或社会学理论都不能对迁移者的“留”“返”决策给出满意解释，更多的研究者认为，回迁基本上是多种经济的、社会的和文化的“拉力”和“推力”因素的共同作用的结果（Gmelch，1980；Hare，1999；Constant & Massey，2002；Zhao，2002）。总结不同理论和实证研究的研究成果，影响迁移者“留”、“返”决策的影响因素不外乎以下四类：（1）个人因素，包括性别、年龄、婚姻、人力资本、社会资本和迁移动机等；（2）家庭因素，包括迁移者的家庭义务，迁移者对家乡的感情等；（3）迁移因素，包括迁移者在迁入地的生活工作状况等；（4）迁入地、迁出地的社会经济环境。迁移决策的分析框架如图 9－1 所示。

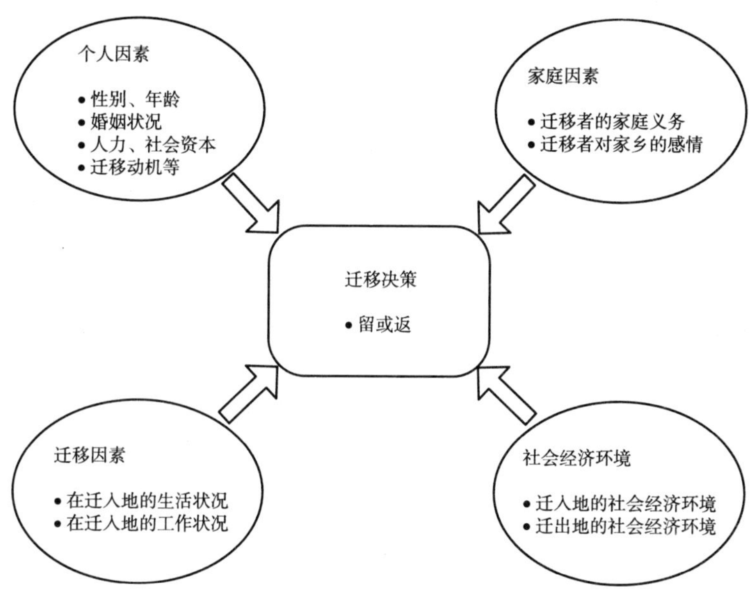

图 9－1　迁移决策分析框架图

已有文献中，个人因素一直受到重视。教育、迁入地语言的掌握程度、工作经验等人力资本因素一直为研究者所强调（Borjas，1989；Newbold，2001；Wang & Fan，2006），迁出地和迁入地对迁移者的人力资本的回报程度往往影响到他们的发展决策。迁移者的社会资本也受到关注，迁移者在迁入地的社会网络对其就业、安顿和城市生活的适应具有积极作用，因此，有研究者指出，个人的社会资本缺失和匮乏也可能导致迁移者回迁（Orrenius，1999）。另外，康斯坦特和马西的研究表明，迁移个体的迁移动机对其返乡决策也具有重要影响（Constant & Massey，2002）。

对家人的思念以及家庭责任等家庭因素，影响着迁移者的决策。迁移者对家乡的家人、朋友的怀念给他们带来了心理成本，这些“拉力”因素最终会促成迁移者做出返乡决策（Gmelch，1980；Constant & Massey，2002）。家庭责任也是促使迁移者返乡的重要原因，研究发现，生病的或者年迈的父母往往促使迁移者尤其是最大的孩子返乡（Gmelch，1980）；配偶未发生迁移的迁移者往往会最终返回家乡（Constant & Massey，2002；Zhao，2002）。

劳动者迁移过程中的生活工作状况等迁移因素，也会对他们最终决策产生影响。工作带来了经济收入，但工作并非仅仅是钱的问题，所从事的工作的职业声望也决定了迁移者的社会地位。根据新古典经济学理论，收入和职业声望作为迁移者的收益，对他们未来决策的做出具有重要影响（Constant & Massey，2002）。但从劳动力迁移的新经济学理论的视角看，赚钱是迁移者的唯一目的，他们会对收入比较在意，而对职业声望则不怎么敏感（Piore，1979）。

迁入地、迁出地的社会经济环境对迁移者决策的做出有重要影响。迁入地社会的经济不景气，个别行业的萎靡，传统行业向现代化的转变等（如由于经济发展体力劳动开始为机械化、自动化所代替），都是导致迁移人口回迁的重要原因之一（Gmelch，1980）。迁入地社会的种族偏见和社会歧视的等“推力”因素，都也可以导致回迁行为的发生（Gmelch，1980；Constant & Massey，2002）。迁出地的经济条件也是迁移者决定“留”、“返”的重要因素，关于国际移民的研究发现，那些家乡不能提供充分就业和一定的生活水准的迁移劳动力，往往很少有人选择返乡（Gmelch，1980）。

2. 农民工的返乡与留城研究

相关研究表明，农民工的回流迁移行为已经相当普遍，但其返乡数量和规模还是一个颇具争议的问题。基于中国农业部乡村经济发展研究中心1999年的在四川和安徽两省收集的数据，研究表明28%以上的农民工在城市平均工作2.9年以后返乡（Bai & He，2003；Wang & Fan，2006）。Zhao利用1999年中国农业部对6个省份的农户调查数据研究发现，回迁人口已经超过38%（Zhao，2002）。蔡禾等对留城意愿的研究发现，56.15%的农民工表示愿意放弃农村土地留在城市，约40%的人表示愿意把户口迁入到打工城市（蔡禾、王进，2007）。任远利用2000年人口普查数据和2003年上海市流动人口抽样调查数据研究发现，流动人口（绝大部分为农民工）居留时间越长，继续长期居留的概率越高，在当前的流动人口居留模式下，约90%的流动人口最终会离开城市，10%左右的最终“沉淀”到城市（任远，2006）。

赵耀辉通过对农民工返乡或留城影响因素的研究发现，回迁农民工往往年龄较大、已婚、受过较好教育、在城市从事体力劳动、配偶未发生迁移；通过对返乡后投资行为的分析发现，早期的返乡者更倾向于在农业生产上进行投资，近期的返乡者则比较倾向在非农生产的投资（Zhao，2002）。黑尔发现，若农民工的家庭中的劳动力比率越大，其在城市的滞留时间的越长（Hare，1999）。王和范（Wang & Fan，2006）认为，中国转型经济条件下的特殊制度背景对我们理解农民工回迁行为增加复杂性，农民工在制度和社会经济地位上的弱势地位削弱了他们留城定居的可能，从而促使他们与家乡保持紧密联系，家庭的需要推动了他们回迁行为的发生，家庭责任是回迁的重要原因之一；同时也发现，年龄是农民工返乡的重要预测变量，年龄越大越可能返乡。对留城意愿的研究其实是回迁研究的另一角度。曾旭晖等的研究表明，教育、家庭因素以及对城市市民和政府的认同态度等是农民工决定留城的重要影响因素（曾旭晖、秦伟，2003）。熊波和石人炳发现，职业类别、收入状况和住房状况对农民工定居城市的意愿有显著的影响，而性别、年龄和受教育程度的影响不显著（熊波、石人炳，2007）。

基于对农民工返乡、留城意愿影响因素的研究，结合留城和返乡农民工的特征比较，已有研究在返乡的选择性尤其是教育的选择性上还存在一些争议，导致研究者对回迁农民工为乡村经济发展所做贡献的评价褒贬不一。一些学者认为，留城农民工往往受教育程度较高，而回迁农民工往往年龄较大，受教育程度不高，他们最终往往回归到传统的经济结构中，返乡创业只是个别现象，因此，他们对家乡经济发展所起到的作用比较有限（Bai & He，2003；Liang & Wu，2003）。而有的学者则发现，回迁农民工虽然往往年龄较大、已婚，但因为迁入地对人力资本的回报较低，返乡者往往教育程度较高；同时，城市的就业经验对于返乡农民工的非农职业的转化具有重要作用，回迁农民工缓解了农民工外流后造成的人才流失现象，他们的投资（包括农业生产投资和非农生产投资）行为为家乡发展做出了贡献，返乡创业的农民为农村地区提供了就业机会，促进了乡村经济的多元化发展（王西玉等，2003；Ma，2001；2002；Zhao，2002）。

已有研究为本研究提供了很好的理论和实证基础。尽管已经发现年龄对农民工的返乡和留城，以及返乡后的投资行为具有重要影响，但未能注意到新生代农民工在生活逻辑上的变化，还缺乏对农民工“留城”和“返乡"实证研究的代际视角的关注。此外，已有研究忽略了农民工的发展选择是一个“三岔路口”，本研究将农民工未来发展意愿（返乡务农、返乡非农就业和留城发展）纳入一个新的分析框架中进行分析，在此过程中，关注社会网络（社会资本）的作用，这样既有利于对农民工对迁入地和迁出地的社会经济发展的影响的全面认识，也有利于考察社会网络对农民工发展意愿的真正作用。

二　研究方法与变量设置

在分析“第一代”与“新生代”农民工发展意愿差异，将未来发展意愿分为“返乡务农”、“返乡非农就业”和“留城发展”三类，以“返乡务农”为参照项，利用多元 Logistic 回归模型进行发展意愿的影响因素分析。为检验代际变量对发展意愿的影响，先将所有样本纳入模型；随后为比较两代农民工发展意愿的影响因素的异同，针对第一代和新生代农民工分别构建了模型。社会网络（资本）对发展意愿的影响体现在个人因素之中。

1. 因变量

调查问卷中通过问题“您以后准备在哪里长期发展或者定居?”来获取农民工发展意愿的信息。本研究把发展意愿分为三类：返乡务农、返乡非农就业和留城发展。其中，返乡非农就业包括返乡后“自己找工作”和“自己创业”两类。

2. 自变量

本研究以文献综述中所总结的四类影响因素为参考，将迁入地和迁出地因素分开，同时考虑了本次调查中数据的可获取性，除了代际变量之外，将自变量划归为五类因素。表 9－1 给出了本章对自变量的定义和操作方法。

关于第一代与新生代的代际划分，可以基于初次外出的年代或者年龄两个维度来区分，但实际操作起来，差别不大（王春光，2001）。本文采用王春光的定义，新生代农民工是指那些出生在 20 世纪 70 年代末以后，在 80 年代接受教育，自 90 年代以后开始陆续迁入城市务工的农村青年（王春光，2001）。实际操作中，本研究将 1975 年及以后出生的农民工定义为新生代农民工。

第一类为个人因素，包括性别、年龄、婚姻状态、人力资本、社会资本和迁移动机等。其中，人力资本因素中除了受教育程度，还包括农民工城市中务工时间的长短（即迁移时间）以及工作更换情况和方言的掌握等，它们某种程度上反映了农民工在城市务工过程中的人力资本的积累情况。我们通过农民工的三类社会支持（实际支持、情感支持和社交支持）网络对他们的社会资本进行度量[①]，由于三类社会支持网络的网络成员存在较大重叠，因此，本研究中，将三类社会支持网络的平均规模作为对农民工社会资本的测度，回归分析中将那些比均值大于 1 及以上的赋值为 1，其他赋值为 0。

第二类为家庭因素，包括配偶、孩子和老人的情况。“配偶在家乡”“孩子在家乡”和“父母健康状况”等变量，既可用来反映农民工迁移所承受的心理代价，也可反映农民工担负的家庭责任，详细定义参见表 9－1。

表 9－1　自变量及其定义

自变量	定义
代际变量	
新生代	年龄为 30 岁及以下的农民工
个人因素	
男性	被访者为男性
年龄	被访者在调查时的年龄(岁)
曾婚	婚姻状态为初婚、再婚、离婚和丧偶
人力资本	
受教育程度	
小学及以下	参照项(被访者受教育程度为小学及以下的)

① 社会资本主要采用社会支持网络来进行度量，但变量名称仍然用社会资本，这主要是与人力资本变量名称相对应。

续表

自变量	定义
初中	被访者受教育程度为初中
高中及以上	被访者受教育程度为高中(含中专、技校)、大专及以上
迁移时间(log)	第一次迁移至调查实施时的时间长度(月)的常用对数
工作经验	具有从事了2份及2份以上的工作经历
方言掌握	会说广东话
社会资本	比社会支持网络平均规模的均值大于1及以上
迁移动机	
经济或家庭原因	因赚钱、家庭团聚、结婚等经济家庭原因发生迁移,为参照项
学技术见世面	因求学、学手艺、见世面或向往城市生活而发生迁移
家庭因素	
配偶在家乡	被访者已婚且配偶在家乡
孩子在家乡	被访者的孩子≤16岁且在家乡
父母健康状况	被访者的父亲或母亲健在,健康状况为基本自理或更差,已经无法做家务、干农活或工作
迁移因素	
社会经济地位	
体力劳动者	被访者为商业或服务业劳动者、产业工人
月收入(log)	每月收入(元)的常用对数
散居	被访者居住在市民小区或外地人与市民混居的居住区
迁入地社会环境	
市民歧视	被访者报告经常遭遇市民歧视
迁出地社会经济状况	
西部	参照项(被访者来自西部,包括重庆、四川、贵州、云南、西藏、陕西、甘肃、宁夏、青海、新疆)
中部	被访者来自山西、内蒙古、吉林、黑龙江、安徽、江西、河南、湖北、湖南
东部	被访者来自北京、天津、河北、辽宁、上海、江苏、浙江、福建、山东、广东、广西、海南

资料来源：2005年深圳市外来农村流动人口调查。

第三类迁移因素包括农民工当前社会经济地位和居住状况。社会经济地位通过是否为体力劳动者和月收入来度量。居住环境是测度农民工城市生活状况的一个重要参数。“散居”的居住环境，有利于农民工与城市市民的充分交流，有利于他们对城市主流文化和生活方式的接受和认可。

最后两类变量主要是对迁入地、迁出地的社会经济环境的间接测度。通过考察农民工是否曾经受到歧视来反映迁入地的社会环境。为了衡量迁出地的社会经济状况，参考中国国家统计局的划分标准，将农民工的迁出地划分为“东部”、“中部”和“西部”。

第二节　发展意愿现状

表 9-2 提供了农民工发展意愿的分布情况。总样本中 41.5% 的农民工希望留城发展，近 30% 的打算返乡务农，28.6% 的则打算返乡后去非农业部门就业，其中，不到 10% 的希望自己创业。新生代农民工占总样本的 52.2%，比例稍高于第一代农民工。两个群体在发展意愿的分布上表现出了显著差别：第一代农民工留城发展意愿比新生代高近 5 个百分点；打算返乡的农民工中，第一代仅有 12.6% 打算返乡非农就业，表示继续务农的高达 43.4%，而新一代农民工中，43.2% 愿意返乡非农就业，仅 17.6% 表示继续务农。新生代不再愿意返乡务农在这里得到验证，但就留城而言，第一代中打算留城发展的比例更高，这一结果似乎不支持新生代更愿意留在城市发展的预想，两代农民工之间是否存在显著差别，我们将在多变量分析中做进一步分析。

表 9-2　第一代与新生代农民工发展意愿分布情况

发展意愿	所有样本		第一代		新生代		代际比较 LR 检验
	频率	百分比	频率	百分比	频率	百分比	
返乡务农	478	29.9	331	43.4	147	17.6	***
返乡非农就业	457	28.6	96	12.6	361	43.2	
找非农工作	311	19.5	52	6.8	259	31.0	
自己创业	146	9.1	44	5.8	102	12.2	
留城发展	663	41.5	335	44.0	328	39.2	
不管什么工作，都要留城	280	17.5	167	21.9	113	13.5	
最后定居到城市	383	24.0	168	22.1	215	25.7	
样本数	1598	100.0	762	100.0	836	100.0	

注：*** $p < 0.001$。

资料来源：2005 年深圳市外来农村流动人口调查。

第三节　社会网络对发展意愿的影响

本研究对样本做了如下两个处理。第一，删除了对未来发展意愿还"拿不定主意"的98个样本。第二，由于回迁选择性的存在，早期农民工中的一些"失败者"或已经实现既定目标的"成功者"已经返乡，而那些事业发展得更加顺利的"成功者"则逐渐沉淀到城市，从而可能会导致采样存在偏差。为了修正这个问题，将在深圳市拥有房产的43个"潜在"或者"实际"的城市定居样本删除。经过处理，最终进入模型的样本数为1598，其中，第一代农民工762个、新生代农民工836个。表9-3给出了模型中自变量的描述性信息。表中数据表明，总体而言，农民工社会资本含量较少，相比之下，新生代农民工社会资本更少。

表9-3　自变量的描述性统计信息

自变量	所有样本		第一代		新生代	
	均值	标准差	均值	标准差	均值	标准差
新生代	0.52	0.50	/	/	/	/
个人因素						
男性	0.51	0.50	0.66	0.47	0.37	0.48
年龄	30.78	8.33	37.89	5.87	24.31	3.62
曾婚	0.66	0.48	0.94	0.23	0.39	0.49
人力资本						
受教育程度						
初中	0.58	0.49	0.55	0.50	0.61	0.49
高中及以上	0.29	0.46	0.25	0.43	0.34	0.47
迁移时间(log)	1.76	0.43	1.88	0.43	1.64	0.40
工作经验	0.40	0.49	0.40	0.49	0.39	0.49
方言掌握	0.24	0.43	0.22	0.41	0.27	0.44
社会资本	0.11	0.31	0.12	0.33	0.10	0.30
迁移动机						
学技术、见世面	0.23	0.42	0.06	0.23	0.38	0.49

续表

自变量	所有样本		第一代		新生代	
	均值	标准差	均值	标准差	均值	标准差
家庭因素						
配偶在家乡	0.15	0.35	0.24	0.43	0.06	0.24
孩子在家乡	0.34	0.47	0.50	0.50	0.19	0.39
父母健康状况	0.17	0.37	0.26	0.44	0.08	0.28
迁移因素						
社会经济地位						
体力劳动者	0.66	0.47	0.58	0.49	0.74	0.44
月收入(log)	3.06	0.27	3.11	0.29	3.02	0.24
散居	0.67	0.47	0.77	0.42	0.57	0.50
迁入地社会环境						
市民歧视	0.02	0.15	0.04	0.18	0.01	0.12
迁出地社会经济状况						
中部	0.47	0.50	0.48	0.50	0.45	0.50
东部	0.29	0.46	0.26	0.44	0.32	0.47
样本数	1598		762		836	

资料来源：2005年深圳市外来农村流动人口调查。

表9-4提供了农民工发展意愿影响因素分析的全样本模型、第一代及新生代模型的回归结果。由于新生代变量基于年龄生成，因此，年龄未被纳入到全样本模型。全样本模型中，在控制了其他可能影响到发展意愿的变量之后，可以发现，返乡务农和返乡非农就业相比，新生代选择返乡非农就业的可能性是第一代的3.3倍；返乡务农和留城发展相比，新生代选择留城发展的可能性是第一代的1.4倍。从而表明，新生代的发展意愿较第一代有明显区别，新生代农民工较第一代具有更强的实现非农职业转换的愿望。与社会资本贫乏的农民工相比，社会资本丰富的农民工选择非农就业的可能性高出返乡务农51.7%，这一比例大大小于人力资本中受教育水平以及迁移动机的影响。综合考虑各种因素的影响，社会网络或社会资本对农民工发展意愿的影响较小，由此可见，对于农民工的发展问题，重点还是要放在制度层面，着力提升农民工的人力资本，同时要注意对待不同代次农民工要有所侧重。

表 9－4 农民工发展意愿的多元 Logistic 回归结果

自变量	全样本模型（几率比）		第一代模型（几率比）		新生代模型（几率比）	
	返乡非农就业	留城发展	返乡非农就业	留城发展	返乡非农就业	留城发展
新生代	3.284 ***	1.372 +	/	/	/	/
个人因素						
男性	0.843	0.825	0.907	0.973	0.922	0.858
年龄（岁）	/	/	0.888 ***	0.977	0.954	0.946
曾婚	0.731	0.772	0.553	0.746	1.208	1.223
人力资本						
受教育程度						
初中	3.691 ***	1.480 +	2.830 *	1.396	5.179 **	2.605 *
高中及以上	8.082 ***	3.156 ***	7.508 ***	2.079 **	13.578 ***	8.668 ***
迁移时间（log）	0.779	0.896	1.298	0.982	0.668	0.926
工作经验	1.290	1.221	0.905	0.981	1.824 *	1.849 *
方言掌握	1.738 *	1.884 **	1.824	2.102 *	1.605	1.679
社会资本	1.517 +	0.971	1.394	0.690	2.552 *	2.000
迁移动机						
学技术、见世面	3.634 ***	2.621 ***	3.463 *	2.672 +	3.263 ***	2.297 **
家庭因素						
配偶在家乡	0.558 *	0.530 **	0.652	0.636 +	0.555	0.372 *
孩子在家乡	1.139	0.826	1.020	0.851	0.830	0.630
父母健康状况	0.734	0.714 +	0.936	0.652 *	0.748	0.975
迁移因素						
社会经济地位						
体力劳动者	0.619 *	0.486 ***	0.603	0.452 ***	0.851	0.670
月收入（log）	0.478 *	1.455	0.532	1.629	0.387 +	1.339
散居	0.631 *	2.001 ***	0.618	3.045 ***	0.573 *	1.621 +
迁入地社会环境						
市民歧视	0.548	0.549	0.487	0.647	0.699	0.502
迁出地社会经济状况						
中部	0.957	1.115	0.750	0.845	1.450	1.728 +
东部	0.937	1.711 *	1.085	1.491	1.013	1.968 +
Chi-square	647.02 ***		246.63 ***		228.60 ***	
样本数	1598		762		836	

注：*** $p<0.001$；** $p<0.01$；* $p<0.05$；+ $p<0.1$。

资料来源：2005 年深圳市外来农村流动人口调查。

从第一代模型中可以发现，年龄显著地降低了返乡农民工非农就业的可能性；人力资本因素如教育和方言对农民工选择非农职业具有正向作用；方言掌握对留城发展的农民工有正向影响，但对打算返乡的农民工的职业选择的影响并不显著；迁移动机对第一代农民工的非农职业选择具有重要影响；家乡的配偶和需要照顾的父母显著地降低了农民工留城发展的可能性；从事体力劳动的农民工在面对返乡务农和留城发展的选择时，更可能选择返乡务农；散居可以显著地提高他们留城发展的可能性；值得注意的是，社会资本对农民工非农职业的选择没有显著影响。

对新生代农民工构建的模型中，教育和工作经验对新生代农民工的非农职业选择具有正向作用；迁移动机对新生代的非农职业的选择有显著影响，以“学技术、见世面”为目的的新生代，与那些因为经济目的或家庭婚姻目的发生迁移的农民工相比，前者返乡非农就业的可能性是后者的3.3倍，在返乡务农和留城发展的两个选择上，前者留城发展的可能性是后者的2.3倍；家庭因素中，仅配偶的影响显著，配偶留在家乡的农民工的留城发展可能性较小；与返乡非农就业相比，收入较高的新生代更可能选择返乡务农；散居提高了新生代农民工留城发展的可能，但散居的居住环境使得返乡的农民工更可能继续务农；迁出地的经济地理状况则对新生代农民工的留城发展具有显著影响，来自中部和东部等社会经济状况较好和市场化程度较高地区的农民工较西部地区的更倾向于留在城市。与第一代农民工不同的是，返乡务农和返乡非农就业相比，社会资本丰富的新生代农民工选择返乡非农就业的可能性比社会资本比较匮乏的更高。

通过计算相应系数的比值，我们可以得到各因素在返乡非农就业和留城发展两种选择上的系数，其中，代际变量、教育变量和迁移动机变量的作用尤其值得一提。全样本模型中，返乡非农就业与留城发展相比，新生代选择返乡非农就业的可能性是第一代的2.4（3.284/1.372）倍。第一代模型和新生代模型中，受教育程度越高、以“学技术、见世面”为迁移动机的农民工最终选择返乡非农就业的可能性较留城发展要高。

通过对新生代与第一代农民工发展意愿影响因素的比较，发现两代农民工发展意愿的影响因素存在着一些显著差异：迁出地社会经济状况对新生代农民工的留城发展具有显著影响，而对第一代没有影响；人力资本因素中，工作经验对新生代未来的发展意愿具有积极作用，但对第一代没有显著影响；社会资本的拥有情况，对新生代选择返乡非农就业有显著影响，对第一代农民工则不然；由于所处生命阶段的不同，第一代农民工所担负的家庭责任远远大于新生代，因此可以看到，第一代可能因为配偶和父母的原因而决定返乡，在家乡的配偶则往往是导致新生代农民工返乡的影响因素；从事体力劳动的第一代农民工的留城发展可能性很小，而新生代农民工对此似乎不敏感。

本章小结

本章全面考虑了农民工可能的三条发展路径，将其纳入同一分析框架并引进了代际视角，对新生代和第一代农民工发展意愿的影响因素进行了比较研究。代际视角的引入，有利于我们分析两代农民工发展意愿及其影响因素的异同。基于三条路径的发展意愿的研究，有助于我们全面地认识社会网络与农民工发展意愿，以及人口流动对城乡社会经济发展的潜在影响。

研究发现，两代农民工发展意愿具有很大的不同，新生代农民工较第一代农民工在非农职业转换（包括留城发展和返乡非农就业）上具有更强烈的愿望，返乡非农就业已经成为新生代农民工的最重要选择。可见，新生代农民工已经不再像第一代那样，对土地还抱有一定的感情，他们更渴望离开土地，希望留在城市，但由于制度和社会经济地位上的双重弱势地位，新生代也很难融入城市社会，返乡非农就业成为新生代农民工向现实妥协后的无奈的次优选择。社会资本对于促进新生代农民工返乡非农就业产生了显著影响，但无法与人力资本的作用相比，一般而言，农民工只有实现了经济上的稳定，才可能实现社会融合。

与第一代农民工“寻求生存”不同，“寻求发展”已经成为新生代农民工的生活逻辑。研究表明，两代农民工在发展意愿影响因素上存在显著差别。对这些差异可能的解释是，在当今中国社会经济的转型时期，中国新生代农民工更倾向于将打工看作人力资本和社会资本逐渐积累的过程，并借此来谋求实现非农职业的转化。但同时也要看到，与新生代一样，第一代农民工中尤其是那些受教育程度较高、迁移动机为“学技术、见世面”的农民工，也希望实现非农职业的转化，说明第一代农民工的生活逻辑也在时代的变迁中不断地发生着变化。对此可能的解释是，农民工外出打工是主体和结构二重化的过程，尽管农民工最早外出的目的是赚取更多的现金，但在打工的过程中，他们会不断地对自己的行动赋予新的解释，总是不断地反思自己的行为，并调整自己的策略（黄平、郭于华，1997）。但因为所处生命阶段的不同和家庭责任较重等原因，第一代农民工的实现非农就业的愿望还是不如新生代强烈。

本章还发现，返乡务农在教育上表现出负向选择性，而返乡非农就业与留城发展相比，返乡非农就业在教育上则是一种正向选择。可见，返乡并非必然地在教育上表现出负向选择性，希望返乡非农就业者反而较希望留城发展者有更高的教育水平。这可能因为城乡二元劳动市场的存在导致农民工大部分只能从事那些对人力资本回报不高的脏、累、险的工作，而返乡非农就业则对教育有更高的回报（Wang & Fan，2006）。考虑到人力资本对经济发展的重要作用，我们认为返乡非农就业者会对乡村经济发展起到积极作用。同时考虑到教育对农民非农职业转化的重要作用，第二代移民（即留守儿童和流动儿童）的教育问题应该引起重视。

第十章　农民工对流入地、流出地政府的信任

本章利用西安市流动人口调查数据，主要分析农民工对流入地、流出地政府信任的现状及影响因素。首先，从农民工对政府组织和政府工作人员信任两个方面入手，比较分析农民工对政府信任的现状；其次，比较分析农民工对流入地、流出地政府组织信任的影响因素；再次，比较分析农民工对流入地、流出地政府工作人员信任的影响因素；最后是本章小结。

第一节　研究设计

一　分析框架与研究假设

相关研究表明，人际信任、人力资本、社会资本、流动因素和个人因素均对农民工对流入地政府信任产生了重要影响。

人际信任是政府信任的前提。福山（2002）认为，在一个公众彼此相互信任程度较高的国家里，经济运行成本将大大降低，正式制度的缺陷也能够得到有效弥补，为国家社会经济繁荣提供了必要条件。张其仔（1999）则提出，一个组织的规则和共同的价值理念等都可以为信任提供依据，即在一个组织或团体中，与他人交往会让人学会合作和信任，这样人们可以把信任延伸到其他团体之外，进而去相信政府。也就是说，“如果一个人在一般情况下不能够信任其他人，那么他更不可能信任那些受到权力诱惑的担任政府职位的公职人员”（Aberbach & Walker，1970）。

人力资本积累状况对于政府信任有着密切的联系。鲍克尔特和瓦力

(Bouckaert & Walle, 2001) 发现，公众的受教育程度会影响其对政府的信任，受教育程度越高，则越信任政府。由于受过高等教育的人更加深刻地了解政府行政过程、了解政府结构运行以及公共服务的提供过程，从而影响其对政府的信任。但是，有研究表明，受教育程度越低反而越容易信任政府（于文轩，2013）。由此表明，受教育程度与政府信任关系密切，但不是一个稳定的正相关关系。

人际互动形成的社会资本，不仅影响个体的收入、求职等，还能够影响到人们的观念行为（靳小怡等，2009）。一方面，社会资本越丰富的个体，尤其是与政府工作人员有联系的，他们将更容易了解政府机构运行及相关政策信息，同时他们更有可能影响到相关政策制定和实施过程，维护自身权益，从而有效地提高他们对政府的信任（Schugurensky，2000）。农民工作为中国社会的一个特殊人群，扩大其社交网络尤其增加其与政府工作人员的交流，同样有助于提高他们对当地政府的信任。另一方面，个人观念行为受到来自网络其他成员的影响（Kohler et al.，2001）。对农民工而言，对政府的信任受到来自其他人群的影响，因此，扩大农民工与城市中政府信任较高人群的交往，将有助于提高他们对政府的信任。

此外，流动因素也是影响农民工对政府信任的重要影响因素。来自不同省份的，或者曾在不同城市打工的农民工，会接受不同地方政府的服务和管理，他们根据自己的经历，对不同地方政府进行更为客观的评价，从而影响他们对当前流入地政府的信任。个人的人口特征也会对政府信任产生重要影响（Rose，1999），农民工作为中国社会的一个特定群体，他们的个人因素必定也会对其信任政府产生影响。研究表明，女性、年龄偏大的人们对政府的信任感更强（Laegreid，1993），随着收入等社会经济地位的提升会增加人们对政府的信任（Uslaner，1999）。参与政治活动的意识也是影响政府信任的重要因素（Miller，1974），政治活动参与越多的人，将对政府机构运行、政策制定和实施认识更深刻，有助于提高他们的政治影响力，从而促进其对政府的信任感。

基于上述分析，本章形成如图 10-1 所示的分析框架，根据此分析框架，将分别对农民工对流入地、流出地政府信任的影响因素进行比较分析。

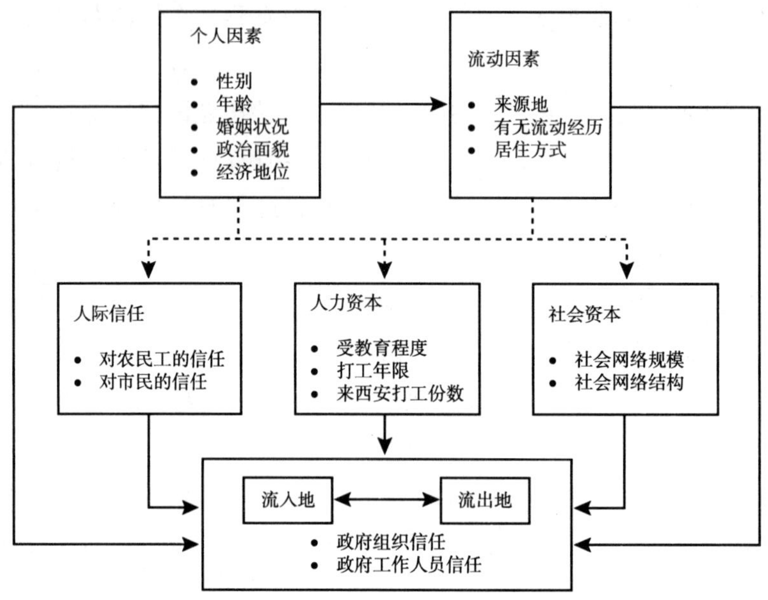

图 10-1 农民工对政府信任现状与影响因素分析框架

二 分析方法与变量设置

农民工的政府信任包括农民工对政府组织的信任和对政府工作人员的信任。农民工政府信任现状描述主要采用描述性统计方法，通过频数统计、LR检验来分析市民、农民工对政府信任状况的城乡差异；对流入地、流出地政府信任的影响因素的分析，主要运用二分 Logistic 回归分析方法来进行分析。

对于影响因素分析，以下就不同因变量分别加以说明，自变量相同部分则统一说明。

因变量

(1) 政府组织信任

农民工对政府组织信任主要从政府的行政过程、行政结果两个方面来判断。农民工的政府组织信任为二分类变量："信任"和"不信任"；在对政府组织进行信任评价过程中，态度选项分为"非常信任"、"信任"、"不清楚"、"不信任"、"非常不信任"。在变量操作中，将"非常信任"和"信任"合并为"信任"，后 3 项"不清楚"、"不信任"和"非常不信任"合并为"不信任"，将"不信任政府"作为参照项。

（2）政府工作人员信任

农民工对政府工作人员信任主要从政府的服务动机、工作能力来判断。与政府组织信任相同，农民工对政府工作人员信任仍然设置为“信任”和“不信任”二分变量，以“不信任”作为参照项。

自变量

（1）个人因素

个人因素包括性别、婚姻、年龄、政治面貌和经济地位（职业阶层和月收入）。性别、婚姻、职业阶层均为二分类变量。其中，性别分为“男性”和“女性”，以“女性”为参照项；婚姻分为“曾婚”和“未婚”，以“未婚”为参照项；职业阶层分为“非体力劳动者”和“体力劳动者”，以“体力劳动者”为参照项。政治面貌为分类变量，分为“党员”、“团员”和“群众”，以“群众”作为参照项；年龄作为连续变量。月收入在操作中取自然对数，作为连续变量。

（2）流动因素

流动因素包括来源地、来西安市前有无流动经历、居住方式三类。来源地作为二分类变量，分为“陕西省内”和“陕西省外”地区；来西安市前有无流动经历指的是调查对象在来西安市之前，是否曾经流动到其他城市；居住方式分为“散居”（包括租房式和进入家庭式散居）和“聚居”（包括工棚式和村落式聚居）。这 3 个变量分别以“陕西省内”、“无流动经历”和“聚居”作为参照项。

（3）人力资本因素

人力资本因素包括受教育水平、打工年限和打工份数。在研究中，将受教育水平分为 4 个类别：“小学及其以下”、“初中”、“高中”和“大专及其以上”，以“小学及以下”作为参照项；打工年限指农民工第一次来到西安市至调查时已在西安市打工的年数，打工份数指的是被调查对象来到西安市以后所从事过的工作份数，打工年限、打工份数为连续变量，直接纳入模型。

（4）社会资本因素

社会资本因素主要包括网络规模和关系构成。网络规模指的是农民工求职网络中网络成员的数量；关系构成指的是社会地位高低，即网络成员中有无比被调查者地位高的成员，主要根据网络成员的职业阶层来判断，通过被访者与网络成员职业阶层进行比较来获得。规模为连续变量，直接纳入回归模型。关系构成分为“网络中有社会地位较高成员”和“网络中无社会地位较高成员”两类，以“网络中无社会地位较高成员”为参照项。

（5）人际信任因素

人际信任主要是依据农民工对周围人群的信任程度来进行判定，包括对周围农民工的信任和对周围市民的信任。作为二分类变量纳入模型，将其分为“信任”和“不信任”，将“不信任”作为参照项。

第二节　农民工对流入地、流出地政府信任现状

一　对流入地、流出地政府组织信任现状

1. 农民工对流入地、流出地政府行政过程信任的比较

（1）农民工、市民对流入地政府行政过程的信任状况比较分析

表 10－1 描述了农民工、市民对流入地政府在政策制定过程中是否考虑农民工利益的信任状况。

表 10－1　农民工、市民对流入地政府行政过程的信任比较

单位：%

项目	农民工	市民	LR 检验
制定政策考虑农民工的利益			
非常不同意	3.8	1.1	***
不同意	8.3	3.4	
不清楚(不同意也不反对)	29.3	11.6	
同意	47.4	68.7	
非常同意	11.2	15.2	
样本量	266	268	

注：*** $p<0.001$。

资料来源：2008 年西安市农村流动人口调查。

从总体上看，大部分被访者认同流入地政府政策制定能够考虑到农民工的利益。就农民工而言，47.4% 的被访者认为流入地政府制定政策能够考虑到他们的利益，11.2% 的被访者表示十分认同，但是仍然有接近三分之一的被访者没有表态，间接反映出农民工对于流入地政府缺乏一定的信任，8.3% 的被

访者表示不认同流入地政府制定政策能够考虑到他们的利益，有小部分人表示非常不认同。与农民工相比，市民对政府的信任更高，其中，68.7%的市民被访者表示认同政府制定政策能够考虑到农民工的利益（比农民工相应选项高出21.3个百分点），甚至有15.2%的人表示十分认同，但也有11.6%的人表示不清楚（比农民工相应选项低17.7个百分点），反映出这些市民对政府也缺乏一定的信任，仅有3.4%的人表示不认同，1.1%的人表示非常不认同。比较两类人群的信任差异检验发现，农民工对政府在制定政策能够考虑到农民工利益的信任程度显著低于市民，农民工对流入地政府的行政政策制定过程的信任偏低。

（2）农民工对流入地、流出地政府行政过程的信任状况比较分析

表10-2描述了农民工对流入地、流出地政府政策制定的信任状况。从表中可以发现，大部分农民工认为，流入地、流出地政府政策制定过程中能够考虑到农民工利益。相对于流入地政府来说，农民工对流出地政府的信任略高。其中，50.6%的农民工表示相信流出地政府政策制定过程中能够考虑到他们的利益，12.1%的农民工表示十分相信，然而仍有27.4%的农民工表示不清楚流出地政府政策制定时是否考虑了他们的利益，一定程度上反映了他们对于流出地政府缺乏信任，还有8.4%的农民工表示不认为流出地政府政策制定过程会考虑到他们的利益，1.5%的农民工表示非常不相信。虽然从数字上看，农民工对流入地、流出地政府信任存在一定的差异，但是这种差异在统计意义上并不显著。

表10-2　农民工对流入地、流出地政府行政过程的信任比较

单位：%

项目	流入地政府	流出地政府	LR检验
制定政策考虑农民工的利益			
非常不同意	3.7	1.5	
不同意	8.3	8.4	ns
不清楚	29.3	27.4	
同意	47.4	50.6	
非常同意	11.3	12.1	
样本量	266	263	

注：ns不显著。

资料来源：2008年西安市农村流动人口调查。

2. 农民工对流入地、流出地政府行政结果的信任

(1) 农民工、市民对流入地政府行政结果的信任状况比较

政府行政结果可以通过对政府提供公共服务的满意状况来测度。表10－3给出了农民工、市民对流入地政府提供公共服务的满意状况。

表 10－3 农民工、市民对流入地政府行政结果的信任比较

单位：%

项目	农民工	市民	LR 检验
公共服务满足农民工的需求			
非常不同意	2.3	0.4	
不同意	17.7	11.2	*
不清楚	20.3	16.4	
同意	47.7	56.3	
非常同意	12.0	15.7	
样本量	266	268	

注：$*p<0.05$。

资料来源：2008 年西安市农村流动人口调查。

从总体上看，农民工对流入地政府提供的公共服务能够满足他们的需要的信任感比市民低。就农民工而言，47.7%的人认为流入地政府提供的公共服务能够满足他们的需求，12.0%的人表示非常认可，但是仍然有约五分之一的农民工没有明确表态，间接反映出他们对于流入地政府提供的公共服务能否满足农民工的需求存在一定的质疑，17.7%的人表示流入地政府提供的公共服务不能够满足他们的需求，有小部分人表示流入地政府提供的公共服务完全不能够满足他们的需求。与农民工比较，市民对于政府提供的公共服务的认可度更高，其中，56.3%的人表示流入地政提供的公共服务能够满足农民工的需求，甚至有15.7%的人表示非常认同，但是还有16.4%的人没有明确的表态，11.2%的人表示流入地政府提供的公共服务不能够满足农民工的需求，仅0.4%的人表示非常不满意。在比较两类人群对流入地政府提供公共服务满意度差异检验中发现，二者差异较为显著，表明农民工对流入地政府的行政结果信任度明显低于市民。

(2) 农民工对流入地、流出地政府行政结果的信任状况比较

表10－4描述了农民工对流入地、流出地政府提供公共服务的满意状

况。大部分农民工认为，流入地、流出地政府提供的公共服务能够满足他们的需求。相对于流入地政府而言，农民工对流出地政府的认可度较低。其中，41.8%的农民工表示流出地政府提供的公共服务能够满足他们的需求，11.4%的农民工表示对此十分满意，然而仍有28.1%的农民工没有明确的意见，从侧面反映他们对于流出地政府公共服务的满意度较低，还有14.4%的农民工表示流出地政府提供的公共服务不能满足他们的需求，4.3%的农民工表示十分不满意。然而，农民工对流入地、流出地政府公共服务满意度的差异性检验表明，两者之间不存在显著差异。

表10－4　农民工对流入地、流出地政府行政结果的信任比较

单位：%

项目	流入地政府	流出地政府	LR检验
公共服务满足农民工的需求			
非常不同意	2.3	4.3	
不同意	17.7	14.4	
不清楚	20.3	28.1	ns
同意	47.7	41.8	
非常同意	12.0	11.4	
样本量	266	263	

注：ns不显著。

资料来源：2008年西安市农村流动人口调查。

二　对流入地、流出地政府工作人员信任现状

1. 农民工对流入地、流出地政府工作人员服务动机信任比较

（1）农民工、市民对流入地政府工作人员服务动机信任状况比较

表10－5描述了农民工、市民对流入地政府工作人员服务动机的信任状况。总体而言，绝大部分农民工与市民认为，流入地政府工作人员服务动机是善意的。且通过比较发现，农民工对流入地政府工作人员的服务动机信任程度要明显低于市民的信任。就农民工而言，65.7%的人相信流入地政府工作人员的服务动机是善意的，10.6%的人表示十分认同，但是还有12.5%的没有做出明确的表态，间接反映出他们对于流入地政府工作人员的服务动机存在一定的质疑，9.4%的人表示不认为流入地政府工作人员的服务动机是善意

的，甚至有1.8%的农民工表示非常不认同。与农民工相比较，市民更加认同流入地政府工作人员的服务动机，其中69.0%的人表示认为，流入地政工作人员的服务动机是善意的，还有14.6%的人非常认可流入地政府工作人员的服务动机，但是依然有13.4%的人没有发表明确的意见，仅有3.0%的人不认同流入地政府工作人员的服务动机是善意的。

表10－5　农民工、市民对流入地政府工作人员服务动机的信任比较

单位：%

项目	农民工	市民	LR检验
政府工作人员服务动机是善意的			
非常不同意	1.8	0.0	/
不同意	9.4	3.0	
不清楚	12.5	13.4	
同意	65.7	69.0	
非常同意	10.6	14.6	
样本量	265	268	

注："/"表示频数小于5不宜做LR检验。

资料来源：2008年西安市农村流动人口调查。

（2）农民工对流入地、流出地政府工作人员服务动机信任比较

表10－6描述了农民工对流入地、流出地政府工作人员服务动机的信任状况。从表中可以发现，大部分农民工表示相信流入地政府、流出地政府工作人员的服务动机是善意的。相对于流入地政府而言，农民工对流出地政府工作人员服务动机信任度更低。其中，52.1%的农民工认为，流出地政府工作人员服务动机是善意的，12.2%的农民工表示非常认同，但23.6%（与流入地政府相比高出11.1个百分点）的农民工没有明确表态，从侧面反映出，更多的农民工不认同流出地政府工作人员的服务动机是善意的，还有9.1%的农民工表示不认同流出地政府工作人员的服务动机是善意的，3.0%的农民工表示非常不认同。通过检验农民工对流入地、流出地政府工作人员服务动机信任发现，两者之间存在显著的差异，表明农民工对流入地政府工作人员的服务动机信任程度要显著高于农民工对流出地政府工作人员的信任。

表 10－6　农民工对流入地、流出地政府工作人员服务动机的信任比较

单位：%

项目	流入地政府	流出地政府	LR 检验
政府工作人员服务动机是善意的			
非常不同意	1.8	3.0	**
不同意	9.4	9.1	
不清楚	12.5	23.6	
同意	65.7	52.1	
非常同意	10.6	12.2	
样本量	265	263	

注：** $p<0.01$。

资料来源：2008 年西安市农村流动人口调查。

2. 农民工对流入地、流出地政府工作人员工作能力信任比较

(1) 农民工、市民对流入地政府工作人员工作能力信任状况比较

表 10－7 描述了农民工、市民对流入地政府工作人员工作能力的信任状况。从总体上看，大部分的农民工与市民表示相信流入地政府工作人员的工作能力。就农民工而言，53.6% 的人认为，流入地政府工作人员能够胜任其工作，9.9% 的农民工表示非常认同，但是还有 25.8% 的人没有做出明确表态，间接反映他们对于流入地政府工作人员的工作能力存在一定的质疑，8.4% 的农民工表示不认同流入地政府工作人员的工作能力，甚至有 2.3% 的农民工表示非常不认同。相对于农民工而言，市民更加认同流入地政府工作人员的工作能力，其中，58.2% 的人表示认为流入地政工作人员能够胜

表 10－7　农民工、市民对流入地政府工作人员能力信任比较

单位：%

项目	农民工	市民	LR 检验
政府工作人员能够胜任其工作			
非常不同意	2.3	1.5	ns
不同意	8.4	5.6	
不清楚	25.8	19.8	
同意	53.6	58.2	
非常同意	9.9	14.9	
样本量	263	268	

注：ns 不显著。

资料来源：2008 年西安市农村流动人口调查。

任其工作，还有 14.9% 的表示非常认同流入地政府工作人员的工作能力，但是还有 19.8% 的人没有表态，反映出他们在一定程度不信任流入地政府工作人员的工作能力，仍有 5.6% 的人表示不认同流入地政府工作人员的工作能力，仅有 1.5% 的人非常不认同。经检验，农民工和市民对于流入地政府工作人员工作能力信任的差异在统计上并不显著，表明农民工与市民对城市政府工作人员工作能力认同具有一致性。

（2）农民工对流入地、流出地政府工作人员工作能力信任状况比较

表 10－8 描述了农民工对流入地、流出地政府工作人员工作能力的信任状况。从表中可以发现，大部分农民工认同流入地、流出地政府工作人员的工作能力。农民工对流入流出地政府工作人员工作能力信任度基本一致，不存在统计上的显著差异。其中，超过半数的农民工表示认同流入流出地政府工作人员的工作能力，10% 左右的农民工表示非常认同，然而 25% 左右的农民工没有明确表态，也就是说，近 1/4 的农民工不认为流入流出地政府工作人员能够胜任其工作，还有 10% 以上的农民工表示不认同流入流出地政府工作人员的工作能力。

表 10－8　农民工对流入地、流出地政府工作人员能力信任比较

单位：%

项目	流入地政府	流出地政府	LR 检验
政府工作人员能够胜任其工作			
非常不同意	2.2	2.7	
不同意	8.4	11.0	ns
不清楚	25.9	24.0	
同意	53.6	51.3	
非常同意	9.9	11.0	
样本量	263	263	

注：ns 不显著。

资料来源：2008 年西安市农村流动人口调查。

三　对流入地、流出地政府组织与工作人员信任现状

（1）对于政府组织与政府工作人员信任比较分析发现，总体上看，农

民工对政府工作人员的信任高于对政府组织的信任，且只有在政府服务动机方面农民工的信任有显著差异，即农民工认为流入地政府的服务动机要优于流出地政府。调查数据显示，就流入地而言，农民工对流入地政府工作人员的服务动机的信任度最高，其次是对流入地政府工作人员能力的信任度，对流入地政府的行政结果信任和过程信任度相对偏低；就流出地而言，农民工对流出地政府工作人员服务动机的信任感最高，其次为对流出地政府组织的行政过程信任，再次为对流出地政府工作人员的能力信任感，对流出地政府组织的行政结果信任感最低。

（2）从农民工与市民的比较分析发现，虽然农民工对流入地政府信任总体低于市民，但是二者在对政府组织和政府工作人员信任上存在明显的差异。调查结果表明，农民工对流入地政府的工作人员信任普遍高于对政府组织，而市民则是对流入地政府组织行政过程的信任度最高，其次为工作人员的服务动机的信任、工作人员能力的信任，对政府组织的行政结果信任感最低。

第三节　农民工对流入地、流出地政府组织信任影响因素

一　对流入地、流出地政府行政过程信任影响因素

1. 自变量描述性统计

表 10－9 提供了农民工对流入地、流出地政府信任影响因素分析中的自变量描述性统计信息。

表 10－9　自变量描述性统计信息

变量	均值	标准差
个人因素		
性别（女性）		
男性	0.483	0.501
年龄	33.533	9.097
婚姻（未婚）		
曾婚	0.783	0.413

续表

变量	均值	标准差
政治面貌（群众）		
党员	0.030	0.172
团员	0.236	0.425
职业阶层（体力劳动者）		
非体力劳动者	0.122	0.328
月收入	1748.290[a]	2781.840
	7.053[b]	1.125
流动因素		
来源地（陕西省内）		
陕西省以外	0.388	0.488
来西安前有无流动经历（无）		
有	0.468	0.500
居住环境（聚居）		
散居	0.848	0.360
人力资本		
受教育程度（小学及以下）		
初中	0.456	0.499
高中（含中专、技校）	0.335	0.473
大专及以上	0.068	0.253
在西安的打工年限	7.876	6.719
打工份数	1.660	1.842
社会资本		
网络规模	11.800	13.855
网络构成（职业阶层较低）		
职业阶层较高	0.369	0.483
人际信任因素		
对农民工的信任	0.639	0.481
对市民的信任	0.643	0.480
样本数	263	

注：表中第一列中，在西安市的打工年限、打工份数是连续变量；其余变量都是分类变量，括号内为参照项。收入变量中，*a* 表示原始收入，*b* 表示取对数以后的收入。

资料来源：2008 年西安市农村流动人口调查。

从统计结果中可以看出，农民工样本中，女性与男性比例接近 1∶1，女性略高；平均年龄为 33.5 岁，中青年较多；曾婚者占到大多数，大约是总人数的 78.3%；大部分农民工政治面貌为群众，23.6% 的为团员，党员人数比较少仅占 3%；从经济状况来看，大多数农民工从事体力劳动，仅有

12.2%的农民工从事非体力劳动，月收入集中在1748元，在西安市整体工资水平中属于较低水平；在来源地方面，大部分农民工是来自陕西省内的，仅有38.8%的人来自陕西省外；在流动经历上看，46.8%的人在来西安市以前去过别的城市打工，还有53.2%的只在西安市打工；从居住环境来看，绝大部分（84.8%）的农民工是与居民混合居住的，聚居比较少；从受教育程度来看，初中文化程度占多数（45.6%），33.5%的具有高中文化程度，大专以上的比较低仅占6.8%，由此可知，农民工群体的受教育程度较低；从打工年限来看，农民工在西安市打工平均年限达到7.9年，平均换工作次数为1.7次，可以看出农民工在西安市打工是相对稳定的；从网络规模来看，农民工平均交往的人数为11.8个，表明农民工的社会联系相对比较丰富，但是从交往层次上来看，仅有36.9%的农民工能够与比自己职业阶层更高的人进行交往；从农民工的人际信任来看，63.9%的农民工信任自己周围的其他农民工，64.3%的信任自己周围的西安市民，然而，仍然有超过三分之一的农民工不信任身边的其他人。

2. 农民工信任流入地、流出地政府行政过程影响因素比较

（1）回归结果

采用二分Logistic回归模型对农民工对流入地、流出地政府政策制定过程信任的影响因素进行分析，回归结果如表10－10所示。

表10－10　农民工对流入地、流出地政策制定过程信任影响因素的回归结果

变量	B值	
	流入地(几率比)	流出地(几率比)
个人因素		
性别(女性)		
男性	0.4344	－1.0847*
年龄	0.0590*	0.0510
婚姻(未婚)		
曾婚	－1.1617*	－1.4644*
政治面貌(群众)		
党员	－0.5134	1.9015
团员	0.3832	－0.7823
职业阶层(体力劳动者)		
非体力劳动者	1.2863*	－0.0517
月收入(log)	0.2678	－0.0093

续表

变量	B 值	
	流入地(几率比)	流出地(几率比)
流动因素		
来源地(陕西省内)		
陕西省以外	0.1424	-0.7131 +
来西安前有无流动经历(无)		
有	-1.2754 **	-0.6597
居住环境(聚居)		
散居	0.0009	0.6458
人力资本		
受教育程度(小学及以下)		
初中	0.1210	0.4663
高中(含中专、技校)	-0.5175	-0.1225
大专及以上	-1.6956 *	-0.8924
在西安的打工年限	-0.0078	-0.0091
打工份数	0.1394	0.4334 *
社会资本		
网络规模	0.0318 +	0.0083
网络构成(职业阶层较低)		
职业阶层较高	-0.0797	0.1609
人际信任因素		
对农民工的信任	0.4763	1.0477 *
对市民的信任	0.7868	0.5975
-2LL	203.273 ***	195.753 ***
样本数	263	263

注：*** $p<0.001$，** $p<0.01$，* $p<0.5$，+ $p<0.1$。

资料来源：2008 年西安市农村流动人口调查。

从流入地模型中发现，在个人因素中，年龄越大，农民工对流入地政府政策制定过程越信任；未婚者比曾婚者更信任流入地政府政策制定过程能够考虑到他们的利益；在经济地位方面，从事非体力劳动的农民工比体力劳动者更信任流入地政府政策制定过程；性别、政治面貌、月收入对农民工信任流入地政府政策制定过程没有显著影响。在流动因素中，与没有流动经历者相比，有流动经历者对流入地政府政策制定过程有显著负向影响，即有流动经历者更不信任流入地政府政策制定能够考虑到他们的利益；来源地、居住环境对农民工信任流入地政府政策制定过程没有显著影响。在人力资本因素中，受教育程度为大专以上学历者对流入地政府政策制定过程信任为负向影响，即受教育程度越高对流入地政府政策制定过程信任感越低；在西安市的打工时间以及打工的份数对农民工信任流入地政府政策制定过程没有显著影响。在社会资本因素中，网络规模即农民工与外界的社会联系有助于提高农民工对流入地政府政策制定过程的信任感；网络中是否存在社会地位较高者对其影响不显著。在人际信任因素中，不论农民工是否信任周围的农民工和市民，都不会影响其信任流入地政府政策制定过程。

从流出地模型中发现，在个人因素中，性别对农民工信任流出地政府政策制定过程有比较显著的作用，女性比男性更加信任流出地政府；未婚者比曾婚者更加信任流出地政府政策制定过程；年龄、政治面貌、职业阶层、月收入对农民工对流出地政府政策制定过程信任没有显著影响。在流动因素中，来源地有微弱的影响，即来自本省内的农民工更加信任流出地政府政策制定能够考虑到他们的利益；流动经历、居住环境没有显著影响。在人力资本因素中，农民工在西安市打工的份数有正向影响，即在西安市打工的份数越多，农民工对流出地政府政策制定过程信任感越高；受教育程度、在西安的打工时间对农民工信任流出地政府政策制定过程没有显著影响。在社会资本因素中，网络规模（即农民工与外界的社会联系）、网络构成（即是否存在社会地位较高者）均无显著影响。在人际信任因素中，农民工对周围其他农民工的信任有助于提高其对流出地政府政策制定过程的信任感，而对市民的信任感并不会显著影响其对流出地政府政策制定过程的信任。

（2）流入地、流出地模型比较

从农民工对流入地政府政策制定过程的信任来看，主要影响因素是年龄、婚姻状况、经济地位、受教育程度、流动经历以及社会网络规模。随着年龄增长，社会联系的逐渐扩大，从事非体力劳动能有效地提高农民工对于流入地政府在政策制定上的信任感；但是，当受教育程度达到大专及以上，有流动经历以及曾婚都会降低农民工对流入地政府政策制定过程的信任感。

农民工对流出地政府政策制定过程信任，主要的影响因素为性别、婚姻、来源地、打工份数、对周围农民工的信任状况。女性、未婚者、来自本省以及在西安市打工的份数越多、对周围农民工信任都会有助于农民工信任流出地政府政策制定过程。

对比发现，婚姻状况会影响农民工对政府政策过程信任，且曾婚农民工对流入地、流出地政府政策制定过程都将更加不信任。在个人因素中，年龄、经济地位对农民工信任流入地政府至关重要，即随着年龄增长，社会经济地位提高有助于农民工信任流入地政府政策过程；性别仅仅对流出地政府政策制定信任有重要影响，且女性农民工更加信任流出地政府。在流动因素中，有流动经历导致农民工对流入地政府政策制定过程的信任感降低。在人力资本因素中，教育因素有显著影响，即具有大专及以上学历的农民工比小学及以下受教育程度者对流入地政府政策的信任更低；打工份数越多，农民工越信任流出地政府政策制定过程。在社会资本因素中，社会网络规模越大，农民工越信任流入地政府政策制定过程。在人际信任因素中，对周围农民工的信任感有助于提高农民工对流出地政府政策制定过程的信任。

二 流入地、流出地政府的行政结果影响因素

（1）回归结果

农民工对政府公共服务信任程度是政府行政结果的重要体现。采用二分 Logistic 回归模型，对农民工对流入地、流出地政府提供的公共服务信任的影响因素进行分析，回归结果如表 10－11 所示。

表 10－11 农民工对流入地、流出地政府公共服务信任影响因素的回归结果

变量	B 值	
	流入地(几率比)	流出地(几率比)
个人因素		
性别(女性)		
男性	0.5442	－0.5683
年龄	0.0716*	0.0546+
婚姻(未婚)		
曾婚	－0.3165	－0.3652
政治面貌(群众)		
党员	－2.6584*	0.5525
团员	0.3392	－0.2681
职业阶层(体力劳动者)		
非体力劳动者	0.9930	－0.0467
月收入(log)	－0.0256	－0.3179

续表

变量	B 值	
	流入地(几率比)	流出地(几率比)
流动因素		
来源地(陕西省内)		
陕西省以外	0.5305	0.7512 +
来西安前有无流动经历(无)		
有	-1.0186 *	-0.9943 *
居住环境(聚居)		
散居	0.7108	0.6499
人力资本		
受教育程度(小学及以下)		
初中	0.8026	0.8818
高中(含中专、技校)	0.2637	0.8615
大专及以上	1.1737	-0.5569
在西安的打工年限	-0.0378	-0.0748 *
打工份数	0.0682	0.1369
社会资本		
网络规模	0.0168	0.0177
网络构成(职业阶层较低)		
职业阶层较高	0.0097	-0.1187
人际信任因素		
对农民工的信任	1.1616 *	1.8106 ***
对市民的信任	0.6704	0.7118
-2LL	203.643 ***	196.528 ***
样本数	263	263

注：*** $p<0.001$，* $p<0.05$，+ $p<0.1$。

资料来源：2008 年西安市农村流动人口调查。

从流入地模型中可以发现，在个人因素中，年龄越大，农民工越信任流入地政府提供的公共服务；政治面貌对流入地政府提供公共服务有负向作用，即党员比非党员农民工对流入地政府提供的公共服务更不信任，也就是说，政府提供的公共服务不能满足农民工的需求；性别、经济地位对农民工信任流入地政府提供的公共服务没有显著影响。在流动因素中，流动经历有较显著负向影响，即与没有流动经历者相比，有流动经历者更不信任流入地政府提供的公共服务；来源地、居住环境对农民工信任流入地政府提供的公共服务没有显著影响。在人力资本因素中，受教育程度、在西安市的打工年限以及打工份数对农民工信任流入地政府提供的公共服务均没有显著影响。在社会资本因素中，网络规模（即农民工与外界的社会联系）和网络构成（是否存在社会地位较高者）也没有显著影响农民工对流入地政府提供的公共服务的信任。在人际信任因素中，农民工对周围其他农民工的信任有助于提高其对流入地政府提供的公共服务的信任，而对市民的信任感并没有显著影响。

从流出地模型中可以发现，在个人因素中，年龄越大，农民工对流出地政府提供的公共服务越信任；性别、婚姻状况、政治面貌、经济地位对农民工信任流出地政府提供的公共服务没有显著影响。在流动因素中，来源地对农民工信任流出地政府提供的公共服务有微弱的影响，即来自外省的农民工更加认同流出地政府提供的公共服务能够满足他们的需求；流动经历对农民工信任流出地政府提供的公共服务有较显著负向影响，即有流动经历者比没有流动经历者更加不认同流出地政府提供的公共服务；居住环境对农民工信任流出地政府提供的公共服务没有显著影响。在人力资本因素中，在西安市打工的年限有负向影响，即农民工在西安市打工时间越长，他们对流出地政府提供的公共服务信任感越低；受教育程度、在西安市的打工份数对农民工信任流出地政府提供的公共服务没有显著影响。在社会资本因素中，网络规模（即农民工与外界的社会联系）和网络构成（是否存在社会地位较高者）均无显著影响。在人际信任因素中，对周围其他农民工的信任有显著的正向作用，即与不信任周围农民工的相比，信任周围农民工的农民工对流出地政府提供的公共服务有更强的信任感，而对周围市民是否信任不会影响农民工对流出地政府提供的公共服务的信任。

（2）流入地、流出地模型比较

从农民工对流入地政府提供的公共服务的信任（即满意度）来看，影响农民工对其信任的主要因素是年龄、政治面貌、流动经历、对周围农民工的信任感。即随着年龄的增长、对周围农民工的信任感有助于增强农民工对流入地政府提供的公共服务的满意度，但是，有流动经历，政治面貌是党员对流入地政府提供的公共服务的满意度则降低。

农民工对流出地政府提供的公共服务的满意度上看，主要影响因素为年龄、来源地、流动经历、在西安市的打工年限、对周围农民工的信任状况。即年龄更大、信任周围农民工，来自外省的农民工对流出地政府提供的公共服务有更高的满意度，但是，随着农民工在西安市打工年限的延长，流动经历则会降低农民工对流出地政府提供的公共服务的满意度。

对比发现，年龄、对周围农民工的信任、流动经历对政府提供公共服务的满意度都有影响，即年龄更大、信任周围农民工都有助于提高农民工对流入地、流出地政府提供的公共服务的满意度，但是，显著性检验发现，年龄只对流入地政府提供的公共服务信任是显著影响，而对周围农民工的信任只对流出地政府提供的公共服务信任影响显著。与无流动经历相比，有流动经历会降低农民工对流入地、流出地政府提供公共服务的满意度。除此之外，政治面貌对于农民工对流入地政府提供公共服务满意度有显著影响，即党员对流入地政府提供的公共服务的满意度更低；打工年限的显著影响表现在，随着在西安市打工时间的延长，他们对流出地政府提供的公共服务满意度更低；来自外省的农民工对流出地政府提供的公共服务的满意度更高。

第四节　农民工对流入地、流出地政府工作人员信任影响因素

一　对政府工作人员服务动机信任的影响因素

（1）回归结果

采用二分 Logistic 回归模型分析农民工对流入地、流出地政府工作人员服务动机信任的影响因素，回归结果如表 10－12 所示。

表 10－12　农民工对流入地、流出地政府工作人员服务动机信任影响因素回归结果

变量	B 值	
	流入地（几率比）	流出地（几率比）
个人因素		
性别（女性）		
男性	－0.0746	－0.6721
年龄	0.0942*	0.0666*
婚姻（未婚）		
曾婚	－1.3116*	－0.5420

续表

变量	B 值	
	流入地(几率比)	流出地(几率比)
政治面貌(群众)		
党员	-0.1945	0.8376
团员	0.1701	0.1889
职业阶层(体力劳动者)		
非体力劳动者	0.4341	0.2707
月收入(log)	0.0944	0.0076
流动因素		
来源地(陕西省内)		
陕西省以外	0.5021	-0.0230
来西安前有无流动经历(无)		
有	-1.0080 +	-0.1015
居住环境(聚居)		
散居	0.2318	0.6548
人力资本		
受教育程度(小学及以下)		
初中	0.2189	0.6249
高中(含中专、技校)	-0.9729	-0.5160
大专及以上	-0.5978	-1.5864 +
在西安的打工年限	-0.0871 +	-0.0157
打工份数	0.3005	0.2729
社会资本		
网络规模	0.0047	0.0098
网络构成(职业阶层较低)		
职业阶层较高	0.7028	0.1849
人际信任因素		
对农民工的信任	1.6626 **	1.5451 **
对市民的信任	0.6158	0.5302
-2LL	151.740 ***	14.405 ***
样本数	263	263

注：*** $p<0.001$， ** $p<0.01$， * $p<0.05$， + $p<0.1$。

资料来源：2008 年西安市农村流动人口调查。

从流入地模型中可以发现，在个人因素中，随着年龄的增长，农民工对流入地政府工作人员的服务动机更加信任；与未婚农民工相比，曾婚农民工对于流入地政府工作人员服务动机的信任度显著偏低；性别、政治面貌、经济地位没有显著影响。在流动因素中，流动经历对流入地政府工作人员的服务动机的信任有较显著负向影响，即有流动经历者比没有流动经历者更加不信任流入地政府工作人员的服务动机；来源地、居住环境没有显著影响。在人力资本因素中，在西安市打工年限与农民工对流入地政府工作人员服务动机信任成微弱负向相关，即在西安市打工时间越长，对流入地政府工作人员服务动机越不信任；受教育程度、打工份数对农民工信任流入地政府工作人员的服务动机没有显著影响。在社会资本因素中，网络规模（即农民工与外界的社会联系）和网络构成（是否存在社会地位较高者）的影响不显著。在人际信任因素中，对周围其他农民工的信任显著提高了农民工对流入地政府工作人员的服务动机的信任感，而对周围市民的信任没有对农民工信任流入地政府工作人员的服务动机产生显著影响。

从流出地模型中可以发现，在个人因素中，随着年龄的增长，农民工仍然显著提高了对流出地政府工作人员服务动机的信任；性别、婚姻状况、政治面貌、经济地位对农民工信任流出地政府工作人员的服务动机没有显著影响。在流动因素中，来源地、流动经历、居住环境都没有显著影响。在人力资本因素中，受教育程度对农民工信任流出地政府工作人员的服务动机存在较微弱的负向影响，具体而言，具有大专及以上学历的农民工比小学及以下学历的农民工更加不信任流出地政府工作人员的服务动机；在西安市工作年限、打工份数对农民工信任流出地政府工作人员的服务动机没有显著影响。在社会资本因素中，网络规模（即农民工与外界的社会联系）和网络构成（是否存在社会地位较高者）没有显著影响。在人际信任因素中，对周围其他农民工的信任有助于促进农民工对流出地政府工作人员的服务动机的信任感，而对周围市民的信任不会显著影响农民工对流出地政府工作人员的服务动机的信任。

（2）流入地、流出地模型比较

从农民工对流入地政府工作人员服务动机信任来看，主要影响因素是年龄、婚姻、流动经历、在西安市的打工年限、对周围农民工的信任感。即随着年龄的增长、对周围农民工信任的提高将有助于增强农民工对流入地政府工作人员服务动机的信任；但是，曾婚、有流动经历、在西安市打工年限的延长，则可能弱化农民工对流入地政府工作人员服务动机的信任。

从农民工对流出地政府工作人员服务动机的信任来看，主要影响因素为年龄、受教育程度、对身边农民工的信任状况。即随着年龄的增长、对周围农民工的信任有助于促进农民工更加信任流出地政府工作人员的服务动机；但是，具有大专及以上的受教育程度则会导致农民工对流出地政府工作人员服务动机的信任度逐渐降低。

对比发现，二者的共同影响因素是年龄、对周围农民工的信任。随着年龄增长、对周围农民工的信任，有助于增强农民工对流入地、流出地政府工作人员服务动机的信任。在人力资本因素上，在西安市的打工年限仅仅表现在对农民工对流入地政府工作人员服务动机信任有显著负向影响，即打工年限越长，农民工对流入地政府工作人员服务动机越不信任；受教育程度的影响表现在农民工对流出地政府工作人员服务动机信任有显著负向影响，即受教育程度达到大专文化水平后，农民工对流出地政府工作人员服务动机越不信任。在个人因素中，婚姻仅仅影响农民工对流入地政府工作人员服务动机的信任，即曾婚农民工对流入地政府工作人员服务动机信任感更低。在流动因素中，流动经历也影响着农民工对流入地政府工作人员服务动机的信任度，即有流动经历的农民工更加不信任流入地政府工作人员的服务动机。

二　对政府工作人员工作能力信任的影响因素

（1）回归结果

采用二分 Logistic 回归模型分析农民工对流入地、流出地政府工作人员工作能力信任的影响因素，回归结果如表 10－13 所示。

表 10－13　农民工对流入地、流出地政府工作人员工作能力信任影响因素回归结果

变量	B 值	
	流入地（几率比）	流出地（几率比）
个人因素		
性别（女性）		
男性	0.0237	－0.1262
年龄	0.0806*	－0.0179
婚姻（未婚）		
曾婚	－1.4465*	0.6227
政治面貌（群众）		
党员	－1.7331	0.3089
团员	－0.1080	－1.1369*

续表

变量	B 值	
	流入地(几率比)	流出地(几率比)
职业(体力劳动者)		
非体力劳动者	0.0345	0.8730
月收入(log)	0.1939	-0.1613
流动因素		
来源地(陕西省内)		
陕西省以外	-0.7543	-0.1807
来西安前有无流动经历(无)		
有	-0.8576*	-0.9748*
居住环境(聚居)		
散居	0.6083	-0.9003
人力资本		
受教育程度(小学及以下)		
初中	0.4458	0.7997
高中(含中专、技校)	-0.4397	0.9316
大专及以上	-0.0164	-0.6673
在西安的打工年限	-0.0216	-0.0367
打工份数	0.2322	0.1380
社会资本		
网络规模	-0.0063	-0.0152
网络构成(职业阶层较低)		
职业阶层较高	0.2577	0.0231
人际信任因素		
对农民工的信任	2.4874***	2.5510***
对市民的信任	0.6683	1.0346+
-2LL	161.920***	162.536***
样本数	263	263

注：*** $p<0.001$，* $p<0.5$，+ $p<0.1$。

资料来源：2008 年西安市农村流动人口调查。

从流入地模型中发现，在个人因素中，年龄越大，农民工对流入地政府工作人员工作能力越信任；与未婚农民工相比，曾婚农民工对其信任流入地政府工作人员工作能力有负向影响，即曾婚农民工更加不认可流入地政府工作人员的工作能力；性别、经济地位、政治面貌对农民工信任流入地政府工作人员工作能力没有显著影响。在流动因素中，流动经历对农民工信任流入地政府工作人员工作能力有较显著负向影响，即有流动经历的农民工比没有流动者更加不信任流入地政府工作人员的工作能力；来源地、居住环境对农民工信任流入地政府工作人员工作能力没有显著影响。在人力资本因素中，受教育程度、在西安市的打工年限以及打工份数没有显著影响。在社会资本因素中，网络规模（即农民工与外界的社会联系）和网络构成（是否存在社会地位较高者）对农民工信任流入地政府工作人员工作能力没有显著影响。在人际信任因素中，对周围其他农民工的信任，将有助于促进农民工提高其对流入地政府工作人员工作能力的信任感，而对周围市民的信任没有显著影响农民工对流入地政府工作人员工作能力的信任。

从流出地模型中发现，在个人因素中，政治面貌与农民工对流出地政府工作人员工作能力的信任有负向关系，具体表现为，政治面貌为团员的农民工比是群众的农民工更加不信任政府工作人员的工作能力；性别、年龄、婚姻状况、经济地位对农民工是否信任流出地政府工作人员工作能力没有显著影响。在流动因素中，流动经历有显著负向影响，即有流动经历的农民工比没有流动经历者更加不信任流出地政府工作人员能够胜任其工作；来源地、居住环境对农民工信任流出地政府工作人员工作能力没有显著影响。在人力资本因素中，受教育程度、在西安市的打工时间以及打工的份数没有显著影响。在社会资本因素中，网络规模（即农民工与外界的社会联系）和网络构成（是否存在社会地位较高者）影响不显著。在人际信任因素中，对周围其他农民工的信任，有助于促进农民工对流入地政府工作人员工作能力的信任感，对市民的信任也正向影响着农民工对流入地政府工作人员工作能力的信任。

（2）流入地、流出地模型比较

从流入地模型来看，影响农民工信任政府工作人员工作能力的主要因素是年龄、婚姻、流动经历、对周围农民工的信任感。即随着年龄的增长、对周围农民工的信任，有助于增强农民工对流入地政府工作人员工作能力的信任感；但是，曾婚、有流动经历的农民工对流入地政府工作人员工作能力信任感则更低。

从流出地模型来看，农民工信任流出地政府工作人员工作能力的主要影响因素为政治面貌、流动经历、对周围农民工的信任和对市民的信任。对周围农民工的信任、对市民的信任的农民工更加信任流出地政府工作人员的工作能力；有流动经历、政治面貌为团员的农民工对流出地政府工作人员工作能力的信任更低。

对比发现，对周围农民工的信任、流动经历对农民工信任两地政府工作人员工作能力都有影响，即随着农民工对周围农民工信任感有助于提高农民工对流入地、流出地政府工作人员工作能力的信任；而有流动经历则会使得农民工更加不信任流入地、流出地政府工作人员的工作能力。在人际信任因素中，对周围市民的信任仅仅有助于提高农民工对流出地政府工作人员工作能力的信任。在个人因素中，随着年龄的增长、未婚的农民工仅仅对流入地政府工作人员工作能力的信任更强；而政治面貌为团员的农民工仅仅对流出地政府工作人员工作能力的信任感明显更低。

三　对政府组织与工作人员信任影响因素的比较

对政府组织与政府工作人员信任影响因素比较发现，个人因素、流动因素、人际信任因素、人力资本因素、社会资本因素对政府信任都有重要的影响。

（1）个人因素中，年龄对于政府信任有重要影响，除了农民工对流出地政府政策制定过程和政府工作人员能力信任与年龄没有显著关系以外，其他都与年龄显著正相关，即随着年龄的增长，农民工对于政府整体信任感随之提高；除了对流入地政府的公共服务满意度没有显著影响以外，婚姻对流入地、流出地政府信任有显著影响，即曾婚农民工对政府信任明显不如未婚农民工；性别对流出地政策制定的显著影响表现在，女性农民工比男性农民工信任感更高；政治面貌对流入地政府公共服务提供以及流出地政府工作人员工作能力影响显著，表现在政治面貌为党员的农民工对流入地政府公共服务满意感更低，而团员农民工对流出地政府工作人员信任感更低；经济地位主要对流入地政策制定过程信任有显著影响，即从事非体力劳动者比体力劳动者对流入地政府政策制定过程的信任感更高。

（2）流动因素中，流动经历除了对流出地政府政策制定与政府工作人员服务动机没有影响以外，对政府信任有显著影响，表现为，有流动经历比没有流动经历者更不信任流入地政府，也更不信任流出地政府公共服务、工作人员工作能力；来源地对流出地政府组织影响显著，即来自外省的农民工对流出地政府政策制定过程信任更低，但对流出地政府公共服务满意度更高。

（3）人力资本因素中，受教育程度对流入地政府政策制定、流出地政府工作人员服务动机信任有显著影响，即受教育程度为大专及以上的农民工对流入地政府政策制定过程、流出地政府工作服务动机信任感比小学及以下受教育程度的农民工更低；在西安市的打工年限对流出地政府提供公共服务的满意度和流入地政府工作人员服务动机信任影响显著，随着打工年限的延长，农民工对流出地政府提供公共服务的满意度和流入地政府工作人员服务动机信任感更低；打工份数对流出地政策制定信任的影响表现在，打工份数越多，农民工对流出地政府政策制定过程越信任。

（4）社会资本因素中，网络规模即社会联系的多少对流入地政策制定过程信任有显著影响，即随着农民工社会联系的增多，其对于流出地政府政策制定过程的信任感更高。

（5）人际信任因素中，除了对流入地政府信任以外，对周围农民工信任显著影响农民工对政府的信任，农民工对周围其他农民工的信任感越高，他们对流入地、流出地政府组织和工作人员的信任感就越高；对周围市民的信任同样显著影响农民工对流出地政府工作人员工作能力的信任，即农民工对市民信任感越高，则他们对流出地政府工作人员工作能力的信任感也相应越高。

本章小结

研究发现，农民工对流入地政府组织信任和政府工作人员信任现状均高于农民工对流出地政府组织、工作人员的信任，个人因素、流动因素、人力资本因素、社会资本因素、人际信任因素均对农民工信任政府有显著影响，城乡对比研究表明农民工对流入地、流出地政府信任的影响机制有显著差异。

（1）比较流入地、流出地政府组织信任现状发现，农民工对流出地政府政策制定过程信任感较高，而对流入地政府在行政结果上的信任度更高；从农民工与市民的比较中也发现，农民工对流入地政府组织的信任度普遍低于市民。

（2）比较流入地、流出地政府工作人员信任现状发现，农民工对流入地政府工作人员的服务动机的信任度显著高于对流出地政府工作人员的服务动机的信任度，而对政府工作人员能力的信任度没有太大差别；从农民工与市民的比较中发现，农民工对流入地政府工作人员的整体信任度明显低于市民。

（3）对政府组织与政府工作人员信任比较分析发现，不论流入地、流出地，农民工对政府工作人员的信任度均高于对政府组织的信任度；与市民的对比发现，虽然农民工对流入地政府信任总体低于市民，但是二者信任偏好存在比较明显的差异，其中，农民工对流入地政府的工作人员信任普遍高于对政府组织，而市民则是对流入地政府组织行政过程的信任度最高，其次为工作人员的服务动机和能力的信任，对政府组织的行政结果信任度反而最低。

（4）对流入地、流出地政府组织信任的影响因素比较分析发现：

第一，农民工对两地政府政策制定过程信任的影响因素比较。其一，婚姻对两地政府政策过程信任都有影响，曾婚农民工对流入地、流出地政府政策制定过程都更加不信任；年龄、经济地位对农民工信任流入地政府政策制定过程至关重要，即随着年龄增长，社会经济地位提高都有助于农民工信任流入地政府政策过程；性别仅仅对流出地政府政策制定信任有重要影响，即女性农民工比男性农民工更加信任流出地政府。其二，有流动经历会导致农民工对流入地政府政策制定过程的信任感降低；来自本省的农民工对流出地政府政策制定过程更加信任。其三，教育因素对农民工信任流入地政府政策制定过程影响显著，表现在，受教育程度在大专及以上的农民工对流入地政府政策的信任感更低；打工份数也对农民工信任流出地政府政策制定过程有显著影响，即在城市打工份数越多，越有助于他们信任流出地政府政策制定过程。其四，社会网络规模（即社会联系的人数）将对农民工信任流入地政府产生影响，即随着社会联系人数的增加，农民工将更加信任流入地政府政策制定过程。第五，对周围农民工的信任感将有助于提高农民工对流出地政府政策制定过程的信任感。

第二，农民工对流入地、流出地政府提供公共服务满意度的影响因素比较。其一，年龄对两地政府提供公共服务的满意感都有影响，即随着年龄增长，农民工对流入地、流出地政府提供的公共服务的满意度增强；政治面貌对农民工对流入地政府提供公共服务满意度有显著影响，政治面貌为党员的农民工对流入地政府提供的公共服务的满意度较低。其二，有流动经历使得农民工对流入地、流出地政府提供公共服务的满意度都降低；来自本省的农民工对流出地政府提供的公共服务更加满意。其三，随着流动经历的增加，农民工对流入地、流出地政府提供公共服务的满意度降低；随着农民工在城市打工时间的延长，他们对流出地政府提供的公共服务满意感随之降低。其四，对周围农民工信任感增强有助于提高农民工对流出地政府提供的公共服务的满意度。

（5）对流入地、流出地政府工作人员信任的影响因素比较分析发现：

第一，农民工对两地政府工作人员服务动机信任的影响因素比较。其一，年龄对农民工信任两地政府工作人员服务动机有显著影响，即随着年龄增长，农民工对流入地、流出地政府工作人员服务动机的信任增强；婚姻对农民工信任流入地政府工作人员服务动机有显著影响，曾婚农民工比未婚农民工对流入地政府工作人员服务动机信任感更低。其二，流动经历对农民工信任流入地政府工作人员服务动机有显著影响，即有流动经历的农民工更加不信任流入地政府工作人员的服务动机。其三，在城市打工年限对农民工信任流入地政府工作人员服务动机有显著影响，打工年限越长，农民工对流入地政府工作人员服务动机越不信任；受教育程度对农民工信任流出地政府工作人员服务动机有显著影响，即具有大专及以上文化水平的农民工比只有小学及以下文化水平的农民工对流出地政府工作人员服务动机更不信任。其四，对周围农民工的信任对农民工信任两地政府工作人员服务动机有影响，对周围市民的信任有助于增强农民工对流出地政府工作工作能力的信任。

第二，农民工对两地政府工作人员工作能力信任的影响因素比较。其一，随着年龄的增长，未婚农民工比曾婚农民工对流入地政府工作人员工作能力的信任感更强；政治面貌为团员的农民工比政治面貌为群众的农民工对流出地政府工作人员工作能力的信任感更低。其二，与无流动经历相比，有流动经历的农民工对流入地、流出地政府工作人员工作能力信任感都会更低。其三，对周围农民工的信任和对市民的信任，会促使农民工更加信任流出地政府工作人员的工作能力。

（6）对政府组织与政府工作人员信任的影响因素比较发现，个人因素、流动因素、人际信任因素、人力资本因素、社会资本因素对流入地、流出地政府信任都有重要影响。其中，个人因素中，年龄对于政府信任影响显著，除了农民工对流出地政府政策制定过程和政府工作人员能力信任与年龄没有显著关系以外，其他都与年龄显著正相关，即年龄越大，农民工越信任政府组织与政府工作人员；除了对流入地政府的公共服务满意度没有显著影响以外，婚姻对流入地政府信任有显著影响，对流出地政府政策制定过程信任有显著影响；性别对流出地政策制定有显著影响，政治面貌对流入地政府公共服务提供以及流出地政府工作人员工作能力有显著影响，经济地位的影响主要表现在农民工对流入地政府政策制定过程的信任。流动因素中，除了对流出地政府政策制定与政府工作人员服务动机没有影响以外，流动经历对政府信任有显著影响；来源地对农民工信任流出地政府组织有显著影响。在人力资本因素中，受教育程度对流入地政府政策制定、流出地政府工作人员服务动机信任有显著影响；在城市打工年限对流出地政府提供的公共服务满意度和流入地政府工作人员服务动机信任有显著影响；打工份数的影响表现在对流出地政府政策制定的信任。在社会资本因素中，网络规模对流入地政府政策制定过程信任有显著影响。在人际信任因素中，除了对流入地政策的信任以外，对周围农民工信任显著促进农民工对政府的信任；对市民的信任有助于农民工对流出地政府工作人员工作能力的信任。

第十一章　国家宏观农民工服务管理政策分析

本章首先梳理有关流动人口（主要是农民工）的国家宏观政策，包括就业与劳动保障政策、婚育政策、养老政策、社会支持和社会融合政策等；其次，基于调查数据，探讨农民工对国家宏观政策的知晓情况；最后，从政策内容、政策目标、政策执行以及政策效果等多个层面对现有政策进行综合评价。

第一节　国家宏观政策主要内容

有关农民工国家政策的演变大致经历了三个阶段，即 1984～1993 年允许流动阶段、1994～1999 年限制性流动阶段和 2000 年至今流动基本开放阶段（杨黎源，2007）。我国的人口流动政策目标多元，已经从单纯的流动管理，逐步转向关注以农民工为主的流动人口的权益保障。2002 年前后，我国流动人口政策的重点仍然是加强管理，特别是计划生育管理和社会治安综合治理。农民工政策出台多在 2000 年之后，重点在解决农民工有序流动和农民工工资拖欠问题。2003 年后，国家政策开始转向在各个领域全面解决农民工问题。2003 年 1 月，国务院办公厅发出《关于做好农民进城务工就业管理和服务工作的通知》（国办发［2003］1 号），提出取消对农民进城务工就业的不合理限制，切实解决拖欠和克扣农民工工资问题，改善农民工的生产生活条件，做好农民工培训工作，多渠道安排农民工子女就学等。此后，以改善农民工工作条件，保障和维护其利益为目标的政策陆续出台。2004 年 12 月《关于进一步做好改善农民进城就业环境工作的通知》，较为系统地明确了农民工的平等就业、劳动保障和子女接受教育等方面的合法权益。2006年3月《国务院关于解决农村流动人口问题的若干意见》出台，对农民工的待遇、教育等都做了明确系统的规定。各个部委据此出台了一系列的落实政策，系统解决农民工问题的政策体系开始形成。2007年，党的十七大报告明确提出，要积极推进和注重实现基本公共服务均等化，这也包括了流动人口的服务均等化问题。同年，中央综合治理委员会出台了《关于进一步加强流动人口服务和管理的意见》，提出“公平对待、搞好服务、合理引导、完善管理”的工作方针，明确要求逐步实行居住证制度，要求流入地、流出地的党委和政府，把以农民工为主的流动人口服务和管理工作纳入本地区国民经济和社会发展中长期规划和年度计划，在制定公共政策、建设公共设施等方面，统筹考虑长期在本地就业和居住的流动人口对公共服务的需要，逐步建立和完善覆盖流动人口的公共服务体系。

一　就业与劳动保障政策

就业与劳动保障政策是我国农民工政策最早关注的领域，到目前为止已经形成了包括工资保障、劳动管理和就业培训与服务等几个方面的政策体系。通过建立政策体系和执法监督机制，维护和保障农民工合法权益，并逐步建立城乡统一的劳动力市场和公平竞争的就业制度。主要政策文件见表11－1。

表11－1　国家就业与劳动保障政策

工资保障	1. 关于印发《建设领域农村流动人口工资支付管理暂行办法》的通知（劳社部发[2004]22号） 2. 关于进一步解决拖欠农村流动人口工资问题的通知（劳社部发[2005]23号） 3. 建设部、交通部关于切实做好春节期间交通建设项目农民工工资支付工作的紧急通知（建市[2007]37号） 4. 关于印发《水利系统防止拖欠工程款和农民工工资的若干意见》的通知（水建管[2008]75号） 5. 关于切实做好当前水利建设项目工程款和农民工工资支付工作的紧急通知（水明发[2009]3号）
劳动管理	6. 关于加强建设等行业农村流动人口劳动合同管理的通知（劳社部发[2005]9号） 7. 国务院办公厅关于做好农村流动人口进城务工就业管理和服务工作的通知（国办发[2003]1号） 8. 国务院办公厅关于进一步做好改善农民进城就业环境工作的通知(国办发[2004]92号) 9. 关于加强农村流动人口安全生产培训工作的意见（安监总培训[2006]228号）

续表

劳动管理	10. 关于农村流动人口参加工伤保险有关问题的通知(劳社部发[2004]18 号) 11. 关于实施农村流动人口"平安计划"加快推进农村流动人口参加工伤保险工作的通知(劳社部发[2006]19 号) 12. 国家安全生产监督管理总局关于贯彻落实《国务院关于解决农民工问题的若干意见》的实施意见(安监总培训[2006]92 号) 13. 关于做好建筑施工企业农村流动人口参加工伤保险有关工作的通知(劳社部发[2006]44 号) 14.《中共中央办公厅、国务院办公厅转发中央社会治安综合治理委员会关于进一步加强流动人口服务和管理工作的意见的通知》(厅字[2007]11 号) 15. 关于印发《人力资源和社会保障部 2008 年农民工工作要点》的通知(人社厅发[2008]1 号) 16. 人力资源和社会保障部办公厅关于开展春暖行动提高农民工劳动合同签订率的通知(人社厅明电[2008]4 号) 17. 国务院办公厅关于切实做好当前农民工工作的通知(国办发[2008]130 号) 18. 国家安全生产监督管理总局关于进一步加强农民工安全生产工作的指导意见(安监总培训[2009]19 号) 19. 人力资源和社会保障部办公厅、中华全国总工会办公厅关于支持工会开展千万农民工援助行动共同做好稳定和促进就业工作的通知(人社厅发[2009]40 号) 20. 关于开展 2010 年农民工劳动合同签订"春暖行动"的通知(人社厅函[2010]54 号) 21. 关于印发《关于中央企业做好农民工工作的指导意见》的通知(国资发法规[2010]192 号) 22. 卫生部办公厅关于开展农民工健康关爱工程项目试点工作的通知(卫办疾控发[2010]143 号) 23. 关于开展 2012 年农民工劳动合同签订春暖行动的通知(人社厅明电[2012]2 号) 24. 卫生部办公厅关于请报送农民工健康关爱工程项目试点工作情况的函(卫办疾控函[2012]159 号)
就业培训与服务	25. 2003 ~2010 年全国农村流动人口培训规划(国办发[2003]79 号) 26. 关于开展春风行动完善农村流动人口就业服务的通知(劳社部函[2004]280 号) 27. 关于实施农村流动人口培训示范基地建设工程的通知(劳社部发[2006]14 号) 28. 共青团中央、教育部等关于深入实施"进城务工青年发展计划"进一步加强青年农村流动人口工作的意见(中青联发[2006]57 号) 29. 中共中央统战部、建设部关于实施"温暖工程李兆基基金建筑业农民工培训"项目的通知(统发[2007]7 号) 30. 关于在建筑工地创建农民工业余学校的通知(建人[2007]82 号) 31. 教育部办公厅关于中等职业学校面向返乡农民工开展职业教育培训工作的紧急通知(教职成厅[2008]6 号) 32. 关于印发《建筑业农民工技能培训示范工程实施意见》的通知(建人[2008]109 号) 33. 教育部关于切实做好返乡农民工职业教育和培训等工作的通知(教职成[2009]5 号) 34. 共青团中央、人力资源和社会保障部关于实施进城青年农民工"订单式"技能培训项目的通知(中青联发[2009]13 号) 35. 关于做好建筑业农民工技能培训示范工程工作的通知(建人[2009]123 号) 36. 关于深入推进建筑工地农民工业余学校工作的指导意见(建人[2012]200 号)

1. 工资保障

随着《工资支付暂行规定》、《建设领域农村流动人口工资支付管理暂行办法》、《关于进一步解决拖欠农村流动人口工资问题的通知》以及《国务院关于解决农村流动人口问题的若干意见》（国发［2006］5号）的陆续出台，包括农村流动人口工资支付制度、工资支付监控制度、工资支付保障制度、企业劳动保障守法诚信制度、最低工资保障制度和工资集体协商制度在内的多项农村流动人口工资保障制度，以及相应的监督检查和仲裁机制正在逐步构建。

（1）企业工资支付制度

《工资支付暂行规定》、《建设领域农村流动人口工资支付管理暂行办法》以及《关于进一步解决拖欠农村流动人口工资问题的通知》等政策的出台，要求结合企业特点建立和完善企业内部工资支付制度，依法明确基本工资制度、岗位工资标准、加班工资计算基数等，在科学的劳动定额基础上，合理确定计件工资单价。重点推动建筑企业依法建立规范的农村流动人口工资支付制度，依法按时足额支付农民工工资。

（2）工资支付监控制度

到2005年底，在全国范围内建立工资支付监控制度。各地区结合当地实际，采取全面监控和重点监控相结合，将建筑企业以及其他行业中曾有拖欠克扣工资行为的企业作为重点监控对象，要求其定期将工资支付情况报当地劳动保障部门。对存在拖欠克扣工资问题或欠薪苗头的企业，劳动保障部门要会同有关部门采取措施及时处理。对发生过拖欠工资的用人单位，强制在开户银行按期预存工资保证金，实行专户管理。

（3）工资支付保障制度

有条件的地区要积极探索建立工资支付保障制度；暂不具备条件的，先在农民工比较集中的行业开展试点。对重点监控的建筑施工企业实行工资保证金制度。加大对拖欠农民工工资用人单位的处罚力度，对恶意拖欠、情节严重的，可依法责令停业整顿、降低或取消资质，直至吊销营业执照，并对有关人员依法予以制裁。

（4）企业劳动保障守法诚信制度

将企业工资支付情况作为评价企业劳动保障守法诚信等级的主要依据之一，对违法企业降低信用等级，并依法向社会公布。

(5) 最低工资保障制度

根据《最低工资规定》(2004 年),及时调整最低工资标准,认真开展对企业执行情况的监督检查,依法保障农民工的最低劳动报酬权益。合理确定并适时调整最低工资标准,制定和推行小时最低工资标准。制定相关岗位劳动定额的行业参考标准。严格执行国家关于职工休息休假的规定,延长工时和休息日、法定假日工作的,要依法支付加班工资。农民工和其他职工要实行同工同酬。

(6) 工资集体协商制度

充分发挥协调劳动关系三方机制的作用,指导、推动企业特别是招用农民工较多的企业积极开展工资集体协商,从机制上保证农民工工资增长的合法权益。要在小型企业和农民工比较集中的地区、行业,积极开展区域性、行业性工资集体协商,建立健全正常的工资增长和调整机制,使农民工共享企业改革发展的成果。

2. *劳动管理*

农民工劳动管理方面的政策主要涉及合同管理和劳动安全保障两个领域,政策的目标重点在于消除歧视和不公平待遇,保障农民工的合法劳动权益。

(1) 合同管理

2005 年,劳动与社会保障部出台《关于加强建设等行业农村流动人口劳动合同管理的通知》,对农村流动人口合同管理的具体问题进行了较为详细的规定。2006 年,《国务院关于解决农村流动人口问题的若干意见》要求进一步严格执行劳动合同制度。主要政策内容包括:

①所有用人单位招用农民工都必须依法订立并履行劳动合同,建立权责明确的劳动关系,并向劳动保障行政部门进行用工备案。严格执行国家关于劳动合同试用期的规定,不得滥用试用期侵犯农民工权益。

②劳动合同必须由具备用工主体资格的用人单位与农民工本人直接签订,不得由他人代签。

③劳动保障部门要制定和推行规范的劳动合同文本,加强对用人单位订立和履行劳动合同的指导和监督。劳动合同的必须条款包括劳动合同期限、工作内容和工作时间、劳动保护和劳动条件、劳动报酬、劳动纪律、违反劳动合同的责任等。

(2) 劳动安全保障

劳动安全保障是2003年以后，农民工政策的重点之一，主要从改善农民工工作环境、加强劳动安全培训和普及农民工工伤保险三个方面进行，特别是工伤保险的普及工作成为近年来农民工劳动安全保障工作的核心。

2003年，国务院办公厅《关于做好农村流动人口进城务工就业管理和服务工作的通知》提出改善农民工的生产生活条件的要求；2004年，《工伤保险条例》正式实施，国务院办公厅《关于进一步做好改善农民进城就业环境工作的通知》要求做好农民工工伤保险工作。国家陆续出台了《关于农村流动人口参加工伤保险有关问题的通知》（劳社部发［2004］18号）、《关于实施农村流动人口“平安计划”加快推进农村流动人口参加工伤保险工作的通知》（劳社部发［2006］19号）、《关于做好建筑施工企业农村流动人口参加工伤保险有关工作的通知》（劳社部发［2006］44号）、《人力资源和社会保障部2008年农民工工作要点》的通知（人社厅发［2008］1号）、《国务院办公厅关于切实做好当前农民工工作的通知》（国办发［2008］130号）、《国家安全生产监督管理总局关于进一步加强农民工安全生产工作的指导意见》（安监总培训［2009］19号）、《卫生部办公厅关于开展农民工健康关爱工程项目试点工作的通知》（卫办疾控发［2010］143号）和《卫生部办公厅关于请报送农民工健康关爱工程项目试点工作情况的函》（卫办疾控函［2012］159号）等，对这一问题进行规范。此外，《国务院关于解决农村流动人口问题的若干意见》、《劳动法》、《工伤保险条例》、《劳动保障监察条例》、《社会保险费征缴条例》、《安全生产法》、《矿山安全法》、《职业教育法》以及《职业病防治法》也为这一问题的解决提供了政策依据。

①从制度方面保证农民工工伤保险的参保率

从2006年开始，在全国实施农民工“平安计划”，用3年时间，全面推进农民工参加工伤保险。制定、分解下达年度农民工参保计划，建立农民工参保协查机制，建立推进农民工参保的经验交流机制，建立调度督办机制，加强劳动保障监察，运用安全生产许可证等强制手段，推进高风险企业参加工伤保险，为农民工参保提供方便快捷的服务。

②对于农民工的参保方式进行了明确的规定

注册地与生产经营地不在同一统筹地区、未在注册地参加工伤保险的建筑施工企业，在生产经营地参保，鼓励各地探索适合建筑业农民工特点的参保方式；对上一年度工伤费用支出少、工伤发生率低的建筑施工企业，经上级建设行政部门同意，在行业基准费率的基础上，按有关规定下浮费率档次执行；建筑施工企业农民工受到事故伤害或者患职业病后，按照有关规定依法进行工伤认定、劳动能力鉴定，享受工伤保险待遇；建筑施工企业办理了参加工伤保险手续后，社会保险经办机构要及时为企业出具工伤保险参保证明。在审核颁发安全生产许可证时，将参加工伤保险作为建筑施工企业取得安全生产许可证的必备条件之一。

③开展以“抓预防、保平安”为主题的高风险农民工工伤预防行动，从源头上遏制工伤事故和职业病的发生，有效降低农民工的工伤风险。

（3）就业与培训

2003 年，《全国农村流动人口培训规划（2003 ~ 2010）》颁布，从总体上对我国农民工培训工作进行设计和规划。

①将农民工培训工作分为引导性培训和职业技能培训。

②同时制定农民工培训激励政策。从用人单位、培训机构和参加培训的农民工三个方面给予激励。用人单位负有培训本单位所用农民工的责任。用人单位开展农民工培训所需经费从职工培训经费中列支，职工培训经费按职工工资总额 1.5% 比例提取，计入成本在税前列支。对符合条件的教育培训机构，可申请使用农民工培训扶持资金。获准使用农民工培训扶持资金的各类学校和培训机构，须相应降低农民工学员的培训收费标准。财政部会同农业部、教育部研究提出农民工培训扶持资金审批管理办法，报国务院批准后实施。对参加培训的农民工实行补贴或奖励。农民工自愿参加职业技能鉴定，鉴定合格者颁发国家统一的职业资格证书。任何单位不得强制农民工参加收费鉴定，鉴定机构要视情况适当降低鉴定收费标准。

③推行劳动预备制度，实行就业准入制度。

④整合教育培训资源，提高培训效率。

在此基础上，2004 年，劳动和社会保障部发布《关于开展春风行动完善农村流动人口就业服务的通知》，要求向进城求职的农村劳动者提供免费就业服务、加强和改善对民办职介机构的管理服务以及大力开展宣传，加强信息引导。

2006 年，《国务院关于解决农村流动人口问题的若干意见》出台，劳动和社会保障部制定了《关于实施农村流动人口培训示范基地建设工程的通知》，启动到 2010 年的农村流动人口培训示范基地建设计划；共青团中央制定《共青团中央、教育部等关于深入实施“进城务工青年发展计划”进一步加强青年农村流动人口工作的意见》，进一步深入开展“千校百万”进城务工青年培训计划。全国范围内的农民工培训体系进一步完善。

二　婚育政策

长期以来，流动人口计划生育政策[①]是流动人口管理最为重要的方面。20 世纪 90 年代中期以后，国务院和国家计划生育委员会出台了大量的政策措施，加强流动人口计划生育管理，改善流动人口生殖健康服务。中华人民共和国国家计划生育委员会于 1998 年、2001 年、2003 年和 2007 年出台的《流动人口计划生育工作管理办法》、《关于贯彻〈流动人口计划生育工作管理办法〉的若干意见》、《流动人口婚育证明管理规定》、《国家人口计生委关于切实加强流动人口计划生育工作的意见》以及《流动人口、农村流动人口计划生育便民维权措施》，构成了流动人口计划生育管理的最初主要政策体系。《国家人口计生委办公厅关于贯彻落实国务院办公厅切实做好当前农民工工作的实施意见》（人口厅传［2008］37 号）对农民工的计划生育服务提出新的要求。2009 年，国务院办公厅公布了新的《流动人口计划生育工作条例》；2010 年，《国家四部委印发关于创新流动人口服务管理体制推进流动人口计划生育基本公共服务均等化的指导意见》（人口流管［2010］69 号）对原有的流动人口计划生育服务政策体系进行修正和完善。以“公平对待、合理引导、完善管理、搞好服务”为原则，以维权为主线，以落实部门责任、推进综合管理为重点，明确户籍地和现居住地责任，规范管理行为，加大服务力度，保障流动人口计划生育和生殖健康的合法权益，完善流动人口计划生育服务和管理新体制；同时，推进服务均等化的理念，进一步增进流动人口同当地居民的社会融合。

---

① 在目前的政策体系中，计划生育政策一般以流动人口为政策对象，而其他领域多以农村流动人口为政策对象，户籍政策和深圳市地方政策部分以暂住人口为政策对象，各类政策对象的范围有所不同，本书的表述中不做统一规范，以具体政策为准。但政策建议部分的政策对象为农村流动人口。

1. 婚育证明管理

要求流动人口中的成年育龄妇女办理婚育证明，并与成年流动人口的暂住证、营业执照、务工许可证等证件挂钩。流动人口中成年育龄妇女外出前须办理国家统一格式的《流动人口婚育证明》。《婚育证明》由流动人口户籍所在地的县级计划生育行政部门或者乡（镇）人民政府、街道办事处（以下简称发证机关）办理。持证人应当在到达现居住地 30 日内，由本人递交或者通过村民委员会、居民委员会代交到当地乡（镇）人民政府、街道办事处（以下简称验证机关）交验《婚育证明》，现居住地的乡（镇）人民政府或者街道办事处查验婚育证明后，应对成年育龄流动人口予以登记，并告知其接受当地乡（镇）人民政府或者街道办事处的管理，凭证享受计划生育部门提供的服务。

2. 生育服务证件管理

双方或一方户籍不在现居住地的育龄夫妻生育第一个子女的，可以在现居住地的乡（镇）人民政府或者街道办事处办理生育服务登记。需要提供夫妻双方的居民身份证、结婚证、女方的婚育证明和男方的婚育情况证明材料。育龄夫妻现居住地的乡（镇）人民政府或者街道办事处应当自收到女方的婚育证明和男方的婚育情况证明材料之日起 7 个工作日内，向育龄夫妻户籍所在地的乡（镇）人民政府或者街道办事处核实有关情况。育龄夫妻户籍所在地的乡（镇）人民政府或者街道办事处应当自接到核实要求之日起 15 个工作日内予以反馈。核查无误的，育龄夫妻现居住地的乡（镇）人民政府或者街道办事处应当在接到情况反馈后即时办理生育服务登记；情况有误，不予办理的，应当书面说明理由。

3. 计划生育与生殖健康服务

免费参加有关人口与计划生育法律知识和生殖健康知识普及活动；依法免费获得避孕药具，免费享受国家规定的其他基本项目的计划生育技术服务；晚婚晚育或者在现居住地施行计划生育手术的，按照现居住地省、自治区、直辖市或者较大的市的规定，享受休假等；实行计划生育的，按照流动人口现居住地省、自治区、直辖市或者较大的市的规定，在生产经营等方面获得支持、优惠，在社会救济等方面享受优先照顾。

三　养老政策

全国统一的农民工养老保险政策仍处于探索阶段。2006 年出台的

《国务院关于解决农村流动人口问题的若干意见》和《劳动和社会保障部关于贯彻落实国务院关于解决农村流动人口问题的若干意见的实施意见》提出，抓紧研究低费率、广覆盖、可转移，并能够与现行的养老保险制度衔接的农民工养老保险办法。有条件的地方，可直接将稳定就业的农民工纳入城镇职工基本养老保险。已经参加城镇职工基本养老保险的农民工，用人单位要继续为其缴费。研究制定农民工参加养老保险后，跨统筹地区和跨城乡流动的转移办法；总结已有经验，进一步开展调研和测算，形成适合农民工特点的养老保险政策文件，指导地方开展农民工养老保险试点。

对于农民工基本养老问题，国家仅给出原则性指导意见。根据各地实际情况，农民工社会养老保险模式多样，具体政策不一，实践中形成了多种养老保险政策模式。到 2006 年末，参加基本养老保险的农民工人数为 1417 万[①]，与估算的 2006 年 1.4 亿农民工总量相比，参保比例仍然较低。从与城镇职工养老保险制度的关系角度出发，我国的农民工社会养老保险政策可分为以下 3 种模式。

1. 城保模式

在实践中，部分省市根据 2001 年劳动和社会保障部发布的《关于完善城镇职工基本养老保险政策有关问题的通知》（劳社部发［2001］20 号）中有关农民合同制职工参保的有关规定，逐步将农民工纳入统一的城镇职工社会养老保险体系：个人账户基金只用于本人养老，一般不得提前支取；在解除或终止劳动合同后，社会保险经办机构可以将养老保险个人账户的资金一次性发给本人，同时终结养老保险关系。广东省和深圳市均采取此种模式。

2. 综合保险模式

综合保险是将养老保险和医疗保险、工伤保险合并，统一缴费。以上海为例，2002 年，上海推出《上海市外来从业人员综合保险暂行办法》，规定凡符合条件的单位和个人必须办理带有商业性质的综合保险，并针对包括农民工在内的单位聘用的外来从业人员、无固定工作单位的外来从业人员，及外来施工企业的外来从业人员三种类型外来人员进行区别对待。保险类别包

① 《2006 年度劳动和社会保障事业发展统计公报》，劳动和社会保障部、国家统计局。

括：工伤（意外伤害）、住院医疗、老年补贴。外来从业人员缴纳综合保险的基数是上年度上海职工月平均工资的60%，在此基础上，除外地施工企业外，用人单位和无单位的外来从业人员按照缴费基数12.5%的比例缴纳，外地施工企业按缴费基数7.5%的比例缴纳，有单位的单位缴费，无单位的自行缴费。用人单位为个人累计缴费每满1年，外来农民工即可获得一份老年补贴凭证，并可在男性满60岁、女性满50岁时，到户籍所在地的商业保险公司约定的机构一次性兑现。

3. “双低”模式

该模式将农民工纳入城镇职工养老保险体系中，但与城镇职工养老保险又略有差别。以浙江省为例，2003年，浙江省颁布《关于完善职工基本养老保险“低门槛准入，低标准享受”办法的意见》，规定农民工参加统一的城镇企业职工社会保险，参保企业和个人的缴费比例下降到12%和4%。

四　社会支持与社会融合

1. 户籍管理

我国最早的关于流动人口户籍制度的规定是1985年公安部依据《中华人民共和国户口登记条例》出台的《关于城镇暂住人口管理的暂行规定》，建立了城市暂住人口管理制度和集镇暂住人口登记管理制度，并严格要求租赁房屋和旅店住宿的登记制度。2010年，《国务院批转发改委关于2010年深化经济体制改革重点工作意见的通知》（国发〔2010〕15号）提出了深化户籍制度改革，加快落实放宽中小城市、小城镇特别是县城和中心镇落户条件的政策，进一步完善暂住人口制度，逐渐在全国范围内实行居住证制度。

（1）城市暂住人口管理制度

留宿暂住人口的单位和居民要严格执行户口登记条例的规定，做到来人登记，走人注销，公安派出所应进行严密管理。对留宿在单位内部的暂住人口，可由所在单位的人事、保卫部门负责登记管理，公安派出所负责督促检查。对暂住时间拟超过3个月的16周岁以上的人，须申领《暂住证》。对外来开店、办厂、从事建筑安装、联营运输、服务行业的暂住时间较长的人，采取雇用单位和常住户口所在地主管部门管理相结合的办法，按照户口登记机关的规定登记造册，由所在地公安派出所登记为寄住户口，发给《寄住证》。

（2）集镇暂住人口登记管理制度

对本乡镇以外的人来集镇拟暂住3日以上的，由留宿暂住人口的户主或者本人向公安派出所或户籍办公室申报暂住登记，离开时申报注销。暂住拟超过3个月的16周岁以上的人，须申领《暂住证》。对从事建筑、运输、包工等集体暂住时间较长的人，由这些单位的负责人登记造册，及时报送公安派出所或户籍办公室，登记为寄住户口，发给《寄住证》。

（3）居住证制度

目前，居住证制度只在我国部分城市实行，外来务工人员凭借居住证可获得更好的待遇。例如，2009年杭州居住证要求已取得临时居住证满三年、有固定住所、稳定工作并符合居住地县级以上人民政府规定的其他条件的流动人口，可以按照本规定申领居住证，证件有效期为9年，符合规定条件的持有人最终可以申请转办居住地常住户口。居住证作为持有人的居住证明，在全省范围内有效。

2006年出台的《国务院关于解决农村流动人口问题的若干意见》指出，逐步地、有条件地解决长期在城市就业居民和居住农民工的户籍问题。中小城市和小城镇要适当放宽农民工落户条件；大城市要积极稳妥地解决符合条件的农民工户籍问题，对农民工中的劳动模范、先进工作者和高级技工、技师以及其他有突出贡献者，都优先准予落户。具体落户条件，由各地根据城市规划和实际情况自行制定。改进农民工居住登记管理办法。2012年的《国务院办公厅关于积极稳妥推进户籍管理制度改革的通知》（国办发［2011］9号）指出，继续坚定地推进户籍管理制度改革，落实放宽中小城市和小城镇落户条件的政策。

2. 居住

自2006年《国务院关于解决农村流动人口问题的若干意见》提出了解决农民工居住问题的指导性意见涉及农民工居住政策。随后《关于改善农民工居住条件的指导意见》的通知（建住房［2007］276号）、《关于全国优秀农民工在就业地落户的通知》（人社部发［2008］97号）的陆续出台，为农民工在城市提供了专门的居住政策。2010年的《民政部关于促进农民工融入城市社区的意见》（民发［2011］210号），从农民工的社区层面提出促进农民工在城市的社会融合。

(1) 多渠道改善农民工居住条件

保证农民工居住场所符合基本的卫生和安全条件。招用农民工数量较多的企业，在符合规划的前提下，可在依法取得的企业用地范围内建设农民工集体宿舍。农民工集中的开发区和工业园区，可建设统一管理、供企业租用的员工宿舍，集约利用土地。加强对城乡结合部农民工聚居地区的规划、建设和管理，提高公共基础设施保障能力。

(2) 把农民工纳入城市公共服务体系

流入地政府要转变思想观念和管理方式，对农村流动人口实行属地管理。要在编制城市发展规划、制定公共政策、建设公用设施等方面，统筹考虑长期在城市就业、生活和居住的农民工对公共服务的需要，提高城市综合承载能力。增加公共财政支出，逐步健全覆盖农民工的城市公共服务体系。

(3) 以社区为平台促进农民工融入城市

构建以社区为载体的农民工服务管理平台；以农民工需求为导向，整合延伸到社区的人口、就业、社保、民政等社会管理职能和服务资源；切实保障农民工参与社区自治的权利，探索农民工参与社区选举的新途径；健全覆盖农民工的社区服务和管理体系；围绕尊重农民工、关心农民工的主题，组织开展形式多样的宣传教育和交流培训活动。

3. 子女教育

子女教育是流动人口社会融合的重要内容，也是农民工问题的重要方面，使农民工子女拥有同等的受教育权利，九年义务教育普及程度达到当地水平，是近年来农民工子女教育政策的主要目标。本书所指的农民工子女教育问题，主要指流入地的农民工子女教育问题。

2003 年，国务院办公厅《关于做好农村流动人口进城务工就业管理和服务工作的通知》，将多渠道安排农民工子女就学作为农民工管理和服务工作的重要内容。同年，教育部出台了《关于进一步做好进城务工就业农民子女义务教育工作的意见》，作为目前农民工子女义务教育的主要政策文件。2006 年，《国务院关于解决农村流动人口问题的若干意见》进一步强调相关问题，并在随后教育部出台的《教育部关于教育系统贯彻落实〈国务院关于解决农民工问题的若干意见〉的实施意见》，进一步强调将农民工子女义务教育纳入当地教育规划、农民工子女就读公办学校就近免试原则、经费保障和留守儿童教育问题。党的十七大报告再次明确指出：教育公平是社会公平的重要基础。要坚持教育公益性质，加大财政对教育投入，保障经济困难家庭、进城务工人员子女平等接受义务教育。2008 年，《财政部、教育部关于印发〈进城务工农民工随迁子女接受义务教育中央财政奖励实施暂行办法〉的通知》（财教［2008］490 号），鼓励城市政府为流动人口子女在城市接受义务教育提供服务。

（1）以全日制公办中小学为农民工子女教育的主渠道。要求流入地政府负责进城务工就业农民子女接受义务教育工作，充分发挥全日制公办中小学的接收主渠道作用。建立进城务工就业农民子女接受义务教育的经费筹措保障机制。将农民工子女义务教育纳入当地教育发展规划，列入教育经费预算，以全日制公办中小学为主接收农民工子女入学，并按照实际在校人数拨付学校公用经费。

（2）加强对以接收进城务工就业农民子女为主的社会力量所办学校的扶持和管理。输入地政府对委托承担农民工子女义务教育的民办学校，要在办学经费、师资培训等方面给予支持和指导，提高办学质量。

（3）同等待遇。2006 年，《国务院关于解决农村流动人口问题的若干意见》规定，城市公办学校对农村流动人口子女接受义务教育要与当地学生在收费、管理等方面同等对待，不得违反国家规定向农村流动人口子女加收借读费及其他任何费用。

第二节　国家宏观政策知晓情况

本节采用西安外来农村流动人口调查数据[①]，分析了农民工对国家宏观政策的知晓情况以及对国家政策的态度等，并比较了不同性别、不同代次农民工对国家政策知晓及态度的差异。

西安市调查在政策方面关注了农民工对土地承包关系、农业税、新农村建设以及签订工作合同等政策的知晓情况。见表 11－2。

① 西安市外来农村流动人口调查在 2008 年底进行，调查对象对政策的知晓和评价，没有涉及新颁布的有关政策。

表 11－2　农民工对国家宏观政策的知晓情况

项目	总体		男性		女性		LR 检验
	频数	百分比(%)	频数	百分比(%)	频数	百分比(%)	
现有土地承包关系将保持稳定并长久不变	144	100.0	61	100.0	83	100.0	
不了解	44	30.5	13	21.3	31	37.3	*
一般	60	41.7	25	41.0	35	42.2	
了解	40	27.8	23	37.7	17	20.5	
取消全部农业税	143	100.0	60	100.0	83	100.0	
不了解	27	18.8	7	11.6	20	24.1	*
一般	46	32.2	16	26.7	30	36.1	
了解	70	49.0	37	61.7	33	39.8	
大力推进新农村建设	144	100.0	61	100.0	83	100.0	
不了解	33	22.9	12	19.7	21	25.4	ns
一般	43	29.9	17	27.9	26	31.3	
了解	68	47.2	32	52.4	36	43.3	
劳动用工必须签订劳动合同，工资至少一月发一次	143	100.0	61	100.0	82	100.0	
不了解	20	14.0	6	9.8	14	17.1	ns
一般	47	32.9	20	32.8	27	32.9	
了解	76	53.1	35	57.4	41	50.0	

注：$*p<0.05$，ns 不显著。

资料来源：2008 年西安市农村流动人口调查。

数据显示，农民工对于国家宏观政策的了解程度相对较低，仅对“劳动用工必须签订劳动合同，工资至少一月发一次”的政策表示了解的比例超过 50%，而对“农村土地政策”了解的比例仅为 27.8%。因此，进一步加强政策宣传、提高农民工对相关政策的知晓率是面临的重要问题。此外，从分性别的比较来看，对“现有土地承包关系将保持稳定并长久不变”和“取消全部农业税”两项政策的知晓均表现出显著的性别差异，男性的政策知晓程度普遍高于女性。

如表 11－3 所示，除有关农村土地承包的政策外，农民工对其他相关国家宏观政策表现出高度认同，赞成的比例均超过 80%。而对于“国家将逐步允许农村土地承包经营权流转”的政策，农民工表示赞成的比例不足

50%，且有超20%明确表示反对，土地作为农民最主要的资本和生存保障，即使是已经脱离农业生产进入非农产业的农民工，对其仍然存在较强的依赖性，对该项资产流转所可能引发的后果，农民工群体内部认识上存在较大的不一致。而从分性别的政策认同比较来看，男性和女性在对“现有土地承包关系将保持稳定并长久不变”政策的认同方面存在差异，男性的认同感更高，表示赞成的比例达到66.7%；而女性的这一比例仅为47%，表示一般的比例高达36%，这一男女性别差异，可能与现行农村土地资产继承中以男性继承为主有关。

表11-3　分性别农民工对国家宏观政策的态度

项目	总体		男性		女性		LR检验
	频数	百分比(%)	频数	百分比(%)	频数	百分比(%)	
现有土地承包关系将保持稳定并长久不变	146	100.0	63	100.0	83	100.0	
不赞成	24	16.4	10	15.8	14	16.9	*
一般	41	28.1	11	17.5	30	36.1	
赞成	81	55.5	42	66.7	39	47.0	
国家将逐步允许农村土地承包经营权流转	144	100.0	61	100.0	83	100.0	
不赞成	32	22.3	9	14.8	23	27.7	ns
一般	45	31.3	20	32.8	25	30.2	
赞成	67	46.4	32	52.4	35	42.1	
逐步实现农民工与城镇居民享有同等待遇	145	100.0	62	100.0	83	100.0	
不赞成	9	6.2	3	4.8	6	7.2	/
一般	19	13.1	8	12.9	11	13.3	
赞成	117	80.7	51	82.3	66	79.5	
劳动用工必须签订劳动合同,工资至少一月发一次	145	100.0	62	100.0	83	100.0	
不赞成	3	2.1	1	1.6	2	2.3	/
一般	18	12.4	7	11.3	11	13.3	
赞成	124	85.5	54	87.1	70	84.4	

注：$*p<0.05$，ns不显著，“/”表示频数小于5不宜做LR检验。

资料来源：2008年西安市农村流动人口调查。

表 11 -4 提供了第一代和新生代农民工对国家宏观政策态度的对比。数据显示，第一代农民工认同“土地承包关系长期稳定”政策的比例更高，这可能与新生代农民工参与农业生产较少、对土地的感情和依赖性均较低有关。而两代农民工对城乡同等待遇政策的认同比例大致相似，在一定程度上反映出两代农民工在寻求公平待遇上的一致性。这可能与两代人对于土地的依赖程度不同和在城市发展意愿的不同有关。总体来看，两代农民工对宏观政策方面的态度均没有显著差异。

表 11 -4　分代际农民工对国家宏观政策的态度

项目	第一代		新生代		LR 检验
	频数	百分比(%)	频数	百分比(%)	
现有土地承包关系将保持稳定并长久不变	107	100.0	38	100.0	ns
不赞成	14	13.0	9	23.7	
一般	28	26.2	13	34.2	
赞成	65	60.8	16	42.1	
逐步实现农民工与城镇居民享有同等待遇	106	100.0	38	100.0	/
不赞成	6	5.6	3	7.9	
一般	15	14.2	4	10.5	
赞成	85	80.2	31	81.6	

注：ns 不显著，“/”表示频数小于 5 不宜做 LR 检验。

资料来源：2008 年西安市农村流动人口调查。

表 11 -5 就“逐步实现农民工与城镇居民享有同等待遇”这一政策，比较了农民工和市民的认同及知晓程度。两类群体对政策的认同没有显著差异，表明城乡公平的追求已经成为全社会的共识。但在政策的了解或认知程度方面，两类群体存在非常显著的差异。农民工的知晓比例更高。

表 11 -5　农民工与市民对国家宏观政策的态度比较

逐步实现农民工与城镇居民享有同等待遇	农民工		市民		LR 检验
	频数	百分比(%)	频数	百分比(%)	
态度	145	100.0	268	100.0	ns
不赞成	9	6.2	24	9.0	
一般	19	13.1	51	19.0	
赞成	117	80.7	193	72.0	

续表

逐步实现农民工与城镇居民享有同等待遇	农民工		市民		LR 检验
	频数	百分比（%）	频数	百分比（%）	
了解程度	144	100.0	266	100.0	
不了解	34	23.6	100	37.6	***
一般	41	28.4	108	40.6	
了解	69	48.0	58	21.8	

注：*** $p<0.05$，ns 不显著。

资料来源：2008 年西安市农村流动人口调查。

第三节　国家宏观政策评价

一　就业与劳动保障政策

就业与劳动保障政策是我国农民工问题最早暴露的领域之一，但 2003 年之前，并没有将农民工与普通城镇职工区别对待，而是将其笼统地纳入城镇职工就业与劳动保障政策的范畴内，从而使得农民工问题进一步突显。从 2003 年开始，以农民工工资保障为政策切入点，到目前为止，这一领域的公共政策已经覆盖了工资保障、合同管理、劳动安全和就业培训等多个领域。

从总体上来看，政策设计已经从最初的针对问题的应急型政策开始向问题的系统解决和机制保障方面发展，就业与劳动保障的政策体系逐步显现，并开始关注制度保障和增强农民工在劳动力市场上的地位对等性等问题的重要性。但政策内容本身仍然存在规定过于原则，缺乏可操作性和实际约束力的问题，特别是就业与劳动保障政策往往以单项政策出台，不同政策之间的相互支撑和有机作用机制尚未形成，极大地影响了其实施效果；同时，极大地增加了农民工的维权成本，从而难以在更大范围和更深层次对农民工就业和劳动权益给予保障。

1. 农民工工资拖欠问题得到缓解，但效果有限，非正规就业渠道和非正规就业领域农民工劳动合同和工资保障问题依然严峻

从中国社科院人口与劳动经济研究所 2001 年在五城市进行的对农民工的调查数据，以及 2005 年在十二个城市进行的对农民工的调查数据（见表

11－6）可以看出，2003～2005年一系列农民工就业与劳动保障政策的出台，在一定程度上缓和了农民工工资拖欠问题。农民工中被拖欠工资的人员比例下降超过9个百分点。从行业分布看，被拖欠工资农民工在重点监督的建筑业中分布比例下降近6个百分点，政策作用初显成效。

表11－6　2001年、2005年农民工工资拖欠状况

项目	2001年五城市(1)	2005年五城市(2)	(2)－(1)	2005年其余七城市
农民工中被拖欠工资的人员比例	12.01	2.38	－9.63	3.26
行业分布				
制造业	6.82	8.82	2.00	20.97
建筑业	32.39	26.47	－5.92	25.81
批发和零售贸易、餐饮业	22.73	26.47	3.74	14.52
其他行业	38.06	38.24	0.18	38.70
所有制分布				
党政机关事业单位	3.53	0.00	－3.53	0.00
国有企业	4.71	8.82	4.11	14.75
集体企业	10.59	5.88	－4.71	3.28
个体私营企业	69.41	79.41	10.00	72.13
外资和合资企业	11.76	5.89	－5.87	9.84
是否与雇主签订劳动合同				
是	26.86	29.41	2.55	31.58
否	73.14	70.59	－2.55	68.42

资料来源：王美艳：《农村流动人口工资拖欠状况研究——利用劳动力调查数据进行的实证分析》，《中国农村观察》2006年第6期，第23～30页。

但所在单位的行业和所有制性质成为影响农民工工资是否被拖欠的主要因素（王美艳，2006），非正规就业渠道和非正规就业领域农民工工资保障问题依然严峻，考虑到农民工整体的就业结构，农民工工资保障问题不容乐观。建筑业，批发和零售贸易、餐饮业中被拖欠工资农民工的分布比例仍然在25%以上，个人私营企业被拖欠工资农民工的分布比例高达近80%，并呈现上升趋势。

此外，尽管伴随着《劳动合同法》和农民工劳动合同管理有关文件的出台，农民工签订劳动合同的比例有所上升，但无劳动合同的比例仍然在70%左右，劳动合同作为农民工劳动权益保障基本依据的作用难以切实发挥。

2. 农民工工伤保险参与率增长迅速，但非正规渠道和非正规就业领域参保的强制性措施难以发挥，且现行制度下农民工维权成本高

农民工工伤保险参与率增长迅速。2006 年，参加工伤保险的农民工人数达到 2537 万，比上年增长 1285 万，增幅超过 102%[①]。但这部分参保农民工主要是在正规用工单位，而很多农民工是通过非正规用工渠道就业于非正规用人单位，签订劳动合同比例低、参保的强制性措施难以发挥。以北京市农民工法律援助工作站的工伤维权案例来看，2005 年 9 月 ~2007 年 3 月间办理的 152 件农民工工伤案件中，仅有 14 人签订了劳动合同，占总数的 9.2%，且其中 3 人的合同还保存在用人单位，并不在劳动者本人手中[②]。建筑领域分包制度引致的“包工头”问题仍然没有得到根本解决，包括工伤保险和工资保障在内的种种问题存在制度阻碍。

在无工伤保险由用工单位承担赔偿责任的情况下，农民工维权程序复杂、成本高是在工伤待遇索赔程序中非常突出的一个问题。从《工伤保险条例》的规定来看，农民工发生工伤到领取工伤保险待遇，至少要有三个阶段：申请工伤认定、劳动能力鉴定以及核定并领取工伤保险待遇。用人单位不愿意签订劳动合同、不愿意参加工伤保险，也就不愿意主动申请工伤认定。这就使农民工在必经程序外，不得不额外花费更多的时间，如在申请工伤认定之前，往往要先确认劳动关系，这就可能要经过劳动仲裁，以及一审、二审。如果用人单位恶意利用程序规定来拖延时间，对工伤认定结论提起行政复议、行政诉讼，或拒不支付工伤保险待遇等，农民工更加无法承受。

3. 农民工培训体系初步建立，培训机制尚待完善，中介市场亟须规范

在农民工培训方面，根据国家统计局抽样调查统计[③]，在 2004 年外出就业的 1.2 亿农村劳动力中，接受过培训的占 28%。劳动保障部门所属技工学校、就业训练中心和审批的民办培训机构 2004 年共培训农村劳动力约 700 多万人。其中，全国 2884 所技工学校学制教育和短期培训共培训农村劳动力约 100 万人；3323 所就业训练中心共培训农村劳动力约 250 万人；两万多所民办培训机构共培训农村劳动力约 370 万人。此外，农业、教育、

---

① 《2006 年度劳动和社会保障事业发展统计公报》，劳动和社会保障部、国家统计局。

② http：//news. sohu. com/20070809/n251491226. shtml.

③ http：//theory. people. com. cn/GB/49154/49369/4149754. html.

科技、建设、扶贫等部门，以及工会、共青团、妇联、工商联等群众团体也组织农民工进行培训。

但上述培训除技工学校和部分职业中学毕业生接受了较正规的职业学校教育外，绝大多数是短期实用技术培训，达到国家职业技能等级标准的比例也较低。同时，公共信息渠道不畅，适合需要的公益性服务和培训项目少；市场中介行为不规范，初次求职农民工极易上当；培训项目与生产和服务实际脱节，不能满足就业需要等问题仍然突出。

二　婚育政策

流动人口计划生育一直以来都是人口和计划生育工作的重点和难点，多年来农民工计划外生育占各地违法生育总量的比例均超过50%，出生人口性别比高于户籍人口（国家计生委农村流动人口计划生育和生殖健康调研组，2006）。随着有针对性的流动人口计划生育政策出台以及各级政策执行主体责任的明确落实，相关工作取得了一定的成效。国务院和国家计生委陆续出台的一系列关于流动人口计划生育管理的政策措施，一定程度上缓解了农民工特别是大量的育龄妇女流动对既有的人口计划生育管理和服务体系的冲击。但农民工违法生育占居住地违法生育的比例仍居高不下，在农民工集中的深圳、广州、东莞三市，这一比例分别为95%、87%、61.6%[①]，政策内容和政策执行方面均有待完善。

1.《流动人口计划生育管理办法》存在一定程度的滞后

一方面由于《行政许可法》的实施和相关法律、法规的修订以及相关部门改革措施的出台，《流动人口计划生育管理办法》已滞后于形势的发展，相关部门配合计划生育部门实行综合治理的“一证先行，无证否办”规定，难以得到落实，并且存在用工单位不理解、不配合计划生育部门工作的情况；同时，流动人口管理政出多门的情况也加大了计划生育工作的管理难度（国家计生委农村流动人口计划生育和生殖健康调研组，2006）。

2. 重管理轻服务的现象普遍存在，国家相关政策难以落实

从国家计生委农村流动人口计划生育和生殖健康调研组的调研结果来

① 国家劳动和社会保障部。“Terms of Reference for Chinese National Consultant under Cash Surplus Project/China Extension of Social Security to Urban Informal Workers and Rural Population”, Chapter 7 “Cross cutting issues”, 2005.

看，国家明令禁止的“搭证收费”和强制回乡孕检仍然存在；由地方财政预算的计划生育免费服务项目难以落实，导致至少72%的计划生育手术费由农民工负担；80%的农民工无法获得免费的避孕药具。同时，农民工计划生育管理和服务缺乏有效沟通，农民工的《婚育证明》持证率为40%～60%；而全国流动人口计划生育信息交换平台2003年投入使用后，由于各地信息化水平差异较大，采集原始数据不准确，使得近50%的信息得不到流出地的及时反馈，并且有40%左右的反馈信息为无效信息（国家计生委农村流动人口计划生育和生殖健康调研组，2006）。

3. 城市生殖健康服务项目难以获取

由于居住地居民享有的生殖健康体检等服务项目很少延伸和覆盖到农民工，女性农民工经济条件脆弱、生殖健康知识匮乏、自我保护意识差，加之生活环境恶劣，妇科病发病率高于居住地户籍人口。女性农民工孕产期保健和住院分娩率均低于城市妇女，而孕产妇死亡率高于城市妇女；农民工群体也是性病/艾滋病感染的重点人群和传染性疾病由城市向农村传播的主要渠道（国家计生委农村流动人口计划生育和生殖健康调研组，2006）。

三　养老政策

1. 城保模式

参加了统一的城镇职工养老保险体系的农民工，由于其绝大部分处在养老基金的积累阶段，养老保险基金当期支付压力小，在一定程度上弥补了城镇个人账户的“空账”运行，缓解了养老保险金收不抵支的状况，同时也有利于城乡统筹发展。但这种模式在现阶段存在与农民工实际需求差距较大的问题。首先，农民工的就业形式灵活，劳动关系不稳定，跨地区流动性强，按国家有关规定，累计缴费年限不满15年的，若要转移养老保险关系，只能转移个人账户基金，统筹账户的基金及其增值部分并不能转移，从而造成了农民工为城镇职工养老买单，间接遭“剥削”的事实，实际操作中，农民工频繁退保现象大量存在。其次，将农民工纳入城镇职工养老保险模式存在诸多瓶颈。由于户籍制度等因素的影响，农民工往往采取灵活就业的方式，劳动合同签订比率很低，在参保资格上就被排除在外。此外，城镇企业职工养老保险的缴费标准和享受待遇的条件超越了农民工的实际情况，绝大多数农民工的收入难以承受过高的缴费水平（周涛，2003；吴晓欢等，2005）。

2. 综合保险模式

综合保险的出台比较符合农民工实际情况，强调了医疗和工伤保险，为工伤事故发生较频繁、收入微薄的农民工提供了保障。但是它的问题在于，该模式下的养老保险发放方式是否真有保障作用尚不明确；该险种的缴费比例与本地居民相差悬殊，难以给农民工真正的市民待遇，难以实现将来的社会保险市级统筹，更不用说省级统筹和更高层次上的全国统筹（华迎放，2004；吴晓欢等，2005）。

3. “双低”模式

该模式是目前农民工社会养老保险最为普遍的方式，基本沿用了城镇职工养老保险的制度框架，不用增设新的机构，同时，处于积累期的农民工为城镇职工养老保险制度的当期支付提供了资金支持。但由于在各地的政策实践中存在缴费基数和缴费比例不统一、领取待遇的标准不统一的问题，不利于在更高层面统筹的实现，因此是一种缺乏统一性、可持续性的制度模式（吴晓欢等，2005）。

四 社会支持与社会融合

1. 户籍制度

户籍制度是我国农民工问题产生的根本原因之一。长期的城乡户口制度和与之相配套的城市公共产品供给，从制度上将农民工排除在城市社会之外，农民工难以从正式渠道获得社会支持，也难以实现真正的社会融合。2006 年出台的《国务院关于解决农村流动人口问题的若干意见》，从原则上对农民工户籍制度的改革指出了方向，户籍制度出现突破的契机。但由于政策文件过于原则，且政策出台时间较短，实践中的政策突破尚未出现。

2. 居住

长期以来，我国城市规划和城市公共产品供给以城市户籍人口为基数，从而在农民工大规模向城市流动过程中，造成了城市管理的巨大压力。到目前为止，这一问题尚未得到应有的解决，由于城市规划相关政策的滞后，城市规划中城市人口规模、城市建设用地等基准数据的测算仍以户籍人口为准，城市发展和公共产品供给在很大程度上无法满足农民工的需求。城市飞速上涨的商品房价格也将农民工隔绝于购房群体之外。农民工的居住方式大部分仍然维持着集体居住和出租屋混居方式，居住环境恶劣，且与城市居民形成空间上的隔离，从而阻碍和限制了农民工的社会融合。

3. 子女教育

从2003年开始，农民工子女义务教育问题成为农村流动人口问题的重要内容，农民工子女的义务教育政策也成为农民工社会支持和社会融合政策的重要内容。公平均衡是我国义务教育法的核心，即便是处于弱势地位的农民工子女也理应能够同样接受义务教育。一直以来，农民工子女义务教育现状并不理想，农民工子女失学率高。根据全国第五次人口普查结果，中国有超过1.2亿的流动人口，有近2000万随父母进城的农民工子女，这些孩子的失学率高达9.3%，近半数适龄儿童不能按照正常年龄升入适当的年级上学。

（1）政策内容

宏观层面政策内容弹性空间过大，导致对地方政策执行缺乏权威的约束力；政策执行主体之间责权利分配的不清晰和不平衡以及政策执行主体与政策制定者之间的利益关注点的不同，使得流入地政府有责无权，同时缺乏吸纳农民工子女接受义务教育的动力。

（2）政策实施保障

农民工子女教育政策出台缺乏必要的配套政策和保障机制。流入地城市预算内支出中不包含农民工子女的教育经费，而流出地收取的教育统筹又因无法完成城际政府间的转移支付，不能随农民工子女的流动而转移。同时，教育经费不足一直是长期制约我国教育事业发展的重要因素，虽然政府部门努力增加教育投入，但仍然无法兑现在教育投入方面做出的承诺（钱再见、耿晓婷，2007）。我国对接受义务教育的学生免收学费，新法颁布后免收杂费的举措也已经从农村开始向全国有步骤地铺开，从而将更加大了流入地政府教育经费筹集的压力。而教育资源的匮乏也使得农民工学校难以成为流动人口子女义务教育的承担主体。

除了就业与劳动保障政策、婚育政策、养老政策以及社会支持与社会融合政策四个方面之外，在西安市农民工调查中，也调查了农民工对“现有土地承包关系将保持稳定并长久不变”和“取消全部农业税”两项国家宏观政策的重要性评价。见表11－7。

表 11-7　农民工对国家宏观政策的评价

项目	总体		男性		女性		LR 检验
	频数	百分比(%)	频数	百分比(%)	频数	百分比(%)	
现有土地承包关系将保持稳定并长久不变	143	100.0	60	100.0	83	100.0	
不重要	23	16.1	5	8.4	18	21.7	**
一般	45	31.4	14	23.3	31	37.3	
重要	75	52.5	41	68.3	34	41.0	
取消全部农业税	143	100.0	60	100.0	83	100.0	
不重要	20	14.0	2	3.3	18	21.6	/
一般	21	14.6	7	11.7	14	16.9	
重要	102	71.4	51	85.0	51	61.5	

注：** $p<0.01$，“/” 表示频数小于 5 不宜做 LR 检验。

资料来源：2008 年西安市农村流动人口调查。

数据显示，农民工中认为“取消全部农业税”政策重要的比例超过 70%，反映出现行的农业政策的出台能够较好地契合农民特别是农民工的发展需要。而农民工对“现有土地承包关系将保持稳定并长久不变”政策的重要性评价相对较低，认为重要的比例仅为 52.5%，这可能与农民工生存和发展对农村土地的依赖性减弱，以及农民工对后一项政策的认同程度较低有关。而从分性别的比较来看，男性和女性在“现有土地承包关系将保持稳定并长久不变”政策重要性的评价上存在显著差异，男性认为重要的比例达到 68.3%，远远超过女性，这可能与男女两性在土地继承方面的地位差异有关。

本章小结

本章对现行政策内容进行梳理，在此基础上，从政策内容与政策目标的一致性角度，对农民工政策中的就业与劳动保障政策、婚育政策、养老政策、社会支持和社会融合政策等多个层面的政策进行综合评价。

就业与劳动保障政策是我国最早出台的农民工政策，到目前为止，已经形成了包括工资保障、劳动管理和就业培训与服务等几个方面的政策体系。政策制定的主要目标在于，通过建立政策体系和执法监督机制，维护和保障农民工合法权益，并逐步建立城乡统一的劳动力市场和公平竞争的就业制度。从总体上来看，政策设计已经向问题的系统解决和机制保障方面发展，就业与劳动保障的政策体系逐步显现，并开始关注制度保障和增强农民工在劳动力市场上的地位对等性等问题。但政策内容本身仍然存在规定过于原则，缺乏可操作性和实际约束力，特别是就业与劳动保障政策往往以单项政策形式出台，不同政策之间的相互支撑和相互作用机制尚未形成，极大地影响了其实施效果；同时，极大地增加了农民工的维权成本，从而难以在更大范围和更深层次对农民工就业和劳动权益给予保障。

流动人口计划生育管理以“属地化管理、市民化服务”为基本原则，政策目标是将流动人口计划生育管理和服务纳入属地的经常性工作范围，做到与户籍人口的计划生育工作同部署、同落实、同考核；为流动人口计划生育提供市民化服务，做到与户籍人口同宣传、同管理、同服务。流动人口计划生育一直以来都是人口和计划生育工作的重点和难点。有针对性的流动人口计划生育政策出台以及各级政策执行主体责任的明确落实，在一定程度上缓解了农民工特别是大量的育龄妇女流动对既有的人口计划生育管理和服务体系的冲击。但农民工违法生育占居住地违法生育的比例和出生性别比仍居高不下，相关政策内容和政策执行均存在极大的完善空间，特别是服务性政策尚显不足。

农民工基本养老保险制度，国家仅给出原则性指导意见。根据各地实际情况，农民工社会养老保险模式多样，具体政策不一，实践中形成了包括城保模式、综合保险模式和“双低”模式在内的多种养老保险政策模式。三种典型模式均存在非常明显的优缺点，低费率、广覆盖、可转移，能够与现行的城乡养老保险制度衔接的养老保险制度，将是未来农民工养老保障制度发展的基本方向。

社会支持和社会融合政策主要涵盖了农民工户籍政策、住房政策和流入地子女教育政策三个方面。户籍制度问题是农民工问题产生的根源，也是农民工制度性融合最主要的障碍，虽然整体的户籍制度存在弱化的趋势，但户籍开放的方向并不利于大部分农民工。住房政策也是造成农民工社会融合程度较低的重要制度性因素，对聚居方式间接的鼓励和规划、住房保障方面的区隔性政策，限制了农民工在本地的发展和归属感的形成。流入地子女义务教育在国家宏观层面已经给予了农民工与城市居民相当的权利，但过于原则性的政策缺乏可操作化和相应的配套制度，从而在很大程度上影响了政策效果。

第十二章　地方性农民工服务管理政策分析

本章主要分析地方性农民工服务管理政策，共分三节。第一节考察流入地城市的流动人口政策内容，第二节考察流入地城市流动人口政策评价，第三节分析农民工对流入地和流出地的政策需求。前两节采用深圳市和西安市农村流动人口调查数据，第三节采用西安市农村流动人口调查数据。①

第一节　地方性政策主要内容

深圳市是我国农村流动人口的主要流入地之一，也是流动人口问题最早显现和最为突出的城市之一。深圳市流动人口政策发展经历了地方分权不足、政策积累欠缺（1979～1991 年）到建构管理政策体系、初步导入服务政策（1992～2000 年），再到改革和完善管理政策、发展服务政策（2001 年至今）的三个阶段。

第一阶段（1979～1991 年）为政策问题累积时期。根据政策过程理论，社会问题必须得到社会的共识，并通过统计监测系统获得统计问题证据，才能逐渐转化为政策问题，成为政府制定政策解决的对象（王骚，2003）。在第一阶段，由于深圳市建市伊始，流动人口监测系统正在发育，法制环境还很不完善，中央权力过于集中、地方分权不足，同时因为前期流动人口管理资料和政策积累不足，所以政策数量极少。该阶段有三个政策性文件，其

① 深圳市是流动人口的典型城市，因此，本章主要以深圳市为主安排内容结构，在西安市调查的关于流动人口政策网络，农民工对流入地、流出地政府的政策需求弥补了在深圳市调查的不足。

中，《广东省市镇近郊地区出租房屋管理规定》和《广东省城乡暂住人口管理办法》系上级机关制定的规范，而《深圳市人民政府印发〈深圳经济特区房屋租赁管理规定〉的通知》也还停留在落实上级规定层面。据此确定该阶段为政策问题累积时期，此时流动人口管理与控制较松散，服务明显缺位。

第二阶段（1992～2000年）为政策体系初建时期。1992年，深圳市地方权力机关获得地方立法权，开始处理第一阶段累积的政策问题。该阶段既是深圳市流动人口管理政策的起步阶段，又是有深圳市特色的流动人口基本管理体系的草创时期。在这一时期，围绕流动人口的居住、劳务、企业用工、治安、户籍和计生等制定了20多份政策性文件。但在其前期，服务问题仍然被忽视。自1992年以后，随着国家宏观政策环境的优化，深圳市经济飞速发展，吸引大批流动人口涌入，流动人口年增量表现为相对强压力，要求当地政府既要从城市发展角度考虑流动人口的治理问题，又必须为流动人口作为个体的发展提供政策支持。此时，一股外部力量发挥了重要的驱动作用——1994年，联合国在开罗召开了人口与发展大会，该大会首次关注人口生殖健康问题，中国代表团参加大会并做出正面政治承诺。1995年，中国计划生育政策开始实现了两个转变，由以管理为中心逐渐转向了以服务为中心。由此，深圳市计划生育政策开始关注流动人口服务问题，1996年制定《深圳市社区健康服务工作方案》并付诸实施。该阶段对流动人口以治理为主，有关服务政策的数量和质量都有待改进，但已经初步形成了包括服务内容在内的流动人口管理政策体系。

第三阶段（2001年至今）为政策质量发展时期。该阶段流动人口年增量压力强度达到了历史顶点，流动人口总量继续放大，常住人口中的流动人口、暂住人口的社会利益失衡进一步显化，同时，流动人口之间、流动人口与户籍人口的价值观念冲突，以及流动人口作为外来群体与流入地社会行为规范的矛盾更为突出。一方面流动人口社会问题解决的紧迫性提高，另一方面政府自身应对问题的能力和解决问题的政治、经济和技术基础增强，因此，本阶段有关流动人口管理政策的制度得到进一步的改革和发展，先后推出了人口与计划生育综合改革、出租屋管理改革、户籍管理改革、基础教育改革，以及社会保障制度建设等多项重要政策举措，针对性较强，取得了较好的政策效果。与此同时，该阶段的服务性政策陆续出台，涉及艾滋病防治、卫生健康保障、性别平等、养老保障、减免收费、子女教育、技能培训、就业服务、计划生育优质服务等。不仅针对新产生的一些服务性政策问题制定政策，而且对第二阶段出现的有关服务内容设计政策目标，进一步明确执行保障条件。该阶段的鲜明特色是将“以人为本”、“和谐社会”、“优质服务”及“社会性别”等先进思想文化，引入到流动人口公共政策与制度建设。2006 年，为落实《国务院关于解决农民工问题的若干意见》，深圳市出台《深圳市人民政府关于进一步加强农民工工作的意见》（深府［2006］243 号），成为新形势下系统解决农民工问题的纲领性文件。

一　国家宏观政策的细化

我国是单一制国家，地方政府的合法性来自中央政府的授权，因此，公共政策体现出中央与地方高度的一致性。在农民工政策方面同样如此，深圳市的大量政策是对国家政策的贯彻落实和与本地实际相结合的细化。改革开放以来，深圳市政府一直处于农民工政策创新的前沿，在流动人口计划生育管理和服务、农民工劳动权益保护立法、农民工社会保障等方面都曾先于中央政府出台相关政策，但到目前为止，除少数如欠薪保障制度、劳动保障卡制度、养老制度和户籍制度等外，已基本纳入国家政策体系。

1. 就业与劳动保障政策

（1）劳动管理与工资保障

1993 年，深圳市经济特区制定《深圳经济特区劳务工条例》，针对没有深圳市常住户口、被用人单位招用的劳务工，从政策角度给予了与户籍人口相同的劳动待遇要求。用人单位不得因无深圳市常住户口而在劳动报酬、工作时间和其他劳动条件方面对劳务工实行差别待遇。条例从招用劳务工的条件和程序、劳动合同、劳动报酬与社会保险、劳动安全与卫生、劳动监督与劳动争议处理（2009 年，深圳中级人民法院印发的指导意见《关于审理劳动争议案件程序性问题的指导性意见》《关于审理劳动争议案件实体性问题的指导意见》）五个方面对劳务工的劳动保障问题进行了明确而系统的规定，成为深圳市农民工劳动管理的基本准则。

为落实《企业最低工资规定》（劳部发［1993］333 号），1994 年深圳市出台《深圳经济特区最低工资条例》，将深圳市全部从业人员纳入同一最低工资标准之下，开启了深圳市一体化解决农民工问题的政策思路。

2004年后，国家出台了大量农民工劳动和就业权利保障的专项政策，与此相对应，深圳市陆续出台了一系列新的政策条例，2004年《深圳市员工工资支付条例》、2005年《深圳市劳动争议调解办法》、2005年《深圳经济特区劳动合同条例》，对《深圳经济特区劳务工条例》进行补充和完善，将农民工与城镇从业人员纳入同一政策体系，进行管理和服务。

2006年，根据财政部、劳动和社会保障部《关于进一步加强就业再就业资金管理有关问题的通知》，深圳市出台了《深圳市就业再就业资金管理办法》，特别列出了外来劳动者的就业服务支出项，用于对外来劳动者提供免费公共就业服务及技能培训补贴，为农民工就业和尽快适应、融入城市社会提供了进一步的资金支持。2011年，深圳市人力资源和社会保障局公布《关于调整我市最低工资标准的通知》。

（2）工伤保险政策

深圳市执行与国家一致的农民工工伤保险政策，但在费率控制和工伤待遇方面略有调整，以进一步调动企业和农民工参加工伤保险的积极性，提高工伤保险覆盖率。如控制最高费率1.5%（国家有关政策规定工伤保险的最高费率为2%左右），以减轻用人单位的经济负担；用人单位按员工的实际工资总额进行投保，但员工一旦发生工伤，社保部门发放工伤待遇则是按深圳市上年度职工月平均工资的60%为工伤员工本人工资的最低标准进行计发，增强了工伤保险对用人单位和广大农民工的吸引力；建立工伤保险申报的“月报表”和“网上申报”等途径；还允许有多份兼职的农民工分别和多个用人单位建立工伤保险关系等；建立了“96888”和“12333”的热线电话投诉受理和劳动保障网络投诉受理等渠道，加大了监察处罚的力度。同时，建立奖罚、联席会议、信息互通、联合检查、排名通报、工伤预防培训六项制度，逐步强化了工伤预防工作。2009年，深圳中级人民法院印发《关于审理工伤保险待遇纠纷相关法律适用问题的指导意见》。

（3）就业与培训

深圳市推行全市统一的职业介绍机构服务规范和服务标准，降低劳动者的求职成本和求职风险。建立深圳市劳动力市场供求分析定期发布制度，深入开展职业介绍诚信活动，完善职业介绍机构星级评比制度，充分发挥劳动力市场对农民工就业的调节和导向作用，引导农民工合理流动。2006年，为促进全市失业人员灵活就业，深圳市政府出台《关于进一步加强就业再就业工作的意见》。2013 年，为进一步规范就业困难人员灵活就业补贴申请发放工作，鼓励就业困难人员通过灵活就业方式实现就业，根据《深圳市人民政府关于进一步完善就业援助政策的通知》（深府［2013］60 号）的规定，结合深圳市实际情况，制订《深圳市就业困难人员灵活就业补贴办法》。

根据财政部、劳动和社会保障部《关于下达 2006 年就业补助专项转移支付资金的通知》（财社［2006］21 号），2007 年，深圳市就专项资金补贴方式制定《深圳市农民工技能培训补贴暂行办法》，对符合规定的参加包括企业组织的上岗技能培训、岗位技能提升培训、技能等级培训和培训机构组织的技能等级培训、专项技能培训（模块）以及参加职业技能鉴定和职业技能竞赛在内的农民工给予补贴。2011 年，为进一步规范深圳市失业人员职业技能培训管理，鼓励失业人员参加技能培训和鉴定，提高失业人员就业能力，结合国家相关文件制定了《深圳市失业人员职业技能培训和鉴定补贴办法》。

2. 婚育政策

流动人口计划生育工作是深圳市流动人口管理最为重要的方面，也是深圳市计划生育工作的重点。根据国家有关政策，深圳市政府先后出台了近 10 份相关政策文件，包括 1994 年《深圳经济特区计划生育管理办法》、1996 年《深圳市人民政府办公厅关于印发深圳市有关部门流动（暂住）人口计划生育管理目标责任制考核验收标准的通知》、1996 年《深圳市人民政府办公厅关于清理超计划生育外来人员的通知》、1997 年《深圳市人民政府计划生育办公室关于印发深圳市流动人口计划生育管理责任书签订程序的通知》、1997 年《深圳市人民政府计划生育办公室关于印发发放、查验流动人口婚育证明注意事项的通知》、2002 年《深圳市人民政府计划生育办公室、深圳市公安局、深圳市卫生局、深圳市民政局关于印发〈深圳市人口与计划生育综合改革中涉及相关部门的职责规定〉的通知》、2003 年《关于执行〈广东省计划生育服务证管理办法〉有关问题的通知》以及 2004 年《中共深圳市委深圳市人民政府关于进一步加强人口与计划生育工作的意见》。2010 年，深圳市卫生和人口计划生育委员会制定了《流动人口婚育证明查验规定》，2013 年予以修订。2012 年重新制定《深圳市流动人口办理 1 孩生育登记规定》，2013 年予以修订。2013 年修订《流动人口计划生育孕情检查规定》，把以流动人口和技术服务为重点的计划生育优质服务工作作为全市计划生育工作的重点，主要包括以下几个方面的内容。

（1）以社区为平台的属地化、多层级管理体制

市、区、镇（街道）和村（居）委会为计划生育管理的责任部门，设置专门的管理机构和人员，认真落实流动人口与户籍人口同宣传、同管理、同考核、同服务的管理机制。一是建立和完善人口综合管理架构和网络，成立市人口工作领导小组，健全市、区、街道办事处和社区四级人口管理机构，形成人口管理的四级网络。市人口办负责拟定人口管理政策，指导和协调人口管理各职能部门开展工作。二是推进人口管理由“以条为主”向“以块为主”转变。理顺人口管理关系，推行条块结合、以块为主的管理体制。明确区政府、街道办事处为暂住人口管理的责任主体，合理划分市职能部门、区政府及街道办事处在人口管理体制中的职能和权限，实现区和街道人口管理的责、权、利的统一。区、街道办事处落实专职工作人员，保证人口管理机构的正常运转。三是实现以社区为平台的人口属地化管理。充分发挥社区在人口管理体制中的作用，实行人口登记、统计、计生、劳动保障等业务“一站式”受理，提供“一条龙”服务。依托出租屋管理队伍，进一步整合公安、综治、计生、统计等部门暂住人口具体管理职能。四是形成人口管理的协同合作机制。建立人口管理职能部门与工商、城管、规划、国土房产、建设等职能部门的合作沟通机制，定期或不定期召开各职能部门参加者的联席会议，掌握人口管理动态，及时研究和拟定人口管理的对策与措施。

（2）以技术服务为重点的优质服务

加强对提高出生人口素质的业务指导和服务质量的监督，依法做好优生优育、生殖健康知识的宣传和技术服务工作，加强对医务人员的法律、法规和规章教育，严肃查处非医学需要鉴定胎儿性别及提供假证、施行假手术的行为。抓好优生检测和出生缺陷干预，降低病残儿的出生率；要积极稳妥地推行避孕节育知情选择，使育龄群众能够选择适合自身的避孕节育方法，积极为广大育龄妇女进行查环查孕、查病治病，到2010年全面实现避孕方法知情选择。

（3）计划生育宣传教育

计划生育、教育、科技、文化、卫生、民政、新闻出版、广播电视等部门和机关、部队、社会团体和企业、事业单位，应当广泛组织开展人口与计

划生育宣传教育，大众媒体要积极开展人口与计划生育的社会公益性义务宣传。开展“婚育新风进万家”活动，普及避孕节育、优生优育、生殖保健等科普知识。

（4）计划生育责任状书

建设部门要与用人单位签订计划生育责任状书，明确施工企业在计划生育工作上的职责，对于违反计划生育管理法律、法规的建筑企业，由建设部门采取“一票否决制”，依法限制该企业承担相关工程。

3. 社会支持与社会融合政府

（1）居住

深圳市农民工的居住方式以集体宿舍居住和租住为主。农民工居住政策以出租屋管理政策为主，1997 年出台《深圳经济特区出租屋管理若干规定》，于 2002 年修订，并捆绑实行《出租屋治安管理责任书》和《计划生育合同书》制度，主要对出租屋出租程序以及租住双方的权利和义务进行明确。从严格意义上来讲，《深圳经济特区出租屋管理若干规定》并不能视为流动人口住房政策，而是居住管理政策，同时伴随着很强的社会治安和计划生育管理的内涵。2005 年，深圳市政府颁布《深圳市暂住人口证件和居住管理办法》。

2006 年，根据《国务院关于解决农村流动人口问题的若干意见》精神，有关政策进一步明确，招用农民工较多的企业，在符合规划的前提下，可在依法取得的土地使用权范围内按规定建设一定数量的农民工集体宿舍。在招用农民工较多的企业聚集的产业园区，可按规定集中建设农民工集体宿舍。对于长期在深圳市就业的农民工，按规定条件申请政府的公共租赁住房。

（2）子女教育

2002 年深圳市《贯彻国务院关于基础教育改革与发展决定的若干意见》中提到，采取多种形式，多渠道解决流动人口子女接受义务教育问题。公办学校招收流动人口子女就读，可适当提高借读费标准。2006 年，深圳市出台《深圳市暂住人口子女接受义务教育管理办法（试行）》，将暂住人口子女义务教育工作纳入当地普及九年义务教育工作范畴和重要工作内容，统筹安排就读、统一学籍管理、统一教育管理，鼓励多途径解决农民工子女教育问题，促进公办和民办教育协调发展。凡年满 6 ~ 15 周岁，有学习能力，父母在深圳市连续居住 1 年以上，且能提供以下材料的暂住人口子女，均可申请在深圳市接受义务教育：

①适龄儿童出生证、由公安部门出具的适龄儿童及其父母的原籍户口簿、在深居住证或暂住证；

②适龄儿童父母在本市的有效房产证明和购房合同，或由当地街道办事处房屋租赁管理所提供的租房合同登记、备案材料；

③适龄儿童父母持有本市劳动保障部门出具的就业和社会保障证明，或者本市工商部门核发的营业执照副本等证明；

④适龄儿童父母现居住地街道办事处计划生育工作机构出具的计划生育证明材料；

⑤适龄儿童原户籍地乡（镇）以上教育管理部门开具的就学联系函，或学校开具的转学证明。

二　深圳特色的流动人口政策

1. 欠薪保障制度

1996 年，深圳市出台《深圳经济特区企业欠薪保障条例》，对申请破产，依法整顿或经审计资不抵债且无力支付员工工资，以及投资者或经营者隐匿逃跑的，依法由欠薪保障基金垫付农民工工资，以保障包括农民工在内的企业员工的合法权益。2009 年，对《条例》中欠薪保障费金额和机构进行了调整，每个用人单位每年缴纳欠薪保障费 400 元，比往年规定缴费金额下降 43%；缴费机构由市工商局转为市社保局。制度主要内容包括以下几方面。

（1）欠薪保障基金

市政府设立由政府、员工和企业等方面的人员组成的欠薪保障基金委员会。市劳动部门在银行设立欠薪保障基金专户；工商行政管理部门负责向企业收取欠薪保障费，并将其转入欠薪保障基金专户。对新成立的企业，在办理工商登记注册时收取；对已成立的企业在办理企业年检时收取。每年每户企业缴纳一次欠薪保障费，其标准为上年度市政府公布的最低月工资标准的 70%。

（2）欠薪垫付

对同时符合下列条件的情况，根据企业员工申请，欠薪保障基金审查受理：①企业欠薪基于下列情形之一：人民法院依法受理破产申请，依法整顿或经审计资不抵债且无力支付员工工资，投资者或经营者隐匿或逃跑；②员工个人被欠薪数额 150 元以上的；③垫付欠薪申请期限前 6 个月以内的欠薪。垫付欠薪的数额以员工实际被拖欠的工资总额为限，但最高不超过上年度市职工年平均工资的20%。员工提出申请时，应当出示劳动合同书或者其他劳动关系证明、身份证等资料，并提交复印件。

2. 用工备案与劳动保障卡制度

作为《关于加强和完善人口管理的若干意见》的配套政策，2005年，深圳市出台了《深圳市暂住人口就业管理办法》，将暂住人口的就业问题纳入全市的人口宏观规划的调控之中。通过建立企业招工备案制度、暂住人员就业登记和辞退备案制度及“深圳市劳动保障卡”一卡通制度三个制度来对暂住人员加强就业管理。

（1）企业招工备案制度

实行空缺岗位申报制度，用人单位应当接受劳动保障部门组织的空缺岗位调查，并主动报告空缺岗位情况。用人单位跨省、市招用暂住人员，需要劳动保障部门出具证明文件的，由劳动保障部门出具。用人单位跨省、市3个月内招用暂住人员50人以上的，可以委托合法职业介绍机构，或参加政府有关部门组织的跨地域劳务协作和劳务交流洽谈活动有组织地招收。

企业招工备案制度的建立，将使用人单位的求职双方选择空间扩大，有利于劳动力市场适应市场经济需求的发展和人才的合理流动，有利于政府从动态上掌握已经就业暂住人员的素质和总量结构，以及指导和监督用人单位与员工建立和谐、稳定的劳动关系。

（2）暂住人员就业登记和辞退备案制度

所有在深圳市就业的暂住人员均须办理就业登记和辞退备案手续，用人单位招用暂住人员后，应当自录用之日起30日内到劳动保障部门办理录用备案手续，并为暂住人员就业登记。用人单位与暂住人员解除劳动关系后，应当在7日内到劳动保障部门办理备案手续。

这一制度的建立，有利于规范用人单位的用人行为，保护劳动者劳动就业的合法权益。同时，该制度还为政府建立公众就业操作平台，积极开展对农民工进城就业的政策咨询、就业指导、就业介绍、技术技能培训等服务工作提供了决策依据。

（3）“深圳市劳动保障卡”一卡通制度

在原社会保险卡的基础上，增加劳动保障的相关业务内容，逐步实现户籍员工和暂住人员在就业一体化管理和服务工作机制上的统一。利用“深圳市劳动保障卡”，可以办理养老保险、医疗保险、工伤保险、劳务工合作医疗、劳务工就业登记、公共就业服务等所有劳动保障的事项。同时，该卡记录了个人劳动就业和社会保险的缴纳情况，可以作为暂住人员在深圳市求职应聘、招调迁户、社会保险、申请子女入学等权益的有效合法凭证。

3. 养老政策

1987 年 3 月，农民工开始被允许在深圳市参加养老保险。1998 年，深圳市出台《深圳特区企业员工社会养老保险条例》，并于 2000 年和 2006 年两次进行了修订。该条例将农民工纳入统一的城镇职工养老保险体系中进行统筹考虑，要求农民工必须参加基本养老保险。缴纳养老保险费以员工的月工资总额作为缴费工资；非本市户籍员工的缴费工资不得低于本市月最低工资。基本养老保险费缴费比例为员工缴费工资的 18%，其中，员工按本人缴费工资的 8%缴纳，企业按员工个人缴费工资的 10%缴纳。员工达到国家规定退休年龄，但不满缴费年限的，可以申请一次性领取个人账户积累额和一次性生活费，终结在本市的养老保险关系。非本市户籍员工的一次性生活费标准为缴费年限每满 1 年支付 1 个月的退休时本市月最低工资。退休前离开本市的员工，养老保险关系无法转移的，经本人申请，可以一次性领取个人账户积累额，终结在本市的养老保险关系。2001 年 2 月，深圳市开始允许非深圳市户口的参保员工在达到条件后在深圳市按月享受养老保险待遇。

2006 年底，深圳市对《〈深圳经济特区企业员工社会养老保险条例〉若干实施规定》进行修改，新政策取消了非深户籍员工退休前 5 年连续在深缴费的限制，凡符合在深圳市缴纳养老保险费累计满 15 年的非深户籍员工均可在深圳市养老。为鼓励农民工长期保留其养老保险关系，新条例规定达到退休年龄不满缴费年限的农民工，除领取个人账户积累额外，还可以领取一次性的生活费，一次性的生活费标准为缴费年限每满 1 年支付 1 个月的退休时本市月最低工资。

4. 户籍制度

1995 年，深圳市出台《深圳市户籍制度改革暂行规定》，建立了以暂住户口、蓝印户口和常住户口为体系的户籍管理制度，要求在本市居留 2 个月以上的暂住人员应办理暂住证，并将暂住证分为劳务暂住证和非劳务暂住证。同年出台的《深圳经济特区暂住人员户口登记管理条例》，成为深圳市农民工户籍管理的基本政策依据，并于 1997 年和 2003 年两次进行了修改。

2005 年，深圳市出台《关于加强和完善人口管理的若干意见》及有关户籍、居住、就业、计生、教育管理 5 个配套文件（即《关于加强和完善人口管理的若干意见》和与之配套的《深圳市户籍迁入若干规定》《深圳市暂住人口证件和居住管理办法》《深圳市暂住人口就业管理办法》《深圳市流动人口计划生育工作管理办法》《深圳市暂住人口子女接受义务教育管理办法》)，成为深圳市人口管理的基本政策体系。

三　流动人口政策网络

本小节主要是对流动人口政策执行网络进行分析。政策网络指的是从事某种政策的工作人员之间由于工作来往所形成的人际关系网络。流动人口的政策网络主要包括计划生育政策执行网络、暂住管理政策执行网络、社会保障政策执行网络、权益保护政策执行网络、就业服务政策执行网络、子女义务教育政策执行网络以及政策执行工作人员社会交往网络。本小节所采用的数据来自西安市农村流动人口调查。

1. 流动人口政策执行网络的基本情况

在西安市农村流动人口调查中，7 个流动人口政策执行网络的网络成员是同一群人，即西安市莲湖区从事流动人口工作的所有政府工作人员。7 类流动人口政策执行网络的拓扑结构如图 12－1 至图 12－7 所示：

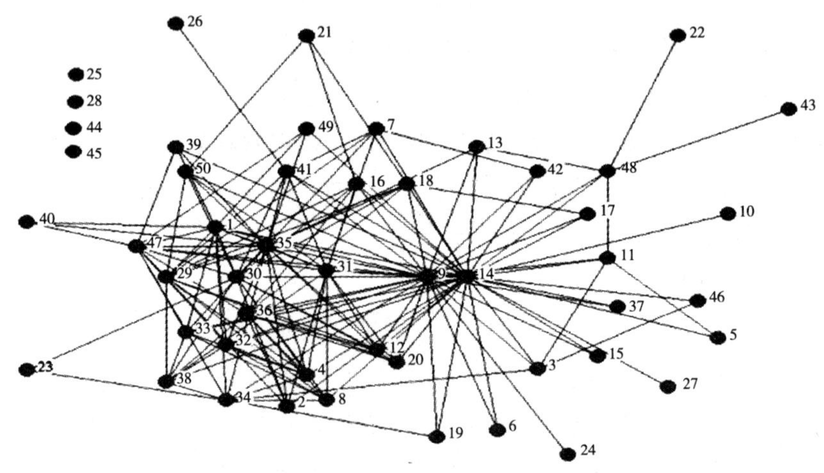

图 12－1　计划生育政策执行网络拓扑结构图

资料来源：2008 年西安市农村流动人口调查。

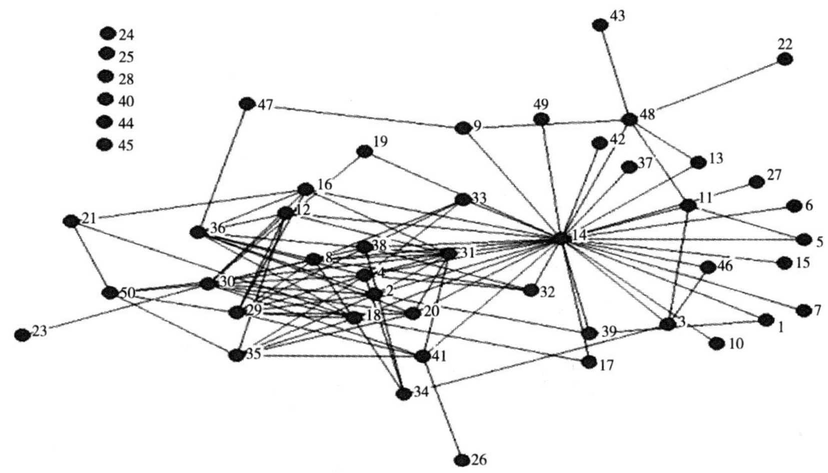

图 12－2　暂住管理政策执行网络拓扑结构图

资料来源：2008 年西安市农村流动人口调查。

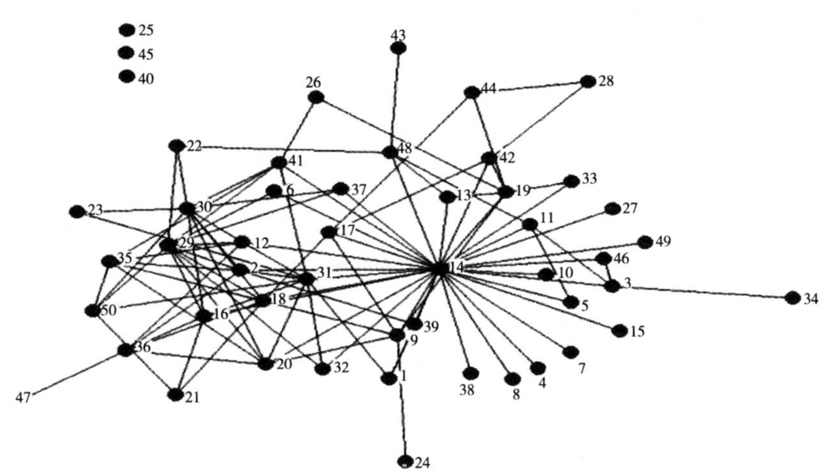

图 12－3　社会保障政策执行网络拓扑结构图

资料来源：2008 年西安市农村流动人口调查。

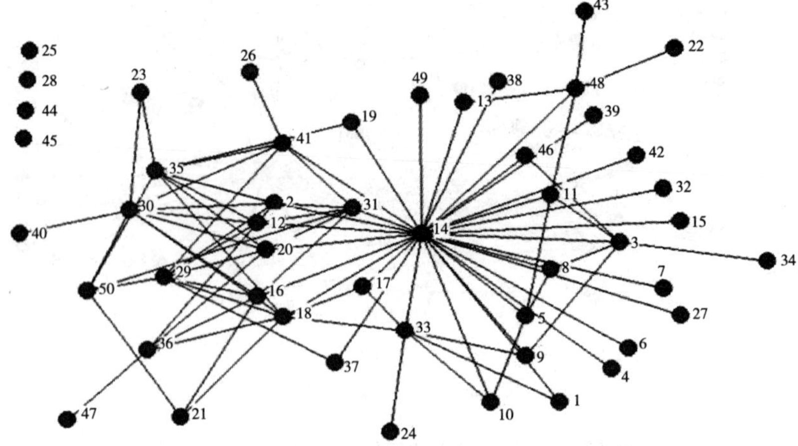

图 12－4　权益保护政策执行网络拓扑结构图

资料来源：2008 年西安市农村流动人口调查。

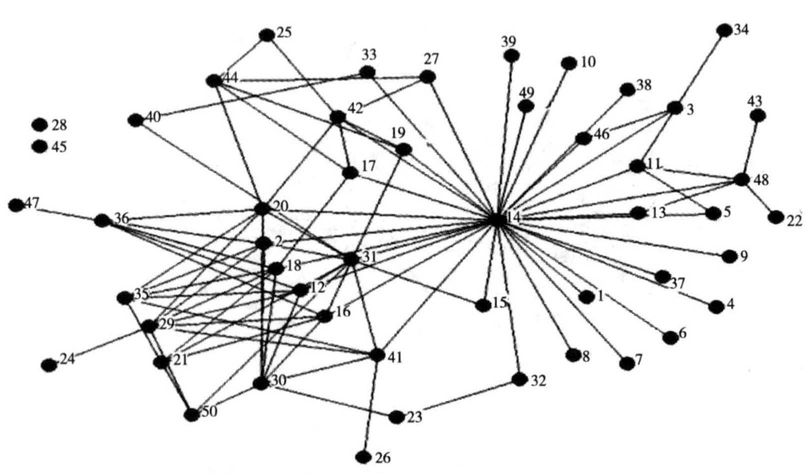

图 12－5　就业服务政策执行网络拓扑结构图

资料来源：2008 年西安市农村流动人口调查。

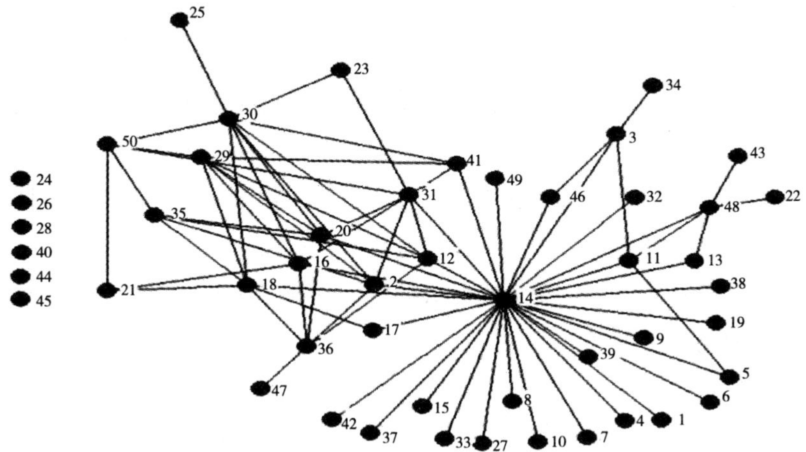

图 12－6　子女义务教育政策执行网络拓扑结构图

资料来源：2008 年西安市农村流动人口调查。

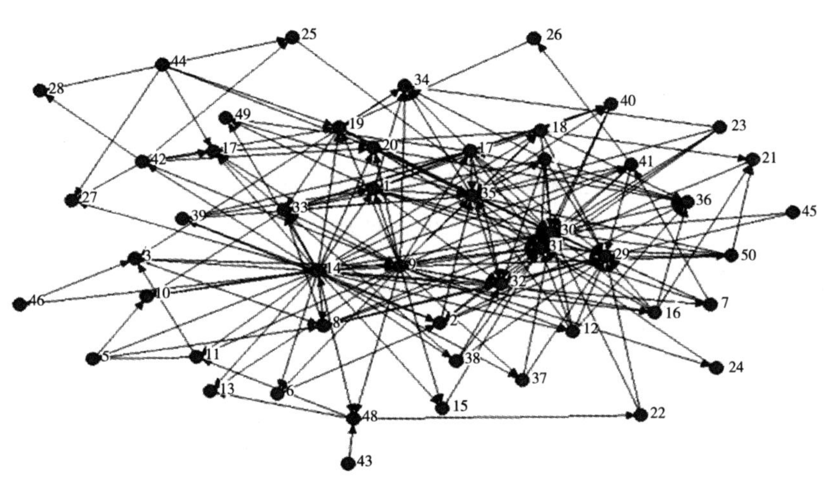

图 12－7　政策执行工作人员社会交往网络拓扑结构图

资料来源：2008 年西安市农村流动人口调查。

从上述图中可以看到，除少数孤立节点之外，其他成员联系都较多，其中个别节点居于核心位置，如编号为14号的成员，他们在农民工政策执行中起到了桥梁和纽带作用。

2. 流动人口政策执行网络分析

流动人口政策执行网络大致可分为两种类型：非正式交往的网络关系和正式的网络关系。非正式的网络主要指社会交往网络；正式的网络关系又包括两种类型：管理领域的网络关系和服务领域的网络关系，前者包括计划生育和暂住管理政策执行网络，后者则包括服务领域的网络，如社会保障、权益保护、就业服务、子女义务教育执行网络。表12-1提供了农民工政策执行网络的量化指标。

表12-1 流动人口政策执行网络特征指标

网络指标	计划生育	暂住管理	社会保障	权益保护	就业服务	子女义务教育	社会交往
密度	0.133	0.085	0.083	0.074	0.077	0.063	0.163
平均度	6.520	4.160	4.080	3.640	3.760	3.080	8.000
度中心势	0.520	0.571	0.572	0.582	0.579	0.594	0.489
居中中心势	0.307	0.538	0.613	0.635	0.686	0.635	0.266
平均距离*	2.080	2.259	2.371	2.432	2.443	2.381	2.069
聚类系数*	0.280	0.280	0.238	0.292	0.238	0.260	0.382

注：网络计算只考虑对对称化后的网络进行计算；在计算平均距离和聚类系数时，只考虑有联系的个体，不包括孤立点。

资料来源：2008年西安市农村流动人口调查。

表12-1数据显示，不同的政策执行网络具有不同的特点。

首先，从政策执行网络的关系密集程度来看，非正式的社会交往关系网络的交往关系多于正式的合作关系，与此同时，在正式的合作关系网络中计划生育、暂住管理的合作关系是相对比较多的，而社会保障、权益保护、就业服务、流动人口子女义务教育领域的合作关系是相对比较少的，由此可知，在流动人口政策执行网络中，流动人口计划生育管理、暂住管理是最主要的合作领域。

其次，在不同的流动人口政策执行网络中，政府工作人员的交往差异不同。对比度中心势指标，在社会交往关系网络的出度中心势与入度中心势相比，政府工作人员主动寻求社会交往能力的差异是高于接受他人的社会交往能力的差异。非正式的社会交往关系网络的差异与正式的合作关系的差异相比，非正式的社会交往关系网络中的差异比正式的合作关系网络的差异性小。在合作关系网络中，政府工作人员在管理领域的合作关系的差异性比服务领域的合作关系的差异性小。对比居中中心势，暂住管理、社会保障、权益保护、就业服务、子女义务教育五个网络的居中中心势很高，说明网络中节点间的合作关系受少数节点控制的差异较大，计划生育政策网络中各节点受少数节点控制的差异性小。

最后，流动人口政策执行网络中政府工作人员的关系传播情况不同。一方面，政府工作人员交往关系的深度不同。对比平均距离指标，发现与非正式的社会交往关系的网络相比，正式的合作关系的网络的关系链是更长的，更容易延伸他们的社会交往关系；而在正式的合作关系网络中，服务领域的合作关系链比管理领域的合作关系链长，更容易延伸他们的合作关系。另一方面，政府工作人员交往关系的广度不同。对比聚类系数指标，与正式的合作关系网络相比，非正式的社会交往关系的交往范围更广、关系更加稳定；而在正式的合作关系网络中，总体上说，管理领域的合作关系的广度是大于服务域的合作关系，但是在服务领域中权益网络比管理领域的合作关系广度更大。

表 12 - 2 给出了 7 类政策执行网络的相关系数。数据显示，7 个流动人口政策执行网络之间具有较高的相关性，即各个网络之间的重叠性或嵌入性很高。计划生育政策执行网络与社会交往关系网络之间的重合性最高，子女义务教育政策执行网络与社会交往关系网络之间的重合度最低。与此同时，服务领域的合作关系网络重合度比社会交往网络、管理领域的合作关系网络的重合度都高。

表 12 - 2　流动人口政策执行网络间的相关系数

网络名称	计划生育	暂住管理	社会保障	权益保护	就业服务	子女义务教育	社会交往关系
计划生育	1.000	0.763	0.614	0.615	0.604	0.656	0.847
暂住管理	0.763	1.000	0.755	0.785	0.772	0.834	0.666
社会保障	0.614	0.755	1.000	0.800	0.818	0.850	0.677
权益保护	0.615	0.785	0.800	1.000	0.828	0.894	0.633
就业服务	0.604	0.772	0.818	0.828	1.000	0.879	0.652
子女义务教育	0.656	0.834	0.850	0.894	0.879	1.000	0.595
社会交往关系	0.847	0.666	0.677	0.633	0.652	0.595	1.000

注：以上计算采用二次指派程序（QAP），相关性均显著，*** $p < 0.001$。

资料来源：2008 年西安市农村流动人口调查。

上述结果表明，农民工的政策执行网络成员的关系特点是不同的。行使不同职能的政府工作人员在网络中的角色和位置的不同，决定了他们在政策执行中的作用也不相同。对于网络核心成员，上级主管部门应该加强和引导他们在创造性执行有利于农民工相关权益方面发挥更大的协调作用，而对于网络关系较少、较为孤立的成员则要适时引导，鼓励他们在做好自己本职工作的同时，配合其他部门工作，发挥各项促进农民工全面融合于城市社会的综合效益。因此，各部门应相互配合、优势互补、共同服务于改善农民工的权益，提高他们的生活质量。

第二节 地方性政策评价

一 农民工服务与管理政策的群众评价

在深圳市的农村流动人口调查中，包含了部分对政府政策和管理评价的调查内容，调查对象涉及深圳市户籍人口和农民工。利用这部分数据，直接或间接获得农民工对深圳市有关部门流动人口整体管理工作（如办理暂住证、计划生育等）和对于计划生育/生殖健康服务的满意状况，以及对于深圳市政府在劳动权益保障、养老保障等方面政策、管理、服务的满意程度。

1. 流动人口管理整体工作满意度

作为流动人口政策与管理的直接作用对象，流动人口对于深圳市有关部门管理和服务工作的评价是深圳市流动人口政策和管理合理性及有效性的直接反映。本次调查的结果显示，对深圳市流动人口的整体管理工作（如办理暂住证、计划生育等），农民工都表现出了很高的满意度。如图 12－8，近 80% 的农民工对深圳市流动人口的管理工作表示满意或非常满意。

2. 对计划生育/生殖健康服务的满意度

对计划生育/生殖健康服务的评价中，男性和女性农民工的评价之间呈现比较明显的差异性，表现为男性的满意度高于女性（如图 12－9），这种差异可能与深圳市流动人口计化生育/生殖健康工作的主要对象以女性特别是已婚女性为主有关，一方面作为直接的管理和服务对象，女性更易感受和

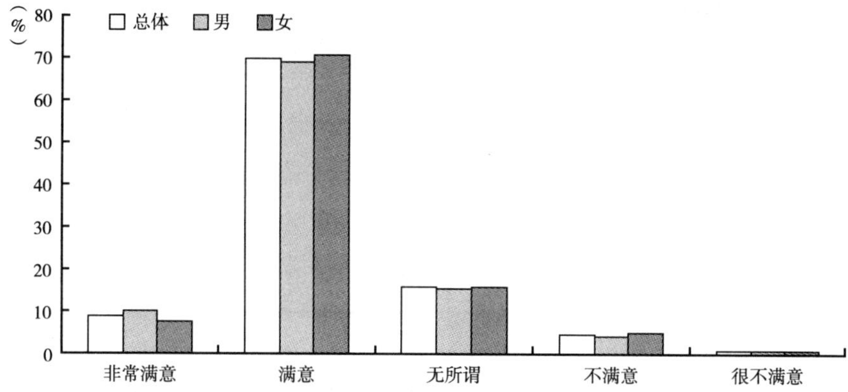

图 12－8 农民工对流动人口管理工作整体评价

资料来源：2005 年深圳市外来农村流动人口调查。

认知计划生育/生殖健康工作中存在的问题和不足；另一方面，与接受服务伴生的大量管理程序和工作也可能在一定程度上降低了女性农民工的满意度，反映出流动人口计划生育/生殖健康管理工作仍有较大的改进空间。

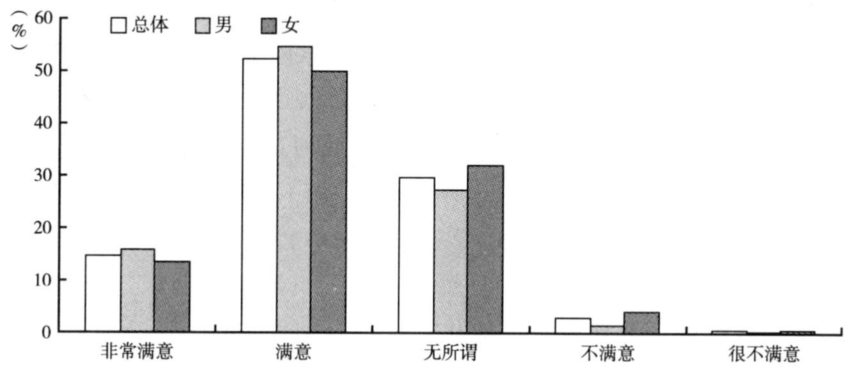

图 12－9 农民工对计划生育/生殖健康服务的满意度

资料来源：2005 年深圳市外来农村流动人口调查。

农民工对深圳市流动人口计划生育/生殖健康服务工作，都表现出了很高的满意度，且高出户籍人口满意度 11 个百分点（如图 12－10），其中原因可能与流出地较低的计划生育/生殖健康服务水平和质量有关，流动后服务水平和质量的巨大改善使得农民工易于产生满足感；但这样极高的满意度也是对深圳市相关工作的充分肯定。

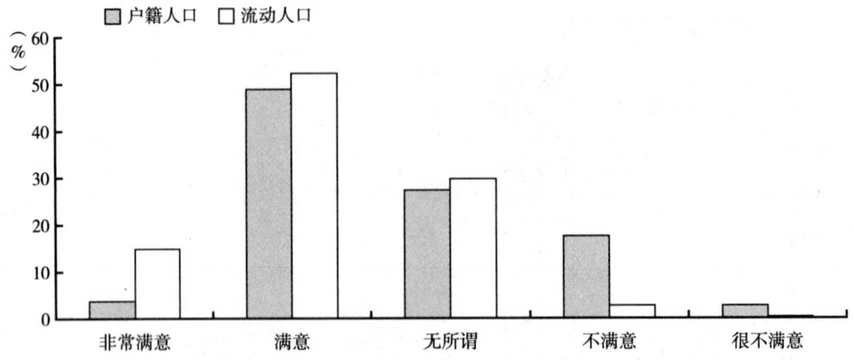

图 12－10　深圳市户籍人口与流动人口对计划生育/生殖健康服务的态度

资料来源：2005 年深圳市外来农村流动人口调查。

3. 对政府正式支持的评价

政府给予的正式支持不足，农民工遇到困难时极少向政府部门和律师求助。调查结果显示，农民工最为关心和最担心的问题主要是“怕生病”、“上当受骗”、“做工安全”、“工资低”、“找不到工作”、“拖欠工钱”以及“工作环境差”等（如图 12－11），其中，大部分是需要公共部门给予支持的劳动权益保障和社会保障方面的问题，此外，还包括住房、子女教育等需要政府部门进行公共产品或准公共产品供给的问题。因此，政府理应成为农民工出现问题时的主要求助对象。但是，从实际情况来看，农民工极少选择向政府部门或律师求助（如图 12－12），老乡和家人等以血缘和地缘关系为主的传统关系网络仍然是农民工在深圳市主要的求助对象。虽然与户籍人口和非户籍人口总体相比，农民工向政府部门或律师求助的比例略高（如图 12－13），但差距并不显著。考虑到户籍人口所处工作和生活环境中制度保障和服务机制往往比较健全，且具有较强的社会资源获取能力，因此，其向政府部门或律师求助的比例较低是比较合理的。而农民工在面临大量需要公共部门特别是政府部门予以解决的问题时却较少向其求助，出现这一状况的原因一方面可以归结为农民工法律意识的淡薄和政策知识的缺乏；但从另一方面也反映出，针对流动人口消费市场，政府公共政策和公共产品供给的不足或缺位，以及农民工难以获取政府或律师帮助或获取成本较高、渠道不畅。

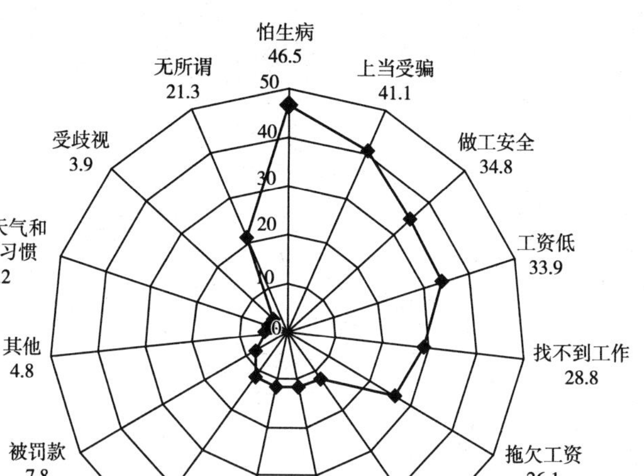

图 12－11　农民工在深圳市工作、生活中最关心的问题

资料来源：2005 年深圳市外来农村流动人口调查。

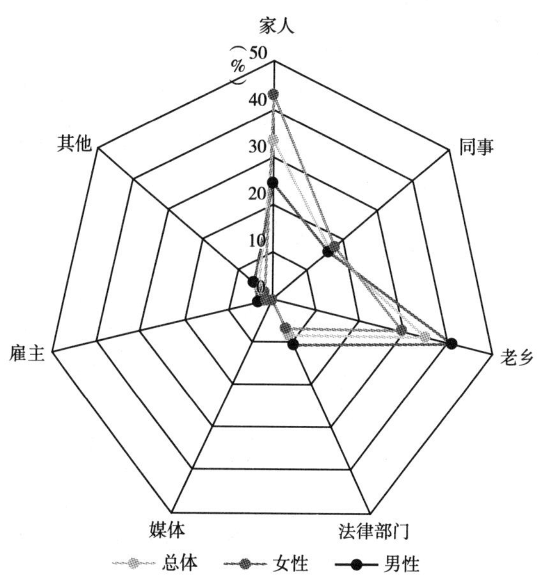

图 12－12　深圳市农民工困难求助状况

资料来源：2005 年深圳市外来农村流动人口调查。

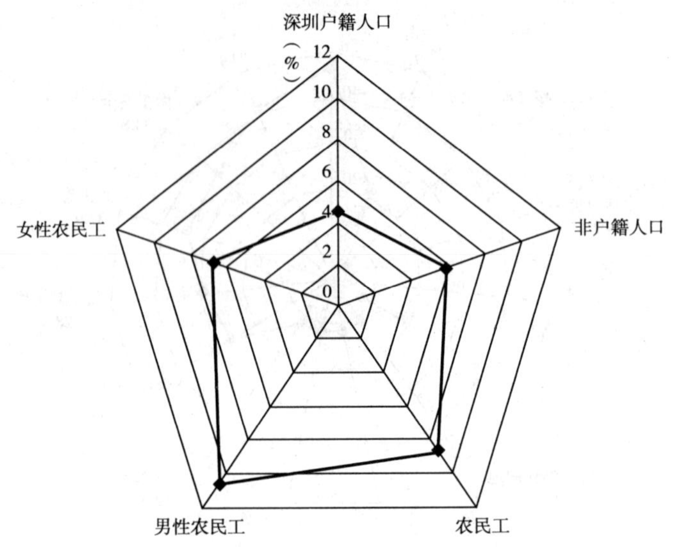

图 12－13　各类人群向政府部门或律师求助的状况

资料来源：2005 年深圳市外来农村流动人口调查。

4. 社会养老保险难以为农民工解决后顾之忧

调查结果显示，与 67.4% 的户籍人口想要依靠社会养老保险养老的状况不同，虽然深圳市社会养老保险体系中已经将流动人口纳入其中进行统一安排，但是流动人口的观念中选择以养老保险作为养老方式的不足 10%（如图 12－14）。

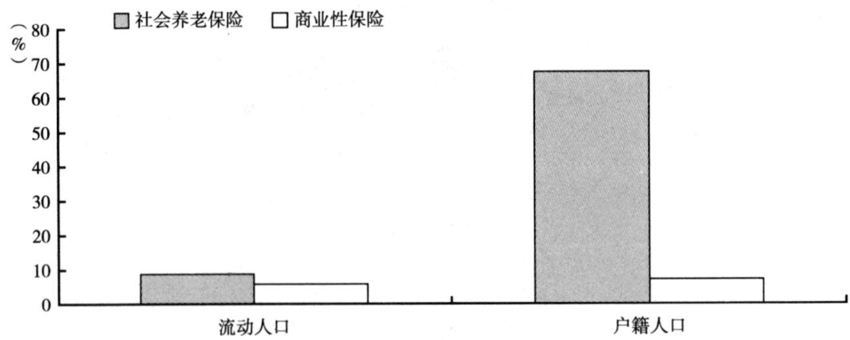

图 12－14　社会养老保险在不同人群养老观念中所占的比重

资料来源：2005 年深圳市外来农村流动人口调查。

尽管与流动前相比，养儿防老的观念逐渐弱化，但作为现代社会最为主要的养老保障渠道的社会养老保险，仍难以为农民工解决后顾之忧。导致这一问题的原因非常多，一方面农民工劳动力市场的买方市场特征以及农民工组织化程度差的状况，导致农民工在工资和福利方面难以与雇佣企业进行讨价还价，从而难以获得以养老保险为代表的更多的福利待遇；更为主要的原因在于，深圳市社会养老保险制度体系的设计中，没有形成适当的激励机制和约束机制，使得企业缺乏为农民工投保养老保险的积极性和强制执行机制，而农民工在现期投入过高而远期利益不明显和不确定的状况下也缺乏积极性和信任感，从而导致无论是在观念中还是在实际的投保率方面，社会养老保险对农民工的支持力度都很小。

由于调查主要是在非制度层面对深圳农民工的生存状态、观念和行为的变化以及社会融合的状况等方面进行研究，因此，对于政府管理和服务工作的反映较少。但从现有的数据中，仍然可以从总体满意度以及帮助获取、社会保障等几个侧面，获得农民工对深圳市政府相关管理和服务工作的评价。整体而言，农民工对深圳市政府的农民工管理和服务工作给予了充分肯定，大部分被调查者表现出极高的满意度。但从各个侧面的反映来看，无论是帮助获取还是社会保障方面，政府都不足以作为农民工工作、生活的主要支持渠道，农民工所面临的大量的、理应由公共部门主要是政府部门解决的问题仍然突出；同时，由于社会融合状况不理想、本地社会关系网络难以形成、本地社会资源难以获取，使得农民工仍然需要依靠以血缘、地缘为主的社会关系网络来应对工作、生活中的各种问题，而这样一种倾向于自我封闭的社会关系网络的进一步强化，将更加不利于农民工与本地社会的融合，恶性循环的结果将使农民工边缘化的趋势进一步加强，目前已经出现的各种农民工问题将有可能更加凸显。因此，未来深圳市流动人口管理和服务政策需要进一步加强政府对农民工工作、生活的支持力度和广度，扩大本地各类资源向农民工的开放程度，促进不同农民工群体之间以及农民工与深圳市民之间建立社会关系，推动农民工与本地社会的进一步融合。

与深圳市调查不同的是，西安市农村流动人口调查同时针对流出地和流入地政策。表 12 – 3 提供了农民工对流出地政策的效果和执行的评价。流出地政策主要包括免费提供非农技能培训、扶持返乡创业和非农就业、农村社会养老保险、新农村合作医疗、计生管理等。

表 12－3 农民工对流出地政策的评价

免费提供非农技能培训					
效果评价	频数	百分比(%)	执行评价	频数	百分比(%)
	23	100.0		24	100.0
非常不利	2	8.8	非常不满意	0	0.0
不利	1	4.3	不满意	0	0.0
无影响	8	34.8	一般	8	33.3
有利	9	39.1	满意	13	54.2
非常有利	3	13.0	非常满意	3	12.5
扶持流动人口返乡创业和非农就业					
效果评价	频数	百分比(%)	执行评价	频数	百分比(%)
	17	100.0		17	100.0
非常不利	2	11.7	非常不满意	0	0.0
不利	1	5.9	不满意	0	0.0
无影响	2	11.8	一般	6	35.3
有利	11	64.7	满意	9	52.9
非常有利	1	5.9	非常满意	2	11.8
农村社会养老保险					
效果评价	频数	百分比(%)	执行评价	频数	百分比(%)
	36	100.0		36	100.0
非常不利	2	5.6	非常不满意	2	5.5
不利	4	11.1	不满意	2	5.6
无影响	7	19.4	一般	12	33.3
有利	15	41.7	满意	14	38.9
非常有利	8	22.2	非常满意	6	16.7
新农村合作医疗					
效果评价	频数	百分比(%)	执行评价	频数	百分比(%)
	60	100.0		61	100.0
非常不利	5	8.4	非常不满意	2	3.2
不利	3	5.0	不满意	2	3.3
无影响	8	13.3	一般	9	14.8
有利	26	43.3	满意	35	57.4
非常有利	18	30.0	非常满意	13	21.3

续表

计生部门办理"婚育证明"					
效果评价	频数	百分比(%)	执行评价	频数	百分比(%)
	62	100.0		61	100.0
非常不利	6	9.7	非常不满意	0	0.0
不利	2	3.2	不满意	4	6.6
无影响	19	30.6	一般	20	32.8
有利	28	45.2	满意	29	47.5
非常有利	7	11.3	非常满意	8	13.1
已婚育龄妇女应定期寄回"避孕节育情况报告单"					
效果评价	频数	百分比(%)	执行评价	频数	百分比(%)
	55	100.0		55	100.0
非常不利	5	9.0	非常不满意	3	5.5
不利	7	12.7	不满意	4	7.3
无影响	14	25.5	一般	18	32.7
有利	25	45.5	满意	24	43.6
非常有利	4	7.3	非常满意	6	10.9

资料来源：2008 年西安市农村流动人口调查。

表 12－3 显示，少数接受过流出地非农就业扶持政策的农民工，对于相关政策的效果和执行评价较低，对于“免费提供非农技能培训”和“扶持流动人口返乡创业和非农就业”两项政策效果评价中，有利和非常有利的比例仅分别为 52.1% 和 70.6%；而对这两项政策执行评价中，满意和非常满意的比例仅分别为 66.7% 和 64.7%，表明政策绩效有待进一步提高。农民工对家乡新农村合作医疗政策效果和执行评价较高，对于政策效果评价有利和非常有利的比例为 73.3%，执行满意度达到 78.7%；而对农村社会养老保险的效果和执行满意度的评价较低，分别为 63.9% 和 55.6%。与其他流出地政策类似，农民工对流出地计划生育政策的效果评价和执行满意度评价都较低。

表 12－4 对比了农民工与市民对流入地政策的态度。可以看出，农民工对西安市流动人口就业政策表现出了较高的认同度，对于“政府为解决工资拖欠问题采取系列措施”（81.3%）和“设立农民工培训示范基地，提供就业指导服务”（82.7%）政策的赞同比例均超过 80%。而对“最低工资保障”政策的认同比例仅为 64.1%。

表 12－4 农民工对流入地政策的态度及与市民的对比

流入地就业政策	农民工		市民		LR 检验
	频数	百分比(%)	频数	百分比(%)	
享受西安市最低工资标准	139	100.0	263	100.0	ns
不赞成	21	15.0	33	12.5	
一般	29	20.9	58	22.1	
赞成	89	64.1	172	65.4	
政府为解决工资拖欠问题采取系列措施	139	100.0	267	100.0	ns
不赞成	9	6.5	12	4.5	
一般	17	12.2	28	10.5	
赞成	113	81.3	227	85.0	
设立农民工培训示范基地,提供就业指导服务	139	100.0	267	100.0	ns
不赞成	6	4.4	9	3.4	
一般	18	12.9	26	9.7	
赞成	115	82.7	232	86.9	
参加职工社会养老保险和居民社会养老保险(子女)	138	100.0	267	100.0	ns
不赞成	7	5.1	14	5.3	
一般	22	15.9	36	13.5	
赞成	109	79.0	217	81.2	
参加职工基本医疗保险	139	100.0	267	100.0	ns
不赞成	6	4.4	11	4.2	
一般	23	16.5	38	14.2	
赞成	110	79.1	218	81.6	
参加失业保险	138	100.0	265	100.0	ns
不赞成	6	4.4	20	7.5	
一般	20	14.4	39	14.7	
赞成	112	81.2	207	77.8	
向西安市计生部门交验“婚育证明”	137	100.0	265	100.0	**
不赞成	12	8.7	7	2.7	
一般	27	19.7	40	15.1	
赞成	98	71.6	218	82.2	

续表

流入地就业政策	农民工		市民		LR 检验
	频数	百分比(%)	频数	百分比(%)	
为已婚育龄妇女提供定期孕环检和生殖保健服务,并出具《避孕节育情况报告单》	140	100.0	265	100.0	***
不赞成	13	9.3	6	2.3	
一般	22	15.7	22	8.2	
赞成	105	75.0	237	89.5	
办理暂住证	138	100.0	265	100.0	ns
不赞成	18	13.1	18	6.8	
一般	41	29.7	92	34.7	
赞成	79	57.2	155	58.5	
允许流动人口子女在西安市接受义务教育	138	100.0	266	100.0	ns
不赞成	7	5.0	11	4.1	
一般	11	8.0	22	8.3	
赞成	120	87.0	233	87.6	

注：*** $p<0.001$，** $p<0.01$，ns 不显著。

资料来源：2008 年西安市农村流动人口调查。

农民工对“参加职工社会养老保险和居民社会养老保险（子女）”、“参加职工基本医疗保险”及“参加失业保险”三项社会保障政策均表现出了较高的认同度，表示赞成的比例分别为 79%、79.1% 和 81.2%。

流动人口对西安市“向西安市计生部门交验‘婚育证明’”和“为已婚育龄妇女提供定期孕环检和生殖保健服务，并出具《避孕节育情况报告单》”两项政策赞成的比例低于就业扶持政策和社会保障政策，分别为 71.6% 和 75%。

除办理暂住证政策外，农民工对“允许流动人口子女在西安市接受义务教育”政策的赞同比例较高，达到 87%，其赞成比例居全部西安市流动人口政策的首位。

同时，除对两项计划生育政策，市民中持赞成态度的比例显著高于农民工外，对于其他政策，两类群体的认同程度不存在显著差异。

由表12－5可知，从代际比较来看，除“办理暂住证”和“最低工资保障”政策的赞成比例较低外，两代农民工对其他西安市各项流动人口政策的赞成比例均较高。且第一代农民工中持赞成态度的比例均高于新生代农民工。但从整体来看，只有对“为已婚育龄妇女提供定期孕环检和生殖保健服务并出具《避孕节育情况报告单》”一项政策，两代农民工的认同态度存在显著差异。

表12－5　农民工对流入地政策态度的代际比较

流入地就业政策	第一代		新生代		LR检验
	频数	百分比(%)	频数	百分比(%)	
享受西安市最低工资标准	100.0	100.0	38	100.0	ns
不赞成	12	12.0	9	23.6	
一般	20	20.0	9	23.7	
赞成	68	68.0	20	52.7	
政府为解决工资拖欠问题采取系列措施	100	100.0	38	100.0	/
不赞成	5	5.0	4	10.6	
一般	11	11.0	6	15.7	
赞成	84	84.0	28	73.7	
设立农民工培训示范基地，提供就业指导服务	101	100.0	37	100.0	/
不赞成	3	3.0	3	8.1	
一般	8	7.9	10	27.1	
赞成	90	89.1	24	64.8	
参加职工社会养老保险和居民社会养老保险（子女）	100	100.0	37	100.0	/
不赞成	4	4.0	3	8.1	
一般	15	15.0	7	18.9	
赞成	81	81.0	27	73.0	

续表

流入地就业政策	第一代		新生代		LR 检验
	频数	百分比(%)	频数	百分比(%)	
参加职工基本医疗保险	101	100.0	37	100.0	/
不赞成	3	3.0	3	8.1	
一般	14	13.8	9	24.4	
赞成	84	83.2	25	67.5	
参加失业保险	99	100.0	38	100.0	/
不赞成	3	3.0	3	7.9	
一般	13	13.2	7	18.4	
赞成	83	83.8	28	73.7	
向西安市计生部门交验“婚育证明”	99	100.0	37	100.0	ns
不赞成	7	7.0	5	13.5	
一般	19	19.3	8	21.7	
赞成	73	73.7	24	64.8	
为已婚育龄妇女提供定期孕环检和生殖保健服务，并出具《避孕节育情况报告单》	101	100.0	38	100.0	+
不赞成	6	6.0	6	15.8	
一般	14	13.8	8	21.1	
赞成	81	80.2	24	63.1	
办理暂住证	99	100.0	38	100.0	/
不赞成	14	14.2	4	10.4	
一般	27	27.2	14	36.9	
赞成	58	58.6	20	52.7	
允许流动人口子女在西安市接受义务教育	100	100.0	37	100.0	/
不赞成	4	4.0	3	8.1	
一般	6	6.0	5	13.6	
赞成	90	90.0	29	78.3	

注：$+p<0.1$，ns 不显著，“/”表示频数小于 5，不适宜做 LR 检验。

资料来源：2008 年西安市农村流动人口调查。

二 国家宏观政策细化政策的评价

1. 就业与劳动保障政策

(1) 工资保障

深圳市拖欠农民工工资问题虽仍然存在，但与全国平均水平相比略好。深圳市农民工就业与全国状况相似，主要以非公有经济为就业主渠道。农民工工作单位的经济类型分布中，公有经济只占16.45%；拖欠农民工工资问题最为严重的建筑业、批发和零售贸易、餐饮业的就业比例较低，主要以制造业为主，所占比例为80.40%，远远高于全国平均35.6%的水平。加之长效性的强制工资保证金预存制度和欠薪保障制度，以及严厉地打击恶意欠薪的行政司法联动机制的建立和完善，深圳市拖欠农民工工资问题尽管仍然存在，但与全国平均水平相比略好。深圳市最低工资保障制度初见成效，但农民工工资水平低、工作时间长的问题依然突出。同等教育水平下农民工的工资低于非农民工工资约20%，而加班的比例平均高于非农民工8个百分点。同等技术等级下农民工的工资低于非农民工约30%，而加班的比例平均高于非农民工7个百分点①。公平就业和公平待遇问题有待进一步解决。

(2) 工伤保险和工伤预防

深圳市工伤保险和工伤预防政策的执行效果显著，表现在高参保率和低事故率两个方面。2006年底，深圳工伤保险参保人数突破700万大关，全市工伤保险参保职工人数已达704.7万，其中，80%以上为外来农民工，同比增长高达16.8%，占到了全国工伤保险参保人数的7.9%，居全国各城市首位。全市补偿事故率（以待遇补偿人数测算的工伤事故率）从2004年开始逐年递减，分别比上年下降11%、5%和18%；认定事故率（以认定为工伤人数测算的工伤事故率）2005年和2006年分别下降了15%和20%，杜绝了群死群伤的重大或特重大工伤事故②。

(3) 职业培训

深圳市农民工职业培训体现出高参训率和低培训强度的特点。农民工参

---

① http://www.shenzhen.molss.gov.cn/main/Web/Article/2007/09/04/11273339 47C21286.aspx.

② http://www.shenzhen.molss.gov.cn/main/Web/Article/2007/02/09/095546 6650C20760.aspx.

加培训者达到75.0%以上，但以自主培训为主，只有48.9%的农民工参加过免费职业培训，并且超过一半的人参加培训时间在一周以内[①]。为解决这一问题，并配合国家宏观政策要求，2006年，深圳市启动农民工技能提升培训行动计划，计划在5年内将组织500万在深圳市就业的农民工参加技能提升培训，2006年培训100万农民工，并利用中央划拨的农民工职业培训与职业介绍经费，其中15.6万农民工的培训获中央财政补贴，平均每位农民工获212元的培训补贴，最高补贴预计可达800元[②]。但行动计划的实际效果仍有待进一步观察。

2. 婚育政策

（1）流动人口计划生育管理机制

深圳市流动人口计划生育管理工作成效显著。通过构建管理网络和理顺管理制度，形成市、区、街道办事处和社区四级人口管理的网络，推行条块结合、以块为主的管理体制，实现以社区为平台的人口属地化管理；同时，形成多部门人口管理的协同合作机制，为人口计划生育管理工作奠定制度基础。2007年上半年，流动人口计划生育率为88.03%。全市23个街道实现无政策外多孩生育，136个社区实现无政策外出生，在广东省名列前茅[③]。为了解决人口性别比偏高的问题，通过建立有奖举报制度，成立了联合督查小组，市、区人口计生、卫生、药监、城管等部门联手开展严打“两非”行动，取得了比较显著的成果。人口性别比从2002年的118∶100回落至2004年的108∶100，接近正常范围，到2005年，1孩出生性别比稳定在正常范围内。

（2）流动人口计划生育服务

流动人口计划生育服务落实状况良好。包括免费的流动人口计划生育技术服务、便捷的计划生育证件办理通道以及鼓励性的流动人口计划生育奖励制度，对落实长效节育措施及政策外怀孕及时落实补救措施的给予奖励。尽可能避免由于计划生育技术服务不到位而造成的政策外生育。

（3）政策执行

政策执行方面存在技术服务范围局限、服务面窄、不能满足实际需求等

① http：//www. shenzhen. molss. gov. cn/main/Web/Article/2007/09/04/1127333 947C21286. aspx.

② http：//www. shenzhen. molss. gov. cn/main/Web/Article/2006/09/04/110519764 2C20220. aspx.

③ http：//www. szrkjs. gov. cn/zwdt/200709/t 20070905_ 233665. htm.

问题。技术人员因承担大量的查环查孕任务，以及受现有政策的限制，相关的生殖保健服务项目无力开展。人性化服务不够，由于技术人员较少，不能实行 24 小时值班，无法保证流动人口下班时间就诊；服务过程中没有注重保护隐私；为未婚青年提供的避孕药具和指导不够等问题（谢立春等，2006）。

3. 社会支持与社会融合政策

（1）居住

从政策和规划角度，长期以来深圳市住房规划和城市规划均以常住人口为计算基准，而未将农民工的住房需求计算在内。农民工居住条件有待进一步提高。深圳市 2005 年流动人口居住建筑面积平均为 13.26 平方米，低于户籍人口的人均住房使用面积 21.08 平方米，① 更低于国家建设部 2003 年城镇房屋概况统计公报所发布的城镇居民人均住房建筑面积 23.67 平方米的水平。住在工厂/厂房宿舍的集体户流动人口平均 5.83 人/间，其中，住有 6 人以上的占 1/3，居住条件较差；而农民工在深圳已经购买商品房的仅为 3.2%②。解决农民工住房问题任重道远。

（2）子女教育

2006 ~ 2007 学年度，深圳共接纳了 50.9 万名暂住人口子女接受义务教育，占全市义务教育阶段在校学生的 67.7%③；基本做到了国家规定的以流入地政府管理为主，以全日制公办学校为主，多途径解决流动人口子女义务教育问题。但根据新的《深圳市暂住人口子女接受义务教育管理办法》规定，暂住人口子女入学，其父母须加入深圳市社会保障体系，个体工商户及自谋职业的人员子女入学也须加入社会保障体系，这在很大程度上提高了流动人口子女就学的门槛和难度。

三　深圳市特色的流动人口政策评价

1. 欠薪保障制度

深圳市是我国最早制定和实施欠薪保障制度的地区，这一制度的建立对于保障农民工基本的劳动报酬权益发挥了重要作用，但并没有从根本上解决

---

① 《2003 年深圳房地产年鉴》数据。

② http://www.szservices.com/news.asp?id=7223.

③ http://news.sohu.com/20061205/n246812943.shtml.

深圳市农民工工资拖欠问题发展的态势。其中，重要的问题在于《深圳经济特区企业欠薪保障条例》并未将在深圳市占据很高比例的“三来一补”企业和个体工商业的员工纳入欠薪保障的范围，同时，由于农民工签订劳动合同的比例仍然较低，无法提供企业员工欠薪申请所必需的劳动合同等相关资料，也将大量农民工排除在基金保障之外。目前，新的《深圳市企业欠薪保障条例》正在审议阶段，将对适用企业范围进行调整，从而解决现有的问题，真正发挥新条例在农民工权益保障中的作用。

2. 用工备案与劳动保障卡制度

通过“深圳市劳动保障卡”的办理，深圳市逐步实现对全体劳动者实行统筹就业管理，建立平等就业制度。推进户籍居民和农民工就业登记工作的逐步并轨，开发和完善统一的就业登记信息系统。同时，劳动保障部门可对企业用工行为的各个方面进行网上数据的动态监控，包括就业登记办理情况、工资发放情况和社会保险缴纳情况等，加强企业用工的事前调控，不仅有利于从动态上掌握外来劳务工就业的情况，还有利于防止企业私招滥雇，有利于维护外来劳务工的合法权益。

3. 养老政策

深圳市农民工养老保险政策是典型的城保模式，具有城保模式固有的转移困难和转移成本高、覆盖范围小、费率高等缺点，因此，深圳市农民工养老保险一度出现大量退保的现象。但 2006 年《〈深圳经济特区企业员工社会养老保险条例〉若干实施规定》的修订，对非深圳户籍员工退休前 5 年连续在深圳缴费的限制，以及一次性生活费的设计，都在一定程度上对这一政策的固有问题予以弥补，因此，可以在一定程度上提高养老保险在农民工群体中的适用性，基本上实现了户籍员工和农民工养老制度的一体化。截至 2007 年 7 月 31 日，非深圳户籍员工在深圳市参加基本养老保险人数为 341 万，在深圳市按月享受养老保险待遇的有 220 人，平均养老金达到了 1298 元/月[①]。但与农民工就业以非正规渠道就业为主的特征相对应，与就业单位和合同制捆绑的养老保险制度对部分农民工的参保设置了比较高的进入门槛，从而很大程度上限制了覆盖率的扩展。具体的政策后果仍然需要实践的检验。

① 资料来源：http：//www. szxf. net/Article/q1/sz2007/200708/66181. html。

4. 户籍制度

《关于加强和完善人口管理的若干意见》及其配套政策（即“5+1”文件）严格控制深圳市户籍准入。间接抬高外来人口进入门槛的户籍制度原则，限制了绝大多数农民工通过转变户籍而融入当地社会的可能性。

但深圳市流动人口相关配套服务工作较为完备，凭借暂住证，流动人口可以在就业、子女就学、计划生育服务以及社会保障等方面获得与户籍人口相似的待遇。持有暂住证是持证人在市内合法居住的证明，将享有八大权利，即按规定申请子女就近接受九年义务教育的权利；申请参加专业技术职务的任职资格评定或职业资格考试、登记的权利；参加各类学历教育和非学历教育的学习、职业技能培训和国家职业资格的鉴定的权利；免费享受国家规定的计划生育基本项目的技术服务和卫生防疫服务的权利；参加市劳动模范、文明市民等光荣称号的评选权利；向有关部门申报科技成果并获认定、奖励及资助的权利；按规定申领机动车驾驶证和办理机动车入户手续的权利；在暂住证有效期限内可凭暂住证进入特区，不需再办理边防证。因此，一定程度上，深圳市暂住证不再仅仅是加强流动人口管理的凭证，同时也是流动人口获得城市服务和保障的凭证。

第三节　农民工政策需求分析

本节采用西安市农村流动人口调查数据，分别分析农民工对流出地（农村）和流入地（城市）的政策需求。

一　对流出地的政策需求分析

农民工的流出地是农村地区，包括乡镇等，相应的，农村政策需求主要是非农技能培训、外出就业咨询、组织劳动力定向输出、政策宣传/咨询和法律援助、返乡创业和就业支持、放宽城镇落户政策、农村养老保险、新农村合作医疗、土地经营权流转、宅基地产权流转、参与政策制定的渠道等。

表 12-6 提供了上述政策需求的分布以及第一代和新生代农民工的分布比较。数据显示，总体而言，位于前三位的农村政策需求分别是新农村合作医疗（15.7%）、农村养老保险（15.2%）、非农技能培训（13.3%）；最不受关注的三项政策是参与政策制定的渠道、宅基地产权流转、土地经营权流

转。对两代农民工进行比较，新生代农民工更关注非农技能培训，而第一代则更关注农村养老保险，尽管总体上两代农民工的农村政策需求分布没有显著差异。

表 12－6　农民工对流出地政策需求信息

项目	总体		第一代		新生代		LR 检验
	频数	百分比(%)	频数	百分比(%)	频数	百分比(%)	
流出地政策	759	100.0	501	100.0	258	100.0	ns
非农技能培训	101	13.3	62	12.4	39	15.1	
外出就业咨询	78	10.3	54	10.6	24	9.2	
组织劳动力定向输出	63	8.3	37	7.4	26	10.1	
政策宣传/咨询和法律援助	68	9.0	50	10.0	18	7.0	
返乡创业和就业支持	84	11.1	51	10.2	33	12.8	
放宽城镇落户条件	77	10.1	51	10.2	26	10.1	
农村养老保险	115	15.2	80	16.0	35	13.6	
新农村合作医疗	119	15.7	80	16.0	39	15.1	
土地经营权流转	26	3.4	17	3.4	9	3.5	
宅基地产权流转	20	2.5	15	3.0	5	1.9	
参与政策制定的渠道	8	1.1	4	0.8	4	1.6	
样本量	262		174		88		

注：ns 不显著。

资料来源：2008 年西安市农村流动人口调查。

二　对流入地的政策需求分析

流入地主要是指城镇、城市地区。本小节分别从公共服务政策需求、社会保障政策需求和计划生育政策需求三个方面，分析农民工对流入地的政策需求。

（1）公共服务政策需求

公共服务政策主要包括以下内容：工资保障、就业合同保障、就业咨询服务、专业技能培训和鉴定、政策宣传/咨询和法律援助、允许落户、子女义务教育、城市社会保障、允许租住廉租房、允许购买经济适用房、提供住房公基金、参与政策制定的渠道等。表 12－7 给出了农民工对流入地政府提供的公共服务政策需求信息。

表 12－7　农民工对流入地公共服务政策需求信息

项目	总体		第一代		新生代		LR 检验
	频数	百分比(%)	频数	百分比(%)	频数	百分比(%)	
公共服务政策	767	100.0	509	100.0	258	100.0	ns
工资保障	168	21.7	115	22.6	53	20.4	
就业合同保障	118	15.4	74	14.4	44	17.1	
就业咨询服务	49	6.4	31	6.1	18	7.0	
专业技能培训和鉴定	68	8.9	41	8.1	27	10.5	
政策宣传/咨询和法律援助	28	3.7	22	4.3	6	2.3	
允许落户	56	7.3	37	7.3	19	7.4	
子女义务教育	117	15.3	84	16.5	33	12.7	
城市社会保障	54	7.0	36	7.1	18	7.0	
允许租住廉租房	34	4.4	27	5.3	7	2.7	
允许购买经济适用房	45	5.9	27	5.3	18	7.0	
提供住房公积金	25	3.3	14	2.8	11	4.3	
参与政策制定的渠道	5	0.7	1	0.2	4	1.6	
样本量	263		175		88		

注：ns 不显著。

资料来源：2008 年西安市农村流动人口调查。

表 12－7 数据显示，除了工资保障和就业合同保障外，农民工最关注的公共服务政策是子女义务教育，且第一代比新生代农民工更为关注这一问题。出现这种结果的原因是，只有改善子女的受教育状况才可能进入更高的社会阶层。最不关注的公共服务政策仍然是参与政策制定的渠道。这可能是因为农民工的身份和地位决定了他们在政策制定过程中缺乏话语权。

（2）社会保障政策需求

流入地社会保障政策需求主要包括：养老保险政策、医疗保险政策、工伤保险政策、失业保险政策、生育保险政策等。表 12－8 提供了农民工对流入地社会保障政策需求信息。

数据显示，无论第一代还是新生代，农民工对流入地城市的社会保障政策最关注的是医疗保险政策，最不关注的是生育保险。这在某种程度上突显了“看病贵、看病难”的社会现象。同时，也从侧面说明城市政府应加大对公共医疗的投入力度，切实减轻农民工医疗负担。

表 12-8　农民工对流入地社会保障政策需求信息

项目	总体		第一代		新生代		LR 检验
	频数	百分比(%)	频数	百分比(%)	频数	百分比(%)	
社会保障政策	755	100.0	503	100.0	252	100.0	ns
养老保险	203	26.9	145	28.8	58	23.0	
医疗保险	231	30.6	154	30.6	77	30.6	
工伤保险	133	17.6	84	16.7	49	19.4	
失业保险	159	21.1	103	20.5	56	22.2	
生育保险	29	3.8	17	3.4	12	4.8	
样本量	256		169		87		

注：ns 不显著。

资料来源：2008 年西安市农村流动人口调查。

(3) 计划生育政策需求

计划生育政策需求包括：避孕方法咨询、免费发放避孕药具、避孕节育技术服务、安全人工流产服务、性和婚育知识宣传教育、孕期/分娩及产褥期/哺乳期健康指导、生殖系统和性传播疾病、预防和治疗、不孕症治疗等。表 12-9 提供了农民工对流入地计划生育政策需求信息。

表 12-9　农民工对流入地计划生育政策需求信息

项目	总体		第一代		新生代		LR 检验
	频数	百分比(%)	频数	百分比(%)	频数	百分比(%)	
计划生育政策	669	100.0	438	100.0	231	100.0	*
避孕方法咨询	119	17.9	76	17.4	43	18.6	
免费发放避孕药具	125	18.7	88	20.1	37	16.0	
避孕节育技术服务	96	14.3	68	15.4	28	12.2	
安全人工流产服务	63	9.4	33	7.5	30	13.0	
性和婚育知识宣传教育	111	16.6	73	16.7	38	16.4	
孕期/分娩及产褥期/哺乳期健康指导	49	7.3	27	6.2	22	9.5	
生殖系统和性传播疾病预防和治疗	83	12.4	53	12.1	30	13.0	
不孕症治疗	14	2.1	13	3.0	1	0.4	
其他	9	1.3	7	1.6	2	0.9	
样本量	240		157		83		

注：$*p<0.05$。

资料来源：2008 年西安市农村流动人口调查。

从表 12 -9 可以看出，总体而言，农民工最关注的三项计划生育政策是免费发放避孕药具、避孕方法咨询、性和婚育知识宣传教育。并且两代农民工对计划生育政策需求具有显著差异，具体表现在，第一代农民工最关注免费发放避孕药具，而新生代则更关注避孕方法咨询。第一代更关注避孕节育技术服务，新生代更关注安全人工流产服务。另外，第一代比新生代更关注不孕症的治疗。

总之，农民工对流出地和流入地均有一定的政策需求。与流出地相比，对流入地的政策需求更为丰富和多样化，而且由于年龄的差异和关注的问题不同，两代农民工表现出差异性。

本章小结

深圳市是我国农民工最主要流入地之一，也是流动人口问题最为严重的城市之一。改革开放以来，深圳市政府一直处于农民工政策创新的前沿，在流动人口计划生育管理和服务、农民工劳动权益保护立法、社会保障等方面都曾先于中央政府出台相关政策，但到目前为止，除少数如欠薪保障制度、劳动保障卡制度、养老制度和户籍制度外，已基本纳入国家政策体系。现阶段深圳市流动人口政策主要以细化和落实国家宏观政策为主；同时，针对本地区实际，设计了特色化的管理服务政策。从总体来看，农民工对深圳市的整体管理和服务表现出较高的满意度，但政府和公共部门尚不足以作为农民工在深圳市生活的主要支持来源。

深圳市政府依据国家农民工宏观就业与劳动保障政策，制定了相应的劳动管理与工资保障、工伤保险政策和就业与培训政策；在婚育政策领域，构建了以社区为平台的属地化、多层级管理体制，推行以技术服务为重点的优质服务，加强计划生育宣传教育，并签订计划生育责任状书明确计划生育管理责任；在社会支持和社会融合政策领域，保障工厂集体居住用地并在一定条件下准予申请公共租赁住房，同时，在原则上给予农民工子女同等的义务教育权利。从执行效果来看，政策实施和权益保障的成果均优于全国平均水平，但尚未实现真正的平等地位和平等权益，政策提升空间很大。

在国家宏观政策体系的基础上，深圳市出台了若干特殊的农民工权益保障政策。深圳市是我国最早制定和实施欠薪保障制度的地区，这一制度的建立对保障农民工基本的劳动报酬权益发挥了重要作用，但并没有从根本上解决深圳市农民工工资拖欠问题发展的态势，制度覆盖企业类型较窄以及合同制在农民工群体中的覆盖率较低的问题，极大地制约了欠薪保障制度实际作用的发挥。

劳动保障卡制度是深圳市逐步实现对全体劳动者实行统筹就业管理、建立平等就业制度的第一步。推进户籍居民和农民工就业登记工作的逐步并轨，开发和完善统一的就业登记信息系统，并加强动态监控，有利于从动态上掌握外来劳务工就业的情况，还有利于防止企业私招滥雇，从而维护外来劳务工的合法权益。

深圳市农民工养老保险制度是典型的城保模式，具有城保模式固有的优缺点，深圳市对于包括费率标准在内的多项政策细节的调整，在一定程度上有利于改善目前参保率低、退保率偏高的状况，但实际执行效果有待进一步观察。

《关于加强和完善人口管理的若干意见》及其配套政策（即“5+1”文件）明确了深圳市严格控制户籍准入。间接抬高外来人口进入门槛的户籍制度原则，限制了绝大多数农民工通过转变户籍而融入当地社会的可能性。但深圳市流动人口相关配套服务工作较为完备，凭借暂住证，流动人口可以在就业、子女就学、计划生育服务以及社会保障等方面获得与户籍人口相似的待遇。因此，暂住证在一定程度上替代了户籍证明的作用，但作为典型的区隔性政策，暂住证制度仍然是农民工制度性融合的重要障碍。

从农民工的政策需求分析来看，对流入地的政策需求明显要多于对流出地的政策需求。这一方面体现了城乡居民享受的政策服务具有明显的差异，另一方面也说明流入地政府对农民工的政策服务还有待加强。这是促进城乡居民待遇均等化的需要，也是实现社会和谐与可持续发展的需要。

农民工的政策执行网络较为稀疏，少数工作人员处于孤立位置，尽管多数成员之间都有工作联系，但是位于核心位置的只有少数个体，他们起到桥梁和纽带作用，对不同政策执行部门的工作起到协调作用。调查中也发现非正式关系网络中没有孤立点，因此，上级主管部门应加强工作人员间的正式或非正式交往，增强凝聚力，这有助于农民工政策的贯彻和执行，也有利于农民工增加政策知晓渠道，从而提高农民工对政府政策的满意度。

第十三章　结论和展望

本章首先总结了本书的主要工作及其结论；其次，在对农民工婚姻、生育、养老以及社会融合意愿等方面的实证研究和对国家、地方性农民工政策分析的基础上，提出了促进农民工婚育、养老观念与行为现代化、推动城乡社会融合的政策建议；最后，总结本书的主要贡献，讨论了研究的局限性，并对进一步研究做了展望。

第一节　主要结论

大规模的城乡人口流动为促进经济的发展带来了活力，同时也对社会的稳定产生了巨大压力。在现有制度环境下，促进农民工的非制度性社会融合是城乡社会经济可持续发展的重要途径。基于这一理念，本书结合社会资本和社会网络理论、文化传播演化与创新扩散理论、复杂性科学理论，从多角度系统地分析中国社会转型期迁移与流动引起的农民工观念与行为的演变及其社会影响，结合农民工社会网络的再构建及其对经济社会地位的获得、社会阶层流动的影响，探索外来农民工的社会融合过程以及流动与迁移对农民工婚育和养老观念与行为演变的影响机制，为解决在城市中处于弱势地位的农民工面临的实际问题、加强流动人口管理、促进城乡可持续发展和社会和谐提供政策建议。本书主要结论如下：

1. 促进农民工社会融合的理论

基于社会资本理论，以社会网络理论为主线，结合文化传播和创新扩散理论，建立了面向可持续发展的城乡人口流动分析的理论框架。通过理论研究发现，从社会网络这一新的视角，研究流动人口问题有助于避免从个体主义出发可能出现的循环论证的错误。社会网络作为一座桥梁，架构在个体的心理动机和宏观的人口流动现象之间，有助于弥合宏微观研究之间的理论断层。运用社会网络理论和方法，更能揭示农民工社会阶层流动、社会融合以及观念和行为变迁的深层次原因，尤其是复杂网络理论是解释社会中的突生性现象的有力工具。文化传播理论与创新扩散理论是观念在群体中的传播扩散机制的理论基础，有利于揭示农民工观念行为传播扩散的动态过程。

2. 农民工社会网络现状

对个体中心网络的研究发现，社会网络是农民工获得社会支持和社会讨论的主要渠道。流动人口的社会网络的平均规模不到三人，其交往对象和范围都极其有限，社会交往一般限于同质人群，城市市民的数量极少。农民工在深圳市工作和生活的圈子，主要还是依赖于乡土关系或亲属关系，市民在他们的工作和生活中并没有发挥重要的作用。

整体网络基本特征研究发现，从二方关系角度，不论什么样的人口学特征，农民工社会支持关系很少，社会讨论关系更少。就社会支持而言，农民工在实际支持和社会交往支持方面较少，在情感交流方面就更为缺乏。二方关系的稀疏决定了三方关系结构更为稀少。相比较而言，社会讨论的三方关系比社会支持的更少。由此说明，农民工在群体中的认同感和归属感较差，相应的观念与态度难以交流和传播。

对整体网络复杂性特征的研究发现，无论是社会支持网络还是社会讨论网络，均存在小世界现象，即具有“高聚类、短路径”的网络传播特点。同时，农民工社会网络的数据较好地拟合了无标度特征。流动前后，农民工社会支持个体中心网络度分布的变化情况表明，个体对社会资源占有的不平等性在流动前就已经出现，度幂律分布所揭示的“富者越富”现象也已经存在。“社群结构”则揭示了“物以类聚、人以群分”的结构特点。

3. 社会网络对观念和行为的影响

通过对农民工观念与行为的现状研究发现：与流动前相比，流动后的理想婚龄与实际婚龄推迟。这种变化具有一定的积极意义，理想婚龄和实际婚龄的推迟主要是为了学业的完成和事业的发展；多数农民工期望生育 2 孩，不要小孩和生育多孩者较少。流动后期望子女数下降，部分流动人口的男孩偏好观念有所弱化。流动后农民工的生育水平相对有所降低。流动前后，流动人口的生育行为均有较强的男孩偏好，流动后表现得更为显著。

通过对农民工观念与行为的影响因素的研究发现，社会网络因素、流动因素和个体因素对观念和行为都产生了显著的影响：

（1）婚姻观念与行为

就婚姻观念而言，婚姻讨论网络成员的平均理想婚龄对被访者的理想婚龄有显著的正向影响，即网络成员的理想婚龄越高，则被访者的理想婚龄越高。而且，婚姻讨论网中弱关系的存在和大的网络规模也会促使其理想婚龄显著推迟。与城市人口混居、当地方言掌握较好、文化程度较高等因素，都有利于农民工接受现代婚姻价值观；

就婚姻行为而言，社会网络对 5 年内初婚风险的影响并不显著。可能的原因是，观念的改变转化为实际行为具有时滞性，农民工的社会网络中仍以地缘、亲缘关系为主，传统的行为方式一时难以发生改变。

（2）生育观念与行为

就生育观念而言，随着期望多孩的网络成员的增加，个体期望多孩的几率显著上升。当网络成员对个体性别偏好的总影响效应为无男孩偏好时，农民工有男孩偏好观念的可能性降低。流动后社会网络中有弱关系时，有男孩偏好观念的几率降低，这在一定程度上说明，与弱关系讨论生育问题更有助于生育数量和性别偏好观念的现代化。初次流动时的年龄越大，期望多孩的几率越高，流动后有男孩偏好的几率越高，表明初次流动时不同年龄层的农民工的生育观念不同。在城市的滞留时间越长，期望多孩的几率越小，男孩偏好观念越弱。从流动因素对个体生育观念的影响可知，流动后农民工观念与行为的转变，更多地受城镇区域社会生活的影响。受教育程度、流出地、第 1 孩的性别等因素，也对流动后农民工的生育观念产生影响。随着受教育程度的提高，农民工期望少育的几率上升，男孩偏好几率下降。来源于西部和中部的个体相对于东部人群少育观念的几率更大，男孩偏好观念相对更弱，说明农村存在生育观念的区域性差异。

就生育行为而言，生育讨论网络中期望多孩的网络成员越多，流动后生育 2 孩的几率越高。当网络成员对个体性别偏好的总影响效应为无性别偏好时，流动人口生育 2 孩为男孩的几率将下降。社会网络中有弱关系时，农民工生育 2 孩的几率显著降低，在一定程度上说明，与弱关系讨论生育问题更有助于降低生育孩子的数量。就流动因素而言，初次流动时的年龄越小，流动后个体生育 2 孩的可能性越高，而生育男孩的几率随年龄的增大而下降。随着在城市滞留时间的延长，流动后个体生育 2 孩的几率下降，2 孩生育男孩的几率降低。但生育行为的转变滞后于生育观念的转变，这一现象在性别偏好上表现得尤为突出。个人因素也对生育行为产生影响。受教育程度越高，流动后生育 2 孩的几率下降，2 孩生育男孩的几率加大。第 1 孩为女孩时，流动后生育 2 孩的几率显著提高。同时，第 1 孩为女孩时，2 孩生育男孩的几率显著高于第 1 孩为男孩者，2 孩性别与原存活子女性别相关。来源于不同流出地的农民工生育 2 孩的几率不同说明，由于生育政策的影响，农民工生育行为具有区域性差异。但这种差异在流动前并未发生作用，说明生育男孩是农村人口普遍的共同追求。

4. 社会网络对未来发展意愿的影响

农民工可能的发展去向是留城发展、返乡非农就业和返乡务农。代际变量是决定农民工发展意愿的重要预测变量，新生代农民工较第一代农民工在非农职业转换（包括留城发展和返乡非农就业）上具有更强烈的愿望，返乡非农就业已经成为新生代农民工的最重要选择。新生代农民工已经不再像第一代一样，对土地还抱有一定的感情，他们更渴望离开土地，希望留在城市，但由于制度和社会经济地位上的双重弱势地位，新生代农民工也很难融入城市社会，返乡非农就业成为新生代农民工向现实妥协后的无奈的次优选择。

对第一代农民工而言，年龄显著地降低了返乡农民工非农就业的可能性；人力资本因素，如教育和方言掌握，对农民工选择非农职业具有正向作用；方言掌握对留城发展的农民工有正向影响，但对打算返乡的农民工职业选择的影响并不显著；社会资本对农民工非农职业的选择没有显著影响；迁移动机对第一代农民工的非农职业选择具有重要影响；配偶在家乡和需要照顾父母都显著地降低了农民工留城发展的可能性；从事体力劳动的农民工在面对返乡务农和留城发展的选择时，更可能选择返乡务农；散居可以显著地提高他们留城发展的可能性。

对新生代农民工而言，教育和工作经验对新生代农民工的非农职业选择具有正向作用；返乡务农和返乡非农就业相比，社会资本丰富的新生代农民工选择返乡非农就业的可能性比社会资本比较匮乏的更高；迁移动机对新生代的非农职业的选择有显著影响，以“学技术见世面”为目的的新生代，与那些因为经济目的或家庭婚姻目的发生迁移的农民工相比，前者返乡非农就业的可能性更高；在返乡务农和留城发展的两个选择方面，前者更可能留城发展；家庭因素中，配偶留在家乡的农民工留城发展可能性较小；与返乡非农就业相比，收入较高的新生代更可能选择返乡务农；散居提高了新生代农民工留城发展的可能，但散居的居住环境使得返乡的农民工更可能继续务农；迁出地的经济地理状况则对新生代农民工的留城发展具有显著影响，来自中部和东部等社会经济状况较好和市场化程度较高的地区的农民工较西部地区的更倾向于留在城市。

5. 政策研究

（1）国家宏观政策

国家宏观政策体系的基本构建，把权益保障列为政策重点，但是多领域政策协同和政策执行的系统保障机制仍待完善，政策实施效果尚不理想。包括工资保障、劳动管理和就业培训与服务在内的农民工就业与劳动保障政策体系已经显现，政策设计开始向问题的系统解决和机制保障方面发展，并开始关注制度保障和增强农民工在劳动力市场上的地位对等性等问题；但在非正规就业渠道和非正规就业领域，农民工劳动权益保障实施艰难。计划生育和生殖健康的属地化管理逐步加强，但重管理、轻服务的现象普遍存在，生殖健康服务覆盖面不高。农民工子女义务教育已在政策层面明确政府的权利义务关系和资金保障措施；但政策效果与政策目标存在较大差距。养老、户籍和住房领域的区隔性政策仍然严重，成为农民工制度性融合的主要障碍。

（2）地方性政策

深圳市长期处于农民工政策创新的前沿，在落实和细化国家政策的同时，结合地方实际，在推动农民工制度性融合领域有所突破，农民工管理和服务优于全国平均水平，但仍存在较大完善空间。深圳市在结合本地实际落实国家政策的同时，形成了特色化的欠薪保障制度、用工备案和劳动保障卡制度、养老保障制度，并在现行差别性户籍身份制度的基础上，着力推动实际待遇的市民化。大多数农民工对于深圳市整体的管理服务政策表现出较高的满意度，但从具体领域来看，在解决拖欠农民工工资问题方面虽优于全国，但依然存在一些问题；工资水平低、工作时间长的问题仍很突出；职业培训参与率高，但效率低；计划生育政策整体落实良好，但服务面窄；在居住和子女教育方面还有待完善。总体上，政策覆盖面较宽，但在政策制定过程中农民工缺乏话语权，政策针对性不强，实施力度尚显不足，不同政策执行主体间虽有互动，但协调尚待加强。

第二节　政策建议

促进农民工发展的政策建议，首先是基于对国家和地方农民工政策内容的梳理和综合评价，形成对就业与劳动保障、婚育、养老、社会支持与社会融合政策等相关领域的整体把握。在此基础上，结合农民工社会网络、社会融合和观念与行为变迁的研究成果，在充分重视以强关系为主的社会网络对农民工社会支持的重要意义的同时，加强对其社会网络再构建的引导，促进农民工之间以及城市居民与农民工之间的相互理解和交往，推动社会网络中弱关系成员的扩展，从而强化社会网络对农民工社会融合的正向作用。此外，还需充分重视农民工群体之间以及群体内部个体之间的差异和分化，遵循社会网络影响机制和规律，增强农民工相关政策的有效性。结合中国农村社会经济改革与发展的实际，消除城市人口对外来农民工的歧视，改善农民工的就业福利，增强社会经济地位。通过积极引导，推动农村外出劳动力由“候鸟式”迁移向永久性迁移转变。在保障农民工利益的同时，促进农民工的有序流动，推进城乡社会可持续发展。

一　政策目标和政策导向

根据《国务院关于解决农民工问题的若干意见》的精神，我国已经形成了解决农民工问题政策的基本指导思想，即“以邓小平理论和‘三个代表’重要思想为指导，按照科学发展观和构建社会主义和谐社会的要求，坚持解放思想，实事求是，与时俱进；坚持从我国国情出发，统筹城乡发展；坚持以人为本，认真解决涉及农民工利益的问题。着力完善政策和管理，推进体制改革和制度创新，逐步建立城乡统一的劳动力市场和公平竞争的就业制度，建立保障农民工合法权益的政策体系和执法监督机制，建立惠及农民工的城乡公共服务体系和制度，拓宽农村劳动力转移就业渠道，保护和调动农民工的积极性，促进城乡经济繁荣和社会全面进步，推动社会主义新农村建设和中国特色的工业化、城镇化、现代化健康发展”。“公平对待，一视同仁；强化服务，完善管理；统筹规划，合理引导；因地制宜，分类指导；立足当前，着眼长远”成为未来农民工政策的基本原则。本研究的政策建议是，以加强农民工权益保障、促进农民工社会融合和推动城乡社会经济全面协调可持续发展为基本政策目标。

二　就业与劳动保障

1. 就业与劳动保障政策的系统化和具体化

现有的就业与劳动保障政策以单项政策为主，政策之间的相互联系和相互支持程度不足，使得单项政策的实施缺乏配套的制度和政策环境，极大地制约了政策作用的发挥。因此，就业与劳动保障政策的完善最为重要的方面，就在于如何将现有的包括工资保障、劳动管理和就业培训与服务的各项政策纳入统一的就业与劳动保障政策中。应对现有的相关政策进行梳理和细化，以在全部就业领域中建立合同管理制度为基础和前提，配套实施工资保障、工伤保险、就业培训和其他服务，从而形成有机整体。

2. 推进农民工就业中劳动合同制度的实施

劳动合同是现行农民工权益保障政策的基础和前提。然而，由于农民工就业渠道和领域的非正规性以及农民工在就业领域的弱势地位，使得较大比例的农民工难以获取合同保障，也难以形成有力的话语权，在很大程度上削弱了农民工权益保障政策的作用。因此，如何使得劳动合同制能够覆盖全部农民工群体，必须进一步加强农民工对自身劳动权益保障的认识；推动相应的非政府组织维权和工会组织作用的发挥；保证和加强城市农民工信息统计和反馈渠道的畅通。同时，增加合同制实施的监督力度和惩罚力度。

3. 降低农民工的维权成本

一方面，在加强相关保障政策，如工伤保险赔偿政策可操作性的同时，简化相关程序，从而降低权益保障门槛和时间、经济成本。另一方面，出台鼓励政策，促进农民工维权机构的快速、规范，特别是支持和鼓励相关非政府组织工作的开展。农民工非政府组织作为一种新的资源和力量，是农民工社会支持的重要方面，对帮助政府解决农民工的实际问题、加强农民工社会融合起着越来越重要的作用。政府应扶助面向服务农民工的非政府组织，扩大其服务的覆盖空间和力度，最大限度地发挥其社会功能。除此之外，加快推动农民工工会组织的建立，增强农民工群体在就业市场上的话语权和对等性。

4. 职业培训服务多样化

针对农民工群体特征，扩大培训范围，合理设计培训项目种类与深度。从流入城市的农民工就业结构得知，城市现代部门门槛跨越困难，农民工主体流向了传统部门。因此，应加强与传统部门就业有关的职业培训，各种职业支持资源分配也主要指向城市传统部门，这些部门包括加工业、保洁业、建筑业与家政服务业等。随着新生代农民工进入城市，较高的受教育程度使得他们有可能进入现代部门，应予以提供针对性的培训服务项目。同时考虑到方言等技能对于农民工社会融合的作用，可以充分利用基层社区开展相应的培训活动，并以此加强农民工群体内部和群体之间的交流。

5. 消除就业市场的人为障碍

推动就业市场公平性的建立，允许和鼓励农民工参与公平职业竞争。针对目前存在的部分企业或部门设置求职障碍的歧视行为，应坚决予以清查和纠正。

三　婚育

1. 重视转变流动人口的生育观念，强化生育文化宣传的内容、形式和手段，注重发挥社会网络的作用

流动人口进入城市，完成了社会角色和空间位置的改变，但大多数人尚未实现生活方式和价值观念的转变。转变流动人口的生育观念是一项治本之策。这项工作首先需要政府积极推动，在制定城镇社会发展规划时列入“社区生育文化建设”项目，做到生育文化建设有章可循，并提供相应的财力与物力等保障，推动生育文化建设；其次，加强婚育文化的传播与扩散，除了搞好电视、报纸等大众媒介对计划生育进行常规宣传外，还应借助一些有较强影响力的、有科技文化含量的宣传工具，将现代婚育观念、现行的计生政策传递给流动人口，使他们在潜移默化中更新婚育观念。再次，通过社区教育提高农民工的文化教育水平。生育观念转变能否实现，很大程度上取决于流动人口对新型生育文化的选择、接受能力，而这与人们的文化素质密切相关。流动人口总体文化素质相对较低，接受现代生育文化的能力较差，为此，社区教育应当承担起外来流动人群再教育的重任，为新型生育观念在流动人口中孕育提供良好的平台和载体，使他们认识到只有通过少生快富，才能提高生活质量和解决养老问题，从而自觉接受现代生育文化与婚育观念。

2. 提供农民工与城市居民同等的计划生育和生殖健康服务

将流动人口计划生育管理服务纳入城镇当地社会经济发展的总体规划，统筹安排；把做好流动人口计划生育工作的着力点放在提供及时、周到、优质的避孕节育、生殖保健服务以及生活服务上；完善流动人口计划生育的保障机制和奖惩机制。

3. 进一步严格控制性别选择行为

针对农民工生育行为中强烈的男孩偏好，应该从多个层次加以控制，从而缓解出生性别比偏高的问题。首先应该进一步加强对于黑诊所和非法性别鉴定的查处。其次，加强宣传教育，特别是现代养老观念的宣传，转变农民工的观念，逐步实现从养儿防老的传统观念向建立多重养老保障方式的顺利过渡，并将相关的教育在全体农民工范围内展开。男孩偏好观念的转变绝不仅是单一的宣传教育手段能够达到目标的。婚嫁模式、生产方式、政治参与、社会地位、继嗣制度、继承制度、就业机会、养老方式、生命价值、社会荣誉观等社会制度环境，都在一定程度上导致了这一观念的产生和固化，因此，必须在更大的范围内系统地考虑和解决这一问题。

4. 扩大计划生育和生殖健康的重点服务范围

建议政府加强未婚人群生殖健康保护，一方面进一步加大针对性宣教，另一方面提高未婚女性农民工的服务地位，提高到与已婚妇女同等重要的程度来加以对待。

5. 针对女性农民工群体制定专项政策，进一步促进社会性别平等

外出务工使妇女从传统的社会性别劳动力分工中摆脱从属地位，经济上得以独立、价值观念和经历见识得以提高，她们的社会角色和对自身的认同及期望都在改变。建议政府积极鼓励和促进这种转变，并通过政策制定与政策项目实施提供更广泛的政策支持，积极搭建这种新文化观念发育和实践的平台。

四　养老

1. 加快全国统一的农民工养老政策的制定

现阶段农民工养老保障难以有效发挥作用的重要原因，就在于现行的农民工养老保障体系以城市或省为范围独立运作，并且大多与城镇职工养老保障制度难以对接，从而极大地限制了养老保险对于农民工的吸引力。为此，必须加快出台全国统一的农民工养老保障政策，在吸收现有三类农民工养老保险政策优点的同时，充分考虑与城镇职工养老保险体系和农村养老保险的对接，尽快形成全国层面的统筹，从而更好地适应农民工频繁流动的特征和需要。

2. 促进养老观念的转变

农民工的养老观念已经开始从养儿防老向社会化的养老方式选择转变，但养老保险仍然不是农民工的主要选择，以深圳市为例，农民工养老保险的覆盖率远低于户籍人口。因此，建议不断加强宣教，逐步改变农民工的养老观念，提高农民工社会养老意愿，实现从养儿防老的传统观念向建立多重养老保障方式的顺利过渡。

3. 与就业与劳动保障体系相结合，加强对企业的激励与约束

建议要求雇佣企业积极鼓励和组织所属农民工参与养老保险；针对雇佣企业承担必要支付的动力与约束不足的现状，从政策制度层面提供对雇佣企业的激励与约束机制。

五 社会支持与社会融合

1. 逐步改革现行户籍制度以及与之相联系的其他隔离制度

在制度层面，逐步改革户籍制度，降低农民工获取城市户口的门槛，是最终解决农民工社会融合的关键。户籍制度是中国特有的制度，也是造成农民工难以融入城市社会的制度性根源。为加快中国城镇化进程、促进城乡社会经济协调发展以及保护农民工合法权益，户籍制度改革势在必行。城市应该最大限度地降低农民工获取城市户口的门槛，多渠道接受那些处于不同水平的、有能力、有技术、合法务工纳税的农民工成为城市户籍人口，享受相应的市民福利制度。通过制度改革，推动农民工非制度性社会融合，是我国和谐社会建设的一个重要步骤。现阶段，在公共部门对农民工针对性正式支持不足的情况下，社会网络成为农民工城市生活的重要支持力量，在政策研究和政策制定过程中必须给予足够的关注。

2. 以农民工和城市居民为对象，开展双向的宣传教育和沟通交流

二元社会结构中形成的城乡不平等意识仍然影响着农民工的社会融合，这种心态的存在是双向的，建议从户籍人口与农民工两方面进行宣传教育，在促进农民工观念与行为现代化的同时，增强城市居民对农民工的理解和认

同，为农民工的社会融合提供必要的心理和社会环境。

3. *开放公共服务和公共基础设施，保障农民工基本权益*

鉴于农民工的群体特征，在管理与控制的力度和施行方法上理应区别对待，但在基本权益方面，如人权保障、制度给付、费用征收等方面应得到平等对待。建议对目前的基本卫生健康保障制度、子女教育制度、就业劳动制度等的区别对待条款进行清理，并讨论予以适当变更，进一步消除因身份制度差异而带给农民工的额外负担。积极改善农民工生活周边环境，扩大居住区的生活、文化、教育和卫生设施对农民工的开放程度、降低相应的消费成本。通过打破设施隔离，促进农民工顺利融入城市生活。

4. *鼓励混合居住模式*

农民工的聚居模式是造成其难以融入城市社会的环境障碍。农民工的工作时间长、工资低，其生活圈子基本局限于相对封闭的“城中村”或工厂宿舍。建议政府降低农民工混居成本，鼓励混居，出台促进农民工购房的政策。同时，加强农民工内部以及与城市居民之间的接触与沟通，使流动人口在接触中逐步实现生活方式、思维方式和价值观念等方面的转变，逐步融入城市生活，从心理上认同城市的行为规范，提高自身生育观念与行为的现代化。同时，通过发挥社区的作用，创造各种机会增加流动人口与城市市民的接触，促进农民工社会网络的扩展与社会资本的积累，增强农民工社会网络的异质性。

5. *充分重视社会网络的作用*

农民工社会网络内部存在较强的分化，这种分化不仅表现在不同人口特征的社会网络结构差异和社会网络在其观念与行为转变和社会融合中的作用差异，更表现在网络中不同成员资源占有的不均衡性。因此，在公共政策制定和执行的过程中，必须加强对不同农民工群体需求差异的分析，制定出更加细化、可操作的有效政策，加强对农民工群体内部弱势个体的关注。

农民工社会网络的结构稀疏性，抑制了农民工的群体归属感的形成，使得农民工群体存在自我封闭的趋势，进而限制了城市归属感的形成，在一定程度上加大了农民工行为失范的风险；农民工社会网络的同质性很强，在观念与行为的现代化和社会融合程度的提高方面起重要作用的通常是异质性成员。因此，需要通过外部影响，加强农民工群体内部以及该群体与城市居民群体的互动和交流，包括混合居住模式的推广等。

农民工作为一个群体在城市社会中处于弱势地位，需要政府通过相关公共政策整体加以推动，改善其生活状况，实现其社会融合。但是，由于农民工个体间的差异，个体在网络中的地位和网络资源支配能力各有不同，为了避免农民工网络结构“富者越富”以及孤立者越孤立的严重“两极分化”，对于不善于交际，缺乏关系网络的“孤立节点”，应进行重点帮扶，降低“孤立节点”与“核心节点”之间支配网络资源能力的差异，防止在推动农民工整体社会融合的过程中出现新的弱势群体。同时，可以充分利用核心节点在网络中的中心地位和影响力，进行重点宣传和引导，提高信息和观念传播效率。

公共部门和政策主体必须从两个方面进行关注，一方面充分重视社会网络对农民工社会生活的重要意义，并进行相应的正向干预和引导；另一方面，应着力加强正式支持在农民工保护和促进农民工社会融合方面的作用。首先，加强对现行相关农民工政策，特别是支持性、保护性政策的宣传和教育，强化农民工相关法律和政策的认知。其次，降低农民工获取正式支持的成本，一方面，通过扩大和畅通渠道，鼓励非政府组织的发展，使农民工可以方便地与公共部门的相关服务机构建立联系；另一方面，对现有政策进行重新审视和清理，简化相关程序和降低服务门槛。最后，也是最重要的方面，应该真正扫除农民工社会融合的制度性障碍，从制度和政策层面以及公共产品供给方面，给予农民工平等地位。

总之，农民工融入城市社会是一个渐变的过程，这就要求各级政府和相关工作人员在政策目标和政策导向的指导下，切实做好促进农民工社会融合的各项工作，解放思想，转变观念，务求实效。在认识上要消除对农民工“只希望使用，不希望久留”的消极思想，创造性地开展工作，不断完善制度，引导和发挥社会网络等非制度的作用。只有树立改善了农民工的社会融合状况，才能开辟和拓宽农村人口市民化途径的理念，最终推动和促进城乡社会经济的可持续发展。

第三节　研究展望

可持续发展既是发展目标，也是行动指南，是一个动态过程。面对转型期复杂多变的人口、社会经济环境，作为推动农民工社会融合的研究也需要不断深入。在后续研究中，以下方面还有待于进一步深化。

理论研究。社会网络是研究人口流动现象的基本理论之一。本研究尝试以社会网络为平台，将文化传播理论、创新扩散理论和社会资本理论统一整合到复杂性科学的框架下，为研究类似人口流动这样复杂的社会现象提供新的思路和研究策略。一方面，由于国内外相关研究还比较少见，没有成熟的思路和方法可供借鉴；另一方面，人口流动过程的复杂且影响因素众多；因此，建立有关模型相对困难。虽然在理论和模型方面进行了探索性研究，但是随着中国社会的进一步发展，城乡人口流动领域的研究还将出现新问题和新需求，并且随着复杂性科学，特别是网络理论研究的日益深入，有关城乡人口流动的理论和模型还需进一步充实和完善。本研究对作为农民工观念与行为传播和扩散媒介的社会网络的现状、成因和后果做了系统分析；但是，特定的观念与行为等文化传播和创新过程会对网络形成与演化产生重要影响，因此，如何将其纳入理论分析框架，并通过适当的模型加以分析，是后续理论研究的重点。

数据与样本。后续研究将进一步考虑调查地的代表性，并考虑在调查中丰富个体中心网络结构的信息、扩大整体网络规模。虽然深圳市是中国农民工比例最多的城市之一，可作为研究农民工非制度性社会融合的代表城市，并在西安市做了补充调查，但是对农民工的社会网络现状及演变、观念的现状及演变、观念与行为的影响因素、经济地位与社会融合的影响因素等非制度性融合后果的研究结论，是否可以推广到其他城市，还需要做大量的实证研究。随着中国小城镇建设的进一步发展，农民工也越来越多地进入与流出于相邻的小城镇。他们在小城镇中也同样经历着社会网络的再构建等一系列的非制度性融合过程。未来的研究应进一步研究中西部地区的城市和城镇中农民工问题，而不局限在沿海的大城市。这样可以更全面地考察农民工的非制度性社会融合。由于网络调查的复杂性，不但很难获得流动前流动人口的网络结构信息，而且流动后个体中心网络的某些结构变量，如个体中心网络的密度等，也难以获得，这使得对有关内容（如社会资本）难以进行深入研究。在农民工整体网络的研究中，整体网络规模均不大于200。如何改进整体网络的调查方法，克服网络规模的限制，是今后社会网络研究的一个重要方面。

完善观念影响因素的动态研究。由于数据收集本身存在难度，在观念与行为演化研究收集的有关农民工婚姻、生育和养老讨论网络信息中，缺乏流动前的内容。因此，在对观念演变的研究中，流动前后社会支持网络的变化无法替代社会讨论网络的变化，从而在一定程度上影响了观念演变研究的准确性。为此，后续研究中将充分考虑流动前后个体讨论网络及网络成员观念与行为等信息，通过纵向比较，分析社会网络对农民工观念与行为动态影响。本研究主要是针对流动后的截面数据进行了研究。但就观念的演变而言，其过程是一个连续的状态，即使流动前后两个截面反映了观念在流动前后的状态和转变结果，但是并不能精确地反映观念转变的途径和速度。由于回溯性调查信息缺乏信度，很难在一次调查中收集到不同时点的调查内容，因此，需要进行多次追踪调查才能达到目的。但是研究对象的流动性以及调查中联系协调方面的难度，降低了这种方案的可行性。寻找一种更好的研究设计来深化观念与行为的动态研究，不仅是解决现实问题的需要，也是理论创新的需要。

仿真研究。仿真研究是在数据可得性较差情况下的有效研究手段。本研究主要利用农民工社会支持个体中心网络数据对无标度特征进行了模拟仿真，探测复杂网络结构形成的内在机制，但是在节点连接机制的假设方面主要采用 BA 模型中的偏好连接，这与真实网络构造可能存在一些出入，如新加入的几个农民工可能以前就认识，即使如此，仿真研究仍得到了常规统计研究无法得到的新发现，这是仿真研究的独特之处。因此，未来的研究应加强仿真研究与实际数据的结合。另外，真实社会网络的构成和演化是一个复杂的过程，而且理论模型往往过于抽象，有些数据现实中根本无法获得，如观念与行为的动态演化，在这种情况下，通过设计合理的模型进行“社会实验”，无疑是一种新的揭示和认识社会现象的有效途径。这样，一方面，从方法上使得社会科学研究可以与自然科学一样客观和准确；另一方面，可以大大节约社会调查的成本，而且可以尽可能地构造机制复杂的模型用以揭示社会现象的内在规律，尤其是在预测一项政策效果的时候，采用仿真技术进行预测，权衡利弊之后再进行政策试点，要比直接进行政策实验代价要小得多。因此，如何把仿真研究合理科学地引入农民工的观念与行为演化研究，也将是今后研究的一个重点。

政策研究。本研究对农民工的相关政策内容、政策执行过程、农民工对政策的认知以及农民工对流入地和流出地政策需求及评价进行了全面系统的总结和评价，并基于实证研究结论提出了完善农民工政策的建议。在后续研究中，将努力在规范的公共政策分析框架下更加全面系统地对流动人口政策进行政策分析和评价。扩展研究对象的范围，以全部农民工政策为研究对象，在重新界定流动人口政策边界后，对政策体系的内部（网络）结构关系进行分析，加强对政策作用点、作用机制和相互关系的系统研究；开发政策仿真工具，从理论上探询相关政策作用的基本机制和效果。在确定政策评估标准的基础上，对研究领域直接关联的农民工政策进行政策产出和政策影响的实证调查和评估。在理论研究和调查研究的基础上，探寻农民工的正式与非正式的社会支持、制度性与非制度性融合之间的关系和交互作用。

参考文献

[1]〔奥〕欧根·逢·庞巴维克：《资本实证论》，商务印书馆，1991，第58~60页。

[2]〔德〕克劳斯·迈因策尔：《复杂性中的思维》，中央编译出版社，1999。

[3]〔加〕巴里·韦尔曼：《网络分析：从方法和隐喻到理论和实质》，《国外社会学》1994年第4期。

[4]〔美〕林南、牛喜霞：《资本理论的社会学转向》，《社会》2003年第7期，第29~33页。

[5]〔美〕米歇尔·沃尔德罗普：《复杂——诞生于秩序与混沌边缘的科学》，三联书店，1997。

[6]〔美〕威廉·J. 古德：《家庭》，社会科学文献出版社，1998。

[7] 白南生等：《回乡，还是进城：中国农村外出劳动力回流研究》，中国财政经济出版社，2002。

[8] 边燕杰、张文宏：《经济体制、社会网络与职业流动》，《中国社会科学》2001年第2期，第77~89页。

[9] 卜长莉：《社会资本与社会和谐》，社会科学文献出版社，2005。

[10] 蔡昉：《中国人口流动方式与途径（1990~1999）》，社会科学文献出版社，2001，第305页。

[11] 蔡昉：《中国人口与劳动问题报告：2003 转轨中的城市贫困问题》，社会科学文献出版社，2003。

[12] 蔡禾、王进：《“农民工”永久迁移意愿研究》，《社会学研究》2007年第6期，第86~113页。

[13] 蔡禾、张应祥：《城市社会学：理论与视野》，中山大学出版社，

2003，第 123 页。

[14] 曹子玮：《农民工的再构建社会网与网内资源流向》，《社会学研究》2003 年第 3 期，第 99~110 页。

[15] 曾旭晖、秦伟：《在城农民工留城倾向影响因素分析》，《人口与经济》2003 年第 3 期，第 50~54 页。

[16] 车宏安、顾基发：《无标度网络及其系统科学意义》，《系统工程理论与实践》2004 年第 4 期，第 11~16 页。

[17] 陈彩霞、张纯元：《当代农村女性生育行为和生育意愿研究》，《人口与经济》2003 年第 5 期，第 76~80 页。

[18] 陈成文、潘泽泉：《论社会支持的社会学意义》，《湖南师范大学社会科学学报》2000 年第 6 期，第 25~31 页。

[19] 陈成文、肖卫宏：《农民养老：一个社会网络的分析框架》，《湖北社会科学》2007 年第 4 期，第 57~62 页。

[20] 陈印陶：《打工妹的婚恋观念及其困扰——来自广东省的调查报告》，《人口研究》1997 年第 2 期，第 39~44 页。

[21] 池子华：《中国“民工潮”的历史考察》，《社会学研究》1998 年第 4 期，第 100~109 页。

[22] 邓颖、李宁秀、刘朝杰等：《老年人养老模式选择的影响因素研究》，《中国公共卫生》2003 年第 6 期，第 731~732 页。

[23] 杜海峰、蔡萌、袁婷婷、靳小怡、费尔德曼：《社群结构研究进展与展望》，《浙江社会科学》2011 年第 2 期，第 116~122 页。

[24] 段成荣：《流动人口对城市社会经济发展的影响》，《人口研究》1998 年第 7 期，第 58~63 页。

[25] 范丽娟：《社会支持和打工妹的城市融合》，《安徽广播电视大学学报》2005 年第 4 期，第 12~15 页。

[26] 费孝通：《乡土中国》，《生育制度》，北京大学出版社，1998，第 240~246 页。

[27] 风笑天、张青松：《二十年城乡居民生育意愿变迁研究》，《市场与人口分析》2002 年第 9 期，第 21~30 页。

[28] 风笑天：《农村外出打工青年的婚姻与家庭：一个值得重视的研究领域》，《人口研究》2006 年第 1 期，第 57~60 页。

[29] 冯宪：《农民工留城定居的影响因素分析》，《现代经济探讨》2004年第12期，第28~30页。

[30] 福山：《大分裂：人类本性与社会秩序的重建》，中国社会科学出版社，2002年第13页。

[31] 高凌：《中国人口出生性别比的分析》，《人口研究》1993年第1期，第1~6页。

[32] 龚静怡：《居家养老—社区养老服务：符合中国国情的城镇养老模式》，《河海大学学报》（哲学社会科学版）2004年第4期，第72~74页。

[33] 辜胜阻、王冰、赵云山：《婚姻·家庭·生育》，武汉大学出版社，1988。

[34] 顾宝昌：《论生育和生育转变：数量、时间和性别》，《人口研究》1992年第6期，第1~7页。

[35] 郭显举：《浅谈我国农村婚姻家庭观念的若干变迁》，《学术交流》1995年第3期，第154~156页。

[36] 郭星华、储卉娟：《从乡村到都市：融入与隔离——关于民工与城市居民社会距离的实证研究》，《江海学刊》2004年第3期，第91~98页。

[37] 国家人口计生委农民工计划生育和生殖健康调研组：《对农民工计划生育和生殖健康问题的调研与建议》，《人口与计划生育》2006年第2期，第32~35页。

[38] 国家统计局：《中国目前农民工总量为2.5亿》，2012，http://money.163.com/12/0427/14/803S3UBL00253B0H.html。

[39] 何汇江：《城市贫困群体的社会分裂和融合》，《人文杂志》2004年第3期，第164~169页。

[40] 何频：《近两年学术界关于"民工潮"研究综述》，《社会科学研究》1997年第3期，第71~75页。

[41] 贺寨平：《国外社会支持网研究综述》，《国外社会科学》2001年第1期，第76~82页。

[42] 贺寨平：《社会经济地位、社会支持网与农村老年人身心状况》，《中国社会科学》2002年第3期，第135~148页。

[43] 洪旺全：《深圳市流动人口生育行为影响因素调查及对策研究》，《中

国计划生育》2005 年第 3 期，第 151 ~ 154 页。

[44] 华迎放：《农民工社会保障：思考与政策选择——来自江苏、吉林、辽宁的调查》，《中国劳动》2004 年第 10 期，第 21 ~ 25 页。

[45] 黄凤：《农村流动劳动力的社会资本研究》，《社会》2002 年第 11 期，第 14 ~ 18 页。

[46] 黄平、郭于华、杨宜音等：《寻求生存——当代农村外出人口的社会学研究》，云南人民出版社，1997。

[47] 黄平：《寻求生存的冲动：从微观角度看中国农民非农化活动的根》，《二十一世纪》（香港）1996 年第 12 期。

[48] 黄润龙、杨来胜、潘金洪等：《女性流动人口婚姻状况及其影响因素研究》，《南京人口管理干部学院学报》2000 年第 1 期，第 42 ~ 46 页。

[49] 黄云卿：《广东流动人口生育问题的初步探讨》，《南方人口》2003 年第 2 期，第 45 ~ 50 页。

[50] 江亦曼：《世界若干国家（地区）的妇女教育指数与婴儿死亡率和总和生育率》，《人口与计划生育》1994 年第 3 期，第 78 ~ 80 页。

[51] 靳小怡、彭希哲、李树茁等：《社会网络与社会融合对农村流动妇女初婚的影响——来自上海浦东的调查发现》，《人口与经济》2005 年第 5 期，第 53 ~ 58 页。

[52] 靳小怡、任峰、任义科、悦中山：《社会网络与农民工初婚：性别视角的研究》，《人口学刊》2009 年第 4 期，第 23 ~ 33 页。

[53] 柯兰君、李汉林：《城市里的农民——中国大城市的农民工》，中央编译出版社，2001，第 166 页。

[54] 李汉林：《关系强度与虚拟社区——农民工研究的一种视角》，《农民工——中国进城农民工的经济社会分析》，社会科学文献出版社，2003，第 96 ~ 115 页。

[55] 李竟能：《人口理论新编》，中国人口出版社，2001，第 463 页。

[56] 李培林：《流动民工的社会网络和社会地位》，《社会学研究》1996 年第 4 期，第 42 ~ 52 页。

[57] 李强：《农民工与中国社会分层》，社会科学文献出版社，2004。

[58] 李强：《转型时期的中国社会分层结构》，黑龙江人民出版社，2002。

[59] 李守伟、钱省三：《产业网络的复杂性研究与实证》，《科学学研究》

2006 年第 4 期，第 529～533 页。

[60] 李树茁、任义科、费尔德曼等：《中国农民工的整体社会网络特征分析》，《中国人口科学》2006a 年第 3 期，第 19～29 页。

[61] 李树茁、任义科、靳小怡等：《中国农民工的社会融合及其影响因素研究——基于社会支持网络的分析》，《人口与经济》2008 年第 2 期，第 1～8 页。

[62] 李树茁、杨绪松、靳小怡等：《中国乡城流动人口社会网络复杂性特征分析》，《市场与人口分析》2006b 年第 5 期，第 13～23 页。

[63] 李树茁、杨绪松、任义科、靳小怡：《农民工的社会网络与职业阶层和收入：来自深圳调查的发现》，《当代经济科学》2007b 年第 29 期，第 25～33 页。

[64] 李树茁、杨绪松、悦中山、靳小怡：《农民工社会支持网络的现状及其影响因素研究》，《西安交通大学学报》（社会科学版）2007a 年第 27 期，第 67～76 页。

[65] 李银河、冯小双：《独身现象及其文化含义》，《中国社会科学》1991 年第 3 期，第 83～94 页。

[66] 李涌平：《婴儿性别比及其和社会经济变量的关系：普查的结果和所反映的现实》，《人口与经济》1993 年第 4 期，第 3～13 页。

[67] 联合国：《生育率与家庭》，1984。

[68] 刘传江、周玲：《社会资本与农民工的城市融合》，《人口研究》2004 年第 9 期，第 12～18 页。

[69] 刘传江：《生育观影响因素的经济分析》，《人口学刊》2005 年第 2 期，第 55～59 页。

[70] 刘继云、李红：《基于复杂网络的证券投资行为扩散研究》，《企业经济》2007 年第 11 期，第 150～152 页。

[71] 刘军：《社会网络分析导论》，社会科学出版社，2004。

[72] 刘宁：《农民工养老社会化问题研究》，《兰州商学院学报》2007 年第 1 期，第 16～20 页。

[73] 卢海元：《建立健全被征地农民社会保障制度的理论思考与政策建议》，《经济学动态》2004 年第 10 期。

[74] 陆杰华、傅崇辉、张金辉等：《结构方程模型在妇女生育行为研究中的

应用：以深圳市为例》，《人口研究》2005 年第 29 期，第 25～34 页。

[75] 罗家德：《社会网分析讲义》，社会科学文献出版，2005。

[76] 罗娟：《“新生代”农民工的期盼：我们出来不只想挣点钱》[EB/OL]，原载《工人日报》，http://www.gov.cn/jrzg/2007-05/08/content_607303.htm，2007。

[77] 罗忆源：《农民工流动对其社会关系网络的影响》，《青年研究》2003 年第 11 期，第 1～10 页。

[78] 骆华松：《中国流动人口社会行为分析》，《云南社会科学》2002 年第 2 期，第 46～50 页。

[79] 马德峰、雷洪：《关于城市农民工问题研究的新进展》，《浙江学刊》2000 年第 5 期，第 40～43 页。

[80] 穆光宗、陈俊杰：《中国农民生育需求的层次结构》，《人口研究》1996 年第 3 期，第 25～33 页。

[81] 农村劳动力流动的组织化特征课题组：《农村劳动力流动的组织化特征》，《社会学研究》1997 年第 1 期，第 15～24 页。

[82] 彭庆恩：《关系资本和地位获得——以北京市建筑行业农民包工头的个案为例》，《社会学研究》1996 年第 4 期，第 53～63 页。

[83] 钱铭怡、王易平、章晓云等：《十五年来中国女性择偶标准的变化》，《北京大学学报》（哲学社会科学版）2003 年第 5 期，第 121～128 页。

[84] 钱文荣、张忠明：《农民工在城市社会的融合度问题》，《浙江大学学报》（人文社会科学版）2006 年第 36 期，第 115～121 页。

[85] 钱再见、耿晓婷：《论农民工子女义务教育政策有效执行的路径选择》，《南京师大学报》（社会科学版）2007 年第 3 期，第 89～94 页。

[86] 渠敬东：《生活世界中的关系强度——农村外来人口的生活轨迹》，《都市里的村民——中国大城市的流动人口》，中央编译出版社，2001。

[87] 全海燕：《城市打工妹的生存体验与社会支持网络研究——以北京市“打工妹之家”会员为个案》，《长沙民政职业技术学院学报》2003 年第 3 期，第 19～22 页。

[88] 任远、邬民乐：《城市流动人口的社会融合：文献述评》，《人口研究》2006 年第 30 期，第 87～94 页。

[89] 任远:《“逐步沉淀”与“居留决定居留”——上海市外来人口居留模式分析》,《中国人口科学》2006 年第 3 期,第 67 ~ 72 页。
[90] 沈安安:《试论性别文化的生育效应》,《上海社会科学院学术季刊》1995 年第 3 期,第 112 ~ 117 页。
[91] 司睿:《农民工流动的社会关系网络研究》,《社科纵横》2005 年第 5 期,第 133 ~ 134 页。
[92] 宋学锋:《复杂性、复杂系统与复杂性科学》,《中国科学基金》2003 年第 5 期,第 262 ~ 269 页。
[93] 谭深:《农村劳动力流动的性别差异》,《社会学研究》1997 年第 1 期,第 42 ~ 47 页。
[94] 铁明太:《农民养老的社会网络分析》,《求索》2007 年第 12 期,第 51、78 ~ 79 页。
[95] 涂平:《我国出生婴儿性别比问题探讨》,《人口研究》1993 年第 1 期,第 6 ~ 13 页。
[96] 完颜华:《中国公民家庭道德观现状调查报告》,《学校党建与思想教育》2006 年第 10 期,第 15 ~ 16 页。
[97] 王春光、Beja, J.:《温州人在巴黎:一种独特的社会融入模式》,《中国社会科学》1999 年第 6 期,第 106 ~ 119 页。
[98] 王春光:《新生代农民工的社会认同与城乡融合的关系》,《社会学研究》2001 年第 3 期,第 63 ~ 76 页。
[99] 王海霞:《农村维吾尔族家庭生育选择成因试析——库车县牙哈乡调查》,《人口与经济》2001 年第 3 期,第 32 ~ 39 页。
[100] 王林、戴冠中:《复杂网络中的社区发现——理论与应用》,《科技导报》2005 年第 23 期,第 62 ~ 66 页。
[101] 王美艳:《农民工工资拖欠状况研究——利用劳动力调查数据进行的实证分析》,《中国农村观察》2006 年第 6 期,第 23 ~ 30 页。
[102] 王全美、张丽伟:《基于社会网络理论的农村养老资源整合》,《农村经济》2009 年第 9 期,第 100 ~ 103 页。
[103] 王骚:《政策原理与政策分析》,天津大学出版社,2003,第 97 ~ 100 页。
[104] 王树新:《北京城市妇女生育观的转变》,《人口与经济》1994 年第 1

期，第 42 ~ 46 页。

[105] 王西玉、崔传义、赵阳：《打工与回乡：就业转变和农村发展——关于部分进城民工回乡创业的研究》，《管理世界》2003 年第 7 期，第 99 ~ 109 页。

[106] 王毅杰：《流动农民留城定居意愿影响因素分析》，《江苏社会科学》2005 年第 5 期，第 26 ~ 32 页。

[107] 王毅杰、童星：《流动农民社会支持网探析》，《社会学研究》2004 年第 2 期，第 42 ~ 48 页。

[108] 王毅杰、童星：《流动农民职业获得途径及其影响因素》，《江苏社会科学》2003 年第 5 期，第 86 ~ 91 页。

[109] 王跃生：《社会变革与当代中国农村婚姻家庭变动——一个初步的理论分析框架》，《中国人口科学》2002 年第 4 期，第 23 ~ 33 页。

[110] 文军：《从生存理性到社会理性选择：当代中国农民外出就业动因的社会学分析》，《社会学研究》2001 年第 6 期，第 19 ~ 30 页。

[111] 吴红宇、谢国强：《新生代农民工的特征、利益诉求及角色变迁——基于东莞塘厦镇的调查分析》，《南方人口》2006 年第 2 期，第 21 ~ 31 页。

[112] 吴金闪、狄增如：《从统计物理学看复杂网络研究》，《物理学进展》2004 年第 24 期，第 18 ~ 46 页。

[113] 吴彤：《复杂网络研究及其意义》，《哲学研究》2004 年第 8 期，第 58 ~ 70 页。

[114] 吴晓欢、王一峰、王丽郦、丁煜：《农民工社会养老保险：政策评估与制度创新》，《人口研究》2005 年第 4 期，第 28 ~ 35 页。

[115] 吴兴陆、亓名杰：《农民工迁移决策的社会文化影响因素探析》，《中国农村经济》2005 年第 1 期，第 26 ~ 39 页。

[116] 伍海霞、李树茁、杨绪松：《中国乡城人口流动与城镇出生性别比——基于“五普”数据的分析》，《人口与经济》2005 年第 6 期，第 11 ~ 18 页。

[117] 伍先江：《近年来我国流动人口特征浅析》，《1997 年全国人口与殖健康论文集》，中国人口出版社，2000。

[118] 肖鸿：《试析当代社会网研究的若干进展》，《社会学研究》1999 年

第 3 期，第 1 ~ 11 页。

[119] 谢立春、曾序春等：《深圳市试点社区流动人口计划生育服务现状分析评价》，《中国计划生育学杂志》2006 年第 9 期，第 546 ~ 548 页。

[120] 谢小亮：《多解的婚姻方程式——当代青年婚姻观调查》，《数据》2005 年第 11 期，第 25 页。

[121] 熊波、石人炳：《农民工定居城市意愿影响因素——基于武汉市的实证分析》，《南方人口》2007 年第 2 期，第 52 ~ 57 页。

[122] 许丹、李翔、汪小帆：《复杂网络理论在互联网病毒传播研究中的应用》，《复杂系统与复杂性科学》2004 年第 3 期，第 10 ~ 26 页。

[123] 阎青春：《社会福利与弱势群体》，中国社会科学出版社，2002。

[124] 阳建强、吴明伟：《现代城市更新》，东南大学出版社，1999。

[125] 杨红梅、吴尊友、王克安：《社会网络与 HIV 传播》，《中国艾滋病性病》2003 年第 1 期，第 47 ~ 50 页。

[126] 杨黎源：《政策嬗变：农民工的市民化进程考量》，《改革与发展》2007 年第 1 期，第 83 ~ 86 页。

[127] 杨秀莲：《现代文化冲击下农村婚姻观念的变迁及特征》，《吉林省教育学院学报》2005 年第 3 期。

[128] 杨绪松、靳小怡、肖群鹰等：《农民工社会支持与社会融合的现状及政策研究——以深圳市为例》，《中国软科学》2006 年第 12 期，第 18 ~ 26 页。

[129] 杨绪松、李树茁、韦艳：《浦东外来农村已婚妇女的避孕行为——基于社会网络和社会融合视角的研究》，《西安交通大学学报》（社会科学版）2005 年第 1 期，第 39 ~ 46 页。

[130] 杨瑛、武俊青、陶建国等：《已婚流动妇女的婚姻及生育状况分析》，《中国计划生育学杂志》2002 年第 11 期。

[131] 叶松庆：《内地青年的婚恋观现状与基本趋向》，《广西青年干部学院学报》2003 年第 5 期，第 32 ~ 34 页。

[132] 叶文振、林擎国：《当代中国离婚态势和原因分析》，《人口与经济》1998 年第 3 期，第 22 ~ 28 页。

[133] 叶妍、叶文振：《流动人口的择偶模式及其影响因素——以厦门市流动人口为例》，《人口学刊》2005 年第 3 期，第 46 ~ 52 页。

[134] 尤丹珍、郑真真：《农村外出妇女的生育意愿分析——安徽、四川的实证研究》，《社会学研究》2002 年第 6 期，第 52 ~ 62 页。

[135] 俞桂杰、彭语冰、储衍昌：《复杂网络理论及其在航空网络中的应用》，《复杂系统与复杂性科学》2006 年第 1 期，第 79 ~ 84 页。

[136] 于文轩：《政府透明度与政治信任——基于 2011 年中国城市服务型政府调查的分析》，《中国行政管理》2013 年第 2 期，第 110 ~ 115 页。

[137] 袁阳：《不变的情结与开放的心灵——关于当代青年婚姻家庭观念现状的报告与阐释》，《西南民族大学学报》（人文社科版）2005 年第 1 期，第 38 ~ 42 页。

[138] 张俊良：《生育行为研究》，西南财经大学出版社，1999。

[139] 张其仔：《社会网与基层经济生活——晋江市西滨镇跃进村案例研究》，《社会学研究》1999 年第 3 期，第 25 ~ 34 页。

[140] 张其仔：《新经济社会学》，中国社会科学出版社，2001。

[141] 张其仔：《社会资本论》，社会科学文献出版社，1999，第 34 页。

[142] 张文宏、阮丹青、潘允康：《天津农村居民的社会网》，《社会学研究》1999，第 2 期，第 108 ~ 118 页。

[143] 张文宏、阮丹青：《城乡居民的社会支持网》，《社会学研究》1999 年第 3 期，第 12 ~ 24 页。

[144] 郑丽虹、熊晓艳：《深圳人口密度全国最高致使现代化推后 5 年》，2004，http：//news. qq. com/a/20041114/000157. htm。

[145] 赵延东、王奋宇：《城乡流动人口的经济地位获得及决定因素》，《中国人口科学》2002 年第 4 期，第 8 ~ 15 页。

[146] 赵延东：《“社会资本”理论述评》，《国外社会科学》1998 年第 3 期，第 18 ~ 21 页。

[147] 郑真真：《外出经历对农村妇女初婚年龄的影响》，《中国人口科学》2002 年第 2 期，第 61 ~ 65 页。

[148] 钟水映、辜胜阻：《都市服务业的发展与流动人口的就业》，《人口与经济》2000 年第 5 期，第 35 ~ 39 页。

[149] 钟水映：《人口流动与社会经济发展》，武汉大学出版社，2000。

[150] 周涛：《农民工社会养老保险政策的比较分析》，《人口与经济》2003 年第 6 期，第 75 ~ 80 页。

[151] 周涛等:《复杂网络研究概述》,《物理学进展》2005 年第 34 期, 第 31 ~36 页。

[152] 周祖根:《人口迁移流动与生育》,《人口与计划生育》1995 年第 5 期, 第 21 ~26 页。

[153] Aberbach, J. D. and Walker, J. L. 1970, "Political Trust and Racial Ideology", *The American Political Science Review* 64 (4): pp. 1199 - 1219.

[154] Agneessens, F., Waege, H. and Lievens, J., 2006, "Diversity in Social Support by Role Relations: A Typology", *Social Networks* 28: pp. 427 -441.

[155] Albert, R., Barabàsi, A. L., 2002, "Statistical Mechanics of Complex Networks", *Reviews of Modern Physics* 74 (1): pp. 47 -97.

[156] Astolfi, P. and L. A. Zonta, 1999, "Sex Ratio and Parental Age Gap", *Human Biology* 71: pp. 135 -141.

[157] Ataca, B. and J. W. Berry, 2002, "Psychological, Sociocultural and Marital Adaptation of Turkish Immigrant Couples in Canada", *International Journal of Psychology* 37 (1): pp. 13 -26.

[158] Bai, N. and He, Y., 2003, "Returning to the Countryside versus Continuing to Work in the Cities: A Study on Rural Urban Migrants and Their Return to the Countryside of China", *Social Science in China* (4): pp. 149 -159.

[159] Barabàsi, A. L. and R. Albert, 1999, "Emergence of Scaling in Random Networks", *Science* 286 (5439): pp. 509 -512.

[160] Barabàsi, A. L., R. Albert, and H. Jeong, 1999, "Mean-field Theory for Scale-free Random Networks", *Physica A* 272: pp. 173 -189.

[161] Barabà si, A. L. R., 2002, "Statistical Mechanics of Complex Networks", *Reviews of Modern Physics* 74 (1): pp. 47 -97.

[162] Bass, F. M., 1969, "A New Product Growth Model for Consumer Durables", *Management Science* 15 (5): pp. 215 -227.

[163] Behrman, J. R., Kohler. Hans-Peter and Watkins S. C., 2002, "Social Networks and Changes in Contraceptive Use Over Time: Evidence from

a Longitudinal Study in Rural Kenya", *Demography* 39 (4): pp. 713 - 738.

[164] Bernardi, L., 2003, "Channels of Social Influence on Reproduction", *Population Research and Policy Review* 22 (5 - 6): pp. 527 - 555.

[165] Berry, J. W. and Kim, U., 1988, "Acculturation and Mental Health", P. R. Dasen., J. W. Berry., N Sartorius., *Health and Cross-Cultural Psychology: Toward applications*, Newbury Park, CA: Sage, pp. 207 - 236.

[166] Bian, Y. J., 1997a, "Bringing Strong Ties Back in: Indirect Connection, Bridge, and Job Search in China", *American Sociological Review* 62 (3): pp. 366 - 385.

[167] Bian, Y. J., 1999, "Getting a Job through a Web of Guanxi in Urban China", in Networks in the Global Village, edited by Barry Wellman. Boulder, CO: Westview, pp. 255 - 277.

[168] Bollobás, B., 1985, *Random Graphs*, London: Academic Press Inc.

[169] Bongaarts, J. and Watkins, S. C., 1996, "Social Interactions and Contemporary Fertility Transitions", *Population and Development Review* 22: pp. 639 - 682.

[170] Boonstra, O., 1998, "The Impact of Education on the Demographic Life Course: The Family Reproduction Process of Literates and Illiterates in the Netherlands at the End of the Nineteenth Century", *The History of the Family* 3 (3): pp. 303 - 313.

[171] Borjas, G. J., 1989, "Immigrant and Emigrant Earnings: A Longitudinal Study", *Economic Inquiry* 27 (1): pp. 21 - 37.

[172] Bouckaert, G. and Van de Walle, 2001, Klantentevredenbeidsmetingen bij de over heid: eerste rapport burgergericht besturen: kwaliteit en vertrouwen in de overheid. Leuven: Instituut voor de Overheid.

[173] Bourdieu, P., 1980, "Acts de la Recherché en Sciences Socials", *Le capital social* 31: pp. 2 - 3.

[174] Bourdieu, P., 1986, "The Forms of Capital", in John G. Richardson (Ed), *Handbook of Theory and Research for the Sociology of Education*,

Westport, Connecticut: Greenwood Press, pp. 241 - 258.

[175] Bronfenbrenner, U. , 1943, " A Constant Frame of Reference for Sociometric Research", *Sociometry* 6 (4): pp. 363 - 397.

[176] Bronfenbrenner, U. , 1944, " A Constant Frame of Reference for Sociometric Research: Part Ⅱ. Experiment and Inference", *Sociometry* 7 (1): pp. 40 - 75.

[177] Burt, Ronald S. , 1982, "Stratification and Prestige among Elite Experts in Methodological and Mathematical Sociology Circa", *Social Networks* 1: pp. 105 - 158.

[178] Burt, Ronald S. , 1987, "Social Contagion and Innovation: Cohesion versus Structural Equivalence", *American Journal of Sociology* 92 (6): pp. 1287 - 1355.

[179] Burt, Ronald S. , 1992, *Structural Holes: The Social Structural of Competition*, Harvard University Press.

[180] Burt, Ronald S. , 1993, "The Social Structure of Competition", in *Exploration in Economic Sociology*, edited by Richard Swedberg, New York, Russell Sage Foundation, pp. 65 - 103.

[181] Burt, Ronald S. , 1997, " A Note on Social Capital and Network Content", *Social Networks* 19 (4): pp. 355 - 373.

[182] Carolyn, J. , Anderson Stanley and Wasserman, B. C. , 1999, "A p * Primer: Logit Models for Social Networks", *Social Networks* 21 (1): pp. 37 - 66.

[183] Carrington, P. , 1988, " Network as Personal Communities", In Wellman and Berkowitz (ed.), *Social Structure, A Network Approach*, New York.

[184] Cavalli- Sforza, L. L. and M. W. Feldman, 1981, *Cultural Transmission and Evolution: A Quantitative Approach*, Princeton University Press, NJ.

[185] Cavalli- Sforza, L. L. , M. W. Feldman, K. H. Chen and Dombusch, S. M. , 1982, " Theory and Observation in Cultural Transmission", *Science* 218: pp. 19 - 27.

[186] Charlotte, S. and S. Howard, 1992, "Young White Adults: Did Racial

Attitudes Change in the 1980s?", *The American Journal of Sociology* 98 (2): pp. 340 – 367.

[187] Clauset, A., M. E. J. Newman and Cristopher Moore, 2004, "Finding Community Structure in Very Large Networks", *Physical Review E* 70 (6): pp. 66 – 111.

[188] Cohen, S., W. J. Doyle, D. P. Skoner, Rabin, B. S. and Gwaltney, J. M., 1997, "Social Ties and Susceptibility to the Common Cold", *Journal of the American Medical Association* 277 (24): pp. 1913 – 1978.

[189] Coleman, J., 1990, *Foundation of Social Theory*, Cambridge, Belknap Press of Harvard University Press.

[190] Coleman, J. S., E. Katz and Menzel, H., 1966, *Medical Innovations: A Diffusion Study*, New York, Bobbs-Merrill.

[191] Constant, A. Massey, D. S., 2002, "Return Migration by German Guestworkers: Neoclassical versus New Economic Theories", *International Migration* 40 (4): pp. 5 – 38.

[192] Cowan, R., Jonard N. and Özman M., 2004, "Knowledge Dynamics in a Network Industry", *Technological Forecasting & Social Change* (71): pp. 469 – 484.

[193] Daniel Schugurensky, 2000, "Citizenship Learning and Democratic Engagement: Political Capital Revisited", *Proceedings of the 41st Annual Adult Education*. pp. 417 – 422.

[194] David, J. H. and J. Christopher, 2003, "Changing Attitudes Toward Premarital Sex: Cohort, Period, and Aging Effects", *Public Opinion Quarterly* 67 (2): pp. 211 – 226.

[195] Davis, J. A., 1970, "Clustering and Hierarchy in Interpersonal Relations: Testing Two Graph Theoretical Models on 742 Sociomatrices", *American Sociological Review* 35 (5): pp. 843 – 851.

[196] Dillon, L., 2000, "Women and the Dynamics of Marriage, Household Status, and Aging in Victorian Canada and the United States", *The History of the Family: An international quarterly* 4 (4): pp. 447 – 483.

[197] Dorogovtsev, S. N. and J. F. Mendes, 2002, "Evolution of Networks",

Advances In Physics 51 (4): pp. 1079 - 1187.

[198] Eklund, L., 1999, "Gender Roles and Female Labor Migration: A Qualitative Field Study of Female Migrant Workers in Beijing", Report from a Minor Field Study: May-July.

[199] Erdös, P. and A. Rényi, 1959, "On Rndom Graphs", *Publications Mathematicae* 6: 290 - 297.

[200] Feitosa, M. F. and H. Krieger, 1992, "Demography of the Human Sex Ratio in some Latin American Countries: 1967 - 1986", *Human Biology* 64: pp. 523 - 530.

[201] Fisher, Cluade S., 1982, *To Dwell Among Friends: Personal Networks in Town and City*, Chicago: The University of Chicago Press, pp. 45 - 76, 251 - 266.

[202] Fliegel, F. C., 1993, *Diffusion Research in Rural Sociology: The Record for the Future*, Westport, C. T., Greenwood.

[203] Freeman, L. C., 1979, "Centrality in Social Networks: Conceptual Clarification", *Social Networks* (1): pp. 215 - 239.

[204] Frey, F. W., Abrutyn E. and Metzger D. S., 1995, "Focal Networks and HIV Risk Among African-American Male Intravenous Drug Users" //Needle RH, Genser SG, Trotter RT (eds). "*Social Networks, Drug Abuse, and HIV Transmission*". NIDA Research Monograph.

[205] Friedkin, N. E. and E. C. Johnsen, 1997, "Social Positions in Influence Networks", *Social Networks* 19 (3): pp. 209 - 222.

[206] Fuhrerb, R. and S. A. Stansfeld, 2002, "How Gender Affects Patterns of Social Relations and their Impact on Health: A Comparison of one or Multiple Sources of Support from 'Close Persons'", *Social Science & Medicine* 54 (5): pp. 811 - 825.

[207] Geoffrey, C., 2000, "The Language Ability of U. S. Immigrants: Assimilation and Cohort Effects", *The International Migration Review* 34 (1): pp. 158 - 182.

[208] Girvan, M. and M. E. J. Newman, 2002, "Community Structure in

Social and Biological Networks", *Proc. Natl. Acad. Sci. USA* 99 (12): pp. 7821 - 7826.

[209] Gmelch, G., 1980, "Return Migration", *Annual Review of Anthropology* 9: pp. 135 - 159.

[210] Goldstein, A., White, M. and Glodstein, S., 1997, "Migration, Fertility and State Policy in Hubei, China", *Demography* 34 (4): pp. 481 - 491.

[211] Goldstein, J. R. and C. T. Kenney, 2001, "Marriage Delayed or Marriage Forgone? New Cohort Forecasts of First Marriage for US Women", *American Sociological Review* 66 (4): pp. 506 - 519.

[212] Granovetter, M. S., 1973, "The Strength of Weak Ties", *The American Journal of Sociology* 78 (6): pp. 1360 - 1380.

[213] Granovetter, M. S., 1995, *Getting a Job: A Study of Contacts and Careers*, Chicago: University of Chicago Press.

[214] Griffith, James and Villavicencio, Sandra, 1985, "Relationships among Acculturation, Sociodemographic Characteristics and Social Supports in Mexican American Adults", *Hispanic Journal of Behavioral Sciences* 7 (1): pp. 75 - 92.

[215] Griliches, Z., 1957, "Hybrid Corn: An Exploration in the Economics of Technological Change", *Econometrica* 25: pp. 501 - 522.

[216] Grootaert, C., 1997, *Social Capital: the Missing Link?*, 7th Ed, Washington, D. C., The World Bank, p. 124.

[217] Hanneman, A. Robert, 2001, "Introduction to Social Network Methods", http://faculty.ucr.edu/~hanneman/SOC157/NETTEXT.PDF.

[218] Hare, D., 1999, "'Push' versus 'Pull' Factors in Migration Outflows and Returns: Determinants of Migration Status and Spell Duration among China's Rural Population", *Journal of Development Studies* 35 (3): pp. 45 - 72.

[219] Harlap, S., 1979, "Gender of Infant Conceived on Different Days of the Menstrual Cycle", *New England Journal of Medicine* 300: pp. 1445 - 1448.

[220] Hastings, D. W. and J. G. Robinson, 1973, " Are-examination of Hernes' Model on the Process of Entry into First Marriage for United States Women, Cohorts 1891 - 1945", *American Sociological Review* 38 (1): pp. 138 - 142.

[221] He, J. S. and Pooler J., 2002, "The Regional Concentration of China's Interprovincial Migration Flows, 1982 - 1990", *Population and Environment* 28 (2): pp. 149 - 182.

[222] Holland, P. W. and Leinharht S., 1970, " A Method for Detecting Structure in Sociometric Data", *The American Journal of Sociology* 76 (3): pp. 492 - 513.

[223] Hugo, G., 1981, *Village-Community Ties, Village Norms and Ethnic and Social Networks, Migration Decision-making: Multidisciplinary Approaches to Micro-level Studies In Developed and Developing Countries*, New York, Pergamon Press: pp. 186 - 224.

[224] Hui, Chuanhsu, ChinYin Lew Ting and Shwu-Chong Wu, 2001, "Age, Period and Cohort Effects on the Attitude toward Supporting Parents in Taiwan", *The Gerontological Society of America* 41: pp. 742 - 750.

[225] Katz, E. and P. F. Lazarsfeld, 1955, *Personal Influence: the Part Played by People in the Flow of Mass Communication*, Glencoe, I. L., Free Press.

[226] Kautz, H., Bart Selman and Milewski, A. L., 1996, "Agent amplified communication", In Proceedings of the National Conference on Artificial Intelligence: pp. 3 - 9.

[227] Kernighan, B. W. and S. Lin, 1970, "An Efficient Heuristic Procedure for Partitioning Graphs", *Bell System Technical Journal* 49: pp. 291 - 307.

[228] Kim, Yun Y., 1988, " Communication and Acculturation", in *Intercultural Communication: A Reader*, L. A. Samovar and R. E. Porter (Eds), Belmont.

[229] Kohler, H., J. R. Behrman and Watkins, S. C., 2001, "The Density of Social Networks and Fertility Decisions: Evidence from South Nyanza District, Kenya", *Demography* 38 (1): pp. 43 - 58.

[230] Kumm, Jochen, Kevin Laland and Feldman, M. W. , 1994, "Gene-culture Coevolution and Sex Ratios: The effects of Infanticide, Sex-selective Abortion, Sex Selection, and Sex-biased Parental Investment on the Evolution of Sex Ratios", *Theoretical Population Biology* 46 (3): pp. 249 – 278.

[231] Laegreid, P. , Opinion og offentlig sektor. (Public opinion and the public sector) . In P. Laegreid and J. P Olsen (eds.), Organisering av offentling sektor (Organizing the public sector) . Oslo: TANO, 1993.

[232] Laland, K. N. , F. J. Odling-Smee and M. W. Feldman, 1999, "Evolutionary Consequences of Niche Construction and Their Implications for Ecology", PNAS 96 (18): pp. 10242 – 10247.

[233] Laland, Kevin N. , Jochen Kumm, and Marcus W. Feldman, 1995, "Gene-culture Coevolutionary Theory: A Test Case", *Current Anthropology* 36 (1): pp. 131 – 156.

[234] Laumann, Edward O. , Peter Marsden and David Prensky, 1983, "The Boundary Specification Problem in Network Analysis." In Ron S. Burt and M. J. Minor (Eds.), *Applied Network Analysis: A Methodological Introduction.* London: Sage Publications.

[235] Lee, B. S. and Farber, S. , 1984, "Fertility Adaptation by Rural-urban Migrants in Developing Countries: The Case of Korea", *Population Studies* 38 (1): pp . 145 – 155.

[236] Li, Hanlin, 2002, "Relationship Strength and Virtual Communities: A Viewpoint on Rural Migrant Workforce Studies", a paper presented to *The Workshop Rural Workforce Migration-Current Situation, Trends and Policy*, sponsored by the Institute of Sociology of the Chinese Academy of Social Science, Beijing, Qu Jingdong, op, cit.

[237] Liang, Z. and Wu, Y, 2003, "Return Migration in China: New Methods and Findings", Annual Meeting of the Population Association of America: Minneapolis, MN.

[238] Lin, N. and Smith, J. , 2000, *Social Capital: A Theory of Social Structure and Action*, Cambridge, Cambridge University Press.

[239] Lin, N., 1982, *Social Resources and Instrumental Action: Social Structure and Network Analysis*, Peter, V., Nan Lin and Sage Publications.

[240] Lin, N., 2001, *Social Capital: A Theory of Social Structure and Action*, Cambridge, Cambridge University Press.

[241] Lin, N., A. Dean and Ensel, W. M., 1986, *Social Support, Life Events and Depression*, Orlando, F. L., Academic Press.

[242] Lindstrom, David P., 2003, "Rural-urban Migration and Reproductive Behavior in Guatemala", *Population Research and Policy Review* 22 (4): pp. 351 - 372.

[243] Luory, Glenn C., 1977, "A Dynamic Theory of Racial Income Differences", in *Women, Minorities, and Employment Discrimination*, Phvllis Wallace and Annette M. LaMond. Eds. Lexington, MA: Heath.

[244] Ma, Z. 1999, "Temporary Migration and Regional Development in China", *Environment and Planning A* 31 (5): pp. 783 - 802.

[245] Ma, Z., 2001, "Urban Labour-force Experience as a Determinant of Rural Occupation Change: Evidence from Recent Urban-rural Return Migration in China", *Environment and Planning A* 33 (2): pp. 237 - 255.

[246] Ma, Z. D., 2002, "Social-capital Mobilization and Income Returns to Entrepreneurship: The Case of Return Migration in Rural China", *Environment and Planning A* 34 (10): pp. 1763 - 1784.

[247] Mansfield, E., 1968, *Industrial Research and Technological Innovation*, New York, Norton.

[248] Marsden, P. V., 1987, "Core Discussion Network of Americans", *American Sociological Review* 52 (1): pp. 122 - 131.

[249] Martin, K. and W. Tsai, 2003, *Social Networks and Organizations*, Sage Publications Ltd.

[250] Massey, D. S., 1990, "The Social and Economic Origins of Immigration", *Annals of the American Academy of Political and Social Science* 510: pp. 60 - 72.

[251] Massey, D. S. et al., 1993, "Theories of International Migration: A

Review and Appraisal", *Population and Development Review* 19 (3): pp. 431 –466.

[252] Mayhew, B. H. and R. Levinger, 1976, "Size and the Density of Interaction in Human Aggregates", *The American Journal of Sociology* 82: pp. 86 –110.

[253] McCain, Bruce E., Charles O'Reilly and Jeffrey Pfeffer, 1983, "The Effects of Departmental Demography on Turnover: The Case of a University", *ACAD MANAGE* 26 (4): pp. 626 –641.

[254] Mehra, A., M. Kilduff and Brass, D. J., 2001, "The Social Networks of High and Low Self-monitors: Implications for Workplace Performance", *Administrative Science Quarterly* 46 (1): pp. 121 –146.

[255] Miller, A. H., 1974, "Rejoinder to "Comment" by Jack Citrin: Political Discontent or Ritualism", *American Political Science Review* 68 (3): pp. 989 –1001.

[256] Mitchell, C. J., 1969, *The Concept and Use of Social Networks*, Mitchell, J. C., Manchester University Press.

[257] Montgomery, M. R. and J. B. Casterline, 1996, "Social Learning, Social Influence and New Models of Fertility", *Population and Development Review* (Supplement) 22: pp. 151 –175.

[258] Montgomery, M. R., G. B. Kiros, Agyeman et al., 2001, "Social Networks and Contraceptive Dynamics in Southern Ghana, Population Council", New York, Policy Research Division Working Paper: p. 153.

[259] Moreno, J. L., Jennings H. H., 1938, "Statistics of Social Configuration", *Sociometry* 1 (3/4): pp. 342 –374.

[260] Myers, S. M., 1999, "Childhood Migration and Social Integration in Adulthood", *Journal of Marriage and the Family* 61 (3): pp. 774 –789.

[261] Newbold, K. B., 2001. *Counting Migrants and Migrations: Comparing Lifetime and Fixed-Interval Return and Onward Migration*, Clark University, pp. 23 –40.

[262] Newman, M. E. J. and M. Girvan, 2003, "Mixing Patterns and

Community Structure in Networks", *Statistical Mechanics of Complex Networks* 625: pp. 66 - 87.

[263] Newman, M. E. J. and M. Girvan, 2004c, "Finding and Evaluating Community Structure in Networks", *Phys. Rev. E* 69: pp. 026113.

[264] Newman, M. E. J., 2003a, "Mixing Patterns in Networks", *Phys. Rev. E* 67: pp. 026126.

[265] Newman, M. E. J., 2003b, "The Structure and Function of Complex Networks", *SIAM Review* 45 (2): pp. 167 - 256.

[266] Newman, M. E. J., 2004a, "Detecting Community Structure in Networks", *The European Physical Journal B* 38 (2): pp. 321 - 330.

[267] Newman, M. E. J., 2004b, "Fast Algorithm for Detecting Community Structure in Networks", *Phys. Rev. E* 69: pp. 066133.

[268] Orrenius, P. M., *Return Migration from Mexico: Theory and Evidence*, University of California: Los Angeles, CA. 1999.

[269] Ostrom, E., 1994, "Social Capital, Self-Organization and development", Paper prepared for the U. S. Agency for International Development, Washington, D. C.: p. 126.

[270] Piore, M. J., *Birds of Passage: Migrant Labor in Industrial Societies*, Cambridge: Cambridge University Press, 1979.

[271] Portes, A., 1998, "Social Capital: Its Origins and Applications in Modern Sociology", *Annual Review of Sociology* 24: pp. 1 - 24.

[272] Portes, A. and J. Sensenbrenner, 1993, "Embeddedness and Immigration: Notes on the Social Determinants of Economic Action", *American Journal of Sociology* 98 (6): pp. 1320 - 1350.

[273] Portes, A. and P. Landolt, 1996, "The Downsides of Social Capital", *American Prospect* 26 (6): pp. 18 - 22.

[274] Pothen, A., et al, 1990, "Partitioning Sparse Matrices with Eigenvectors of Graphs", *SIAMJ. Matrix. Anal. Appl* 11: pp. 430 - 452.

[275] Pritchett, L., 1994, "Desired Fertility and the Impact of Population Policies", *Population and Development Review* 20 (1): pp. 1 - 56.

[276] Putnam, R. D., 2000, *Bowling Alone: The Collapse and Revival of*

American Community, New York, NY: Simon and Schuster.

[277] Radicchi, F. et al., 2003, "Defining and Identifying Communities in Networks", Preprint cond-mat/0309488.

[278] Redfield, Robert et al., 1936, "Memorandum for the Study of Acculturation", *American Anthropologist* 38 (1): pp. 149 - 152.

[279] Riley, M. W., 1971, "Social Gerontology and the Age Stratification of Society", *The Gerontologist* 11: pp. 79 - 97.

[280] Rogers, E. M. and D. L. Kincaid, 1981, *Communication Networks: Toward a New Paradigm for Research*, New York, Free Press.

[281] Rogers, E. M., 1995, *Diffusion of Innovation*, New York: The Free Press.

[282] Rosero-Bixby, L. and Casterline, J. B., 1993, "Modelling Diffusion Effects in Fertility Transition", *Population Studies* 47 (1): pp. 147 - 167.

[283] Rose, L., 1999, *Citizen (Re) orientations in the Welfare State: From Private to Public Citizens? Bussemaker, Jet. Citizenship and Welfare State Reform in Europe*, London: Routledge, pp. 131 - 148.

[284] Rosero-Bixby, L. and J. B. Casterline, 1994, "Interaction Diffusion and Fertility Transition in Costa Rica", *Social Force* 73 (2): pp. 435 - 462.

[285] Rosero- Bixby, L., 1991, "Socioeconomic Development, Health Interventions and Mortality Decline in Costa Rica", *Scandinavian Journal of Social Medicine* (Supplementum) 46: pp. 33 - 42.

[286] Sara, R. C. and Abigail, C. S., 1997, "Migrations and Cultural Change: A Role for Gender and Social Networks?", Presented to the Culture and Inequality Workshop at Princeton University.

[287] Sauvy, A., 1966, *General Theory of Population*, New York: Basic Books, Inc.: pp. 460 - 461.

[288] Scott, J., 2002, *Social Network Analysis: A Handbook*, London: Sage, 2nd edition.

[289] Scott, R. A., 1976, "Deviance, Sanctions and Social Integration in Small-scale Societies", *Social Forces* 54 (3): pp. 604 - 620.

[290] Scott, W. and P. Smyth, 2005, "A Spectral Clustering Approach to

Finding Communities in Graphs", SIAM International Conference on Data Mining, Newport Beach, CA.

[291] Seeman, T. E., G. A. Kaplan and Knudsen, L., 1987, "Social Network Ties and Mortality among the Elderly in the Alameda County Study", *American Journal of Epidemiology* 126: p. 714.

[292] Shi, P. L., Small M., 2006, "Modelling of SARS for Hong Kong", http://zcam. tsinghua. edu. cn/ ~ shipl/sars0. pdf.

[293] Shye, D., J. P. Mullooly, Freeborn, D. K. et al., 1995, "Gender Differences in the Relationship between Social Network Support and Mortality: A Longitudinal Study of an Elderly Cohort", *Social Science & Medicine* 41 (7): pp. 935 - 947.

[294] Silvey, R., 2003, "Engendering Social Capital: Women Workers and Rural-urban Networks in Indonesia's Crisis", *World Development* (5): pp. 865 - 879.

[295] Sjaastad, L. A., 1962, "The Costs and Returns of Human Migration", *Journalof Political Economy* 70 (5): pp. 80 - 93.

[296] Small, M. and C. K. Tse, 2004, "Small World and Sale Free Model of Transmission of SARS", http://www. bondy. ird. fr/ ~ bacaer/SmallTse. pdf.

[297] Stark, O., 1991, *The Migration of Labor*, Cambridge: Basil Blackwell.

[298] Strodthoff, G., R. P. Hawkins and Schoenfled, A., 1985, "Media Role in Social Movements", *Journal of Communication* 2: pp. 135 - 153.

[299] Todaro, M. P., 1976, *Internal Migration in Developing Countries*, Geneva: International Labor Office.

[300] Ulizzi, L. and L. A. Zonta, 1995, "Factors Affecting the Sex Ratio in Humans: Multivariate Analysis of the Italian Population", *Human Biology* 67: pp. 59 - 64.

[301] Uslaner, Eric M., 1999, "Trust but Verify: Social Capital and Moral Behavior", *Social Science Information* 99, 38 (1): pp. 29 - 55.

[302] Van del Poel, M. G. M., 1993, "Delineating Personal Support Network", *Social Forces*, 15: pp. 49 - 70.

[303] Wang, W. W. and Fan, C. C. , 2006, "Success or Failure: Selectivity and Reasons of Return Migration in Sichuan and Anhui, China", *Environment and Planning A* 38 (5): pp. 939 -958.

[304] Warfield, J. N, 1999, " Twenty Laws of Complexity: Science Application in Organizations", *Systems Research and Behavioral Science* 16 (1): pp. 3 -40.

[305] Wasserman, S. and K. Faust, 1994, *Social Network Analysis: Methods and Applications*, New York and Cambridge, E. N. G. , Cambridge University Press.

[306] Watts, D. J. and S. H. Strogatz, 1998, "Collective Dynamics of 'Small-world' Networks", *Nature* 393 (4): pp. 440 -442.

[307] Wejnert, B. , 2002, "Integrating Models of Diffusion of Innovations: A Conceptual Framework", *Annual Review of Sociology* 28: pp. 297 -326.

[308] White, Scott and Smyth, Padhraic, 2005, " A Spectral Clustering Approach to Finding Communities in Graphs", In SIAM International Conference on Data Mining.

[309] Wu, F. and B. A. Huberman, 2003, "Finding Communities in Linear Time: A Physics Approach", Preprint condmat/0310600.

[310] Yu, P. , D. Berryman and Berryman, L. , 1996, "The Relationship among Self-esteem, Acculturation, and Recreation Participation of Recently Arrived Chinese Immigrant Adolescents", *Journal of Leisure Research* 28 (4): pp. 251 -273.

[311] Zeng, Y. , P. Tu. , B. Gu. , Y, Xu. , B. Li. and Y. Li. 1993, " An Analysis of the Cause and Implication of Recent Increase in the Sex Ratio at Birth in China", *Population and Development Review* 19: pp. 283 -302.

[312] Zhang, W. , 2000, "Dynamics of Marriage Change in Chinese Rural Society in Transition: A Study of a Northern Chinese Village", *Population Studie* 54 (1): pp. 57 -69.

[313] Zhao, Y. H, 2002, "Causes and Consequences of Return Migration: Recent Evidence from China", *Journal of Comparative Economics* 30 (2): pp. 376 -394.

附　录

根据《统计法》第三章第十四条，本资料“属于私人、家庭的单项调查资料，非经本人同意，不得泄露”。

深圳市外来农村流动人口调查问卷

被访人编码　□□□□□□□□□□□□□□

被访人姓名　__________

被访人住址　______区______街道（镇）______居委会______门牌号

	月	日	时	分	如果调查未完成，原因是：
第一次访问	从□□	□□	□□	□□	______________________
	到□□	□□	□□	□□	______________________
第二次访问	从□□	□□	□□	□□	______________________
	到□□	□□	□□	□□	______________________
第三次访问	从□□	□□	□□	□□	______________________
	到□□	□□	□□	□□	______________________

访问员姓名　__________

核对人姓名　__________

核对人的检查结果　合格（　）　不合格（　）

请把下面的这段话读给被访问人：

您好！深圳市外来流动人口课题组正在做一项有关农村外来流动人口的社会调查，特邀请您参加本次调查，谢谢您的支持和合作！

调查中将询问一些有关您目前日常生活状况的问题，包括您的工作、生活状况、婚姻家庭、生育、养老和社会交往等。

整个调查大约需要 50 分钟，课题组不会对您参加本次调查支付报酬，但会送给您一份礼品表示对您的感谢。本次调查收集到的信息将严格保密，除了合格的研究人员外，任何人不会接触到这些资料。这些资料将会在课题组保存 5 年。您的回答不会和任何能够表明您身份的信息产生联系，只有一些经过我们汇总后的结果被公布。

再次感谢您的合作！

深圳市外来流动人口课题组

2005 年 4 月

第一部分　个体基本情况

101. 性别：　　1. 男　　2. 女　□

102. 您是什么时候出生的？　□□□□年□□月

103. 您是哪个民族？　1. 汉族　2. 少数民族（请注明________）　□

104. 您的受教育程度是：　□

1 不识字或很少识字　　2 小学　　3 初中

4 高中（含中专、技校）　　5 大专　　6 本科及以上

105. 您的户籍所在地：______省（市）________地（市）________县

106. 外出打工前您家的年收入（包括现金与实物）是多少？　□

1. 999 元以下　　2. 1000 ~ 1999 元　　3. 2000 ~ 3999 元

4. 4000 ~ 6999 元　　5. 7000 ~ 9999 元　　6. 10000 ~ 19999 元

7. 20000 ~ 49999 元　　8. 50000 元以上

107. 您来深圳之前的状况：（根据情况只答 107.1 和 107.2 中的一个问题；若回答 107.1，则跳问 109）

107.1　在家乡　□

1 务农　　2 本地企业　　3 学生　　4 待业或家务

5 个体　　6 其他（请注明________________）

107.2　在其他县城或城市　□□

01. 国家及社会管理者　　02. 经理　　03. 私营企业主

04. 专业技术人员　　05. 办事人员　　06. 个体户

07. 商业、服务业劳动者　08. 产业工人　09. 农业
10. 没有职业　11. 其他（请注明__________）

108. 您初次流动是什么时候？　□□□□年□□月

109. 您初次来深圳是什么时候？　□□□□年□□月

110. 您最初来深圳的主要原因是：　□

1. 求学、学手艺　2. 挣钱养家　3. 挣钱结婚
4. 结婚　5. 照顾家人　6. 见世面/向往城里的生活
7. 其他（请注明__________）

111. 您最初是和谁一起来深圳的？　□

1. 自己单独来　2. 随配偶/男□女）朋友来　3. 随家人来
4. 随老乡来　5. 其他（请注明________________）

112. 您来深圳主要是由谁决定的？　□

1. 自己　2. 配偶/男□女）朋友　3. 兄弟姐妹
4. 父母　5. 亲戚　6. 原所在地的干部
7. 其他（请注明________________）

113. 您平均一年在深圳待多久？(刚来不足半年者问打算）　□□月

114. 您经常回老家吗？(刚来不足半年者问打算）　□

1. 每月都回去　2. 一年四至六次　3. 一年两三次
4. 一年一次　5. 几乎不回去

115. 您在深圳的居住环境：　□

1. 周围是深圳市民的居住小区　2. 相对独立的外来人口聚居地
3. 深圳市民与外地人的混合居住区　4. 其他（请注明________）

116. 您目前的住房是：　□

1. 自己买的房子 2. 租的房子　3. 借住在亲戚朋友家
4. 单位宿舍　5. 自己搭的房子、简易棚　6. 雇主家
7. 其他（请注明____________）

117. 来深圳后，您做过几份工作？(一直没工作的填 00 并且跳问 121）
□□

118. 您来深圳的第一份工作（没换过工作的答完后跳问 120）

118.1 行业：　□□

01. 餐饮　02. 娱乐　03. 宾馆

04. 美容美发　05. 裁缝　06. 废品收购
07. 小商贩　08. 家政　09. 加工业
10. 运输业　11. 建筑业　12. 其他（请注明______）

118.2 阶层：□
1. 国家及社会管理者　2. 经理　3. 私营企业主
4. 专业技术人员　5. 办事人员　6. 个体户
7. 商业、服务业劳动者　8. 产业工人

119. 您目前的工作

119.1 行业：□□
01. 餐饮　02. 娱乐　03. 宾馆
04. 美容美发　05. 裁缝　06. 废品收购
07. 小商贩　08. 家政　09. 加工业
10. 运输业　11. 建筑业　12. 其他（请注明______）

119.2 阶层：□
1. 国家及社会管理者　2. 经理　3. 私营企业主
4. 专业技术人员　5. 办事人员　6. 个体户
7. 商业、服务业劳动者　8. 产业工人

120. 您目前平均每周工作____天，每天工作____小时　□天□□小时

121. 近半年您的平均月收入：□□□□□□元

122. 在您的月收入中，以下这些支出分别有多少？

122.1 自己积攒的（包括储蓄的、带回或寄回老家的）□□□□□元
122.2 自己日常花费的（衣食住行等）□□□□□元
122.3 用于社会交往的（应酬、娱乐等）□□□□□元

123. 您是否被深圳市民歧视？
1. 有过，且经常发生　2. 有过，但次数不多　3. 几乎没有　□

124. 您广东话的程度如何？
1. 会说　2. 仅能听懂　3. 听不懂　□

125. 您更愿意和什么样的人交朋友？□
1. 家乡人　2. 一起工作的外地打工者
3. 深圳本地人　4. 其他（请注明__________）

126. 在深圳的工作和生活中，您最关心的问题有：（限选三项）
□□　□□　□□

01. 住宿差或找不到住的地方　02. 找不到工作
03. 拖欠工钱　04. 上当受骗
05. 被罚款　06. 受人欺负
07. 孩子入托入学　08. 不适应这里的气候和生活习惯
09. 怕生病　10. 工资低
11. 受歧视　12. 工作环境差
13. 做工安全　14. 其他（请注明__________）

127. 来深圳后，您对深圳市有关部门对流动人口的管理工作（如办理暂住证、计划生育等）满意吗？ □
1. 非常满意　2. 满意　3. 无所谓　4. 不满意　5. 很不满意

128. 当生活中遇到困难自己不能解决时，您首先找谁帮忙？ □
1. 家人　2. 工友或同事　3. 老乡
4. 政府法律部门或律师　5. 媒体　6. 雇主
7. 其他（请注明__________）

129. 您对您目前在深圳的生活是否满意？ □
1. 很满意　2. 比较满意　3. 无所谓　4. 不满意　5. 很不满意

130. 您以后准备在哪里长期发展或者定居？ □
1. 赚钱回家，继续务农　2. 学门手艺或技术，回去找个好工作
3. 回去办企业，当老板　4. 不打算回去，在这里干什么都行
5. 到其他城市　6. 在城里安家立业
7. 其他（请注明__________）

第二部分　婚姻与家庭

201. 您的婚姻状况是 □
1. 未婚（跳问 208）　2. 初婚　3. 再婚
4. 丧偶（跳问 208）　5. 离婚（跳问 208）

202. 您的初婚日期是 □□□□年□□月

203. 您配偶的出生日期是 □□□□年□□月

204. 您配偶的受教育程度是 □
1. 不识字或很少识字　2. 小学　3. 初中
4. 高中（含中专、技校）　5. 大专　6. 本科及以上

205. 您的配偶目前在哪里生活？

1. 老家　　2. 深圳　　3. 深圳以外的其他城市　□

206. 您配偶目前的职业属于　□□

01. 国家及社会管理者　02. 经理　03. 私营企业主
04. 专业技术人员　05. 办事人员　06. 个体户
07. 商业、服务业劳动者　08. 产业工人　09. 农业
10. 没有职业　11. 其他（请注明__________）

207. 您配偶近半年的平均月收入是（跳问 209）　□□□□□□元

208. 您是否有男/女朋友？　□

1. 是　　2. 否（跳问 210）

209. 目前您是否与配偶/男（女）朋友住在一起？　1. 是　2. 否　□

210. 您觉得______岁左右结婚比较好？　男　女

210.1　您初次流动前的想法是　□□　□□

210.2　您目前的想法是　□□　□□

210.3　您有目前这个想法大概多久了？　□□年□□月

211. 您理想的配偶应该是怎样的？　□

1. 从未外出打工的家乡人　2. 有打工经历的家乡人
3. 有打工经历的外乡人　4. 当地市民
5. 其他（请注明__________）

212. 您怎样看待农村女性外出打工？

212.1　您初次流动前的态度　□

212.2　您目前的态度　□

1. 非常反对　2. 反对　3. 无所谓
4. 赞成　5. 非常赞成

212.3　您有目前这个想法大概多久了？　□□年□□月

213. 您对未婚先孕的态度是怎样的？

213.1　您初次流动前的态度　□

213.2　您目前的态度　□

1. 非常反对　2. 反对　3. 无所谓
4. 赞成　5. 非常赞成

213.3　您有目前这个想法大概多久了？　□□年□□月

214. 您对婚外恋行为的态度是怎样的?

214.1　您初次流动前的态度 □

214.2　您目前的态度 □

1. 非常反对　2. 反对　3. 无所谓

4. 赞成　5. 非常赞成

214.3　您有目前这个想法大概多久了? □□年□□月

第三部分　生育观念与行为

301. 您认为一个家庭最理想的孩子数是几个?(不希望要孩子者前三个空格填0、0、0)

	总数	(男	女)	无所谓男女
301.1　您初次流动前的想法	□	□	□	□
301.2　您目前的想法	□	□	□	□

301.3　您有目前这个想法大概多久了? □□年□□月

302. 如果您第一个孩子是女孩,您想怎么做?

302.1　您初次流动前的想法 □

302.2　您目前的想法 □

1. 停止生育　2. 再要一个,不管男女

3. 不管怎样都要更多的孩子,直到有一个儿子为止

302.3　您有目前这个想法大概多久了? □□年□□月

303. 男孩应该比女孩读书多,您的态度是怎样的?

303.1　您初次流动前的态度 □

303.2　您目前的态度 □

1. 非常反对　2. 反对　3. 无所谓

4. 赞成　5. 非常赞成

303.3　您有目前这个想法大概多久了? □□年□□月

304. 您或您的配偶、女朋友怀过孕吗? □

1. 怀过　2. 没怀过(跳问306)

305. 您或您的配偶、女朋友一共怀过几次孕? □

(按怀孕时间的先后顺序填表)

孕次	A 怀孕结束的年月（现孕填2222跳至306题）	B 怀孕结果 1 活产男婴 2 活产女婴 3 人工流产（含药流）（跳下一次怀孕） 4 自然流产/死胎/病理妊娠（跳下一次怀孕）	C 出生地点 1 家乡 2 外地	D 接生情况 1 医院/计生站 2 本地接生员 3 接生婆/家里人 4 自己接生 5 其他人	E 是否存活 1 是（跳G） 2 否	F 死亡时年龄（不足1岁填0，≥5填5）（跳下一次怀孕）	G 孩子目前和谁住 1 自己 2 配偶 3 父母 4 配偶父母 5 其他（注明）	H 孩子目前是否在上学 1 是 2 否
1	□□□□年□□月	□	□	□	□	□	□	□
2	□□□□年□□月	□	□	□	□	□	□	□
3	□□□□年□□月	□	□	□	□	□	□	□
4	□□□□年□□月	□	□	□	□	□	□	□
5	□□□□年□□月	□	□	□	□	□	□	□
6	□□□□年□□月	□	□	□	□	□	□	□

（多于6个孩子可加附表）

306. 除了以上您与现配偶或男（女）朋友生的小孩外，您是否还有其他子女（包括抱养进来和抱养出去的以及前次婚姻的子女）？ □

1. 是　　2. 否（跳问308）

307. 您家庭中这些子女（包括抱养进来和抱养出去的以及前次婚姻的子女）的情况：

A 出生年月	B 孩子性别 1. 男 2. 女	C 出生地点 1. 家乡 2. 外地	D 孩子是 1. 抱养进来 2. 抱养出去 3. 前次婚姻子女 4. 其他	E 孩子目前和谁住 1. 自己 2. 配偶 3. 父母 4. 配偶父母 5. 其他（注明）	F 孩子目前是否上学 1. 是 2. 否
□□□□年□□月	□	□	□	□	□
□□□□年□□月	□	□	□	□	□
□□□□年□□月	□	□	□	□	□

308. 您是否知道以下避孕措施？（1. 是，2. 否）

	①放宫内节育器	②绝育	③避孕套	④口服避孕药	⑤经期或哺乳期自然避孕	⑥体外排精	⑦其他	
308.1 流动前								全选 2，不问 309.1
308.2 目前								全选 2，不问 309.2

309. 以上的避孕措施您是通过何种途径得知的？（1. 是，2. 否）

	①计划生育宣传	②亲属	③同事	④一起打工的外地人	⑤深圳朋友	⑥大众媒介	⑦其他
309.1 流动前							
309.2 目前							

310. 您和您的配偶/男（女）朋友采用过避孕措施吗？ □

1. 采用过　　2. 没有（跳问 312）

311. 您和您的配偶/男（女）朋友所采用的具体避孕措施是什么？

311.1 您初次流动前使用的避孕措施。 □

311.2 您目前使用的避孕措施。 □

1. 放置宫内节育器　　2. 男性绝育
3. 女性绝育　　4. 避孕套
5. 口服避孕药　　6. 经期或哺乳期进行自然避孕
7. 体外排精　　8. 其他（请注明＿＿＿＿＿）
9. 不避孕

312. 您对深圳市的计划生育/生殖健康服务满意吗？ □

1. 很满意　　2. 比较满意　　3. 一般
4. 不满意　　5. 很不满意

第四部分　养老观念与行为

401. 您的父母健在吗？ □

父亲的出生年月　　母亲的出生年月

1. 都去世了（跳问 414）

2. 都健在　　□□□□年□□月　□□□□年□□月

3. 仅父亲健在（不问 402.2）

□□□□年□□月

4. 仅母亲健在（不问 402.1）　　□□□□年□□月

402. 您的父母生活上能否自理？

402.1　父亲　□

402.2　母亲　□

1. 不能自理　　2. 基本自理

3. 可以做家务　　4. 可以干农活或工作

403. 您一共有多少兄弟姐妹？　兄弟□　姐妹□

404. 您的父母现在与谁住在一起？

（在方格中直接填写人数，没有的填 0；若父母离异或分居，在第 2、3 列分别答父亲和母亲的情况）

	父母	父亲	母亲
404.1　您本人	□	□	□
404.2　您的配偶	□	□	□
404.3　您的子女	□	□	□
404.4　您的已婚兄弟	□	□	□
404.5　您已婚兄弟的配偶	□	□	□
404.6　您的已婚姐妹	□	□	□
404.7　您已婚姐妹的配偶	□	□	□
404.8　您兄弟姐妹的子女	□	□	□
404.9　您未婚兄弟姐妹	□	□	□
404.10　您的爷爷奶奶或外公外婆	□	□	□
404.11　其他人（请注明________）	□	□	□

405. 出来打工前，您给父母的经济资助（含现金与实物）一年大约多少元？　□□□□□□□元

406. 出来打工前，父母给您的经济资助（含现金与实物）一年大约多少元？　□□□□□□□元

407. 您的父母现在的生活来源主要靠什么？　□

1. 子女供给　　2. 本人收入　　3. 集体和政府补贴

4. 其他（请注明__________）

408. 在过去的12个月中，您给父母的经济资助（含现金与实物）共多少元？　□□□□□□□元

409. 在过去的12个月中，父母给您的经济资助（含现金与实物）共多少元？　□□□□□□□元

（没有子女的跳问412）

410. 您父母帮您照顾子女吗？

1. 是　　2. 否（跳问412）　□

411. 您子女的成长过程所得到的照顾中，父母做了多少？　□

1. 几乎全部　　2. 超过一半　　3. 大约一半

4. 少于一半　　5. 没有做

412. 您平均多久和父母联系一次？　□

1. 每周1~2次　　2. 每月1~2次

3. 每季度1~2次　　4. 半年1~2次

5. 一年1~2次　　6. 几乎不联系

413. 与打工前相比，当您的父母跟您讲他们的心事或困难时，您现在　□

1. 更不愿意听　　2. 更愿意听　　3. 没变化

（未婚、离异、丧偶的跳问427）

414. 您配偶的父母健在吗？　□

	配偶父亲的出生年月	配偶母亲的出生年月
1. 都去世了（跳问427）		
2. 都健在	□□□□年□□月	□□□□年□□月
3. 仅父亲健在（不问416.2）	□□□□年□□月	
4. 仅母亲健在（不问416.1）		□□□□年□□月

415. 您配偶的父母现在与谁住在一起？

（在方格中直接填写人数，没有的填0；若父母离异或分居，在第2、3列分别答父亲和母亲的情况）

	父母	父亲	母亲
415.1　您本人	□	□	□
415.2　您的配偶	□	□	□

415. 3　您的子女	□	□	□
415. 4　配偶的已婚兄弟	□	□	□
415. 5　配偶已婚兄弟的配偶	□	□	□
415. 6　配偶的已婚姐妹	□	□	□
415. 7　配偶已婚姐妹的配偶	□	□	□
415. 8　配偶兄弟姐妹的子女	□	□	□
415. 9　配偶的未婚兄弟姐妹	□	□	□
415. 10　配偶的爷爷奶奶或外公外婆	□	□	□
415. 11　其他人（请注明______）	□	□	□

416. 您配偶的父母生活上能否自理？

416. 1　配偶的父亲　□

416. 2　配偶的母亲　□

1. 不能自理　　2. 基本自理　　3. 可以做家务

4. 可以干农活或工作

417. 你们结婚的时候和谁居住在一起？　□

1. 丈夫的父母　　2. 妻子的父母

3. 自己住　　4. 在双方父母家各有住房，两头住

5. 和其他人住（请注明________）

418. 出来打工前，你们给配偶父母的经济资助（含现金与实物）一年大约　□□□□□□□元

419. 出来打工前，配偶的父母给你们的经济资助（含现金与实物）一年大约　□□□□□□□元

420. 配偶的父母现在的生活来源主要是：　□

1. 子女供给　　2. 本人收入　　3. 集体和政府补贴

4. 其他（请注明________）

421. 在过去的 12 个月中，你们给配偶父母的经济资助（含现金与实物）大约　□□□□□□□元

422. 在过去的 12 个月中，配偶的父母给你们的经济资助（含现金与实物）大约　□□□□□□□元

（没有子女的跳问 425）

423. 配偶的父母帮你们照顾子女吗？

1. 是　　2. 否（跳问 425）　□

424. 在您子女的成长过程所得到的照顾中，配偶的父母做了多少？　□

1. 几乎全部　　2. 超过一半　　3. 大约一半

4. 少于一半　　5. 没有做

425. 您平均多久和配偶的父母联系一次？　□

1. 每周 1 ~ 2 次　　2. 每月 1 ~ 2 次　　3. 每季度 1 ~ 2 次

4. 半年 1 ~ 2 次　　5. 一年 1 ~ 2 次　　6. 几乎不联系

426. 与打工前相比，当配偶的父母跟您讲他们的心事或困难时，您现在　□

1. 更不愿意听　　2. 更愿意听　　3. 没变化

427. 您对将来的养老是怎么准备的？

427. 1　您初次流动前的想法　□

427. 2　您目前的想法　□

1. 依靠社会养老保险，由单位和个人共同缴纳养老金

2. 购买商业性的养老保险

3. 自己多赚钱储蓄

4. 依靠儿女

5. 没有任何准备

427. 3　您有目前这个想法大概多久了？　□□年□□月

428. 您认为将来和谁在一起住比较好？

428. 1　您初次流动前的想法　□

428. 2　您目前的想法　□

1. 儿子和儿媳　　2. 女儿和女婿　　3. 差不多

4. 自己过　　5. 其他（请注明__________）

428. 3　您有目前这个想法大概多久了？　□□年□□月

社会网络问卷

注意：以下表格中重复的人只填写一次，多次出现的交往对象只注明人名或代号！

表格中的答案见社会网络选项编码页（第 351 页）！

I 社会支持网络

（一直没有工作者跳问 105）

101. 您来深圳后的第一份工作是怎么获得的？（选择 1、2、3 的跳问 103） □

1. 报纸/电台/电视台/互联网等媒体　2. 广告（街上张贴）
3. 政府劳动部门　4. 家人/亲戚介绍
5. 同乡介绍　6. 朋友/熟人介绍
7. 其他（请注明________）

102. 在您获得第一份工作的过程中，哪些人帮助过您？他们的具体情况如何？

帮助人						
是否深圳本地人						
与您的关系						
性　别						
年　龄						
职　业						
受教育程度						
与您的亲密程度						
您何时(或几岁时)与他认识						
与您的接触频率	见面					
	电话或通信等					

（没换过工作者跳问 105）

103. 您目前的工作是怎么获得的？（选择 1、2、3 的跳问 105） □

1. 报纸/电台/电视台/互联网等媒体　2. 广告（街上张贴）
3. 政府劳动部门　4. 家人/亲戚介绍
5. 同乡介绍　6. 朋友/熟人/同事介绍
7. 其他（请注明________）

104. 在您获得目前这份工作的过程中，哪些人帮助过您？他们的具体情况如何？

帮助人						
是否深圳本地人						
与您的关系						
性　别						
年　龄						
职　业						
受教育程度						
与您的亲密程度						
您何时(或几岁时)与他认识						
与您的接触频率	见面					
	电话或通信等					

105. 您如果要借东西（如借钱、白糖、钳子），或请人帮助做些屋里、屋外的小事（如搬东西、买日常用品），通常会向哪些人求助？

105.1　出来打工前在老家时求助的人数　　邻居□□　亲属□□

其他（请注明________）　□□

105.2　目前在深圳的这段时期求助的人数　□□

帮助人						
是否深圳本地人						
与您的关系						
性　别						
年　龄						
职　业						
受教育程度						
与您的亲密程度						
您何时(或几岁时)与他认识						
与您的接触频率	见面					
	电话或通信等					
您是否实际得到过他/她的帮助？(1. 是,2. 否)						

106. 您如果为某些问题心情压抑，如跟人吵架、工作上不愉快、生活不如意等，通常会跟哪些人倾诉？

106.1　出来打工前在老家时的倾诉人数　　邻居□□　亲属□□

其他（请注明________）　□□

106.2　目前在深圳的这段时期的倾诉人数　□□

倾诉人						
是否深圳本地人						
与您的关系						
性　别						
年　龄						
职　业						
受教育程度						
与您的亲密程度						
您何时(或几岁时)与他认识						
与您的接触频率	见面					
	电话或通信等					
您是否实际向他/她倾诉过?(1. 是,2. 否)						

107. 您如果有社交活动，如和别人一起去逛街购物、喝酒吃饭、打牌聊天等，通常会找哪些人一起去?

107.1　出来打工前在老家时的社会交往人数　邻居□□　亲属□□
其他（请注明________）　□□

107.2　目前在深圳的这段时期的社会交往人数　□□

社会交往对象						
是否深圳本地人						
与您的关系						
性　别						
年　龄						
职　业						
受教育程度						
与您的亲密程度						
您何时(或几岁时)与他认识						
与您的接触频率	见面					
	电话或通信等					
您是否与他/她实际交往过?(1. 是,2. 否)						

Ⅱ社会讨论网络

201. 如果您要和其他人讨论婚姻家庭方面的话题，您会和哪些人讨论?他们的具体情况如何?

<table>
<tr><td colspan="2">讨论人</td><td></td><td></td><td></td><td></td><td></td></tr>
<tr><td colspan="2">是否深圳本地人</td><td></td><td></td><td></td><td></td><td></td></tr>
<tr><td colspan="2">与您的关系</td><td></td><td></td><td></td><td></td><td></td></tr>
<tr><td colspan="2">性　别</td><td></td><td></td><td></td><td></td><td></td></tr>
<tr><td colspan="2">年　龄</td><td></td><td></td><td></td><td></td><td></td></tr>
<tr><td colspan="2">婚姻状况</td><td></td><td></td><td></td><td></td><td></td></tr>
<tr><td colspan="2">职　业</td><td></td><td></td><td></td><td></td><td></td></tr>
<tr><td colspan="2">受教育程度</td><td></td><td></td><td></td><td></td><td></td></tr>
<tr><td colspan="2">与您的亲密程度</td><td></td><td></td><td></td><td></td><td></td></tr>
<tr><td colspan="2">您何时(或几岁时)与他认识</td><td></td><td></td><td></td><td></td><td></td></tr>
<tr><td rowspan="2">与您的接触频率</td><td>见面</td><td></td><td></td><td></td><td></td><td></td></tr>
<tr><td>电话或通信等</td><td></td><td></td><td></td><td></td><td></td></tr>
<tr><td rowspan="2">他/她认为多大年龄结婚好?</td><td>男</td><td></td><td></td><td></td><td></td><td></td></tr>
<tr><td>女</td><td></td><td></td><td></td><td></td><td></td></tr>
<tr><td colspan="2">他/她对农村女性外出打工的看法*</td><td></td><td></td><td></td><td></td><td></td></tr>
<tr><td colspan="2">他/她对未婚先孕的态度*</td><td></td><td></td><td></td><td></td><td></td></tr>
<tr><td colspan="2">他/她对婚外恋行为的态度*</td><td></td><td></td><td></td><td></td><td></td></tr>
<tr><td colspan="2">您是否与他/她实际讨论过?(1. 是,2. 否)</td><td></td><td></td><td></td><td></td><td></td></tr>
</table>

*编码：1. 非常反对　2. 反对　3. 无所谓　4. 赞成　5. 非常赞成

202. 除了上表所列的人，和您讨论过或您可以与他/她讨论婚姻家庭方面话题的还有 □□ 人，其中：

项目	与您观点相近的人数	与您观点相差很远的人数
在理想初婚年龄上	共□□,其中深圳人□□	共□□,其中深圳人□□
在对农村女性外出打工的看法上	共□□,其中深圳人□□	共□□,其中深圳人□□
在对未婚先孕的态度上	共□□,其中深圳人□□	共□□,其中深圳人□□
在对婚外恋行为的态度上	共□□,其中深圳人□□	共□□,其中深圳人□□

203. 如要您要和其他人讨论生育及子女教育方面的话题，您会和哪些人讨论？

讨论人					
是否深圳本地人					
与您的关系					
性　别					
年　龄					
婚姻状况					
职　业					
受教育程度					

续表

与您的亲密程度						
您何时(或几岁时)与他认识						
与您的接触频率	见面					
	电话或通信等					
他/她认为的理想子女数		__人(其中__男__女)无所谓男女__人	__人(其中__男__女)无所谓男女__人	__人(其中__男__女)无所谓男女__人	__人(其中__男__女)无所谓男女__人	__人(其中__男__女)无所谓男女__人
他/她生育孩子的情况		__男__女	__男__女	__男__女	__男__女	__男__女
他/她对头胎是女孩的态度*						
他/她对女孩教育的态度*						
您是否与他/她实际讨论过?(1.是,2.否)						

*对头胎是女孩的态度:

1. 停止生育 2. 再要一个，不管男女 3. 不管怎样都要更多的孩子，直到有一个儿子为止

*对“男孩应该比女孩读书多”的态度:

1. 坚决反对 2. 反对，但能理解 3. 无所谓 4. 基本赞成 5. 非常赞成

204. 除了上表所列的人，和您讨论过或您可以与之讨论生育及子女教育方面话题的还有 □□ 人，其中:

项目	与您观点相近的人数	与您观点相差很远的人数
在对头胎是女孩的态度上	共□□,其中深圳人□□	共□□,其中深圳人□□
在对女孩教育的态度上	共□□,其中深圳人□□	共□□,其中深圳人□□

205. 如要您要和其他人讨论避孕方面的话题，您会和哪些人讨论?

讨论人						
是否深圳本地人						
与您的关系						
性　别						
年　龄						
婚姻状况						
职　业						
受教育程度						
与您的关系						
与您的亲密程度						
您何时(或几岁时)与他认识						
与您的接触频率	见面					
	电话、通信等					

续表

您是否实际得到过他/她的帮助？(1. 是,2. 否)					
他/她采用的具体避孕措施*					
他/她是否推荐您使用他/她所采用的避孕方法？(1. 是,2. 否)					
您是否与他/她实际讨论过？(1. 是,2. 否)					

*编码：1. 放置宫内节育器　2. 男性绝育　3. 女性绝育　4. 避孕套　5. 口服避孕药　6. 经期或哺乳期进行自然避孕　7. 体外排精　8. 其他□请注明________）　9. 不避孕

206. 如要您要和其他人讨论养老方面的话题，您会和哪些人讨论？

帮助人						
是否深圳本地人						
与您的关系						
性　别						
年　龄						
婚姻状况						
受教育程度						
职　业						
与您的亲密程度						
您何时(或几岁时)与他认识						
与您的接触频率	见面					
	电话或通信等					
他/她将来的养老如何准备？*						
他/她认为将来和谁住较好？*						
您是否与他/她实际讨论过？(1 是,2 否)						

*对将来的养老是怎么准备的：

1. 依靠社会养老保险，由单位和个人共同缴纳养老金　2. 购买商业性的养老保险　3. 自己多赚钱储蓄　4. 依靠儿女　5. 没有任何准备

*将来和谁在一起住比较好：

1. 儿子和儿媳　2. 女儿和女婿　3. 差不多　4. 自己过　5. 其他（请注明________）

207. 除了上表所列的人，和您讨论过或您可以与他/她讨论养老方面话题的还有 □□ 人，其中：

	与您观点相近的人数	与您观点相差很远的人数
在将来的养老如何准备上	共□□,其中深圳人□□	共□□,其中深圳人□□
在将来的居住意愿上	共□□,其中深圳人□□	共□□,其中深圳人□□

聚居类社会网络问卷

注意：散居类被访者不答此问卷！

交往对象在被访的聚居类单位同事名单（即该单位的抽样名单）中选择！

姓名编号	（编码同社会网络基本卷）			是:1 否:2						
	与您的关系	与您亲密程度	与您何时认识	您是否会向他/她求助日常小事	您是否会向他/她倾诉心情问题	您是否会与他/她有社会交往活动	您是否会与他/她讨论婚姻家庭话题	您是否会与他/她讨论生育教育话题	您是否会与他/她讨论避孕话题	您是否会与他/她讨论养老话题

社会网络选项编码

与您的关系：

1. 配偶/搭档　2. 父母或配偶的父母　3. 子女
4. 兄弟姐妹　5. 其他亲戚　6. 同乡
7. 一起工作的深圳市民　8. 一起工作的外地打工者　9. 老板
10. 同学　11. 朋友　12. 城里的房东
13. 城里的邻居　14. 城里的熟人　15. 其他地方的熟人
16. 没有关系　17. 其他（请注明________________）

是否深圳本地人：　1. 是　2. 否

性别：　1. 男　2. 女

婚姻状况：　1. 未婚　2. 初婚　3. 再婚　4. 丧偶　5. 离婚

职业：

1. 经理　2. 私营企业主　3. 专业技术人员
4. 办事人员　5. 个体户　6. 商业、服务业劳动者
7. 产业工人　8. 没有职业　9. 当地工会干部
10. 当地妇联干部　11. 当地计生干部　12. 当地政府干部
13. 家乡政府干部　14. 农业　15. 其他（请注明______）

受教育程度：　1. 文盲　2. 小学　3. 初中
4. 高中/中专　5. 大专　6. 大学本科
7. 研究生以上

与您的亲密程度：

1. 十分亲密　2. 比较亲密　3. 一般　4. 不太亲密　5. 很不亲密

您何时（或几岁时）与他认识？　□□□□年□□月

与您见面的频率

1. 每天　2. 每周有几次　3. 每月有几次
4. 大约每月一次　5. 每年几次　6. 几年一次

与您电话联系的频率

1. 每天　2. 每周有几次　3. 每月有几次
4. 大约每月一次　5. 每年几次　6. 几年一次

深圳市社会生活调查问卷（街头拦访卷）

编码□□□□□　调查员：________　调查地点：________

您好！深圳市外来人口课题组正在做一项关于深圳社会问题的公益调查，耽误您几分钟时间，本项调查是匿名的，请放心真实作答。请您在所选答案序号上打钩或在方框内填空，谢谢！

NO	问题	答案
1	您的性别	1. 男　2. 女
2	您的出生日期	□□□□年□□月
3	您是否拥有深圳市户籍	1. 是　2. 否
4	您的户口属性	1. 农村　2. 城镇
5	您的受教育程度	1. 文盲　2. 小学　3. 初中　4. 高中(中专等) 5. 大专　6. 本科　7. 研究生及以上
6	您的婚姻状况	1. 未婚　2. 初婚　3. 再婚　4. 离婚　5. 丧偶
7	您目前的工作属于	1. 国家及社会管理者　2. 经理　3. 私营企业主 4. 专业技术人员　5. 办事人员　6. 个体户 7. 商业、服务业劳动者　8. 产业工人 9. 待业或家务　10. 其他(请注明________)
8	近半年来您的平均月收入	□□□□□□元
9	至今,您已经在深圳居住了多长时间	□□年□□月
10	您认为多少岁左右结婚比较好	男:____岁　女:____岁
11	您是否赞同以下说法或现象:	
	(1)未婚先孕	1. 非常赞成　2. 赞成　3. 无所谓　4. 不赞成 5. 很不赞成
	(2)感情不好就可以离婚	1. 非常赞成　2. 赞成　3. 无所谓　4. 不赞成 5. 很不赞成
	(3)男孩应该比女孩读书多	1. 非常赞成　2. 赞成　3. 无所谓　4. 不赞成 5. 很不赞成
12	您认为一个家庭最理想的孩子数是	1. ______个孩子(其中:男孩____个,女孩____个) 2. 无所谓男女____个
13	您是否知道这些避孕方法(多选)	1. 宫内节育器　2. 绝育　3. 避孕套　4. 避孕药 5. 经期或哺乳期自然避孕　6. 体外排精 7. 其他(请注明________)
14	您对深圳市的计划生育/生殖健康服务满意吗	1. 非常赞成　2. 赞成　3. 无所谓　4. 不赞成 5. 很不赞成

续表

NO	问题	答案
15	您对您将来的养老有何准备(单选)	1. 社会养老保险,由单位和个人共同缴纳养老金 2. 商业养老保险　3. 赚钱储蓄　4. 依靠儿女 5. 其他(请注明________)　6. 没有任何准备
16	在生活中遇到困难时,您最愿意向谁求助(单选)	1. 家人　2. 同事　3. 朋友　4. 法律部门或律师 5. 媒体　6. 雇主　7. 其他(请注明________)
17	您对您在深圳市的生活满意吗	1. 非常赞成　2. 赞成　3. 无所谓　4. 不赞成 5. 很不赞成
18	您同意"农民工给城市整体发展带来了消极影响"吗	1. 非常同意　2. 同意　3. 无所谓　4. 不同意 5. 很不同意
19	您是否赞成农民工应该在住房、就业、教育、社会福利等方面享有与城里人平等待遇	1. 非常赞成　2. 赞成　3. 无所谓　4. 不赞成 5. 很不赞成
20	您愿意以后在深圳市长期发展或定居吗	1. 非常赞成　2. 赞成　3. 无所谓　4. 不赞成 5. 很不赞成

图书在版编目(CIP)数据

农民工社会网络与观念行为变迁/靳小怡，任义科，杜海峰著.
—北京：社会科学文献出版社，2014.7
(西安交通大学人口与发展研究所．学术文库)
ISBN 978-7-5097-5352-1

Ⅰ.①农… Ⅱ.①靳… ②任… ③杜… Ⅲ.①民工-社会关系-研究-中国 Ⅳ.①D663.2

中国版本图书馆 CIP 数据核字（2013）第 286454 号

西安交通大学人口与发展研究所·学术文库
农民工社会网络与观念行为变迁

著　　者 / 靳小怡　任义科　杜海峰

出 版 人 / 谢寿光
出 版 者 / 社会科学文献出版社
地　　址 / 北京市西城区北三环中路甲 29 号院 3 号楼华龙大厦
邮政编码 / 100029

责任部门 / 经济与管理出版中心（010）59367226　　责任编辑 / 高　雁
电子信箱 / caijingbu@ssap.cn　　责任校对 / 史晶晶
项目统筹 / 恽　薇　高　雁　　责任印制 / 岳　阳
经　　销 / 社会科学文献出版社市场营销中心（010）59367081　59367089
读者服务 / 读者服务中心（010）59367028

印　　装 / 三河市尚艺印装有限公司
开　　本 / 787mm×1092mm　1/16　　印　　张 / 23.25
版　　次 / 2014 年 7 月第 1 版　　字　　数 / 391 千字
印　　次 / 2014 年 7 月第 1 次印刷
书　　号 / ISBN 978-7-5097-5352-1
定　　价 / 85.00 元